Avanzando

Gramática española y lectura

The Wiley Bicentennial–Knowledge for Generations

Each generation has its unique needs and aspirations. When Charles Wiley first opened his small printing shop in lower Manhattan in 1807, it was a generation of boundless potential searching for an identity. And we were there, helping to define a new American literary tradition. Over half a century later, in the midst of the Second Industrial Revolution, it was a generation focused on building the future. Once again, we were there, supplying the critical scientific, technical, and engineering knowledge that helped frame the world. Throughout the 20th Century, and into the new millennium, nations began to reach out beyond their own borders and a new international community was born. Wiley was there, expanding its operations around the world to enable a global exchange of ideas, opinions, and know-how.

For 200 years, Wiley has been an integral part of each generation's journey, enabling the flow of information and understanding necessary to meet their needs and fulfill their aspirations. Today, bold new technologies are changing the way we live and learn. Wiley will be there, providing you the must-have knowledge you need to imagine new worlds, new possibilities, and new opportunities.

Generations come and go, but you can always count on Wiley to provide you the knowledge you need, when and where you need it!

William J. Pesce
President and Chief Executive Officer

Peter Booth Wiley
Chairman of the Board

Sexta edición

Avanzando

Gramática española y lectura

Sara Lequerica de la Vega
Carmen Salazar
Los Angeles Valley College

John Wiley & Sons, Inc.

ACQUISTIONS EDITOR	Helene Greenwood
EDITORIAL ASSISTANT	Jennifer Mendoza
SENIOR PRODUCTION EDITOR	Sujin Hong
MARKETING MANAGER	Emily Streutker
COVER DESIGNER	Michael St. Martine
PHOTO EDITOR	Ellinor Wagner
ANNIVERSARY LOGO DESIGN	Richard Pacifico

This book was set in 10/12 Berkeley by Pre-Press Company, Inc. and printed and bound by R. R. Donnelly. The cover was printed by Phoenix Colors.

This book is printed on acid free paper. ♾

To order books or for customer service, please call 1-800-CALL WILEY (225-5945).

Library of Congress Cataloging in Publication Data:

De la Vega, Sara Lequerica.

Avanzando : gramática española y lectura / Sara Lequerica de la Vega ; Carmen Salazar. — 6. ed.

p. cm.

Includes index.

ISBN-13: 978-0-471-69974-3 (pbk.)

ISBN-10: 0-471-69974-8 (pbk.)

1. Spanish language—Grammar. 2. Spanish language—Textbooks for foreign speakers—English. I. Salazar, Carmen. II. Title.

PC4112.D38 2007

468.2′42—dc22

2006017527

Printed in the United States of America

10 9 8 7 6 5 4 3 2 1

Preface

Precise grammar explanations, engaging readings and a flexible organization that address the needs of both native speakers and non-native speakers . . . . These are just a few reasons why ***Avanzando: Gramática española y lectura*** is so effective in intermediate and advanced Spanish courses.

Featuring an approach that has been tested and refined through five highly successful editions, ***Avanzando*** encourages students to build on their current Spanish literacy skills, focus on the finer details of the language, and expand their cultural knowledge.

The text offers a concise review of spoken and written Spanish grammar, complemented by a selection of short stories by well-known Spanish and Latin American authors. Exercises at the end of each story encourage students to do a close reading of the text, stimulate critical thinking and class discussion, and introduce students to literary analysis techniques. In addition, a reorganized ***Cuaderno de actividades*** addresses each student's individual language background.

Avanzando can be used successfully in a variety of different courses, including one-semester courses at the high-intermediate or advanced level, two-semester courses when the classes meet fewer than 4–5 hours per week, advanced high school courses, and first-year courses designed for native speakers (SNS).

Highlights of the Sixth Edition

- The content in each chapter is divided into three manageable sections: **Lectura, gramática,** and **composición.**
- Grammar explanations are simple, numbered, and grouped within one section. The material, where applicable, is summarized in boxes for review and ease of identification.
- A variety of exercises follow each section, including multiple choice, true–false, matching, fill-in-the blank, and essays, among others.
- Each chapter includes several composition topics and suggestions for development.

- The Sixth Edition includes the following **Appendices:**
  ~Verbos con cambios ortográficos
  ~Verbos irregulares
  ~Lista de verbos irregulares

Organization

Lectura. Each chapter begins with one or two short reading selections of a cultural or literary nature, preceded by a vocabulary list of words and expressions that can sometimes be difficult for students. The readings are also enhanced with side glosses and are followed by three types of activities to help students with vocabulary expansion, reading comprehension, and oral practice.

Gramática. The grammatical explanations are presented in Spanish in a brief and simplified manner with multiple examples and English translations for the most difficult structures. More contextualized and communicative-based exercises have been added to this edition, many of which focus on culture to enhance the topics presented in the **Lectura** section.

Composición. This reorganized component reviews and expands upon the rules of accentuation and spelling introduced in the preliminary chapter. The exercises corresponding to this section are included in the ***Cuaderno de actividades***. Students are presented with a topic for an oral or written composition and an outline to help them develop their composition.

Ancillaries

Cuaderno de actividades reinforces the grammatical structures presented in the text and helps students with problem areas. Numerous exercises of varying degrees of difficulty take into account each student's language background. As in the textbook, the exercises in the workbook have been contextualized whenever possible. An answer key at the end of the workbook allows students to check their own work.

Online resources for students and instructors at www.wiley.com/college/delavega

Learner Resources

- Quizzes
- Web activities
- Países y gentilicios
- Abreviaturas
- Sinopsis de una conjugación verbal
- Vocabulario útil — cognados falsos

Instructor Resources

- Testing program
- Textbook answer key
- Professional resources

We wish to thank the reviewers who took the time and care to fill out the publisher's questionnaires with valuable comments and suggestions, and the editorial staff at John Wiley & Sons, Inc. for their help and interest in producing this text.

Gwen Baxter, *University of Memphis;* Jeffrey Bruner, *West Virginia University;* Gloria Arjona, *California Institute of Technology;* Kimberlie R. Colson, *Indiana University-Kokomo;* Kayla S. García, *Oregon State University.*

SARA LEQUERICA DE LA VEGA
CARMEN SALAZAR

Contenido

Parte I

Gramática 1

Parte II

Parte I

Gramática

Capítulo Preliminar

- Diptongos y triptongos
- División de sílabas
- Acentuación
- Mayúsculas
- Signos de puntuación
- La oración y sus elementos principales

A Diptongos y triptongos

Vocales fuertes = **a, e, o.** Vocales débiles = **i, u.**

Diptongos				*Triptongos*	
Combinación de una vocal débil y una fuerte, o dos vocales débiles, cuya duración equivale a una sílaba.				Combinacion de una vocal fuerte entre dos vocales débiles cuya duración equivale a una sílaba.	
ai ia	**au ua**	**ei ie**		**iai iei**	**uai uei**
eu ue	**oi io**	**ou uo**	**iu ui**		
aire	gloria	autor	agua	apreciáis	pronunciéis
reina	nadie	socio	cuota	Uruguay	buey

1. Cuando la **i** final de los diptongos y triptongos ocurre al final de una palabra, se escribe con **y.**

   hoy hay ley Paraguay rey

2. Los diptongos **ue** y **ie** se escriben con **h** (**hue**, **hie**) cuando están al principio de una palabra.

hueso *(bone)*	huésped *(guest)*	huevo *(egg)*	hierro *(iron)*
huerta *(orchard)*	hielo *(ice)*	hierba *(grass)*	hiedra *(ivy)*

NOTA: No hay diptongo cuando la vocal débil lleva acento escrito puesto que ésta se convierte en vocal fuerte: d**í-a**, con-ti-n**ú-a.** Si el acento escrito va sobre la vocal fuerte se mantiene el diptongo: lec-**ción**, d**iá**-lo-go.

Actividad

Subraye los diptongos o triptongos. Cuidado: algunas palabras tienen más de un diptongo y otras no tienen ninguno.

MODELO: diariamente

1. poema	6. diamante	11. medio
2. cuaderno	7. licencia	12. Raúl
3. estudiáis	8. biología	13. televisión
4. gobierno	9. güiro	14. traer
5. sociólogo	10. océano	15. guante

B División de sílabas

1. En las palabras con prefijos generalmente se separan las partículas añadidas aunque esa separación no coincida con la división en sílabas. Se aceptan ambas divisiones.

   des i gual/de si gual   des in te re sa do/de sin te re sa do   in ú til/i nú til

2. En las palabras sin prefijos, una consonante entre dos vocales siempre forma sílaba con la vocal que le sigue.

   A li cia   e ne mi go   o pe rar   ge ne ral   u sar

3. Si hay dos consonantes juntas, usualmente se separan.

   car ta   cuan do   guan tes   puer ta   at le ta

NOTA: En palabras provenientes de la lengua Náhuatl la combinación **tl** no se separa: **Ma za tlán.**

4. No se separan las siguientes combinaciones:

ch, ll, rr	mu **cha cha** ca ba **llo** co **rrer**	**gl, gr**	con **glo** me ra do a le **gre**
bl, br	ha **blar** a **bri** go	**pl, pr**	com **ple** tar ex **pre** sar
cl, cr	pro **cla** mar re **cre** o	**dr, tr**	cua **dro** de **trás**
fl, fr	in **fluen** cia re **fres** co		

5. Si hay tres consonantes entre dos vocales y la segunda consonante es una **s**, se divide después de ésta.

   cons ti tu ción   ins ta lar   obs tá cu lo   abs ti nen cia   ins tan te

Pero cuando hay una combinación de consonante + **l** o **r**, esta combinación se une a la segunda vocal.

em ple a do   no viem bre   dis tri to   cos tum bre   ex trac to

6. Si hay cuatro consonantes entre dos vocales, dos consonantes se unen a la primera vocal y dos a la segunda.

cons truir   ins truc ción   ins cri bir   abs trac to   obs truc ción

7. Las únicas letras que se doblan y se separan son **c** y **n**.

ac ción   a trac ción   lec ción   in ne ce sa rio   in nu me ra ble

8. No se separan las vocales de los diptongos y triptongos.

bai lar   a gen cia   aun que   U ru guay   die ci sie te

Cuando la vocal débil lleva el acento hablado se deshace el diptongo y se separan las vocales. La disolución del diptongo se señala con un acento escrito sobre la vocal débil.

Ra úl   o í do   le í do   i rí a   rí o   bio gra fí a

NOTA: No se deben separar las sílabas de una palabra quedando al final o al principio de una línea o renglón una sola vocal.

Incorrecto	*Correcto*
a-demás	ade-más
simultáne-o	simultá-neo

Actividad

Divida las palabras en sílabas.

1. abril
2. diciembre
3. iría
4. cuarto
5. organizar
6. perro
7. vallecito
8. baile
9. tarde
10. usado
11. miércoles
12. automóvil
13. inspección
14. profesor
15. interesante
16. dirección
17. recuerdo
18. Torremolinos
19. instantáneo
20. caballo

C Acentuación*

En todas las palabras de dos o más sílabas, hay una sílaba que se pronuncia con más fuerza *(stress)* que las demás. Esta sílaba más fuerte se llama **tónica** *(stressed syllable)*.

1. En la mayoría de las palabras que terminan en **vocal**, **n** o **s**, la sílaba tónica es la penúltima *(next to the last)*.

gran de   **ha** blo   **co** mo   ca **mi** nan   **bai** las

*Ver Repaso de acentuación, capítulos 1–10.

2. En la mayoría de las palabras que terminan en **consonante**, excepto **n** o **s**, la sílaba tónica es la última *(the last)*.

es pa **ñol**   a **rroz**   a **mor**   ca pa ci **dad**   nor **mal**

3. Toda palabra cuya acentuación es diferente lleva un acento escrito (o tilde) sobre la sílaba fuerte.

ca **fé**   a **llá**   **lá** piz   a **diós**   **Pé** rez

Según el lugar donde esté la sílaba tónica, las palabras se dividen en **agudas**, **graves** o **llanas**, **esdrújulas** y **sobresdrújulas.**

Agudas

En las palabras agudas la sílaba tónica es la última.

pa **sar**   a **mor**   ge ne **ral**   li ber **tad**   a **zul**   ca **paz**

Llevan acento escrito cuando terminan en **vocal**, **n** o **s.**

ma **má**   can **té**   sa **lí**   pa **só**   hin **dú**   Ra **món**   na **ción**   es **tás**

Graves o llanas

En las palabras graves la sílaba tónica es la penúltima.

ro sa   **co** me   ca **mi** no   lle **va** mos   es **cri** ben   **ca** sas

Llevan acento escrito cuando terminan en **consonante**, excepto **n** o **s.**

dó lar   **ár** bol   Fer **nán** dez   ca **dá** ver   di **fí** cil   **Fé** lix

Esdrújulas

En las palabras esdrújulas la sílaba tónica es la antepenúltima *(the third syllable counting back from the end of the word)*.

re **pú** bli ca   A **mé** ri ca   **pá** ja ro   re **gí** me nes   ven **dér** se la

Siempre llevan acento escrito.

Sobresdrújulas

En las palabras sobresdrújulas la sílaba tónica es la anterior a la antepenúltima *(fourth syllable counting back from the end of the word)*.

llé ve se lo   es **crí** ba me lo   **lé** a me lo   **dí** ga se lo

Siempre llevan acento escrito. Note que son formas verbales con pronombres.

1. En ciertas palabras que se escriben y se pronuncian de la misma manera, el acento escrito sirve para indicar diferencia de significado y uso gramatical.

aún *yet; still* (adverbio) **aun** *even* (adverbio)	**Aún** no ha pagado el carro. **Aun** ella sabe ir al centro.
dé *give* (verbo)	Es posible que Pedro **dé** una fiesta mañana.

de *of* (preposición)	La casa **de** María es grande.
él *he* (pronombre personal)	**Él** llegó ayer, ¿verdad?
el *the* (artículo)	**El** niño está llorando.
más *more* (adverbio)	El niño quiere **más** helado.
mas *but* (conjunción y adverbio)	No la vi, **mas** le escribí.
mí *me* (pronombre preposicional)	Los boletos son para **mí.**
mi *my* (pronombre posesivo)	**Mi** primo está en Sevilla.
sé *I know; be* (mandato) (verbo)	No **sé** la lección. Hijo, **sé** un poco más cortés.
se *herself, himself, him, her* (pronombre reflexivo y de complemento indirecto)	Ella **se** mira en el espejo. Yo **se** lo dije a Luis.
sí *yes* (adverbio)	¿Quieres ir al baile? **Sí,** me gustaría mucho.
si *if* (conjunción)	**Si** ella vino ayer, no la vi.
sólo *only* (adverbio)	Tenemos **sólo** un carro para toda la familia.
solo *alone* (adjetivo)	Eliseo estaba **solo** en la fiesta.
té *tea* (nombre)	Ya serví el **té.**
te *you* (pronombre de complemento directo, indirecto y reflexivo)	Sonia **te** llamó ayer. **Te** daré los datos que quieres. A qué hora **te** levantas todos los días?
tú *you* (pronombre personal)	¿Cuándo se van **tú** y Jorge?
tu *your* (pronombre posesivo)	Aquí está **tu** cuaderno.

2. Cambios en los acentos escritos al formar el plural.

Las palabras agudas que terminan en **n** o **s** pierden el acento escrito porque se convierten en palabras llanas.

corazón → **corazones**   nación → **naciones**
francés → **franceses**   alemán → **alemanes**

Las palabras llanas que terminan en **consonante,** excepto **s,** llevan acento escrito porque se convierten en palabras esdrújulas.

examen → **exámenes**   árbol → **árboles**
lápiz → **lápices**   orden → **órdenes**

3. Cuando el acento hablado recae en la vocal débil no hay diptongo y se requiere el acento escrito indicando separación de sílabas. Compare las siguientes palabras.

dí a   co me **dia**   **o í**   **oi** go   **pa ís**   **pai** sa je

4. Las palabras interrogativas y exclamativas, directas e indirectas, llevan acento escrito.

Directas	*Indirectas*
¿**Qué** quieres?	No sé **qué** quieres.
¿**Cómo** estás?	Ella preguntó **cómo estás**.
¡**Qué** bello día!	Elsa dijo que **qué** día tan bello hacía.

NOTA: Observe la diferencia: **¿por qué?** *(why)*, **porque** *(because)*.

5. Los adjetivos que tienen acento escrito lo conservan al añadir la terminación adverbial **-mente.**

rápido   rápidamente   fácil   fácilmente   difícil   difícilmente

Actividades

I. Escuche la pronunciación de las siguientes palabras que leerá el profesor o la profesora. Subraye la sílaba que lleva el acento hablado y escriba los acentos necesarios.

1. dije	4. tendre	7. arboles	10. examenes	13. ibamos
2. azucar	5. bailaria	8. comio	11. facil	14. astronomia
3. leido	6. aire	9. escribeselo	12. paciencia	15. defender

II. Escuche la pronunciación de las siguientes palabras que leerá el profesor o la profesora. Subraye la sílaba que lleva el acento hablado y ponga el acento en las palabras que lo necesiten.

Agudas

nacion	saldras	almorce	frances	estas
amor	azul	dolor	ciudad	leyo

Graves o llanas

martes	verde	util	Perez	dificil
arbol	tuvo	dolar	escriben	famoso

Esdrújulas y sobresdrújulas

musicologo	digamelo	compralos	etnografo	prestasela
examenes	gramatica	aguilas	traiganosla	digame

III. Ponga el acento, cuando sea necesario, en las palabras subrayadas.

1. A el no le gusta el tener que viajar en avión.
2. ¿Cantas tu en el concierto mañana? Tu voz me gusta mucho.
3. ¿Quieres que te de una taza de te?
4. No se si se lo dije.
5. Carlos tiene solo un amigo. Por eso siempre está tan solo.

IV. Se han omitido los acentos en las siguientes oraciones. Cópielas y escriba los acentos donde sea necesario.

1. ¿Cuantas poesias leyo Rosalia?
2. Mi tio lo trajo para mi.
3. ¡Que problema! Tu hijo quiere que le de las llaves del carro nuevo.
4. Me gustaria visitar los paises de Sudamerica.
5. ¿De quien es el termometro?
6. El tren aun no ha llegado.
7. Salimos rapidamente despues del examen.
8. Ella pregunto como esta el Sr. Fernandez.
9. Ramon vendia seguros de vida (*life insurance*) cuando vivia en Mexico.
10. Cuando Maria llamo me dijo que recibio una carta de su hermano.

V. Escuche el siguiente párrafo que va a leer el profesor o la profesora, prestando atención a la pronunciación. Después escriba las palabras que llevan acento escrito.

El español ha sido uno de los pueblos (*peoples*) mas emigrantes (*emigrating*) del mundo. Solo el ingles y el portugues pueden compararsele. La continua emigracion hispana hizo que la lengua española se extendiera por muchas partes del mundo. ■

D Mayúsculas

1. Se escriben con mayúscula:

a. Los nombres propios de personas, animales, sobrenombres y apodos.

Pedro López	Rocinante	Juana la Loca	Juanito "el Ciego"
Marta Robledo	el gato Micifuz	Felipe el Hermoso	"Chachita"

b. Los títulos y nombres de dignidad y empleo que se refieren a persona determinada.

el Presidente	el Gobernador	el Papa	el Director	Su Excelencia
el General	el Ministro	el Coronel	el Obispo	Su Majestad

c. Los nombres y pronombres que se refieren a divinidades.

Nuestro Señor Jesucristo	la Virgen Santísima	Él	el Divino Redentor
el Espíritu Santo	el Creador	el Altísimo	Alá

d. La primera palabra del título de un libro, artículo, poema o pieza teatral.

Lo que el viento se llevó	*Bodas de sangre*
La arena de los políticos	*Mujeres de ojos grandes*

Pero en los títulos de publicaciones periodísticas van con mayúsculas no sólo la primera palabra, sino los nombres y adjetivos que formen parte de ellos.

El País	*El Hogar y la Moda*

e. Las abreviaturas de títulos.

usted **Ud.** o **Vd.**	señor **Sr.**	señorita **Srta.**	doña **Dª.**
doctor **Dr.**	señora **Sra.**	don **D.**	reverendo **Rev.**

f. Los nombres de instituciones.

el Museo Arqueológico	la Real Academia Española
la Biblioteca Nacional	la Cruz Roja

g. Los nombres geográficos: ciudades, ríos, montañas, países, etc. y el nombre o artículo que los acompaña si forma parte del nombre.

la Ciudad de México	el Amazonas	Sierra Nevada
España	el lago Titicaca	el río Guadalquivir
El Salvador	el Río Grande	la ciudad de Albuquerque

h. Los días feriados, ya sean religiosos o nacionales.

el Día de la Independencia	la Navidad
el Día de la Amistad	la Semana Santa

i. La primera palabra de un escrito y la que vaya después de un punto, de un signo de interrogación o exclamación y de puntos suspensivos.

¿Adónde? A la oficina.	Vendrá...Sí, vendrá esta tarde.
¡Qué sorpresa! Dile que pase.	Dijo que no. Que no quiere ir.

j. Las siglas y acrónimos que identifican organizaciones comerciales, políticas, etc.

OTAN *(NATO)* **ABC** *(American Broadcasting Co.)* **OEA** *(OAS)*

k. Los nombres de los cursos académicos cuando se refieren a la disciplina como tal.

La **Psicología** se considera importante para los educadores.
Pero: Es necesario entender la **psicología** de los niños.

2. No se escriben con mayúscula:

a. Los días de la semana y los meses del año: **martes, julio.**
b. Los adjetivos que denotan nacionalidad: **francés, alemana.**
c. Los nombres de los idiomas: **inglés, español.**

NOTA: Observe que esto es lo contrario de lo que ocurre en inglés.

Actividad

En las siguientes oraciones se han omitido las letras mayúsculas. Escríbalas donde sea necesario.

1. el aconcagua es el pico más alto de américa y tiene 6.959 metros de altura. está en las montañas de los andes en la provincia de mendoza, en la argentina.
2. el venezolano simón bolívar, conocido como el libertador, dedicó su vida a la lucha por la independencia de su patria. murió en la pobreza el 17 de diciembre de 1830.
3. el café colombiano es muy apreciado en el mundo entero.
4. el español es la lengua oficial de casi todos los países de sudamérica, excepto el brasil, donde se habla portugués.
5. el ministro de educación, el sr. sánchez, está en su oficina sólo dos días a la semana: los lunes y los jueves.

E Signos de puntuación

punto, punto final	*period*	(.)
dos puntos	*colon*	(:)
punto y coma	*semicolon*	(;)
puntos suspensivos	*ellipsis*	(...)
coma	*comma*	(,)
signos de interrogación	*question marks*	(¿ ?)
signos de exclamación o admiración	*exclamation points*	(¡ !)
comillas	*quotation marks*	(“ ”)
raya	*dash*	(—)
guión	*hyphen*	(-)
paréntesis	*parentheses*	( )

La puntuación en español es similar a la puntuación en inglés, excepto que en el caso de una interrogación y de una exclamación se usa un signo invertido al principio de la frase además del que se usa al final: (¿ ?) (¡ !).

1. El *punto* se usa:

   a. Al final de una oración, de un párrafo, o de un escrito.

      Rosa llegó a las tres de la tarde.

   b. Con los números, para separar grupos de tres cifras (en inglés se usa la coma). Debe advertirse que este uso no se observa en todos los países de habla hispana ya que en algunos países se prefiere la forma inglesa.

      2.000; 5.345 *(2,000; 5,345)*

   c. Detrás de las abreviaturas.

      Srta. (señorita); **Atte.** (atentamente); **Sres.** (señores)

2. La *coma* se usa:

a. Para separar el nombre en vocativo.

Josefina, llámame el lunes. Llámame el lunes, **Josefina,** no el martes.

b. Para separar palabras o frases en serie.

Entró, se sentó, habló por teléfono y luego salió.

c. Para separar frases como **al parecer, por consiguiente, ahora bien, al menos.**

No la vi el martes, **por consiguiente**, no le di las noticias.

d. Para evitar la repetición de un verbo.

Ramona cenó en casa, Rubén, en la cafetería.

e. Para la separación de los decimales (en inglés se usa el punto).

2,6 (2.6) en inglés

3. Los *dos puntos* se usan:

a. En los saludos de las cartas.

Querido Ernesto: **Muy estimada Sra. Rosas:**

b. Para introducir citas textuales.

El mensaje decía: "Llego mañana a las siete."

c. Para enumerar el contenido de lo que se anunció previamente.

Juanito le pidió a los Reyes Magos (*Three Wise Men*) lo siguiente: una bicicleta, un bate y un guante de pelota.

d. En los diálogos de los personajes, después de las palabras **explicó, dijo, contestó**, etc.

El chico le preguntó al amigo:
—¿Dónde compraste el violín?
Y éste le contestó:
—No lo compré. Me lo regalaron mis padres.

e. Después de una enumeración, a modo de resumen.

Se portó como todo lo que es: un caballero.

4. El *punto y coma* indica una pausa mayor que la coma y se usa para separar frases y enumeraciones largas dentro de un párrafo.

No quiero hablar con ese vendedor tan insistente; si llama le dices que no estoy.

5. Las *comillas* se usan:

a. Cuando se cita literalmente a un autor.

El famoso libro de Cervantes empieza así: "**En un lugar de la Mancha, de cuyo nombre no quiero acordarme...**"

NOTA: Si el texto que va entre comillas es una oración completa, el punto final se pone *delante* de la comilla que cierra; si lo que está entre comillas es parte de una oración mayor, se pone el punto final *después* de la comilla que cierra.

Entré en la sala y sentí un olor raro. "**Caramba, se quemó la comida.**" Fui corriendo a la cocina para ver qué pasaba.

En aquella reunión todo el mundo opinaba y discutía sobre su futuro que parecía indicar que "**tenía todas las cualidades para ser una gran actriz**".

b. Para destacar los títulos de cuentos, películas, obras de arte, noticias de un periódico, poesías.

"**El árbol**" es un cuento de Elena Garro. La película "**Recuerdos del porvenir**" está basada en su novela del mismo nombre.

c. Cuando se introducen palabras extranjeras, o términos con sentido burlesco o irónico.

Su hermano Juan, el "**ojitos**" del barrio, era un "**yuppie**" que trabajaba sin cesar.

d. En las obras literarias, para expresar los pensamientos de los protagonistas.

Raúl salió lentamente, pensando: "**¿Cómo he de explicarle esto a Ana María?**"

6. El *paréntesis* se usa:

a. Para encerrar palabras o expresiones aclaratorias en un texto.

Leímos los párrafos asignados **(páginas 30–35)** antes de contestar las preguntas.
Visitó varias ciudades **(Guanajuato, Morelia y Zacatecas)** cuando estuvo en México.

b. En textos dramáticos para las acotaciones del autor.

Doña Marta: **(En voz baja)** No es que quiera criticar, pero...
Doña Ana: Bueno, bueno. Vámonos ya.
(Salen por el lado izquierdo.)

7. La *raya* se usa:

a. En los diálogos para indicar la persona que habla.

—¿Cómo te sientes? —le preguntó.
—Muy bien, ¿y tú?
—Muy bien también.

b. Para separar frases incidentales.

El Sr. Suárez **—que llamó ayer para una reservación—** dice que llegará el jueves en vez del martes.

Las frases incidentales también pueden estar separadas por comas o entre paréntesis.

8. El *guión* se usa:

a. para separar la palabra en sílabas.

ca-ri-ño es-pe-jo tra-ba-jo

b. en palabras compuestas.

méxico-americano teórico-práctico amor-odio

c. para indicar la parte de una palabra.

-mente -zco des- in-

9. Si una pregunta o una exclamación queda en el medio de una oración, no se usa letra mayúscula después del signo que abre la interrogación o la exclamación.

Sentimos que tocaban en la puerta y mi hermano me preguntó, **¿esperas a alguien?**

10. Los *puntos suspensivos* se usan:

a. Para indicar que la enumeración continúa.

Allí se encontraban profesores, estudiantes, directores...

b. Cuando se deja una frase sin terminar, en suspenso, o cuando se sobrentiende lo que sigue.

Yo le insistí, pero...bueno, no vale la pena repetirlo.

c. Para indicar temor, duda, o titubeo.

Pues...no sé que más pueda decir...

d. Para indicar que se omiten ciertos pasajes de un texto que se transcribe. En este caso los puntos suspensivos van entre corchetes [...] o entre paréntesis (...).

El día de su encuentro con Marta [...] tuvo la sensación de que todo había pasado ya.

Actividades

1. Ponga Ud. la puntuación que haga falta en el siguiente párrafo.

Enriqueta y Martín trabajan en los estudios de Hollywood por lo tanto tienen la oportunidad de conocer a muchos actores y a la vez conseguir entradas gratis a muchos estrenos ventajas que se consiguen en pocos empleos A los dos les encanta su trabajo Enriqueta trabaja de secretaria Martín de cinematógrafo

Al lado de los estudios está un cine que tiene asientos para unas 1500 personas no obstante van a tener que construir otro cine pues éste es tan popular que hace falta más espacio Cada vez que pueden Enriqueta y Martín entran se sientan y admiran la bella arquitectura del edificio sienten que tan bella obra se destruya para construir una de mayor tamaño —Enriqueta así es el progreso— dice Martín

II. Corrija el siguiente párrafo poniendo la puntuación que sea necesaria.

Estoy leyendo una obra muy interesante titulada En aquellos años. Esta monografía trata de la época de los setenta y es acerca de los hippies que vivían en Venice California En la primera parte páginas 1–3 se hace una introducción acerca de un grupo específico, y después habla de un personaje en particular el ángel del grupo El ángel, en un momento piensa para sí mismo y se pregunta Cómo es que yo me encuentro aquí, tan acompañado y a la vez tan solo

Aunque la mayor parte de los hechos ocurren en Venice se mencionan otros sitios Santa Cruz Santa Bárbara San Diego donde se encuentran otras comunidades preferidas por los hippies.

F La oración y sus elementos principales

Hay ocho tipos de palabras que se usan para formar las oraciones: nombre (o sustantivo), artículo, adjetivo, verbo, adverbio, pronombre, preposición y conjunción.

- El *nombre*: Designa personas, cosas, lugares y conceptos. **Juan, mesa, libertad.**
- El *artículo*: Acompaña y modifica el nombre o su equivalente. **el** río, **unas** casas.
- El *adjetivo*: Acompaña y modifica el nombre o su equivalente. rosa **blanca, cinco** programas.
- El *verbo*: Expresa acción o condición y es el elemento principal de la oración. Ella **juega.**
- El *adverbio*: Modifica el verbo, el adjetivo u otro adverbio. Llega **tarde.**
- El *pronombre*: Sustituye el nombre. **Ellos** salen. Mañana **los** veo.
- La *preposición*: Enlaza las palabras indicando la relación entre ellas. clase **de** español.
- La *conjunción*: Enlaza oraciones y palabras no complementarias. Ellos tocan la guitarra **y** ellas cantan y beben refrescos **o** vino.

1. *Oración* es toda palabra o conjunto de palabras con que se expresa un pensamiento. En toda oración hay dos partes: el sujeto y el predicado. *Sujeto* es la persona o cosa de la cual decimos algo. *Predicado* es todo lo que se dice del sujeto.

El volcán Paricutín (sujeto) **está en México** (predicado).

El Río Grande (sujeto) **nace en las montañas Rocallosas** (predicado).

2. Los predicados pueden ser nominales o verbales.

   a. *Predicado nominal* es el verbo **ser** o **estar** + complemento predicativo (sustantivo, adjetivo o pronombre).

predicado nominal
Mi madre **es** (verbo) **enfermera** (sustantivo).

predicado nominal
Los jóvenes **están** (verbo) **tristes** (adjetivo).

predicado nominal
El más generoso **es** (verbo) **él** (pronombre).

NOTA: Los verbos **ser** y **estar** se llaman verbos *copulativos* porque sirven de nexo entre el sujeto y el complemento predicativo. El complemento predicativo califica o clasifica al sujeto.

   b. *Predicado verbal* es el verbo + complementos (directos, indirectos o circunstanciales).

predicado verbal
Margarita **prepara** (verbo) **la cena de Nochebuena** (complemento directo).

predicado verbal
Le (complemento indirecto) **escribo** (verbo) **una carta** (complemento directo) **a mi novio** (complemento indirecto).

predicado verbal
El perro **duerme** (verbo) **en el patio** (complemento circunstancial).

El verbo del predicado verbal puede ser transitivo o intransitivo.

Verbo transitivo es el que no tiene completo su significado y necesita un complemento directo para completarlo.

El viento **mueve** **las hojas** (complemento directo). La madre **abraza** **a su hijo** (complemento directo).

Verbo intransitivo es el que tiene significado completo sin necesidad de complemento directo.

La niña **llora.** El avión **vuela.** La tierra **tiembla.**

c. Los complementos completan el significado del verbo. Pueden ser directos, indirectos o circunstanciales.

Complemento directo es la palabra o palabras que reciben directamente la acción del verbo transitivo. Generalmente se puede encontrar el complemento directo preguntándole al verbo "¿qué?" o "¿a quién?"

Hacemos **el trabajo.**	¿Qué hacemos? El trabajo.
Llamé a **Elena.**	¿A quién llamé? A Elena.

NOTA: El complemento directo va precedido de la preposición **a** cuando es persona o cosa personificada.

Veo **a** Luis.	Veo las montañas.
Conozco **a** tu primo.	Conozco el pueblo.
Llevamos **a** Fifí (el perro).	
Extraño **a** mi pueblo querido.	

Complemento indirecto es la palabra o palabras que indican a quién o para quién va dirigido el complemento directo. Generalmente se puede encontrar el complemento indirecto preguntándoles al verbo y al complemento directo "¿a quién?" o "¿para quién?"

Le llevamos las flores **a mi madre.**	¿A quién le llevamos flores? A mi madre.
Traigo el abrigo **para Carolina.**	¿Para quién traigo el abrigo? Para Carolina.

NOTA: Cuando el complemento indirecto es un sustantivo, va precedido de la preposición **a** o **para.** Los complementos directos o indirectos pueden también estar representados por un pronombre.

Los	conozco.	**Me**	escribió.
Nos	llamó.	**Le**	dijo.
complemento directo		complemento indirecto	

Complemento circunstancial es la palabra o palabras que modifican el significado del verbo denotando una circunstancia de lugar, tiempo, modo, materia, contenido, etc.

Salimos	<u>**de la Ciudad de México**</u> complemento circunstancial de lugar	<u>**a las tres de la tarde**</u>. complemento circunstancial de tiempo
Hacen	<u>**la tarea**</u> complemento directo	<u>**con mucho cuidado**</u>. complemento circunstancial de modo

Actividades

I. Indique en las siguientes oraciones el sujeto (S), el verbo (V) y los complementos (C): predicativo (pr), directo (dir), indirecto (ind), circunstancial (cir).

MODELO:

Ignacio Cervantes escribió muchas danzas.
S V C-dir

1. Manuel de Falla fue un gran compositor español.
2. Él escribió muchas obras importantes.
3. *El amor brujo* es un ballet muy conocido.
4. Falla le dejó una bella herencia musical al pueblo español.
5. Falla nació en 1876 y murió en 1946.
6. Rubén Darío fue un gran poeta nicaragüense.
7. Sus poemas son musicales.
8. Los versos fluyen con soltura.
9. Darío introdujo innovaciones en la poesía.
10. Él le escribió un poema a Walt Whitman.

II. Complete las oraciones con los elementos gramaticales que se especifican. Use las palabras que Ud. desee.

1. Ayer ____________ compré ____________.
   (sujeto) (complemento directo)
2. ____________ es ____________.
   (sujeto) (complemento predicativo)
3. La muchacha ____________ a su prima.
   (verbo)
4. Pablo trajo las flores para ____________.
   (complemento indirecto)
5. Llevo ____________ a la biblioteca.
   (complemento directo)

III. Subraye la opción que complete la oración con un complemento directo. ¡*Cuidado*! Todas las opciones tienen sentido gramatical, pero sólo una se clasifica como complemento directo.

1. Es verdad que le escribí
   a. sobre su decisión.
   b. por la noche.
   c. esa carta.
   d. a mi hermana.

2. Es importante que Julieta lave
   a. su ropa hoy.
   b. cada semana por lo menos.
   c. sin cansarse.
   d. de prisa.
3. Es muy tarde. ¿Vas a llamar
   a. a la oficina?
   b. a los muchachos?
   c. al mediodía?
   d. al menos?
4. Adán no puede contestarle
   a. a su padre.
   b. todas las preguntas.
   c. sin ponerse rojo.
   d. desde aquí.
5. Esta noche comeré
   a. en un restaurante.
   b. contigo.
   c. muy poco.
   d. algo especial.

Capítulo

Acueducto de Segovia construido por los romanos en España

- Vocabulario
- Lectura 1: "Una puerta hacia la historia"
- Lectura 2: "Santiago Calatrava"
- Del verbo: persona, número, modo y tiempo
- Presente de indicativo: verbos regulares y verbos irregulares
- Verbos reflexivos
- Verbos que expresan idea de cambio
- Interrogativos
- Exclamativos
- Repaso de acentuación
- Repaso de ortografía: **c**, **s**, **z**

Vocabulario

Antes de leer, repase el siguiente vocabulario que le ayudará a comprender la lectura.

Sustantivos

la belleza beauty
el castillo castle
el clima climate
la convivencia living together
el enriquecimiento enrichment
el gobierno government
la huella trace
el idioma language
la mezcla mixture
la obra work
el paisaje landscape
el puente bridge
el siglo century
el / la testigo witness
el valor value

Verbos

actuar to act
aterrizar (c) to land
conocer (zc) to know
dejar to leave behind; to allow
demostrar (ue) to show; to demonstrate
dirigir (j) to direct
durar to last
elegir (j) to elect; to choose
encontrar (ue) to find
hallar to find
influir (y) to influence
llegar to arrive
llevar to carry
merecer (zc) to deserve
recordar (ue) to remember; to remind
traer *irr.* **(traigo)** to bring
venir (g) (ie) to come

Adjetivos

hermoso beautiful
majestuoso majestic
mundial worldwide

Frases

al aire libre open air
al aterrizar upon landing
al mismo tiempo at the same time
cuerpo legislativo legislative body
hoy día nowadays
no solo ... sino que not only . . . but also

Cognados. En la lectura se usan muchas palabras que usted ya conoce. Dé en inglés el equivalente de los siguientes cognados y observe la ortografía de éstos. ¿Puede Ud. encontrar otros cognados?

catedral	acueducto	arquitectura	influencia
diversos	invadir	marca	religioso
fabuloso	funerario	monasterio	palacio

1. **Vista preliminar de algunas frases.** Recuerde que se usa un infinitivo después de una preposición. Equivale al inglés *preposition + -ing.*

Al aterrizar en Madrid…	*Upon landing in Madrid . . .*
Al traer el latín a la península…	*Upon bringing Latin to the peninsula . . .*
Al llegar a la ciudad…	*Upon arriving in the city . . .*
Después de haber tenido diversas formas de gobierno…	*After having had different forms of government . . .*

2. Uso de **se + verbo** en frases impersonales.

Se llega a una tierra de castillos…	*One arrives at a land of castles . . .*
Las huellas **se ven** en todos sus pueblos…	*One sees traces (Traces are seen) in all its towns . . .*
En El Escorial **se encuentran** las tumbas…	*One finds the tombs (The tombs are found) in El Escorial . . .*
En el museo **se hallan** magníficas colecciones…	*One finds magnificent collections (Magnificent collections are found) in the museum . . .*

Lectura I

Una puerta hacia la historia

Al aterrizar en el aeropuerto internacional de Barajas en Madrid, España, se llega a una tierra de castillos, catedrales góticas,° acueductos, puentes y pueblos medievales, donde el presente nos recuerda siglos de historia y lazos° culturales. La arquitectura es posiblemente el testigo más importante de la historia de España al dejar° ver la influencia de los diversos pueblos que la invadieron—fenicios,° griegos, romanos, germanos, árabes—los que dejaron su marca, no sólo en la mezcla racial, sino en la superimposición de nuevos elementos culturales que influyeron en lo que hoy es el pueblo español. Al mismo tiempo, la convivencia de tres grupos religiosos—los cristianos, los árabes y los judíos°—produjo° un enriquecimiento cultural de gran valor.

Gothic / *ties* / *allowing* / *Phoenicians* / *Jews / produced*

Las huellas de las distintas° civilizaciones que vivieron en España se ven en todos sus pueblos y ciudades. Los romanos, cuya dominación duró casi seis siglos, no sólo dejaron monumentos fabulosos, como el acueducto de Segovia, sino que al traer el latín a la Península Ibérica, contribuyeron a la formación del idioma español. Los árabes, que estuvieron en España siete siglos, también dejaron hermosos ejemplos de arquitectura árabe, como lo son el palacio de la Alhambra, en Granada, y la Mezquita° de Córdoba. Asimismo, los judíos constituyeron uno de los grupos más influyentes en la península y hoy día pueden apreciarse en Toledo bellos ejemplos de sinagogas, como la Sinagoga de Santa María la Blanca y el Tránsito.

different / *Mosque*

Entre° las grandes edificaciones° de España se encuentran la Catedral de Sevilla, de estilo gótico, y El Escorial, una mezcla de templo funerario, iglesia,° monasterio y palacio, situado a unas treinta millas de Madrid. Esta obra de un clasicismo majestuoso y severo fue construida por Felipe II en el siglo XVI y en ella se encuentran las tumbas° de varios reyes españoles. Contrastando con estos pueblos viejos, en la ciudad de Bilbao, en el norte de España, se encuentra el Museo Guggenheim, magnífico ejemplo de arquitectura moderna, construido a finales del siglo XX y visitado anualmente por millones de turistas.

among / buildings
church
tombs

Al llegar a Madrid es casi imposible resistirse a la idea de visitar el Museo del Prado, donde se hallan magníficas colecciones pictóricas° que incluyen obras de Francisco Goya, Diego Velázquez, Bartolomé Murillo, Pablo Picasso, Salvador Dalí y otros muchos pintores de fama mundial. Otro museo que merece ser visitado es el Museo Nacional Centro de Arte Reina Sofía donde existen siempre importantes exhibiciones de arte contemporáneo.

pictorial

En la literatura España ha producido figuras de alcance universal, como Miguel de Cervantes (1547–1616) en la novela y Lope de Vega (1562–1635) en el teatro. Estas dos figuras, lo mismo que William Shakespeare en Inglaterra, han servido de modelo y guía a todas las

Patio de los Leones en el palacio de la Alhambra, Granada, España

generaciones posteriores a través de los siglos. Es dato interesante que Cervantes y Shakespeare murieron el mismo año, uno en Madrid y el otro en Inglaterra. Muchos nombres han brillado° en el campo de la poesía, y entre los más conocidos y admirados en el siglo XX están Federico García Lorca, poeta y dramaturgo que murió trágicamente en el año 1936, durante la Guerra Civil española, Juan Ramón Jiménez y Vicente Aleixandre, ambos recipientes del Premio Nobel de Literatura: Jiménez en 1956 y Aleixandre en 1977.

have stood out

La importancia que tiene la literatura para el español es evidente en los muchos monumentos que existen en las distintas ciudades de España, empezando por el dedicado a Cervantes, en la Plaza de España en Madrid. Asimismo, muchas calles tienen nombres de escritores y poetas famosos, lo cual demuestra la importancia cultural que éstos tienen en la historia de este país.

España es rica en bellezas naturales, con montañas, costas y playas muy apreciadas por los visitantes que vienen de todo el mundo. Existe gran diversidad de paisajes y climas y en las distintas regiones de España no sólo encontramos diferencias climáticas y topográficas, sino también diferencias en los bailes, la música, las comidas, la indumentaria° y las tradiciones folklóricas. La variedad de bailes regionales es rica en contrastes y belleza y la sardana, la muñeira, la jota y la seguidilla son ejemplos de esta variedad. En la guitarra, nadie como el andaluz con su *cante jondo,* donde el guitarrista y el *cantaor* (el cantante) expresan con vehemencia° las emociones que llevan dentro.

clothing

vehemently

Después de haber tenido diversas formas de gobierno, especialmente la monarquía absoluta que dejó sentir su peso° en el Nuevo Mundo durante la Conquista y la Colonización, el país hoy

weight

EL INGENIOSO
HIDALGO DON QVI-
XOTE DE LA MANCHA,
Compuesto por Miguel de Ceruantes Saauedra.
DIRIGIDO AL DVQVE DE BEIAR,
Marques de Gibraleon, Conde de Benalcaçar, y Bañares, Vizconde de la Puebla de Alcozer, Señor de las villas de Capilla, Curiel, y Burguillos.

Año, 1605.

CON PRIVILEGIO,
EN MADRID, Por Iuan de la Cuesta.
Vendese en casa de Francisco de Robles, librero del Rey nro señor.

Cubierta de la primera edición de Don Quijote de la Mancha, *publicada en Madrid en 1605*

día está regido° por una monarquía parlamentaria-democrática dirigida por el rey Juan Carlos I, quien actúa como Jefe de Estado.° Existe también un presidente de gobierno, elegido dentro de las reglas de la democracia española, y un cuerpo legislativo formado por la Cámara de Diputados y el Senado.

ruled
Head of State

España es un mosaico de ricos colores, tanto en su historia como en su paisaje. Al viajar por las distintas ciudades se recibe la impresión de estar visitando museos al aire libre donde se pueden ver todos los elementos que han contribuido a su historia y a lo que hoy es el pueblo español.

Llene los espacios en blanco para completar las oraciones. Use los verbos que necesite en infinitivo o en presente.

1. Al ________________ en el aeropuerto internacional de Madrid, sentimos que hemos llegado a una tierra llena de historia.
2. Se puede ________________ la historia de España por las ________________ dejadas por las distintas civilizaciones que la invadieron.
3. Los romanos, que estuvieron en España casi seis ________________, no sólo dejaron catedrales, castillos y puentes, sino que al ________________ el latín a la península contribuyeron a la formación del español.

4. La ________________ de los judíos, los árabes y los cristianos produjo un ________________ cultural de gran valor.
5. En El Escorial se ________________ las tumbas de varios reyes españoles.
6. El ________________ de España es variado y rico en ________________ naturales con montañas y playas muy apreciadas por los visitantes.
7. Después de haber tenido diversas formas de gobierno, España ________________ ________________ está regida por una monarquía parlamentaria-democrática.
8. El autor dice que viajar por España es como visitar museos ________________ ________________.

Preguntas sobre la lectura

1. ¿Cree Ud. que es importante conocer la historia de un país antes de visitarlo? Explique su respuesta.
2. ¿Por qué se dice que la arquitectura es el testigo más importante de la historia de España?
3. Después de leer "Una puerta hacia la historia", ¿qué información que Ud. no sabía le interesó? Explique las razones de su respuesta.
4. ¿Qué ejemplos de arquitectura árabe menciona el autor?
5. ¿Dónde se encuentran las tumbas de varios reyes españoles? ¿Quién construyó este monasterio?
6. ¿Qué importancia tiene la literatura en la cultura de España? Explique su respuesta.
7. ¿Cuáles son los tres museos que menciona el autor? Diga algo sobre ellos.
8. ¿Qué bailes regionales menciona el autor?
9. ¿De qué región de España es el *cante jondo*?
10. ¿Qué tipo de gobierno existe hoy en España?

Temas de conversación

1. El autor dice que España es un mosaico de ricos colores. ¿Cómo interpreta Ud. esta frase?
2. Fíjese en el mapa de España en la página 23 y observe la posición que tiene con respecto al resto de Europa. ¿Cree Ud. que debido a su posición en el extremo occidental de Europa España debe sentirse aislada? Explique las razones para su respuesta. Localice en el mapa donde están las siguientes ciudades: Madrid, Segovia, Toledo, Bilbao, Sevilla y Córdoba. ¿Qué puede decir de ellas?
3. Busque en el texto dónde se describe el tipo de gobierno que existe en España. ¿Le gustaría a Ud. vivir bajo una monarquía? Explique su respuesta. ¿Cuál cree Ud. qué es la principal diferencia entre una monarquía y un gobierno democrático dirigido por un presidente?
4. ¿Ha visto Ud. un espectáculo (*show*) con bailes regionales de España? ¿Con bailes folklóricos de México? ¿Qué puede decir de estas dos manifestaciones folklóricas?
5. España atrae mucho turismo de todas las partes del mundo. ¿Por qué cree Ud. que ocurre esto?

Vocabulario

Antes de leer, repase el siguiente vocabulario que le ayudará a comprender la lectura.

Sustantivos

el diseño design
el elogio praise
el escultor sculptor
el rascacielos skyscraper

Verbos

alimentarse de to feed on
conceder to grant
destacar to emphasize
matricularse to enroll

Adjetivos

acristalado glass-like
duradero lasting
caluroso warm
célebre famous

Expresiones

acabar de + inf. to have just + *pres. part.*
a través de through

Lectura 2

Santiago Calatrava

El nombre del arquitecto e ingeniero español Santiago Calatrava acaba de ser inscrito° en la pared de honor del Instituto de Arquitectos Estadounidenses al concedérsele la Medalla de Oro 2005. Este premio se creó para reconocer el talento de los individuos cuyo trabajo ha tenido una influencia duradera en la teoría y en la práctica de la arquitectura. Al recibir el premio, el célebre arquitecto destacó la calurosa acogida° que le ha dado Estados Unidos, país en el que reside, viajando entre Zurich, Valencia y Nueva York. También en su discurso, al aceptar la Medalla de Oro, se refirió a este país como a "un gran crisol° en el que nos mezclamos todos".

inscribed · *reception* · *melting pot*

Santiago Calatrava nació en Valencia, España, en 1951. En esta ciudad cursó estudios en la Escuela de Arquitectura. Al graduarse, en 1975, se matriculó en el Instituto Federal de Tecnología en Zurich, Suiza, donde estudió ingeniería civil. Al terminar su tesis doctoral, en 1981, comenzó a trabajar como arquitecto e ingeniero.

Su estilo personal combina el mundo de la arquitectura con los principios rígidos de la ingeniería y su obra está ligada° a las formas y

related

estructuras que encontramos en la naturaleza. El gran arquitecto francés Le Corbusier tuvo gran influencia en el desarrollo de su creación.

Aunque Calatrava es conocido principalmente como arquitecto, es también un prolífico escultor y pintor y afirma que en la arquitectura él combina todas las artes en una. Su estilo es una combinación de lo visual que se entrelaza° armoniosamente con los rígidos principios de la ingeniería. Su trabajo se alimenta de las formas y estructuras que aparecen en el mundo natural. *interacts*

Su obra ha elevado el diseño de algunos proyectos de ingeniería, como los puentes, a nuevas alturas. Las numerosas estaciones de trenes que ha diseñado son alabadas° por su amplio y cómodo espacio. *praised*

Uno de los proyectos más recientes de este arquitecto es un rascacielos residencial compuesto de diez "townhouses" en forma de cubos, uno sobre otro. Estos "townhouses in the sky" han atraído a mucha gente que está dispuesta a pagar la respetable suma de treinta millones de dólares. Será construido en el distrito financiero en Nueva York, frente al East River. Entre otras de las obras que hay que mencionar están la expansión del Museo de Arte de Milwaukee, el puente James Joyce en Dublín, el aeropuerto Sondica en Bilbao, y el interior del principal estadio olímpico en Atenas, con el techo movible.

Es Santiago Calatrava el ingeniero y arquitecto que ideó la futura Terminal de Transportes de la Zona Cero de Manhattan, uno de los proyectos más intensos de su carrera y al que dedicará buena parte de su tiempo durante los próximos años. Para este lugar Calatrava ha diseñado una estructura acristalada, a través de la cual se colará gran cantidad de luz, y se abrirá cada 11 de septiembre en homenaje a las víctimas de los atentados° del año 2001. Este proyecto recibió numerosos elogios en los periódicos, y el crítico del *New York Times* llamó al ingeniero "el poeta más grande de la arquitectura del transporte". *assaults*

La luz y el color blanco caracterizan las creaciones de Calatrava, que según él dice son un reflejo de su Valencia natal y también de su herencia mediterránea.

Preguntas sobre la lectura

1. ¿Con qué propósito se creó el premio Medalla de Oro? ¿Qué organización lo creó?
2. ¿Qué destacó Calatrava en su discurso al recibir la Medalla de Oro en Estados Unidos?
3. Describa el estilo personal de Calatrava. ¿Quién influyó en su obra?
4. Mencione algunas obras de Calatrava que se han construido en los Estados Unidos.
5. ¿A qué proyecto se dedicará en los próximos años?
6. Según Calatrava, ¿qué representan para él la luz y el color blanco?
7. ¿Qué recuerda Ud. de los hechos del 11 de septiembre de 2001? ¿Qué consecuencias ha traído dicho evento?

Gramática

A Del verbo: persona, número, modo y tiempo

1. El verbo expresa una acción o indica un estado o una condición.

   Rafael **canta** con el coro de la iglesia pero hoy **está** enfermo y no **puede ir** al ensayo.

   a. El infinitivo es el nombre del verbo y es la forma que aparece en los diccionarios. Corresponde a *to + verb*.

   comprar **vender** **recibir**

   b. El verbo cambia de forma para indicar la persona, el número, el tiempo y el modo. Estos cambios o accidentes tienen gran importancia porque indican quién hace la acción, cuándo ocurre y la actitud de la persona que habla con respecto a esta acción.

   compro: primera persona singular del presente de indicativo
   compraran: tercera persona plural del imperfecto de subjuntivo

   c. De acuerdo con la terminación del infinitivo, los verbos en español pertenecen a una de las tres conjugaciones:

   Primera conjugación: El infinitivo termina en **-ar.**
   Segunda conjugación: El infinitivo termina en **-er.**
   Tercera conjugación: El infinitivo termina en **-ir.**

   d. Existe un modelo regular para cada conjugación. La mayoría de los verbos cambian de acuerdo con este modelo regular.

Primera conjugación		*Segunda conjugación*		*Tercera conjugación*	
AMAR		COMER		ESCRIBIR	
amo	amas	como	comes	escribo	escribes
ama	amamos	come	comemos	escribe	escribimos
amáis	aman	coméis	comen	escribís	escriben
Otros verbos		*Otros verbos*		*Otros verbos*	
cantar		beber		vivir	
bailar		leer		recibir	
comprar		romper		dividir	

e. Los verbos que son irregulares no siguen el modelo de los verbos regulares. Algunos verbos sufren cambios ortográficos o cambio de vocal en la raíz. En este libro estos cambios están indicados y aparecen entre paréntesis junto al infinitivo.

perder **(ie)** *(to lose)* **pierdo**	volver **(ue)** *(to return)* **vuelvo**
pedir **(i)** *(to ask for)* **pido**	dirigir **(j)** *(to direct; to conduct)* **dirijo**
conocer **(zc)** *(to know)* **conozco**	vencer **(z)** *(to win, to defeat)* **venzo**

f. Hay un pequeño número de verbos cuyas irregularidades son completamente caprichosas y, por lo tanto, no pertenecen a ningún grupo. Como se verá más adelante, dos de estos verbos son **ser** e **ir.**

2. Cuando en clase conjugamos un verbo, presentamos las distintas formas o cambios que indican la persona y el número en los distintos tiempos y modos.

a. La raíz *(root, stem)* es la parte que antecede a la terminación del verbo.

compr ar **vend** er **recib** ir

b. La terminación es todo lo que se añade detrás de la raíz. Indica la persona, el número, el tiempo y el modo.

compr **as** compr **aron**

NOTA: Puesto que la terminación del verbo indica la persona y el número, no es necesario el pronombre correspondiente en los casos que no ofrecen ambigüedad.

(yo) converso	**yo** trabajaba
(nosotros) conversamos	**ella, él, Ud.** trabajaba

3. Hay tres personas: primera, segunda y tercera.

Persona gramatical	*Pronombre sujeto correspondiente* *Singular*	*Plural*	*Persona actual indicada por la forma gramatical*
1ª	**yo**	**nosotros (-as)**	quien habla
2ª	**tú**	**vosotros (-as)**	con quien se habla
	Ud.	**Uds.**	
3ª	**él, ella**	**ellos (-as)**	de quien se habla
	ello		de que se habla

NOTAS: **Ud.** y **Uds.** gramaticalmente son formas de tercera persona; se usan con las formas verbales de tercera persona. Sin embargo, por su significado, **Ud.** y **Uds.** son formas de segunda persona puesto que indican la persona **con quien se habla.**

El pronombre sujeto es el que determina el número y la persona en una forma verbal. En las conjugaciones que aparecen en este texto se usan **Ud.** y **Uds.** para las formas verbales de tercera persona. Recuerde que estas mismas formas verbales son las que se usan para los otros pronombres sujeto de tercera persona **(él, ella, ello, ellos, ellas),** después de nombres de personas (Srta. Suárez, Miriam y Encarnación, los Maldonado) y después de sustantivos usados como sujetos (el árbol, los perros, el avión, los estudiantes).

4. Los modos son cambios del verbo que expresan la actitud de una persona ante una acción o estado verbal. Hay tres modos: modo indicativo, modo subjuntivo y modo imperativo.

El *modo indicativo* se usa para informar sobre una acción o condición de una manera definida y objetiva. Expresa los hechos como reales o verdaderos. El indicativo puede usarse en las cláusulas principales o en las cláusulas subordinadas cuando se refieren con certidumbre a un hecho.

Leonor **habla** con Andrea por teléfono.
Andrea **vive** en Sevilla.

Cláusula principal		*Cláusula subordinada*
Leonor **dice**	que	Andrea **vive** en Sevilla.
Es cierto	que	Leonor y Andrea **son** primas.

Las distintas formas del *modo subjuntivo* generalmente se usan en cláusulas subordinadas y expresan de una manera subjetiva un hecho o condición que depende de la actitud mental del sujeto de la cláusula principal. Esta actitud puede ser dudosa, emocional, incierta o indefinida.

Cláusula principal		*Cláusula subordinada en subjuntivo*
Dudo	que	Uds. **puedan** visitar el Museo del Prado en Madrid.
Los turistas deseaban	que	los **llevaran** al museo
Me alegro de	que	**hayan podido** ver los cuadros *(paintings)* de Velázquez.
No es cierto	que	**tengan** obras de arte moderno.

El *modo imperativo* se usa para dar órdenes.

Jaime, **cierra** las ventanas por favor.
Niños, no **hablen** en clase.

5. Los tiempos son las distintas formas que tiene el verbo para indicar cuándo se verifica la acción. Hay tiempos simples y tiempos perfectos. Los *tiempos simples* no necesitan de otro verbo auxiliar. Los *tiempos perfectos* necesitan del verbo auxiliar **haber.**

a. El *modo indicativo* tiene diez tiempos.

Tiempos simples		*Tiempos perfectos*	
Presente:	**compro**	Presente perfecto:	**he comprado**
Pretérito:	**compré**	Pretérito perfecto:	**hube comprado**
Imperfecto:	**compraba**	Pluscuamperfecto:	**había comprado**
Futuro:	**compraré**	Futuro perfecto:	**habré comprado**
Condicional:	**compraría**	Condicional perfecto:	**habría comprado**

b. El *modo subjuntivo* tiene seis tiempos. El futuro y el futuro perfecto están casi en desuso hoy día y se encuentran rara vez en la literatura. Por este motivo no los incluimos y sólo anotamos cuatro tiempos.

Tiempos simples		*Tiempos perfectos*	
Presente:	**compre**	Presente perfecto:	**haya comprado**
Imperfecto:	**comprara** (**comprase**)	Pluscuamperfecto:	**hubiera comprado** (**hubiese comprado**)

c. Las formas del modo imperativo para **tú** y **vosotros** son:

compra (tú) **comprad** (vosotros) no **compres** (tú) no **compréis** (vosotros)

Para el imperativo con **Ud.**, **Uds.** y **nosotros** se usan las formas correspondientes al presente de subjuntivo.*

compre (Ud.) **compren** (Uds.) **compremos**

B Presente de indicativo: verbos regulares y verbos irregulares

1. El presente de indicativo se usa:

- Para expresar acciones que ocurren en el momento en que se habla.
  Hablo con mis amigos.
- Para expresar acciones que ocurrirán en el futuro.
  Mañana **salgo** para Barcelona.
- Para expresar verdades generales.
  El cielo **es** azul.
- Para expresar acciones que ocurren habitualmente.
  Van a la corrida de toros todos los domingos.
- Para expresar un pasado histórico.
  Cervantes **muere** en 1616.
- Con la frase **por poco** para expresar una acción pasada que no ocurrió.
  Por poco **vengo** a verte ayer. *I almost came to see you yesterday.*
- Para expresar un mandato.
  ¿Me **traes** un vaso de agua, por favor?
- Para expresar la idea de *shall.*
  ¿Nos **vamos?** *Shall we go?*

*Ver capítulo 5, Presente de subjuntivo, páginas 164–165.

2. Verbos regulares

Verbos terminados en		
-ar	*-er*	*-ir*
COMPRAR	VENDER	RECIBIR
compr **o**	vend **o**	recib **o**
compr **as**	vend **es**	recib **es**
compr **a**	vend **e**	recib **e**
compr **amos**	vend **emos**	recib **imos**
compr **áis**	vend **éis**	recib **ís**
compr **an**	vend **en**	recib **en**

Actividades

I. **Práctica.** Use el presente de indicativo para dar el equivalente de las siguientes oraciones.

1. *I almost told María that you were not coming tomorrow.*
2. *Pablo Neruda is born in Chile in 1904 and dies in 1973.*
3. *Bring me the check, please.*
4. *Shall we dance?*
5. *I'll see you tomorrow.*
6. *We almost bought you that coat.*

II. **Una entrevista.** Piense que Ud. es un(a) estudiante norteamericano(a) que está estudiando arquitectura en la Universidad de Barcelona. Un compañero de clase le hace una entrevista para publicarla en el periódico de la universidad. Conteste sus preguntas.

1. ¿Desde cuándo estás en Barcelona?
2. ¿Es la primera vez que estás en esta ciudad?
3. ¿Hablas español muy bien. ¿Es el idioma que hablan en tu casa?
4. ¿Es verdad que actualmente estudias el catalán?
5. ¿Dónde vive tu familia en los Estados Unidos?
6. ¿Crees que la Universidad de Barcelona es un lugar bueno para estudiar arquitectura? ¿Por qué?
7. ¿Qué deseas hacer al terminar los estudios de arquitectura?
8. ¿Piensas viajar por España antes de regresar a los Estados Unidos?

III. **Entrevistas.** Para conocer mejor a sus compañeros de clase, trabaje con uno o dos estudiantes pidiéndoles información acerca de su familia, sus estudios o su trabajo. ■

3. Verbos con cambios ortográficos.

a. Algunos verbos sufren cambios ortográficos para indicar que la pronunciación de la raíz no cambia cuando añadimos ciertas terminaciones. Como se verá más tarde estos cambios ocurren en el presente de indicativo así como en el imperativo y en el subjuntivo.*

*Ver capítulo 5, páginas 158–160; 165–166.

Terminación del verbo	Cambio	Infinitivo		Presente de indicativo
-cer, **-cir** (con consonante delante de la terminación)	**c → z** ante **a, o**	vencer *(to defeat)* ejercer *(to practice)*	(yo)	**venzo** **ejerzo**
-cer, **-cir** (con vocal delante de la terminación)	**c → zc** ante **a, o**	aparecer *(to appear)* conocer *(to know)* merecer *(to deserve)* obedecer *(to obey)* padecer *(to suffer from)* traducir *(to translate)* producir *(to produce)*	(yo)	**aparezco** **conozco** **merezco** **obedezco** **padezco** **traduzco** **produzco**
-ger, **-gir**	**g → j** ante **a, o**	proteger *(to protect)* dirigir *(to direct)* escoger *(to choose)*		**protejo** **dirijo** **escojo**
-guir	**gu → g** ante **a, o**	seguir *(to continue)* distinguir *(to distinguish)*		**sigo** **distingo**
Verbos terminados en **-uir** llevan **y**	**i → y**	huir *(to flee)*	**huyo** **huyes** **huye**	huimos huís **huyen**
		incluir *(to include)*	**incluyo** **incluyes** **incluye**	incluimos incluís **incluyen**

Otros verbos que pertenecen a este grupo son: **construir, destruir, distribuir, atribuir.**

b. Cambios en la acentuación

Algunos verbos terminados en **-iar** y **-uar** (excepto **-guar**) llevan acento escrito en la vocal débil cuando, en la conjugación, ésta tiene el acento hablado. Observe también el uso del acento escrito en verbos como **reír** y **reunir.**

ENVIAR *(to send)*	ACTUAR *(to act)*	REÍR(SE) *(to laugh)*	REUNIR *(to gather)*
envío	**actúo**	**me río**	**reúno**
envías	**actúas**	**te ríes**	**reúnes**
envía	**actúa**	**se ríe**	**reúne**
enviamos	actuamos	nos reímos	reunimos
enviáis	actuáis	os reís	reunís
envían	**actúan**	**se ríen**	**reúnen**

Otros verbos:

ampliar *(to enlarge)*	continuar *(to continue)*	
enfriar *(to chill)*	efectuar *(to carry out)*	sonreír *(to smile)*
guiar *(to guide)*	situar *(to locate)*	
	acentuar *(to accentuate)*	
	graduar(se) *(to graduate)*	

NOTA: Los siguientes verbos terminados en **-iar** y **-uar** son regulares: estudiar, cambiar, limpiar, anunciar, divorciarse.

Actividades

I. **Mi auto híbrido.** Usted conversa con su amigo Ernesto acerca de los nuevos autos. Con un compañero de clase completen el siguiente diálogo con la forma correcta del verbo entre paréntesis.

Ernesto: ¿Qué auto (conducir) ______?
Ud.: (Conducir) ______ un Toyota Prius. Usa una combinación de gasolina y electricidad.
Ernesto: ¡Ah! Por lo visto tú (proteger) ______ el medio ambiente.
Ud.: Claro, pero también (yo) (proteger) ______ mi bolsillo. ¡Qué cara está la gasolina!
¿Y tú? ¿(Seguir) ______ con tu SUV?
Ernesto: No, ahora (conducir) ______ un Honda, así que también (contribuir) ______ a la protección del medio ambiente. Mi esposa es quien (escoger) ______ el auto en la familia y siempre me (convencer) ______ para bien.
Ud.: ¡Ajá! *(It)* (parecer) _____ que (tú) (huir) _____ de las decisiones difíciles.

II. **En la oficina de correos.** Trabaje con un(a) compañero(a) de clase. Conteste las preguntas que le hace; después hágale las mismas preguntas que él (ella) debe contestar. Escriba sus respuestas prestando atención a la ortografía y a la acentuación de los verbos.

1. ¿Envías las cartas para tu padre por correo ordinario o por avión?
2. ¿Diriges las cartas a su oficina o a la casa?
3. ¿Tienes un apartado postal *(P.O. Box)*? ¿Dónde recoges la correspondencia, en la oficina de correos o la envían a tu casa?
4. ¿Dónde consigues los giros postales *(money orders)*?
5. ¿Certificas los paquetes que mandas o los aseguras *(insure)*?

III. **Los musulmanes en España.** Llene los espacios en blanco con el presente de indicativo de los verbos que aparecen entre paréntesis. Observe el uso del presente histórico.

La gran influencia romana (continuar) ______________ a pesar de la presencia de otras culturas ya que los visigodos mantienen la lengua hispano-romana, las leyes y las costumbres, así como el cristianismo. Más tarde, en el año 711, los musulmanes (árabes, moros y bereberes) comienzan a entrar por el sur. Éstos (vencer) ______________ a los visigodos y logran dominar casi toda la península. Los musulmanes (traer) ______________ su arquitectura, su arte y sus sistemas de irrigación. (Introducir) _______________ un nuevo estilo a base de arcos de herradura *(horseshoe arches)* y columnas delgadas y (construir) _______________ la impresionante Mezquita de Córdoba, la Alhambra en Granada y la Giralda en Sevilla. (Establecer) _______________ su capital en Córdoba donde se (reunir) _______________ estudiantes para estudiar matemáticas, ciencias y medicina. Los musulmanes (permanecer) _______________ en la Península ocho siglos hasta que los reinos cristianos se (unir) _______________ para reconquistar sus tierras.

IV. **Pablo Picasso.** En el siguiente párrafo se habla del famoso pintor español Pablo Picasso (1881–1974). Complételo usando el presente de los verbos que están entre paréntesis para expresar el presente histórico.

Aunque Pablo Picasso _______________ (vivir) en Francia por muchos años, siempre _______________ (seguir) conectado con España, su patria de origen. Su fuerza creadora _______________ (influir) en los artistas de su época. La destrucción de Guernica en 1937 por un bombardeo aéreo *(air raid)* le _______________ (inspirar) su famoso cuadro que, ese mismo año, se _______________ (exhibir) en el pabellón español de la exposición de París. Picasso _______________ (nacer) en 1881 en la ciudad de Málaga y muere en Francia en 1974.

Guernica *(1937) de Pablo Picasso. Este cuadro está actualmente en el Centro de Arte Reina Sofía, en Madrid.*

V. En esta página aparece el cuadro *Guernica* de Pablo Picasso. Conteste las siguientes preguntas.

1. ¿Qué figuras puede Ud. encontrar en este cuadro?
2. ¿Qué animales aparecen?
3. ¿Qué sentimientos cree Ud. que expresan las bocas abiertas?

4. Verbos con cambios en la raíz.

Algunos verbos sufren cambios en la raíz cuando ésta lleva acento tónico o hablado. Estos cambios ocurren en el presente en las formas correspondientes a **yo, tú, Ud., Uds., él / ella,** y **ellos / ellas / ello.** Como se verá más adelante, el cambio de **e → ie** ocurre también en el pretérito en **Ud.** y **Uds.*** Estos verbos se agrupan de acuerdo con el cambio que sufren.

Cambio	*Presente de indicativo*		*Otros verbos*
	CERRAR		
e → ie	**cierro**	cerramos	apretar *(to tighten)*, defender *(to defend)*, divertirse *(to have fun)*, empezar *(to begin)*, gobernar *(to govern)*, mentir *(to lie)*, pensar *(to think)*, preferir *(to prefer)*, querer *(to want)*, sentir *(to feel)*, sugerir *(to suggest)*
	cierras	cerráis	
	cierra	**cierran**	
	ENCONTRAR		
o → ue	**encuentro**	encontramos	contar *(to count)*, costar *(to cost)*, dormir *(to sleep)*, morir *(to die)*, mostrar *(to show)*, poder *(to be able)*, recordar *(to recall)*, rodar *(to roll)*, rogar *(to beg)*, volver *(to return)*
	encuentras	encontráis	
	encuentra	**encuentran**	
	PEDIR		
e → i	**pido**	pedimos	conseguir *(to get)*, impedir *(to impede)*, medir *(to measure)*, reír *(to laugh)* reñir *(to quarrel)*, repetir *(to repeat)*, seguir *(to follow)*, servir *(to serve)*, vestirse *(to get dressed)*
	pides	pedís	
	pide	**piden**	

NOTA: **Adquirir** *(to aquire)*, **inquirir** *(to inquire)*, **oler** *(to smell)* y **jugar** *(to play)* pertenecen a esta categoría de verbos.

ADQUIRIR (i → ie)		JUGAR (u → ue)		OLER (o → hue)	
adquiero	adquirimos	**juego**	jugamos	**huelo**	olemos
adquieres	adquirís	**juegas**	jugáis	**hueles**	oléis
adquiere	**adquieren**	**juega**	**juegan**	**huele**	**huelen**

5. Verbos irregulares.

a. Los siguientes verbos tienen irregularidades propias.

TENER	VENIR	DECIR
tengo	**vengo**	**digo**
tienes	**vienes**	**dices**
tiene	**viene**	**dice**
tenemos	venimos	decimos
tenéis	venís	decís
tienen	**vienen**	**dicen**

*Ver capítulo 2, Pretérito: formas, páginas 64–65.

IR	SER	ESTAR	HABER	OÍR
voy	**soy**	**estoy**	**he**	**oigo**
vas	**eres**	**estás**	**has**	**oyes**
va	**es**	**está**	**ha**	**oye**
vamos	**somos**	estamos	**hemos**	**oímos**
vais	**sois**	estáis	habéis	oís
van	**son**	**están**	**han**	**oyen**

b. Los siguientes verbos tienen irregularidad sólo en la primera persona (yo) del singular.

hacer: **hago**	caer(se) (me) **caigo**
poner: **pongo**	dar: **doy**
salir: **salgo**	saber: **sé**
traer: **traigo**	ver: **veo**
valer: **valgo**	caber: **quepo**

NOTA: Los verbos derivados de otros verbos siguen las irregularidades de éstos en todos sus tiempos:

Como **tener**: mantener *(to maintain, support)*, contener *(to contain)*, detener *(to detain)*

Como **hacer**: deshacer *(to undo)*, rehacer *(to redo)*, satisfacer *(to satisfy)* (sustituye la **h** por **f**).

Como **venir**: convenir *(to agree)*, intervenir *(to intervene)*

Como **decir**: predecir *(to foretell)*, desdecir *(to deny)*

Actividades

I. **Don Quijote.** Complete las frases con el presente de indicativo de los verbos que aparecen entre paréntesis.

Don Quijote de la Mancha ________________ (ser) una obra universal en la que Miguel de Cervantes ________________ (unir) lo trágico con lo cómico, y lo real con lo irreal en una forma maravillosa. Esta novela de caballerías *(book of chivalry)* ________________ (divertir) y ________________ (dar) gusto a todo el que la lee. En ella ________________ (existir) gran profundidad psicológica y filosófica. Don Quijote, acompañado de su escudero *(shield bearer)* Sancho Panza, ________________ (ir) de aventura en aventura por los caminos de España luchando contra los males y las injusticias que ________________ (existir) en el mundo. Un gran sentido de justicia lo ________________ (acompañar) siempre para defender sus ideales. La frase "luchar contra molinos de viento", que ________________ (querer) decir luchar contra cosas imaginarias, ________________ (proceder) de un episodio de esta novela. En este episodio Don Quijote ________________

Molinos de viento en La Mancha, España

(pensar) que los molinos ________________ (ser) gigantes y por más que Sancho le ________________ (decir) que él no ________________ (ver) gigantes sino molinos, Don Quijote ________________ (lanzarse) *(to throw oneself)* al ataque y pronto ________________ (rodar) *(roll)* por el suelo junto con su caballo Rocinante. Cervantes ________________ (morir) en 1616, pero la figura del caballero andante *(knight errant)* ________________ (ser) inmortal.

II. ¿Conoce Ud. a una persona que, como Don Quijote, lucha contra las injusticias y los males de la sociedad? Escriba unos dos o tres párrafos (o hable en clase) sobre esta persona y sus ideales.

III. **Mi ciudad.** Imagínese que Ud. tiene un amigo en Madrid que piensa venir a vivir a los Estados Unidos. Él desea saber cómo es la vida en un pueblo pequeño o en una ciudad grande de este país. Con un compañero de clase, decidan qué información le van a dar a su amigo. Después escríbale una carta a su amigo dándole la información.

IV. **Una entrevista.** Usted tiene una entrevista con el comité de una organización que ofrece becas para estudiantes que quieren seguir estudiando español. Explique por qué Ud. estudia español. Explique si necesita el español en su trabajo o profesión, o si alguien en su familia habla este idioma. Dé todos los detalles para darle al comité una buena impresión de sus cualidades.

6. Verbo + **preposición** + infinitivo. Hay ciertos verbos que requieren el uso de la preposición **a, de** o **en** cuando van seguidos de un infinitivo.*

Nos sentamos a comer a las siete.
Te invito a cenar esta noche.
Dejan de fumar antes de entrar.
Tratan de no molestar.
Siempre **tardan** mucho **en** llegar.

acabar de	comenzar a	ir a	sentarse a
acordarse de	consentir en	llegar a	terminar de
alegrarse de	convenir en	olvidarse de	venir a
aprender a	empezar a	quedar en	volver a
ayudar a	insistir en	quejarse de	

Actividades

I. **Práctica.** Complete las oraciones con la preposición **a, de** o **en** según sea necesario. Si no se necesita la preposición, escriba el símbolo **Ø.**

1. Si dejas __________ practicar no vas a estar preparado para el juego.
2. No me acuerdo __________ si le di las llaves o no.
3. Los niños insisten __________ ver esa película de aventuras.
4. Ella siempre se queja __________ cuando hay un examen.
5. Debes acordarte __________ felicitar a tu prima en su cumpleaños.
6. Nosotros quedamos __________ vernos el domingo por la tarde.
7. ¿A qué hora terminan Uds. __________ comer?
8. ¿Quién te va a ayudar __________ mover las sillas?

II. **Una película.** Complete las oraciones con la preposición **a, de** o **en** según sea necesario. Si no se necesita la preposición, escriba el símbolo **Ø.**

Julieta y yo quedamos _____ ir al cine este fin de semana. Nos gusta ______ ver películas extranjeras, sobre todo películas españolas. Esta vez vamos ______ ver una película de Pedro Almodóvar, aunque Julieta prefiere _______ ver una con Penélope Cruz. Además de ser muy guapa, esta actriz tiene mucho talento. Empieza _______ actuar a los catorce años. Aprende ______ hablar inglés para trabajar en el cine norteamericano y muy pronto consigue ______ integrarse al mundo de Hollywood. Como Antonio Banderas, ella también llega _______ ser popular en los Estados Unidos.

*Ver capítulo 10, verbos que van seguidos de preposición y los que se usan sin ella, página 316.

C Verbos reflexivos

1. En español se usa con mucha frecuencia *el reflexivo*. En general, se emplea para indicar que la misma persona que ejecuta la acción del verbo la recibe o para expresar una relación recíproca entre dos o más personas.

   Alberto **se afeita, se baña** y **se desayuna** antes de ir al trabajo.
   Pablo y Virginia **se aman** con locura.
   Ellos y yo **nos llamamos** con frecuencia.

2. Los verbos reflexivos se usan con los pronombres reflexivos **me, te, se, nos, os, se.** Los pronombres reflexivos se colocan delante de un verbo conjugado o al final de un infinitivo o, como se verá más adelante, al final de un gerundio o un mandato afirmativo.*

   Los niños siempre **se acuestan** a las ocho pero nosotros **nos acostamos** más tarde.
   ¿Quieres **levantarte** temprano? o ¿**Te quieres** levantar temprano?

   a. Muchos verbos que son transitivos** pueden usarse en forma reflexiva.

Lavo la ropa.	**Me lavo** la cara.
Elisa **peina** a la niña.	Elisa **se peina**.
Ponemos el abrigo en el armario.	**Nos ponemos** el abrigo.
¿**Bañaste** a tu hermanito?	¿Ya **te bañaste**?
Debo **despertar** a los chicos.	Debo **despertarme** temprano.

   b. Hay verbos que por su significado, o por la idea que expresan, se usan en forma reflexiva. En algunos casos van acompañados de las preposiciones **a, de** o **en.**

alegrarse (de)	*to rejoice*
arrepentirse (de) (ie)	*to repent, regret*
asomarse (a)	*to look out of*
atreverse (a)	*to dare*
burlarse (de)	*to make fun of*
darse cuenta (de)	*to realize*
desmayarse	*to faint*
empeñarse (en)	*to insist on*
enterarse (de)	*to find out*
equivocarse	*to make a mistake*
portarse bien (mal)	*to behave (misbehave)*
quejarse de	*to complain*
resignarse (a)	*to resign oneself*
suicidarse	*to commit suicide*

*Ver capítulo 7, página 222.
**Ver capítulo preliminar, página 16.

Me resigno a mi suerte.
Ella **se dio cuenta de** su error.
La niña **se ha empeñado en** que la llevemos a patinar.
El pobre hombre **se suicidó** anoche.
Me arrepiento de lo que dije.

c. Algunos verbos cambian de significado al usarse en forma reflexiva.

abonar	*to fertilize; pay*	**abonarse**	*to subscribe*
aburrir	*to bore*	**aburrirse**	*to get bored*
acordar	*to agree to*	**acordarse de**	*to remember*
cansar	*to tire (someone)*	**cansarse**	*to get tired*
casar	*to marry*	**casarse**	*to get married*
comer	*to eat*	**comerse**	*to eat . . . all up*
conducir	*to drive*	**conducirse**	*to behave*
cortar	*to cut*	**cortarse**	*to get . . . cut*
despedir	*to dismiss*	**despedirse**	*to say good-bye*
dormir	*to sleep*	**dormirse**	*to fall asleep*
hacer	*to do; make*	**hacerse**	*to become*
ir	*to go*	**irse**	*to go away; leave*
llamar	*to call*	**llamarse**	*to be called*
llevar	*to carry; take*	**llevarse**	*to take away*
negar	*to deny*	**negarse**	*to refuse*
parecer	*to seem; look like*	**parecerse**	*to look alike*
poner	*to put*	**ponerse**	*to put on; to become*
probar	*to taste; try*	**probarse**	*to try on*
quitar	*to take away*	**quitarse**	*to take off*
sentar	*to place; set*	**sentarse**	*to sit down*
volver	*to return*	**volverse**	*to turn around; become*

Él **parece** un payaso.	Ella **se parece** a su madre.
El ministro **casó** a los novios.	Ellos **se casarán** en la primavera.
Llevo a los niños a la escuela.	El ladrón **se llevó** las joyas.

3. Para expresar una acción recíproca se usan los pronombres **nos, os** y **se.** A veces se usan frases como **unos a otros, mutuamente** o **a sí mismos** para aclarar una acción.

Elena y yo **nos hablamos** por teléfono diariamente. *Elena and I call each other daily.*
Se respetan mucho **a sí mismos.** *They respect themselves a lot.*
Se respetan el uno al otro. *They respect each other.*

Actividades

1. **Mi rutina diaria.** Su rutina diaria hace que Ud. se canse demasiado. Explíquele al médico lo que usted hace diariamente. Use verbos reflexivos para describir sus actividades diarias.

II. **¿Qué opina Ud.?** Conteste las preguntas usando en sus respuestas un verbo reflexivo.

1. ¿Qué cree Ud. deben hacer los padres cuando sus niños se portan bien (mal) en un restaurante?
2. ¿Tiene el pueblo derecho a quejarse de las decisiones de los políticos si no van a votar?
3. ¿Qué haría Ud. al enterarse de que su novio/a sale con otro/a?
4. ¿Cree Ud. que si un asesino se arrepiente de su crimen debe recibir un castigo menor?
5. Algunos estudiantes nunca se atreven a contradecir *(contradict)* a sus profesores. ¿Por qué cree Ud. que ocurre eso?

III. **Práctica.** Escoja el verbo correcto y complete las frases usando el presente de indicativo.

1. (probar / probarse) Elena ________________ un traje que le gusta mucho. Ojalá le quede bien.
2. (negar / negarse) Lupita ________________ a comer el postre porque dice que está a dieta.
3. (acostar / acostarse) Marta siempre ________________ a los niños a las ocho, pero ella no ________________ hasta las once.
4. (ir / irse) Yo ________________ a la reunión esta noche, pero a las diez ________________ porque tengo otras cosas que hacer.
5. (casar / casarse) Humberto ________________ mañana por la tarde con la hija del alcalde.
6. (llevar / llevarse) Todos los días (yo) ________________ a los niños a la escuela.
7. (quitar / quitarse) Si compramos la casa le vamos a ________________ el papel de las paredes porque no nos gusta.
8. (despedir / despedirse) Cuando ________________ de ellos siempre nos quedamos muy tristes.
9. (acordar / acordarse) Estela nunca ________________ dónde deja las llaves.
10. (parecer / parecerse) Alicia ________________ mucho a su madre.

IV. **Margarita y Rodolfo.** Complete el siguiente párrafo traduciendo las palabras entre paréntesis. Use verbos reflexivos o recíprocos y ponga la preposición si se necesita.

Margarita y Rodolfo *(love each other)* ________________ mucho. Aunque *(they see each other)* ________________ con frecuencia, *(they send each other)* ________________ correos eléctronicos diariamente. Por supuesto, *(they talk to each other)* ________________ por el teléfono móvil a cada momento. Esta tarde van a *(to meet)* ________________ en el parque. A ver si Rodolfo *(dares to)* ________________ proponerle matrimonio a Margarita. Es un poco tímido pero *(he realizes)* ________________ que Margarita es la chica de sus sueños. ■

D Verbos que expresan idea de cambio

1. Los verbos **ponerse, volverse, hacerse** y **llegar a ser** + adjetivo o nombre se usan para expresar cambio de condición o estado. Corresponden al inglés *to become, to get to be*.

   a. **Ponerse** expresa un cambio, físico o emocional, generalmente de poca duración.

   Alina **se pone** roja con los chistes de su hermano.
   Alina turns red with her brother's jokes.

   b. **Volverse** indica un cambio más radical y de más duración.

   Ella **se volvió** loca al sufrir tantos horrores durante la guerra.
   She became crazy upon suffering so many horrors during the war.

   c. **Hacerse** indica cambio obtenido por un esfuerzo. **Llegar a ser** expresa también cambio obtenido por un esfuerzo y se puede usar en lugar de **hacerse.**

   Pedro estudia para **hacerse** médico.
   Pedro is studying to become a doctor.

   Rebeca **llegó a ser** abogada.
   Rebecca became (got to be) a lawyer.

2. **Quedarse** también indica el cambio ocurrido como consecuencia de un hecho ocurrido antes. Expresa el estado o condición en que permanece la persona.

   Los chicos **se quedan** muy tristes cuando no los llevan al cine.
   The children are (stay) very sad when they don't take them to the movies.
   Lucía **se quedó** sin poder hablar al oír la noticia.
   Lucia was (remained) unable to speak upon hearing the news.

3. Hay verbos en los que la idea de cambio está contenida en sí mismos. Muchos de estos verbos son reflexivos.

   aburrirse *to get bored*
   acostumbrarse *to get used to*
   adelgazar *to get thin; to reduce*
   alegrarse *to be happy*
   calmarse *to calm down*
   cansarse *to get tired*
   enfermarse *to get sick*
   enloquecer *to go crazy*
   enojarse *to get angry*
   enrojecerse *to blush*
   entristecerse *to become sad*
   envejecer *to get old*
   mejorarse *to get better*
   palidecer *to become pale*

Ella necesita **adelgazar** unas veinte libras.
Catalina **se enoja** mucho cuando le dicen que no hable tanto.

Actividades

I. **¿Qué les pasa?** Diga qué les pasa a unas personas en las siguientes situaciones. Conteste las preguntas usando una expresión que exprese idea de cambio.

MODELO: ¿Qué les pasa cuando...
... sufren tantos desastres?
Se vuelven locos. Enloquecen.

¿Qué les pasa cuando…
...les dan malas noticias?
...trabajan demasiadas horas?
...comen menos para bajar de peso?
...son alérgicos a ciertas comidas?
...no les interesa la conferencia?

II. **Práctica.** Llene los espacios en blanco con la traducción adecuada de *to become.*

1. Antonio ______________ triste cuando no puede ver a sus amigos.
2. Algunas personas ______________ famosas por sus contribuciones a la sociedad.
3. Después de tantos años de trabajar algunos ganan mucho dinero y ______________ millonarios.
4. Mi padre ______________ contento cuando le hablo de mi buena fortuna.
5. Los padres se enferman y ______________ locos cuando pierden a un hijo.
6. De seguro, tú vas a ______________ muy débil después de la operación.

III. **Mi amigo Rubén.** Ud. se encuentra con su amigo Rubén a quien no ve desde hace tiempo. Con un compañero de clase completen el diálogo traduciendo al español las frases que están en inglés. Use verbos que expresen idea de cambio.

Ud.: Hola, Rubén, ¡qué alegría verte! Hace mucho tiempo que no te veía.
Rubén: Es que siempre ______________ *(I become sick)* a finales del semestre y no salgo mucho. Por suerte, ______________ *(I improve)* tan pronto como termina el curso.
Ud.: Por lo visto también ______________ *(you reduce)*; te ves muy bien.
Rubén: Me pongo en una dieta muy estricta; dejo de fumar y solo bebo agua. A veces, creo que ______________ *(I am going to go crazy)*.

Ud.: Me lo imagino. Tú sin fumar, sin comer y sin beber…

Rubén: No te rías, pero creo que si sigo con este régimen voy a ______________ (*I'll get to be*) un santo.

E Interrogativos

Invariables	*Variables*
¿Qué? (*What? Which?*)	**¿Cuál (-es)?** (*Which? What?*)
¿Cuándo? (*When?*)	**¿Quién (-es)?** (*Who?*)
¿Cómo? (*How?*)	**¿Cuánto (-os, -a, -as)?** (*How much? How many?*)
¿Dónde? (*Where?*)	
¿Por qué? (*Why?*)	

Expresiones idiomáticas

¿Cómo? ¿Cómo dijiste? *What? What did you say?*
¿Cómo te va? *How are you? How's it going?*
¿De cuándo acá? *Since when?*
¿Y qué? *So what?*
¿Qué tal? *How are you? How's it going?*
¿Para qué? *What for?*
¿Por dónde? *Which way?*

NOTA: Los interrogativos siempre llevan acento, bien sea en pregunta directa o indirecta.

(pregunta directa)	*(pregunta indirecta)*
¿**Qué** compraste?	Dime **qué** compraste.
¿**Cómo** se llama tu amiga?	Quiere saber **cómo** te llamas.

Los interrogativos pueden presentarse solos o después de preposición.

¿**Cuándo** te casas?
¿**A dónde** vas?
¿**Dónde** está Remigio?
¿**Cómo** sigue su abuelo?
¿**De quién** es este disco?

1. **¿Qué?** pide definición, identificación, explicación o información y puede usarse delante de un verbo o de un sustantivo.

¿**Qué** es un mango? Es una fruta tropical.
¿En **qué** ciudad nació Ud.? Nací en La Habana.
¿**Qué** hiciste? Nada.
¿**Qué** día es hoy? Hoy es martes.
¿**Qué** prefieres? Prefiero jugo de naranja.

2. **¿Cuál?** pide una selección y puede usarse delante de un verbo, o delante de la preposición **de**, pero en general no se usa delante de un sustantivo.

¿**Cuál** es el cuadro que le gusta más? El del surrealista español Salvador Dalí.
¿**Cuál** de ellos es Guillermo? El que tiene bigote.
¿**Cuáles** son los meses de más calor? Junio, julio y agosto.
¿**Cuál** prefieres? Prefiero el amarillo.

NOTA: Recuerde que **¿qué? + es** pide identificación mientras que **¿cuál? + es** pide selección. Se usa **¿qué? + sustantivo** para pedir selección. Sin embargo, en Hispanoamérica es común **¿cuál? + sustantivo. ¿Cuál blusa** te gusta más?

¿**Qué es** la película? (¿Qué tipo de película es?) Es una película de acción; es mexicana.

¿**Cuál es** la película? La película es *Como agua para chocolate.*

¿**Qué película** es? Es *Como agua para chocolate.*

¿**Qué (Cuáles) zapatos** compraste? Los de charol *(patent leather).*

3. **¿Quién (-es)?** se refiere sólo a personas y se usa solo o acompañado de preposiciones.

¿**Quién** es ese señor? Alberto Gómez.
¿**A quiénes** viste? A todos mis amigos.
¿**De quién** es este pantalón? De mi marido.
¿**Para quién** es la medicina? Para Claudia.

4. **¿Cuánto (-a)?** equivale en inglés a *How much?* **¿Cuántos (-as)?** equivale en inglés a *How many?*

¿**Cuánto** cuesta el mantel? Unos treinta dólares.
¿**Cuántas** personas había en el juego de pelota? Creo que había diez mil.

5. **¿Cómo?** Equivale en inglés a *How?* cuando va delante de un verbo.

¿**Cómo** vienes a la universidad? En autobús.
¿**Cómo** te sientes hoy? Mucho mejor que ayer.

NOTA: Compare las siguientes traducciones:

¿**Cómo** estás? *How are you?*
¿**Cómo** es él? *What is he like?*
¿**Cómo** se llama ella? *What is her name?*

NOTA: A diferencia del inglés, **¿cómo?** no se usa delante de un adjetivo o un adverbio como ocurre con *how*?

How old is he? ¿Cuántos años tiene? ¿Qué edad tiene?

How often does he call? ¿Llama con frecuencia? ¿Con qué frecuencia llama?

How important is it? ¿Qué importancia tiene?

Actividades

I. **Una excursión a las montañas**. Usted conversa con un(a) amigo(a) acerca de una excursión. ¿Qué preguntas le hace Ud.? Construya una pregunta que tenga por respuesta las palabras subrayadas. Después él (ella) le va a hacer a Ud. las mismas preguntas.

MODELO: **¿Con quién van Uds.?**
Vamos con unos amigos.

1. ¿_______________?
   Vamos a las montañas este fin de semana.
2. ¿_______________?
   Nos acompaña el tío de Rodolfo.
3. ¿_______________?
   Porque dice que es importante que vaya un adulto.
4. ¿_______________?
   Vamos a ir en el auto de Rodolfo porque tiene llantas para la nieve.
5. ¿_______________?
   Pensamos tomar la carretera Cinco.
6. ¿_______________?
   Tengo que comprar unos esquíes nuevos.
7. ¿_______________?
   No sé exactamente, pero creo que no cuestan mucho en esta temporada.
8. ¿_______________?
   Creo que vamos a quedarnos unos cinco o seis días.

II. **¿Qué o ¿Cuál (-es)?**

1. ¿En _______________ fecha piensas hacer el viaje?
2. ¿_______________ ciudades vas a visitar?
3. ¿_______________ es tu itinerario?
4. ¿_______________ planes tienes en cuanto a los museos?
5. ¿_______________ te gusta más, visitar los museos o descansar en la playa?
6. ¿_______________ de estas maletas es tuya?

III. **De compras.** Usted piensa comprar un ordenador (una computadora). Prepare unas preguntas para hacerle al vendedor usando **¿qué?** y **¿cuál?**, pidiendo definición y selección.

IV. Imagínese que Ud. se encuentra en una situación donde tiene que pedir cierta información. ¿Qué preguntas haría Ud.? Haga tres o cuatro preguntas adecuadas según la situación.

MODELO: En la tienda. Ud. va a comprar un televisor.
¿Cuánto cuesta este televisor?
¿Cuántas pulgadas tiene la pantalla (*screen*)?
¿Qué marca es mejor, ésta o aquélla?
¿Cuándo pueden entregármelo?

1. En el correo. Ud. necesita enviar varias cartas y paquetes al extranjero.
2. En la farmacia. Ud. necesita una medicina para el dolor de garganta.
3. En el aeropuerto. Ud. va a recoger a un amigo que viene de Honduras.
4. En casa de unos amigos. A Ud. le presentan a una chica de Costa Rica.
5. En la autopista. Un policía lo para porque Ud. va a mucha velocidad. ■

F Exclamativos

¡Qué!
¡Cuánto!
¡Cuántos!
¡Cómo!
¡Quién!

Expresiones idiomáticas

¡Cómo así!	*How is it possible!*
¡Cómo no!	*Of course!*
¡Qué pena!	*What a shame!*
¡A mí qué!	*So what!*
¡Qué sé yo!	*How should I know!*
¡Qué barbaridad!	*How shocking! Good grief! Wow!*
¡No hay de qué!	*You're welcome!*
¡Cuánto lo siento!	*I'm so sorry!*
¡Qué te importa!	*It's none of your business!*

1. **¡Qué!** + sustantivo generalmente equivale en inglés a *what!*

¡**Qué** jugador tan bueno!	*What a good player!*
¡**Qué** buena idea!	*What a good idea!*
¡**Qué** calor hace hoy!	*It's so hot today!*

2. **¡Qué!** + adjetivo o adverbio generalmente equivale en inglés a *how!*

¡**Qué** sabroso!	*How tasty!*
¡**Qué** bien baila!	*She dances so well! How well she dances!*
¡**Qué** listo eres!	*You are so clever! How clever you are!*

3. **¡Cuánto (-a)!** + verbo o sustantivo en general equivale en inglés a *how! (so much).*

¡**Cuánto** te extraño!	*I miss you so much!*
¡**Cuánto** gritan!	*They scream so much!*
¡**Cuánto** tráfico hay!	*There's so much traffic!*
¡**Cuánta** maldad hay hoy día!	*There's so much evil nowadays!*

4. **¡Cuántos (-as)!** + sustantivo equivale en inglés a *so many!*

¡**Cuántos** primos!	*So many cousins!*
¡**Cuántas** mujeres elegantes!	*So many elegant women!*

5. **¡Cómo!** + verbo equivale en inglés a *how!*

¡**Cómo** gritan!	*How they scream!*
¡**Cómo** canta!	*How she sings!*

6. **¡Quién!** + verbo en imperfecto de subjuntivo equivale a *if only.*

¡**Quién** cantara como Plácido Domingo!	*If only I could sing like Placido Domingo.*
¡**Quién** fuera millonario!	*If only I were a millionaire.*

Actividades

I. Construya oraciones exclamativas comentando lo que Ud. ve en las siguientes situaciones y comparta su emoción con sus compañeros de clase.

MODELO: En la playa: **¡Cómo hay gente hoy! ¡Qué blanca está la arena! ¡Cuántos niños comiendo helados! ¡Qué bien nadas**!

1. En el acto de graduación de la universidad:
2. En un desfile del cuatro de julio:
3. En un partido de fútbol:

II. **Práctica.** Llene los espacios en blanco con un exclamativo que complete el sentido de la expresión.

1. ¡_______________ me gustaría ir al baile contigo!
2. ¡_______________ manera de llover!
3. ¡_______________ popular es Ricky Martín!
4. ¡_______________ tuviera el dinero que tiene Bill Gates!
5. ¡_______________ flores tiene tu jardín!
6. ¡_______________ caras están las entradas!
7. ¡_______________ les habrá costado esa casa!
8. ¡_______________ lloran esos niños!

III. **¿Qué diría Ud.?** ¿Qué expresión usaría Ud. si su compañero de clase le da la siguiente información?

1. Creo que mañana va a nevar toda la noche. ¡_____________!
2. ¿Puedes ayudarme a mover esta mesa? ¡_____________!
3. Muchísimas gracias por llevarme en tu auto. ¡_____________!
4. Marianita no puede ir a tu fiesta el sábado! ¡_____________!
5. Estoy un poco enfermo. Tengo tos y catarro. ¡_____________!
6. Los jugadores empezaron a pelear entre sí. ¡_____________!

Composición

Antes de escribir, repase las siguientes reglas sobre la acentuación y la ortografía.

A Repaso de acentuación

1. Algunos verbos que terminan en **-iar** y **-uar** requieren el acento escrito en la vocal débil para indicar que ésta lleva el acento hablado: **ampliar, enfriar, enviar, actuar, continuar, situar, graduarse.***

   Siempre **envío** las cartas por correo aéreo. Ella **continúa** enviando las suyas por correo ordinario.

2. Las palabras interrogativas y exclamativas, directas e indirectas, llevan acento escrito.**

   ¿**Cuándo** vienen? No sé **cuándo** vienen. Vienen **cuando** quieren.
   ¿**Qué** películas te gustan? Dime **qué** películas te gustan. Digo **que** me gustan todas.

Actividad

Práctica. Escriba los acentos en las palabras que lo necesiten.

1. ¿ Que dice el médico? Dice que continúes con el medicamento que te recetó.
2. ¿ Como cuantas personas habrá en la sala? No sé cuantas hay, pero creo que como unas cien.
3. ¿Con quien fuiste al cine? No te voy a decir el nombre de la persona con quien fui.
4. ¿De donde es Luz María? Me han preguntado que de donde eres tú.
5. ¿ Cuando ponen la película de Saura? El domingo. No me dijeron cuanto cuestan las entradas.
6. ¿ Quien actua en esa película? No te puedo decir quien actua porque no sé.

---

*Ver capítulo 1, página 34.
**Ver capítulo 1, página 46.

7. ¡ Que grande es la casa donde viven ahora!
8. Rosa se gradua en junio. ¡ Que contenta está!
9. ¡ Que bien cantas! No sabía que cantabas ópera.
10. Dice que quiere ir al concierto. ¡ Que buena idea!

B Repaso de ortografía: c, s, z

1. Se escriben con **c**

- los verbos terminados en **-cer** y **-cir** y sus derivados:

  aparecer, conocer, producir, conocimiento, producen (excepto: **ser, toser, coser**)

- la terminación **-encia**, **-ancia** o **-ancio:**

  emergencia, inteligencia, ignorancia, distancia, cansancio (excepto: Hortensia, ansia)

- las palabras terminadas en **-icia**, **-icio**, **-icie:**

  avaricia, ejercicio, servicio, superficie, especie

- las formas diminutivas terminadas en **-cita**, **-cito**, **-cico**, **-cillo**, **-cilla:**

  florecita, rinconcito, Carmencita, pedacico, panecillo, manecilla

- los nombres terminados en **-ción** que corresponden al inglés *-tion*:

  conversación, mención, traducción, estación, ocupación

- las terminaciones **-acia**, **-acio:**

  democracia, farmacia, espacio, palacio, despacio

2. Se escriben con **s**

- los nombres terminados en **-sión** que corresponden al inglés *-sion* o *-ssion:*

  propulsión, expulsión, comisión, discusión, profesión

- los adjetivos terminados en **-oso**, **-osa**, **-esco**, **-esca**, **-sivo**, **-siva:**

  famoso, preciosa, burlesco, comprensiva (excepto: **nocivo, lascivo**)

- los gentilicios terminados en **-ense** y **-es:**

  nicaragüense, estadounidense, canadiense, japonés, portugués

- la terminación **-ísimo** o **-ísima:**

  bellísima, muchísimo, guapísimo, facilísimo

3. Se escriben con **z**

- los verbos terminados en **-zar** y sus derivados:

  autorizar, almorzar, autorización, almuerzo, comenzar (excepto: **revisar, improvisar**)

- la primera persona del indicativo y del subjuntivo de los verbos terminados en **-cer** o **-cir**:

  conozco, conozca, establezco, establezca, ofrezco, ofrezca

- las palabras terminadas en **-anza**:

  confianza, esperanza, enseñanza (excepto: **mansa, gansa**)

- los nombres abstractos terminados en **-ez** y **-eza**:

  niñez, estupidez, grandeza, limpieza, pureza

- los patronímicos terminados en **-ez**, **-iz**, **-oz**:

  Chávez, Pérez, Muñiz, Muñoz

- las terminaciones **-azo**, **-izo**, **-iza**:

  portazo, rojizo, enfermiza

- la terminación femenina **-iz**:

  actriz, emperatriz, institutriz

4. La **z** cambia a **c** en el plural de los nombres que terminan en -z:

   lápiz, lápices; vez, veces; luz, luces; pez, peces

C Cuidado con estas palabras que se confunden

coser *(to sew)* **cocer (ue)** *(to cook)*
ciento *(hundred)* **siento** *(I feel)*
ves *(you see)* **vez** *(time)*
abrazar *(to embrace)* **abrasar** *(to burn)*
cenado *(dined)* **senado** *(senate)*
casa *(house, marries)* **caza** *(hunts)*
has *(you have)* **haz** *(do)*
cierra *(closes)* **sierra** *(mountain range)*
asta *(mast)* **hasta** *(until)*
asar *(to roast)* **azar** *(chance)*

Actividad

¿Se escriben con **c**, **s** o **z**?

ve__ *(you see)*
__iento *(hundred)*
inteligen__ia
Pére__
esperan__a
posi__ión
pose__ión
costarricen__e
pane__ito
__enado *(senate)*
pare__er
actri__
ve__ *(time)*
co__emos *(sew)*
democra__ia
nicaragüen__e
construc__ión
diferen__ia
bra__o
rela__ión
dificilí__imo
produ__camos
__errar
cono__co

Ejercicio de composición (opcional)

Haga una composición, oral o escrita, sobre uno de los temas que se dan a continuación. Prepare de antemano un bosquejo *(outline)* que le ayudará a desarrollar su tema con coherencia. El primer tema incluye un esquema como modelo.

TEMA: La importancia del estudio del español en los Estados Unidos.

INTRODUCCIÓN: La población hispana en los Estados Unidos. Las relaciones comerciales con los países de Hispanoamérica. México, el país vecino más cercano al sur de los Estados Unidos.

DESARROLLO: La importancia del español en las siguientes profesiones y trabajos: médicos, enfermeros, trabajadores sociales, secretarios, policías. Explique por qué. Aspectos de la vida diaria en los Estados Unidos donde se nota la influencia hispana. Los estados y las ciudades donde viven más hispanos.

CONCLUSIÓN: Ventajas que tiene el hablar español para obtener trabajo. ¿Qué otros aspectos positivos tiene para Ud. el poder hablar español?

TEMA: La importancia de conocer la historia de nuestro pueblo

TEMA: La arquitectura como testigo de la historia de un país

Capítulo 2

Monumento de Cristóbal Colón frente a la catedral de Santo Domingo, República Dominicana

- Vocabulario
- Lectura 1: "Diversidad vs. unidad"
- Lectura 2: "El tango, baile universal"
- El pasado: pretérito e imperfecto
- Pretérito: formas
- Imperfecto de indicativo: formas
- Usos del pretérito y del imperfecto de indicativo
- Artículo definido
- Artículo indefinido
- Verbos impersonales
- Repaso de acentuación
- Repaso de ortografía: **b**, **v**

Vocabulario

Antes de leer, repase el siguiente vocabulario que le ayudará a comprender la lectura.

Sustantivos

el ayuntamiento city hall
la costumbre custom; practice; habit
el desarrollo development
el ejército army
la fuente source
el habitante inhabitant
la herencia heritage; inheritance
la patria homeland
la pobreza poverty
el poder power
la siesta nap
la sobremesa sitting at the table after dinner

Verbos

alcanzar (c) to reach
aparecer (zc) to appear
aumentar to augment; to increase
compartir to share
dejar to leave behind
desarrollar to develop
enriquecer (zc) to enrich
heredar to inherit
negar (ie) to deny
rezar (c) to pray
seguir (i, i) to continue
sentir (ie, i) to feel
unirse to get together

Adjetivos

cualquier any

Frases

a pesar de in spite of
así como as well as
asimismo likewise
de repente suddenly
ni siquiera not even
nivel de vida standard of living
y por lo tanto and so

Palabras relacionadas. El significado de algunas palabras se puede determinar al pensar en palabras relacionadas. ¿Puede Ud. dar el significado en inglés de las palabras subrayadas si piensa en la palabra entre paréntesis?

1. (mejor) ...importantes reformas para <u>mejorar</u> el nivel de vida
2. (pobre) ...muchos viven en la <u>pobreza</u>
3. (rico) ...posee un gran potencial de <u>riqueza</u> económica
4. (habitar) ...los <u>habitantes</u> hablan, piensa, sienten y rezan en español
5. (gobernar) ...el poder del ejército para establecer <u>gobiernos</u> militares

Cognados. La terminación **-dad** equivale al inglés *-ty.* Busque en la lectura los cognados que terminan en **-dad** y dé la equivalencia en inglés.

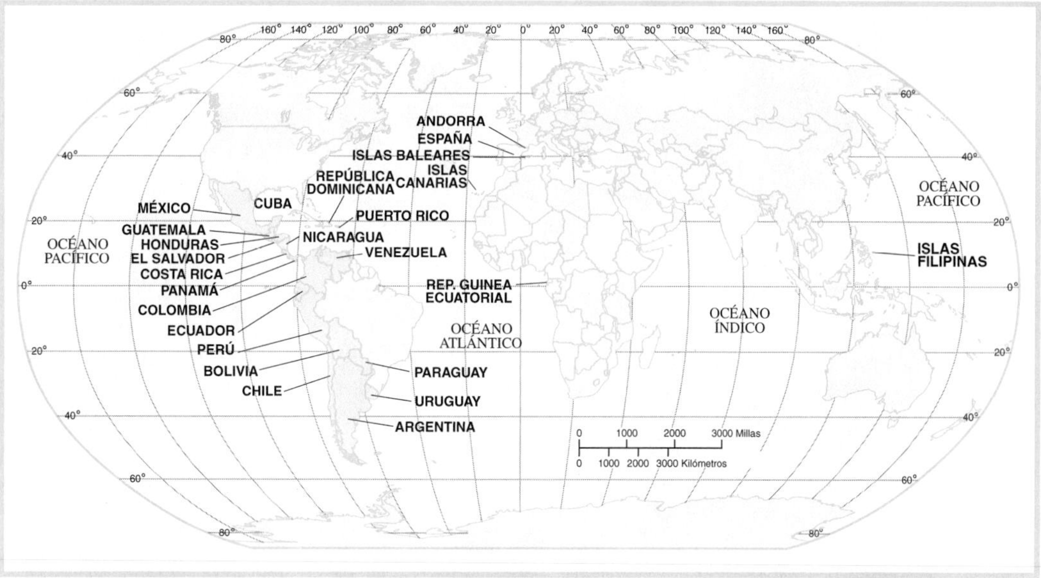

Lectura I

Diversidad versus unidad

A pesar de la gran diversidad que presenta Hispanoamérica, los países que la forman tienen un patrimonio° histórico común y, por lo tanto, la misma tradición hispana. La unidad de su historia hace de Hispanoamérica una gran patria para todos sus habitantes, los cuales hablan, piensan, sienten y rezan en español.

heritage

La organización de los pueblos y ciudades de Hispanoamérica es típicamente española, teniendo siempre una plaza central con la iglesia a un lado y el ayuntamiento, o palacio municipal, al otro. En cualquier ciudad de Hispanoamérica se puede apreciar la huella que España dejó en sus calles, en sus casas con patios interiores, en sus ventanas enrejadas,° en sus catedrales y en sus claustros.° Asimismo, son parte de la herencia española ciertas costumbres y tradiciones, como la siesta del mediodía, las cenas tardes y las sobremesas largas. También forman parte de esta herencia ciertas celebraciones, como el Día de los Difuntos (Día de los Muertos), el 2 de noviembre. Esta es una fecha de recordación de las personas desaparecidas y los cementerios se llenan de gente que lleva flores a las tumbas de sus familiares.

latticed windows / cloisters

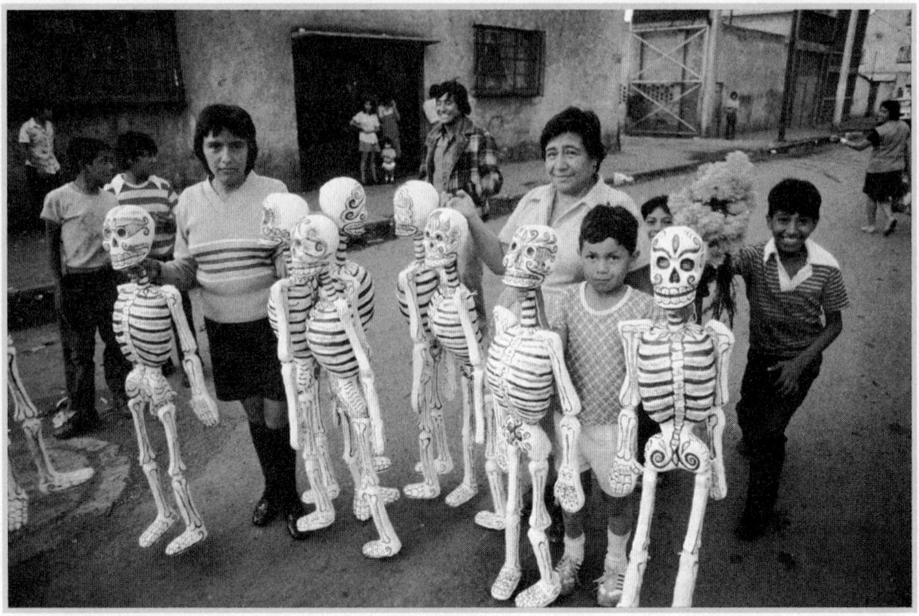

Celebración del Día de los Muertos en la Ciudad de México

Esta marcada influencia española tomó distintas formas al unirse con otras culturas en el Nuevo Mundo. El substrato° azteca y maya en México y en Guatemala, y el inca en el Perú, así como la cultura africana en el Caribe, fueron las principales fuentes de enriquecimiento que contribuyeron a formar un mundo con formas, colores y música genuinamente propio de Hispanoamérica. ¿Quién puede negar la influencia indígena que aparece en las artes populares de muchos países de Hispanoamérica? ¿Y no es en la música y los bailes donde aparece más completa la fusión de lo español con la cultura indígena y la cultura africana? Ciertos países crearon y desarrollaron ritmos nuevos enriqueciendo aún más el rico folklore heredado de España. Por ejemplo, en México surgió el corrido, en la región del Caribe el danzón, el son y la rumba, en Venezuela el joropo, en Colombia la cumbia, en Chile la tonada y en la Argentina el tango que a principio del siglo XX invadió los salones de Europa con sus melodías.

substratum, origin

Los pueblos de Hispanoamérica son pueblos individualistas, de gran vitalidad y, por lo tanto, difíciles de gobernar. Esto explica los golpes de estado° que se han producido en algunos países, así como el poder del ejército para establecer gobiernos militares, interrumpiendo un desarrollo democrático estable. Los países de Hispanoamérica son repúblicas cuyo jefe de gobierno es un

coups d'etat

presidente elegido por el voto de la ciudadanía. Cuba es la excepción donde el régimen de gobierno ha sido una dictadura comunista desde 1959.

El contraste entre las clases sociales en Hispanoamérica sigue siendo muy marcado. La clase con mayores medios° económicos representa una minoría y la clase media todavía no predomina en la mayor parte de los países. Una gran mayoría, tanto en el campo como en la ciudad, vive en la pobreza. En algunos países se han introducido importantes reformas para mejorar el nivel de vida de sus habitantes.

means

Actualmente,° se están haciendo grandes esfuerzos por desarrollar y aumentar la economía de ese conglomerado de naciones que comparte la misma tradición histórica, que tiene inmensas reservas espirituales, y que posee un gran potencial de riqueza económica, lo cual promete un futuro lleno de esperanzas.

at present

Llene los espacios en blanco con la palabra que sea correcta.

1. No se puede negar la ________________ hispana que existe en Hispanoamérica. Las huellas que dejaron los españoles se ven en todas las ciudades.
2. El alcalde *(mayor)* de la ciudad tiene la oficina en el ________________.
3. Cuando la familia acaba de comer se queda conversando en la mesa. Hacen siempre unas ________________ largas.
4. Todos los días la abuela dormía la ________________ al mediodía.
5. Los salarios han aumentado y la situación económica ha mejorado en el país. Por lo tanto, ha subido el ________________ de los habitantes.
6. El ejército dio un ________________ y estableció un gobierno militar interrumpiendo el proceso democrático del país.
7. El ________________ económico del país fue grande al abrirse nuevas industrias y aumentar la exportación de sus productos.

Preguntas sobre la lectura

1. ¿Por qué se dice que Hispanoamérica es como una gran patria común para sus habitantes?
2. ¿En qué manifestaciones en Hispanoamérica se nota la herencia española?
3. ¿En qué aspectos de la cultura hispanoamericana se nota la influencia de las culturas indígenas y africanas?
4. Dé ejemplos de los ritmos que surgieron en México, el Caribe, Chile, Venezuela, Colombia y Argentina.
5. ¿Existe una clase media grande en muchos países de Hispanoamérica? Explique su respuesta.

Temas de conversación

1. ¿Cómo cree Ud. que se podría mejorar la riqueza económica de algunos países de Hispanoamérica?
2. ¿Cree Ud. que sería posible unir todos los países de Sudamérica bajo un gobierno federal central como existe en los Estados Unidos? Explique su respuesta.
3. ¿Cómo es el centro de la ciudad donde Ud. vive? ¿Dónde está el ayuntamiento?
4. ¿Existe influencia africana en la música de los Estados Unidos? Dé ejemplos.
5. ¿Qué música popular de Hispanoamérica conoce Ud? ¿Cuál le gusta más? Explique por qué.
6. ¿Qué países de Hispanoamérica desea Ud. visitar? ¿Qué le interesaría ver si viaja por Hispanoamérica?

Vocabulario

Antes de leer, estudie el siguiente vocabulario que le ayudará a comprender la lectura.

Sustantivos

el ambiente environment
la cuna cradle
el estreno premiere
la madurez maturity
el nivel level
la pareja couple
el prejuicio prejudice
la trama plot

Verbos

abarcar to comprise
atraer to attract
componer to constitute
detener to stop
enlazarse to interlock
recorrer to go through; to travel

Adjetivos

debido due
guiado guided
mudo mute; silent
obrero working (class)

Expresiones

a lo largo de throughout
punto de partida point of departure

Lectura 2

El tango, baile universal

El tango es una manifestación cultural que abarca° música, baile, canción y poesía por lo que atrae y cautiva a mucha gente. Está aceptada la idea de que el tango nace en Buenos Aires a finales del siglo XIX, siendo la década de 1880 como el punto de partida de lo que entonces no era más que una determinada manera de bailar la música. La sociedad donde nace el tango escuchaba y bailaba habaneras, polcas, mazurcas y valses, entre los blancos, mientras que los negros, un 25% de la población de Buenos Aires, en el siglo XIX, se movían al ritmo del candombe, forma de danza en la que la pareja no se enlazaba y bailaba guiada por la percusión.

comprises

A finales del siglo XIX Buenos Aires era una ciudad en expansión debido a la emigración que procedía de multitud de países. Había, por supuesto, españoles e italianos, además de alemanes, húngaros, eslavos, árabes y judíos. Todos ellos componían una gran masa obrera desarraigada,° pobre y mayormente masculina, ya que eran hombres los que venían en busca de fortuna.

uprooted

El nuevo ritmo se comienza a bailar en los lupanares° de Buenos Aires y la música estaba interpretada por modestos grupos que contaban sólo con violín, flauta y guitarra. El instrumento mítico,° el bandoneón, no llegó al tango hasta 1900, dos décadas después de su nacimiento.

brothels
mythical

De su baja cuna el tango subió hasta llegar a todos los salones del mundo occidental. Recorrió ciudades del Nuevo y del Viejo Continente con una parada decisiva y brillante en París, que no sólo era la capital del *glamour* y de la moda, sino que además era una ciudad alegre y libre de prejuicios.

El tango fue el baile rey de ese mundo de preguerra y siguió viviendo hasta que nació con fuerza el tango-canción que le tomó relevo° al tango-baile. El mundo entero descubrió y admiró a Carlos Gardel.*

relief

El tango tiene una historia larga y una continuada vida, a lo largo de la cual se ha desarrollado, tanto el baile como la música, hasta llegar a un alto nivel de madurez y sofisticación. La gloria trajo también simultáneamente el rechazo.° Lo antiguo frente a lo nuevo, la tradición frente a la renovación y los detractores del tango aparecieron por todas partes. Se hablaba de este nuevo baile como "grotesco conjunto° de ridículas contorsiones". Pero el tango ya había triunfado y nada lo podía detener.

rejection
ensemble

*Carlos Gardel (1890–1935) inventó el Tango-Canción y llegó a ser la figura legendaria del tango en la Argentina. El 11 de diciembre, cumpleaños de Gardel, ha sido declarado como el Día Nacional del Tango en la Argentina.

Carlos Gardel

En los Estados Unidos la popularidad de este nuevo baile ha aumentado progresivamente. La revista musical "Forever Tango", así como la película de largo metraje "Assassination Tango", han servido de excelente propaganda para el éxito y la aceptación que hoy en día tiene el tango en todo el territorio norteamericano. Desde el cine mudo, con Rodolfo Valentino bailando un tango en "Los cuatro jinetes del Apocalipsis", pasando por Charlie Chaplin, Gene Kelly, Al Pacino y Robert De Niro, fueron muchas las luminarias bailando ante las cámaras el intoxicante baile argentino.

La pasión de Robert Duval por el tango se remonta° al momento en que quedó fascinado por esa música al asistir al estreno, en Broadway, del musical "Tango Argentino". En "Assassination Tango" Duval une su pasión por el tango a la del cine, y aquí explora, en medio de una trama policial, la influencia de la música ciudadana de Buenos Aires en su verdadero ambiente porteño.

remonta: goes back

El tango actualmente es un hecho para exportación y está principalmente en manos de gente joven que viaja, enseña, hace exhibiciones, lo baila y canta, dando a conocer por el mundo una manifestación cultural que tiene su propia identidad y sabor.

Preguntas sobre la lectura

1. ¿Dónde y cuándo nace el tango?
2. ¿En qué ambiente se empieza a desarrollar este baile?
3. ¿Por qué fue París donde el tango hizo una parada decisiva?
4. ¿Quién fue Carlos Gardel?
5. ¿Qué impacto ha tenido el tango en los Estados Unidos?
6. ¿Ha visto Ud. algunas de las películas donde se baila el tango, "Scent of a Woman", por ejemplo? ¿Por qué cree Ud. que Al Pacino baila un tango y no un vals o una samba u otro baile?

Gramática

A El pasado: pretérito e imperfecto

En español hay dos tiempos simples para expresar el pasado: el pretérito y el imperfecto. Su uso depende de la idea que quiera comunicar la persona que habla.

El *pretérito* expresa una acción, estado o condición que se considera completamente terminada. En general se refiere a un momento determinado en que empieza o termina una acción.

El *imperfecto* narra una escena y expresa una acción, estado o condición que estaba en progreso, sin hacer referencia a un tiempo determinado. En general, es más común en descripciones, con verbos que expresan estado de ánimo en vez de acción.

Pasado

Pretérito	*Imperfecto*
El domingo pasado **fui** a la playa. *(Last Sunday I went to the beach.)*	**Hacía** una mañana hermosa. *(It was a beautiful morning.)*
Salí de casa a las diez. *(I left home at ten.)*	**Me sentía** feliz. *(I felt happy.)*
Cuando **llegué me senté** en la arena. *(When I arrived I sat on the sand.)*	Las olas **eran** suaves. *(The waves were gentle.)*
Después **nadé** un rato. *(Later, I swam for a while.)*	El mar **estaba** claro y tibio. *(The sea was clear and warm.)*
Volví a casa a las cuatro. *(I came home at four.)*	Cuando **regresaba** a casa en el coche **pensaba** que **debía** ir a la playa con más frecuencia. *(When I was coming back home in the car I was thinking that I should go to the beach more often.)*

B Pretérito: formas

1. Verbos regulares.

Verbos terminados en

-ar	*-er*	*-ir*
COMPRAR	VENDER	RECIBIR
compr **é**	vend **í**	recib **í**
compr **aste**	vend **iste**	recib **iste**
compr **ó**	vend **ió**	recib **ió**
compr **amos**	vend **imos**	recib **imos**
compr **asteis**	vend **isteis**	recib **isteis**
compr **aron**	vend **ieron**	recib **ieron**

2. Verbos con cambios ortográficos.

a. Los verbos terminados en **-car, -gar** y **-zar** sufren cambios ortográficos en **yo** para indicar que el sonido de la consonante del infinitivo no cambia. Las terminaciones son regulares.

Cambio ortográfico	*Infinitivo*		*Pretérito*
c → qu	sacar	(yo)	**saqué**
	atacar		**ataqué**
g → gu	llegar		**llegué**
	pagar		**pagué**
z → c	empezar		**empecé**
	almorzar		**almorcé**

b. La forma correspondiente a **yo** del verbo **averiguar** requiere dos puntitos (diéresis) sobre la **u** para indicar el sonido de esta letra.

(yo) **averigüé**

c. Los verbos de la segunda y tercera conjugación que tienen una vocal delante de la terminación del infinitivo cambian las terminaciones **-ió, -ieron** a **-yó, -yeron.** Observe el uso del acento escrito en las formas de tú, nosotros y vosotros en **caer** y los verbos como **caer.**

CAER		HUIR	
caí	caímos	huí	huimos
caíste	caísteis	huiste	huisteis
cayó	**cayeron**	**huyó**	**huyeron**

Infinitivo	*Pretérito*
creer	creí, creíste, **creyó,** creímos, creísteis, **creyeron**
leer	leí, leíste, **leyó,** leímos, leísteis, **leyeron**
oír	oí, oíste, **oyó,** oímos, oísteis, **oyeron**
incluir	incluí, incluiste, **incluyó,** incluimos, incluisteis, **incluyeron**
construir	construí, construiste, **construyó,** construimos, construisteis, **construyeron**
atribuir	atribuí, atribuiste, **atribuyó,** atribuimos, atribuisteis, **atribuyeron**

Actividades

I. **¿Qué hicieron?** Combine frases de cada columna para decir lo que hicieron las siguientes personas.

	salir	de mis chistes
Antonia	pagar	que eras Santa Claus
Yo	empezar	por la ventana
Mi novia/o	reírse	un artículo interesante
Mi familia	creer	tres veces
Tú	leer	la cuenta en el restaurante
	huir	a las diez

II. **El robo.** Usted trabaja en una estación de policía y tiene que transcribir la grabación de la entrevista que le hace un policía al empleado de un mercado donde ocurrió un robo. Llene los espacios en blanco con el pretérito del verbo entre paréntesis para completar el diálogo.

Policía: (Ver) ______________ Ud. al ladrón?

Empleado: Sí, (ver) ______________ que un hombre (entrar) ______________ por aquella puerta y (tropezar) ______________ con unas latas de comida. Las latas (caer) ______________ sobre una señora que (empezar) ______________ a dar gritos. Yo (empezar) ______________ a calmarla pero entonces el ladrón....

Policía: Siga... Siga....

Empleado: ...el ladrón (sacar) ______________ un revólver y se lo (apuntar) ______________ a la señora que del susto (desmayarse) ______________. El hombre (dirigirse) ______________ hacia el mostrador y me (indicar) ______________ que quería el dinero. Yo (sacar) ______________ el dinero de la caja y se lo (entregar) ______________. Después él (salir) ______________ corriendo y (huir) ______________ por aquella puerta.

Policía: Por lo visto, el ladrón no (hablar) ______________ mucho.

Empleado: No, señor, no fue necesario pues su revólver (contribuir) _______________ más que su voz.

Policía: ¿Qué más puede decirme?

Empleado: (Yo) (averiguar) _______________ el nombre de los clientes por si quiere testigos. ■

3. Verbos con cambios en la raíz. Los verbos que terminan en **-ar** y **-er** con cambios en la raíz en el presente son regulares en el pretérito. Los verbos terminados en **-ir** cambian la **e → i** o la **o → u** en **Ud., Uds., él, ella, ellos, ellas** y **ello.** Las terminaciones son regulares. Observe el uso del acento en el verbo **reír(se).**

SERVIR		DORMIR		REÍR	
serví	servimos	dormí	dormimos	reí	reímos
serviste	servisteis	dormiste	dormisteis	reíste	reísteis
sirvió	**sirvieron**	**durmió**	**durmieron**	**rió**	**rieron**

Otros verbos que sufren este cambio son:

mentir	**teñir**	**divertir(se)**
pedir	**conseguir**	**despedir(se)**
seguir	**repetir**	**vestir(se)**
sentir	**reír**	**morir**

NOTA: Los verbos **reñir** *(to fight, to argue)* y **teñir** *(to dye)*, cuya raíz termina en **ñ**, excluyen la **i** de las terminaciones: **riñó, riñeron.**

4. Verbos irregulares.

a. Hay una clase de verbos que en el pretérito tienen la raíz y la terminación irregular. Observe que las terminaciones en **yo** y **Ud., él** y **ella** son **-e, -o** (en vez de **-í, -ió**) y no llevan acento. Los verbos cuya raíz termina en **j** cambian la terminación **-ieron** en **-eron.**

Infinitivo		*Raíz*	*Terminación*
poder	(yo)	**pud-**	
poner		**pus-**	**e**
saber		**sup-**	
caber		**cup-**	**iste**
haber		**hub-**	
tener		**tuv-**	**o**
estar		**estuv-**	
andar		**anduv-**	
querer		**quis-**	**imos**
hacer		**hic-**	
venir		**vin-**	**isteis**
decir		**dij-**	**ieron**
traer		**traj-**	**(j)eron**
introducir		**introduj-**	

NOTA: Con el verbo **hacer, c → z** delante de **o: hizo.**

b. Los verbos terminados en **-decir** y **-ducir** llevan **j.** El verbo **traer** cae en esta categoría. Observe que la terminación de estos verbos, cuyas raíces del pretérito terminan en **j**, es **-eron**, en vez de **-ieron.**

Como **tener:** detener *(to detain)*, contener *(to contain)*
Como **poner:** proponer *(to propose)*, componer *(to compose)*
Como **decir:** maldecir *(to curse)*, predecir *(to predict)*
Como **introducir:** producir *(to produce)*, reducir *(to reduce)*, traducir *(to translate)*

c. El verbo **ser** y el verbo **ir** tienen las mismas formas en el pretérito. El verbo **dar** usa las terminaciones de la segunda conjugación; se conjuga como **ver.** Observe que estos verbos no llevan acento escrito.

SER	IR	DAR	VER
fui (I was)	**fui** (I went)	**di**	**vi**
fuiste	**fuiste**	**diste**	**viste**
fue	**fue**	**dio**	**vio**
fuimos	**fuimos**	**dimos**	**vimos**
fuisteis	**fuisteis**	**disteis**	**visteis**
fueron	**fueron**	**dieron**	**vieron**

Actividades

I. **El partido de soccer.** Ud. y su amigo piensan ir a un partido de soccer. ¿Qué preguntas le hizo Ud. para saber la siguiente información, y qué le contestó él? Trabaje con un compañero de clase.

MODELO: ¿Qué le preguntó Ud. para saber si...
...consiguió las entradas?
Ud.: ¿Conseguiste las entradas?
Amigo: Sí, las conseguí ayer mismo.

¿Qué le preguntó Ud. para saber si...

1. ...tuvo que esperar mucho?
2. ...pagó mucho por las entradas?
3. ...escogió buenos asientos?
4. ...leyó lo que dicen del entrenador?

II. **Las vacaciones del verano.** Imagínese que Ud. hizo un viaje el verano pasado y ahora sus amigos quieren que Ud. les diga cómo fue porque ellos piensan hacer lo mismo. Use para su narración los verbos en pasado y la guía que se da a continuación.

1. El viaje en avión. Sobre el mar o sobre tierra.
2. El vuelo directo o con escala.

3. El precio del pasaje. Pasaje de ida y vuelta, o pasaje de ida nada más.
4. El tiempo que estuvo de viaje.
5. Los lugares que visitó.
6. Las cosas que compró.
7. Los restaurantes y hoteles donde estuvo.
8. Las personas que conoció.

Comience así: **El verano pasado fui a...**

III. **Explicaciones.**

1. Explíquele a un compañero(a) por qué Ud. no pudo encontrarse con él/ella en la biblioteca como habían acordado. Continúe la idea y dé por lo menos tres razones.

Comience así: **Perdona que no pude encontrarme contigo ayer. Tuve que...**

2. Su amigo no asistió a la universidad ayer porque estaba enfermo, pero quiere saber si ocurrió algo interesante. Ud. le explica lo que pasó ayer.
3. Ud. se ganó uno de los premios en la lotería de ayer. Explíqueles a sus amigos lo que pasó cuando Ud. fue a reclamar su premio.

IV. **¿Qué cree Ud.?** ¿Por qué cree Ud. que ocurrió lo siguiente? Dé por lo menos dos razones.

1. Julieta lloró toda la noche.
2. El Sr. Martínez se puso furioso con su hijo.
3. La actriz se desmayó *(fainted)* al entrar en el escenario.
4. Roberto se enojó con su compañero de cuarto.

V. **El Premio Nobel.** Rafael y Adelaida tienen que escribir un informe sobre las personas hispanoamericanas que han recibido el Premio Nobel. Complete el párrafo con el pretérito de los verbos entre paréntesis para enterarse *(to know)* de la conversación de ellos.

Rafael: ¿Qué sabes de los Premios Nobel de Hispanoamérica? ________ (haber) muchas personas a quienes se les ________ (otorgar) ese Premio. Recuerdo que en 1992 le ________ (dar) a Rigoberta Menchú el Premio Nobel de la Paz por su lucha cívica en favor de los pueblos *(people)* indígenas y mestizos de Guatemala.

Adelaida: Como sabes, los dos poetas chilenos Gabriela Mistral y Pablo Neruda ________ (ganar) el Premio Nobel, la primera en 1945 y el segundo en 1971.

Rafael: Y el premio Nobel de Literatura en 1982 ________ (caer) en el colombiano Gabriel García Márquez quien ________ (producir) una de las mejores muestras de realismo mágico con su obra *Cien años de soledad.*

Adelaida: Fue una alegría el saber que el escritor mexicano Octavio Paz ________ (ser) el elegido *(selected)* para el Premio Nobel de Literatura en 1990. La crítica ocupa un lugar importante en su obra, como puede verse en *El laberinto de la soledad.* Este gran escritor también ________ (recibir) el importante Premio Cervantes en 1981.

C Imperfecto de indicativo: formas

1. Verbos regulares.

Verbos terminados en

-ar	*-er*	*-ir*
COMPRAR	VENDER	RECIBIR
compr **aba**	vend **ía**	recib **ía**
compr **abas**	vend **ías**	recib **ías**
compr **aba**	vend **ía**	recib **ía**
compr **ábamos**	vend **íamos**	recib **íamos**
compr **abais**	vend **íais**	recib **íais**
compr **aban**	vend **ían**	recib **ían**

2. Hay sólo tres verbos irregulares en el imperfecto de indicativo.

SER		IR		VER	
era	**éramos**	**iba**	**íbamos**	**veía**	**veíamos**
eras	**erais**	**ibas**	**ibais**	**veías**	**veíais**
era	**eran**	**iba**	**iban**	**veía**	**veían**

Actividades

I. Ud. hace una solicitud *(application)* para una beca *(scholarship)* y su consejero *(counselor)* desea tener alguna información suya. Conteste las preguntas usando en sus respuestas los verbos en imperfecto.

1. ¿Qué deportes hacía Ud. cuando estaba en la secundaria?
2. ¿Qué hacía durante los veranos cuando no había clases?
3. ¿Qué hacía para ganar algún dinero?
4. ¿Qué hacía en su casa para ayudar a sus padres?
5. ¿Qué hacía cuando los fines de semana no podía salir?
6. ¿Era una persona responsable?
7. ¿Qué notas sacaba en las clases de matemáticas?
8. ¿Participaba en algunas organizaciones de la escuela?

II. **Situaciones.** Explique lo que estas personas hacían en las siguientes situaciones. Complete las oraciones con ideas originales usando los verbos en el imperfecto de indicativo.

MODELO: Don Francisco siempre tosía porque…
Don Francisco siempre tosía porque fumaba muchos cigarrillos. Insistía en fumar por lo menos una cajetilla diaria aunque sabía que no era bueno para la salud.

1. Luis siempre se levantaba tarde porque…
2. Adelaida estaba a dieta porque…
3. No podíamos comprar la casa porque…
4. Marta tenía muchos amigos porque…
5. Siempre sabía las lecciones porque…

III. **En otra época.** Compare cómo son las cosas hoy en día, con las cosas como eran en tiempos de sus abuelos. ¿Puede hacer Ud. otras comparaciones?

1. Hoy en día una chica invita a un chico a cenar y paga por él. En tiempos de mis abuelos...
2. Las escenas sexuales son muy comunes en el cine.
3. Muchas personas hacen sus compras por medio del Internet.
4. Cuando los jóvenes bailan, parecen no tener pareja.
5. ...
6. ...

D Usos del pretérito y del imperfecto de indicativo

1. Usos del *pretérito*. El pretérito se usa:

a. Para informar sobre una acción, estado o condición terminado en el pasado.

El terremoto de San Francisco **fue** en 1906.
Cristina García **escribió** su primera novela en inglés.
El año pasado **fuimos** tres veces a México.
Cuando le **hice** la pregunta a mi padre, me **dijo** que sí.
Mis amigos **estuvieron** en Bogotá el año pasado.
Entró en el café, **se sentó** y **pidió** un café con leche.

b. Para expresar el comienzo o el final de una acción.

Los problemas que tiene hoy el país **comenzaron** en 2001.
El chico **se echó a** correr al ver el perro.
Trabajamos hasta las diez de la noche.

c. Para indicar un cambio repentino.

Al caminar por el parque **de repente oímos** voces.
Había sólo cinco personas, cuando **de pronto aparecieron** cinco más.

2. Usos del *imperfecto de indicativo.* El imperfecto se usa:

a. Para describir la escena de una acción, estado o condición en progreso en el pasado.

El viento **soplaba** *(was blowing)* muy fuerte cuando cerré todas las ventanas.
Los niños **jugaban** *(were playing)* en el parque con sus amiguitos.

b. Para expresar una acción habitual, que se repite, en el pasado.

Siempre **íbamos** *(used to go)* de vacaciones a Puerto Vallarta.
Mi padre **escribía** todos los domingos; él **venía** aquí frecuentemente.

c. Para descripciones de condiciones físicas o características de las personas y cosas en el pasado.

Su mujer **era** *(was)* joven y linda.
El cielo **estaba** cubierto de nubes negras.

d. Para expresar estados de ánimo, deseos, opiniones.

Julia no **se sentía** contenta en el trabajo.
Ellos **querían** visitar varias fábricas en Monterrey.
Yo **creía** que Salvador **vivía** en Taxco.

e. Para expresar la hora y la edad en pasado.

Eran las doce del día cuando salí de la biblioteca.
Tenía veinte años cuando me casé.

3. Diferencias entre el pretérito y el imperfecto de indicativo.

La selección del pretérito o del imperfecto, o el uso de los dos tiempos en una misma oración, depende de lo que quiera comunicar la persona que habla.

a. Observe los siguientes ejemplos.

Pretérito	*Imperfecto de indicativo*
Él **estuvo** enfermo la semana pasada. (Se terminó la condición de estar enfermo.)	Él **estaba** enfermo cuando lo **visité** la semana pasada. (Se describe la condición de la persona al ocurrir la visita la semana pasada.)
Cuando **tuvo** dinero **gastó** *(spent)* mucho. (Sugiere que terminó el hecho de tener dinero y el hecho de gastarlo.)	Cuando **tenía** dinero **gastaba** mucho. (Durante el período indefinido de tiempo en que tenía dinero siempre tenía la costumbre de gastarlo.)

Yo **tuve** que ir al médico porque **estaba** enferma. (La visita al médico se efectuó [acción terminada] debido a la condición de estar enferma.)	Yo **tenía** que ir a la escuela pero **me quedé** dormida. (Tenía el deber moral de ir a la escuela pero no fui porque me quedé dormida.)
El almuerzo **fue** a la una. (El almuerzo se celebró a la una.)	El almuerzo **era** a la una. (El almuerzo estaba anunciado a la una.)
Ella **enseñó** en la universidad. (Indica que en un momento determinado de tiempo se interrumpió la acción de enseñar.)	Ella **enseñaba** en la universidad. (Describe lo que ella hacía durante un período indefinido de tiempo.)

b. Algunos verbos comunican ideas diferentes al usarse en el pretérito o en el imperfecto. Entre éstos están **poder, saber, querer** y **conocer.** Observe las equivalencias que se dan en inglés para ambos tiempos.

Pretérito	*Imperfecto de indicativo*
Él **pudo** trabajar. (Tuvo la oportunidad de trabajar.) *He did manage to work.*	Él **podía** trabajar. (Tenía la capacidad para trabajar.) *He was able to work.*
Supieron la noticia. (Averiguaron la noticia.) *They found out the news.*	**Sabían** la noticia. (Tenían el conocimiento de la noticia.) *They knew the news.*
Yo no **quise** hacerlo. (Rehusé hacerlo, me negué a hacerlo.) *I refused to do it.*	Yo no **quería** hacerlo. (No tenía el deseo de hacerlo ni traté de hacerlo.) *I did not want (did not try) to do it.*
Él **quiso** venir. (Hizo todo lo posible por venir. Trató de venir.) *He wanted to come. He tried to come.*	Él **quería** venir. (Tenía el deseo, la actitud mental de venir.) *He wanted to come. He had the desire, the mental attitude.*
Conocí a tu hermana el año pasado. (Me presentaron a tu hermana el año pasado.) *I met your sister last year.*	Yo **conocía** a tu hermana. (Sugiere en forma indefinida el conocimiento de la hermana.) *I used to know your sister. I knew your sister.*

Actividades

I. **Jorge Luis Borges.** En el siguiente párrafo se habla del escritor argentino Jorge Luis Borges (1899–1986). Cambie el párrafo del presente histórico al pasado, usando los verbos en el pretérito o el imperfecto, según sea necesario.

Jorge Luis Borges nace en Buenos Aires, Argentina, en 1899. Su abuela paterna es inglesa y con ella aprende el inglés al mismo tiempo que el español. Desde muy niño le gusta leer y siempre se entretiene leyendo libros en español e inglés. Borges comienza sus estudios en Buenos Aires y los continúa en Suiza. Después que termina la Primera Guerra Mundial va a Londres y a España. Entre los años 1930 y 1955 Borges produce las colecciones de cuentos que lo hacen famoso entre los autores de Hispanoamérica. Debido a un accidente Borges empieza a perder la vista y finalmente queda ciego. Aún así, llega a ser director de la Biblioteca Nacional y profesor de literatura en la Universidad de Buenos Aires. A pesar de los innumerables reconocimientos, Borges nunca recibe el Premio Nobel de Literatura. Muere en Suiza en 1986.

II. **La Virgen de Guadalupe.** El 12 de diciembre se hace una gran celebración en México dedicada a la Virgen de Guadalupe, que es la patrona del país. En las siguientes oraciones se habla de la aparición de la Virgen en el cerro del Tepeyac. Complételas con el pretérito o el imperfecto de indicativo de los verbo entre paréntesis.

Interior de la nueva Basílica de Guadalupe, en la Ciudad de México

1. (vivir) Un indiecito humilde que se llamaba Juan Diego ________________ con su tío.
2. (ayudar) Lo ________________ a cuidar las ovejas y a sembrar maíz y frijol.
3. (caer / salir) Una vez el tío ________________ enfermo y Juan Diego ________________ solo al campo.
4. (oír / llamar) De repente ________________ una voz que lo ________________.
5. (subir / ver / tender) ________________ al cerro y ________________ en medio de una luz brillante a una dama preciosa que le ________________ la mano.
6. (empezar) Juan Diego ________________ a correr lleno de miedo.
7. (volver / aparecer) A la mañana siguiente ________________ al cerro y la dama ________________ de nuevo.
8. (hablar / decir / querer) Le ________________ a Juan Diego y le ________________ que ella ________________ una iglesia en ese cerro para proteger y velar por *(to look after)* los indios.
9. (arrodillarse *(to kneel)* / decir) Juan Diego ________________ y le ________________: "Madrecita linda, soy tu siervo *(servant)* y voy a obedecerte."
10. (ser / construir) Así ________________ como se ________________ la primera Basílica de la Virgen de Guadalupe al pie del cerro del Tepeyac, en la Ciudad de México.

III. Escriba oraciones originales en pasado (pretérito o imperfecto) combinando elementos de cada columna.

A veces		practicar deportes	en el gimnasio
Con frecuencia	yo	salir a bailar	del vecino
Anoche	mis amigos	insultar	a su hermano/a
Siempre	ella	lavar el auto	antes de ir al trabajo
Anteayer	tú	cuidar el perro	después de hacer la tarea
Un día		montar a caballo	
El domingo pasado		preparar el desayuno	con mis amigos

IV. **Composición oral o escrita.** Cuéntele a la clase una anécdota personal. Use en su narración verbos en el pasado, ya sea pretérito o imperfecto.

V. **La fiesta en casa de Gloria.** Complete las oraciones en español con el pretérito o el imperfecto de indicativo de los verbos que aparecen en inglés.

1. *(met)* Anoche yo ________ a los primos de Gloria.
2. *(did not know)* Yo no ________ que ellos eran tan simpáticos.

3. *(found out)* Yo ________ la noticia de la fiesta cuando me llamó Roberto para invitarme.
4. *(knew)* También estaba en la fiesta Julio Iglesias. Él ________ a todos los que estaban allí.
5. *(refused)* Él ________ cantar porque dijo que tenía dolor de garganta *(sore throat)*.

VI. Cuénteles a sus compañeros cómo solía su familia observar algunas tradiciones culturales. Describa lo que ocurrió en una de esas ocasiones. Use los verbos en pretérito o imperfecto, según sea necesario.

E Artículo definido

En español hay cuatro formas para el artículo definido *the,* más el artículo neutro **lo.**

	Masculino	*Femenino*
Singular	**el**	**la**
Plural	**los**	**las**

1. El artículo definido concuerda con el nombre en género y número.

el amor	**la** mujer
los perros	**las** flores

a. Se usa el artículo **el,** en vez de **la,** con los sustantivos femeninos que comienzan con **a** o **ha** acentuadas.

el agua fresca	**las** aguas frescas
el hambre	**mucha** hambre

b. En español hay sólo dos contracciones de preposición y artículo: **al** y **del.**

a + el = **al**	Vamos **al** teatro.
de + el = **del**	Ésta es la casa **del** Sr. Vidales.

2. Se usa el artículo definido:

a. Cuando el sustantivo es algo determinado.

El poncho de Carmelina es de lana.
No tengo **el** dinero que tú me pides.

b. Cuando el sustantivo se refiere a algo en su totalidad, en un sentido abstracto, general y colectivo. (En inglés no se usa el artículo en este tipo de construcción.)

El pan es un buen alimento.	**El** amor es ciego.
La envidia es un defecto humano.	**El** tiempo es oro.

c. Con las partes del cuerpo y las prendas de vestir, especialmente con verbos reflexivos. (En inglés se usan los adjetivos posesivos.)

Ella movió **la** cabeza.	*She moved her head.*
Me puse **el** abrigo.	*I put on my coat.*
Me lavé **las** manos.	*I washed my hands.*
Se quitó **los** zapatos.	*He took off his shoes.*
Tiene **los** ojos hinchados.	*Her eyes are swollen.*
Tiene **el** vestido roto.	*Her dress is torn.*

d. Con los días de la semana, excepto después del verbo **ser.** En este caso el artículo definido equivale a *on* en inglés.

Hoy es sábado; siempre vamos a la discoteca **los** sábados *(on Saturdays)*, pero esta semana iremos **el** domingo *(on Sunday)*.

NOTA: Cuando el verbo **ser** se usa como equivalente de *to take place*, se usa el artículo definido.

La fiesta de cumpleaños **es el domingo.**

e. Con las estaciones del año. Después de **en** se puede omitir el artículo definido.
No me gusta **el** invierno.
Mi estación favorita es **la** primavera.
Ella siempre me visita **en (el)** otoño

f. Con **Sr., Sra., Srta., Dr., Dra.** y otros títulos, seguidos del nombre de la persona acerca de quien hablamos.

El **Sr.** Jiménez enseña en la Escuela Superior.
La **Sra.** Felicidad Ramírez se está desayunando.
¿De dónde es la **Srta.** Salazar?
Voy al consultorio de la **Dra.** Milanés.

NOTA: No se usa el artículo si nos dirigimos a una persona.

Sr. Rodríguez, pase Ud. por favor.
¿Quiere Ud. un café, Sra. Lazo?

g. Con las comidas del día; con las horas y con las fechas.

Tomo café en **el** desayuno.	Son **las** tres de la tarde.
¿Quién preparó **la** cena?	Hoy es **el** diez de enero.

h. Con el infinitivo en función de sustantivo.

No me gusta **el** ir y venir de la gente.
Por la mañana se escucha **el** cantar de los pájaros.

NOTA: El uso del artículo definido es optativo cuando el infinitivo es el sujeto de la oración.

(El) Fumar es un vicio.
Ver es creer.

i. Con cantidades o medidas como equivalente de *per* o *a* en inglés.

Las peras cuestan setenta centavos **la** libra.
Los huevos están a dos dólares **la** docena.

j. Con los nombres de las calles, avenidas, montañas, ríos, mares y océanos y los puntos cardinales.

Fui de compras en **la** Quinta Avenida de Nueva York.
Los Andes están cubiertos de nieve.
El río Amazonas está en el Brasil.
El Caribe es un mar de aguas cálidas *(warm)*.
El Pacífico baña las costas de Chile.
Van **al** Norte este verano.

k. Con las palabras **escuela**, **colegio**, **iglesia**, **cárcel**, **guerra**, **trabajo** cuando van precedidas de una preposición. En inglés no se usa el artículo.

Hoy no vamos a **la** escuela.	*We're not going to school today.*
Lo pusieron en **la** cárcel.	*They put him in jail.*
Nos vimos en **la** iglesia.	*We saw each other in church.*

3. No se usa el artículo definido:

a. Con los sustantivos que expresan cantidad indeterminada de una cosa.

No tengo dinero.
Compramos pan, vino y queso.
Necesitamos cortinas.

b. Con los idiomas si van inmediatamente después del verbo **hablar** y de las preposiciones **de** y **en**. Si los idiomas van después de **aprender**, **estudiar**, **enseñar**, **entender**, **escribir**, **leer** o **saber** el uso del artículo es optativo.

Hablan portugués en el Brasil.
Tomo un curso de español.
La conferencia fue en japonés.
Me gustaría aprender **(el)** noruego *(Norwegian)*.

NOTA: Si hay un adverbio después del verbo se usa el artículo.

Angelina habla **fluidamente el** italiano.

c. Con los títulos **don**, **doña**, **Santo**, **San**, **Santa**, **sor** y **fray**.

Ayer llamó **don** Pedro y habló con **doña** Berta.
San Antonio es el santo preferido de las chicas solteras.

d. Con los números romanos que denotan el orden numérico de soberanos y pontífices.

Carlos V (Carlos Quinto) *(Charles the Fifth)*
Enrique VIII (Enrique Octavo) *(Henry the Eighth)*

4. La mayoría de los nombres de países no llevan artículo, pero hay algunos que lo admiten. El uso del artículo es optativo en estilo periodístico o informal.

México	**la** Argentina
Colombia	**el** Perú
Chile	**el** Brasil
España	**el** Ecuador
Inglaterra	**el** Canadá
Suiza	**los** Estados Unidos
Suecia	**la** China
Alemania	**la** India
Rusia	**el** Japón

Yo vivo en **(los)** Estados Unidos y Margarita vive en **(la)** Argentina.

NOTA: Si el nombre geográfico va modificado por un adjetivo se emplea el artículo.

El México precolombino es fascinante.
Encontré un artículo sobre **la** España medieval.

5. El artículo neutro **lo** se usa delante de un adjetivo o un participio para expresar una cualidad o una idea abstracta.

Lo grotesco me disgusta.	*The grotesque displeases me.*
Lo ocurrido no tiene importancia.	*What occurred is not important.*
Creo **lo** mismo que Ud.	*I believe the same as you.*
Lo malo es que no puedo ir.	*The bad thing is that I can't go.*

NOTA: **Lo** + adjetivo o adverbio + **que** equivale en inglés a la expresión *how.*

Me sorprende **lo bueno que** es Pepe.	*I'm surprised how good Pepe is.*
No puedo creer **lo tarde que** es.	*I can't believe how late it is.*
Ella me dijo **lo divertida que** es esta clase.	*She told me how enjoyable this class is.*
Me sorprendió **lo bien que** habla español.	*It surprised me how well she speaks Spanish.*

Actividades

I. **Práctica.** Complete la frase con la traducción de las palabras entre paréntesis.

1. *(Love)* ________es un sentimiento noble.
2. Las tiendas se cierran *(on Sundays)* ________.
3. *(Henry the Eighth)* ________ tuvo seis esposas.
4. *(Mrs. Gariano)* ________ habla *(Italian)* ________ con sus hijos.
5. Aurora se lava *(her face)* ________ con un jabón especial.

6. En algunos países *(men and women)* ________ no tienen los mismos derechos.
7. *(Liberty)* ________ es necesaria para *(happiness)* ________.
8. No puedo creer *(how late it is)* _______.
9. Salieron a *(four o'clock)* ________.
10. *(The bad thing)* _______ es que mi auto no tiene gasolina.

II. **Mi amiga brasileña.** Llene los espacios en blanco con el artículo definido, el artículo neutro **lo** o las contracciones **al** o **del**, según sea necesario. Use el símbolo **Ø** si no necesita artículo.

Mi amiga María es ________ Brasil. Ella y yo conversamos en ________ portugués porque quiero practicar ________ lengua. María domina varios idiomas; habla perfectamente bien ________ inglés y ________ español. Creo que es porque su madre, ________ doña Eugenia, es española. Pero me sorprende ________ bien que pronuncia en ________ inglés. Casi todas ________ tardes María y yo nos reunimos antes de ________ cena para tomar un aperitivo y charlar. Con frecuencia nos acompaña ________ profesora Domínguez, porque a ella también le interesa ir ________ Brasil y quisiera saber más acerca ________ país. Dice que ________ verano próximo piensa viajar por Sud América. A mí también me gustaría ir, pero tengo que pagar por mis estudios y no tengo ________ dinero que se necesita para un viaje largo. Sólo pienso en ________ interesante y divertido que sería. En fin, ________ soñar no me lo quita nadie. ■

F Artículo indefinido

Hay cuatro formas.

	Masculino	*Femenino*
Singular	**un** (a)	**una** (a)
Plural	**unos** (some)	**unas** (some)

1. El artículo indefinido concuerda con el nombre en género y número.

un árbol	**una** idea
unos caballos	**unas** amigas

Se usa el artículo **un**, en vez de **una**, con los sustantivos femeninos que comienzan con **a** o **ha** acentuadas.

un alma buena	**unas** almas buenas
un hacha *(ax)* nueva	**unas** hachas nuevas

2. Usos del artículo indefinido

a. En general, el artículo indefinido indica que el sustantivo no es una cosa determinada.

Dame **un** lápiz.

b. **Unos** y **unas** expresan una cantidad indeterminada. Equivalen en inglés a *some* o *about*. Si se usan con números, expresan la idea de aproximadamente.

Compré **unos** discos viejos.	*I bought some old records.*
Había **unas** cien personas en la recepción.	*There were about one hundred people at the reception.*

c. A veces el artículo indefinido señala una cualidad característica del nombre.

Mi hermano es **un** perezoso. (Su característica principal es ser perezoso.)

3. No se usa el artículo indefinido:

a. Después de **ser** y **hacerse**, con los sustantivos no modificados que expresan profesión, ocupación, nacionalidad, religión o afiliación política.

Fernando es abogado y su hermano es electricista.
Ellos son peruanos.
Eugenio es budista.
Patricia quiere hacerse republicana.

NOTA: Cuando el sustantivo está modificado se usa el artículo indefinido.

Mi hermano es **un** piloto experto.
Benito Juárez fue **un** mexicano que luchó contra la intervención francesa en México.
Ellos son **unos** católicos fervientes.
Samuel es **un** verdadero demócrata.

b. Con las palabras **cien, mil, otro, tal** (such) y **¡qué…!** (En inglés se usa el artículo en este tipo de construcción.)

Tenemos cien libros.	*We have a hundred books.*
Necesito mil dólares.	*I need a thousand dollars.*
Mis padres compraron otra casa.	*My parents bought another house.*
No dije tal cosa.	*I did not say such a thing.*
¡Qué hombre!	*What a man!*

c. Después de **sin, con, tener, buscar, haber** cuando el artículo indefinido no se refiere a la cantidad o al concepto numérico de uno, *one*. En inglés se usa *a* o *an*.

Don Paco nunca sale sin sombrero.	*Don Paco never goes out without a hat.*
¿Tienes novio?	*Do you have a boyfriend?*
Busco trabajo.	*I'm looking for a job.*
Esta noche hay fiesta en casa.	*There's a party at home tonight.*

Actividades

I. **Práctica.** Conteste las preguntas usando las palabras en paréntesis y el artículo indefinido, si es necesario.

MODELO: ¿Qué es Alberto? (piloto comercial)
Alberto es un piloto comercial.

1. ¿Qué es tu hermano? (comunista furioso)
2. ¿Qué tienes que hacer? (mil cosas)
3. ¿De dónde son los hermanos Gómez? (paraguayos)
4. ¿Había muchas personas en el estadio? (aproximadamente diez mil)
5. ¿Qué quiere Ramona? (otro vaso de vino)
6. ¿Qué tienes? (dolor de cabeza)

II. Traduzca las siguientes oraciones al español.

1. *What a memory!*
2. *They need another suitcase.*
3. *I need a hundred dollars, and you?*
4. *The important thing is that she calls every day.*
5. *I can't believe such a thing.*
6. *We prefer a house with a swimming pool.*

III. En el siguiente párrafo se habla del pintor español Salvador Dalí (1904–1989). Complete este párrafo con los artículos definidos o indefinidos que sean necesarios.

Salvador Dalí es __________ pintor famoso cuyo arte surrealista presenta __________ mundo lleno de imágenes alucinatorias. Dalí estudió en __________ Escuela de Bellas Artes de Madrid. En 1928 se fue a París y allí se puso en contacto con __________ movimiento surrealista. Colaboró con __________ director de cine español Luis Buñuel en __________ cuantas películas. Dalí usaba __________ bigote enroscado (*twisted*) a los lados que le daba __________ apariencia __________ poco extravagante.

G Verbos impersonales

1. En español todo verbo que expresa un fenómeno atmosférico es impersonal.

llover	*to rain*	**nevar**	*to snow*
lloviznar	*to drizzle*	**relampaguear**	*to lighten*
diluviar	*to pour, rain heavily*	**tronar**	*to thunder*
escampar	*to stop raining*	**amanecer**	*to dawn*
granizar	*to hail*	**anochecer**	*to grow dark at nightfall*

Cuadro de Salvador Dalí (1904–1989) que representa el descubrimiento de América por Cristóbal Colón. (Salvador Dali, "The Discovery of America by Christopher Columbus," 1958–1959. Collection of The Salvador Dalí Museum, St. Petersburg, Florida, Copyright 2001, Salvador Dali Museum, Inc.)

Anuncian que **lloverá** mañana.
Nevó toda la noche.
Está **relampagueando** y **tronando.**
Ha **lloviznado** todo el día.

NOTA: Observe que en inglés estos verbos llevan el pronombre *it*. En español no llevan ningún pronombre. Recuerde que el pronombre *it* del inglés, usado como sujeto, no tiene equivalencia en español.

Llueve mucho. *It rains a lot.*

2. Los verbos **amanecer** y **anochecer** se usan a veces para expresar la idea de llegar a un lugar, o estar presente en un lugar, al empezar el día o al caer la noche.

Salimos de Los Ángeles por la noche y **amanecimos** en La Habana.

3. El verbo **hacer** se usa en forma impersonal para expresar condiciones atmosféricas.

Hace buen tiempo.
Hace mal tiempo.
Hace calor.
¿Qué tiempo hace? Hace frío.
Hace fresco.
Hace sol.
Hace viento.

4. Hay otros verbos que se usan en forma impersonal.

bastar	*to be enough*	Basta decir que es la persona más noble que existe.
precisar	*to be necessary*	Precisa que salgamos temprano.
importar	*to be important*	Importa que seas puntual.
parecer	*to appear, seem*	Parece que el mundo está en crisis.
convenir	*to be advisable*	Conviene estudiar español.

Actividades

I. **El pronóstico del tiempo.** Complete las oraciones en forma original usando un vocabulario relacionado con los fenómenos atmosféricos.

MODELO: Toda la noche...
Toda la noche estuvo lloviendo y es posible que haya una inundación.

1. El cielo está nublado...
2. El termómetro está bajando...
3. El viento...
4. En el momento de llegar a casa...
5. ¡Qué manera de...!
6. El pronóstico del tiempo para mañana...

II. **Hablando del tiempo.** Javier y Ernesto hablan por teléfono, uno desde Madrid y el otro desde Los Ángeles. Traduzca las expresiones que están entre paréntesis para completar la conversación.

Javier: Oye, Ernesto, ¿por qué no te vienes a pasar las Navidades con nosotros en Madrid?

Ernesto: Porque me dicen que en Madrid hay 9 meses de invierno y 3 de infierno; que *(it is very cold)* _________ en el invierno y *(it is very hot)* _________ en el verano. La verdad es que no me gusta el frío. Creo que *(it is advisable)* _________ que vaya en la primavera cuando *(it is cool)* _________.

Javier: Amigo, *(it seems)* _________ que estás muy acostumbrado a tu clima de California. Pero dime, ¿no es verdad que en tu tierra *(it is very windy)* _________ y es muy peligroso cuando llegan los llamados vientos de Santa Ana? ¿Y que casi nunca *(it rains)* _________?

Ernesto: Son exageraciones. Para que sepas, *(it rained heavily)* _________ toda la noche y *(it thundered)* _________ y *(it lightened)* _________, pero *(we woke up)* _________ con un sol espléndido. *(It is enough)* _________ decir que aquí casi siempre *(the weather is nice)* _________ . Oye, en vez de yo ir a Madrid, ¿por qué no vienes tú a Los Ángeles? A propósito, ¿sabías que eso de los vientos de Santa Ana nada tiene que ver con la santa ni con la ciudad de Santa Ana? Antiguamente eran vientos de Satanás, que en algún momento el nombre llegó a confundirse.

III. **Los días de verano.** Con un compañero(a) de clase completen el siguiente diálogo entre Rubén y Matías. Cambien al presente los verbos que están entre paréntesis.

Rubén: ¿Te gusta el horario del verano?
Matías: (anochecer) Sí, porque _______ tarde.

Rubén: ¿Te levantas muy temprano por la mañana?
Matías: (amanecer) Generalmente cuando _______ yo ya me he desayunado.

Rubén: Ya que los días son tan largos, ¿por qué no nos vamos a la playa mañana?
Matías: (llover) ¿No has oído las noticias? Dicen que mañana va a ________ todo el día.

Rubén: Pero los meterólogos siempre se equivocan.
Matías: (parecer) Tienes razón. Hace sol y ______ que mañana hará buen tiempo.

Composición

Antes de escribir, repase las reglas sobre la acentuación y la ortografía.

A Repaso de acentuación

1. La primera y la tercera persona del pretérito llevan acento escrito en la última sílaba.

hablé habló vendí vendió escribí escribió

NOTA: Recuerde que el pretérito de los verbos irregulares no lleva acento escrito.

tuve tuvo hice hizo traduje tradujo fui fue di dio vi vio

2. Llevan acento escrito todas las formas del pretérito de los verbos leer, oír, caer y reír (menos rieron.)

leí oímos caíste reíste cayó

3. Todas las formas del imperfecto de los verbos terminados en **-er** e **-ir** llevan acento, así como la primera persona plural de los verbos terminados en **-ar.**

comía, decíamos, traían, vendías, escuchábamos, hablábamos, comenzábamos

Actividad

Ponga el acento en las palabras que lo necesiten.

1. Estabamos cenando cuando de repente sono el teléfono.
2. Fui a ver quién era; pense que podia ser Antonio.
3. Creiamos que habias ido al parque.
4. Rubén no se rio porque penso que se burlaban de él.
5. Encontre al señor que vendia periódicos.
6. Empezabamos a cantar cuando oimos el ruido.
7. ¿Leiste esa novela? ¿Qué te parecio?
8. Margarita estuvo en casa y me dio el dinero que necesitaba.

B Repaso de ortografía: b, v

1. Se escribe **b**:

- En las sílabas **bur, bus** y **b** seguida de **l** o **r.**

  burla, buscar, hablar, brazo, libre
- En las combinaciones **rab, rib, rob, rub.**

  rabia, arriba, robar (excepto **rival, Rivera**)
- En los prefijos **bi-, bis-, biz-.**

  bisnieto (biznieto), bilingüe
- En los verbos terminados en **-bir** y **-buir.**

  recibir, escribir, contribuir, distribuir (excepto: **servir, hervir, vivir**)
- En las terminaciones del imperfecto de indicativo.

  íbamos, trabajaba, estudiaban, hablabas, pensábamos
- Después de **m.**

  rumbo, mambo, embajada, también, costumbre
- En los prefijos **abs-, sub-, biblio-, obs-.**

  abstinencia, submarino, bibliotecario, obstinación

- En los sufijos **-able**, **-ible**.

  comparable, responsable, discutible, preferible

- En las terminaciones **-bilidad**, **-bundo**.

  responsabilidad, moribundo (excepto: **movilidad, civilidad**)

2. Se escribe **v**:

- Después de **b, d, n, le, di**.

  obvio, adverso, invierno, levantar, divino

- En el pretérito de indicativo y el imperfecto de subjuntivo de los verbos **tener, andar, estar**

  tuvieron, anduvieron, estuve

- En las palabras que empiezan con **vice-**, **villa-**.

  viceversa, villanía, Villarreal (excepto: **bíceps, billar**)

- En las palabras que empiezan con **ave-, avi-, eva-, eve-, evi-, evo-**.

  avenida, avispa, evaporar, evento, evidente, evolucionar

- Las palabras que empiezan con **sal-, sel-, sil-, sol-, ser-**.

  salvavidas, selva, Silva, solvente, servidumbre (excepto: **silbar**)

3. Palabras que se confunden

tuvo *he/she had*	**tubo** *tube*	**bello** *beautiful*	**vello** *hair, fuzz*
botas *boots*	**votas** *you vote*	**barón** *baron*	**varón** *male*
haber *to be/to have*	**a ver** *let's see*		

Actividad

¿Se escriben con **b** o **v**?

1. La no___ia lle___aba un ___estido no muy caro, pero muy ___onito y ___ello.
2. ___amos a ___er la ___lusa y el traje de ___año que se compró Roberta.
3. Estu___imos esperando al candidato. ¿Por quién vas a ___otar tú?
4. El tu___o que pasa por de___ajo de mi casa se ha roto.
5. Elena dio a luz el sá___ado. Creo que tu___o un ___arón.
6. Como esta___a ne___ando, fue necesario ponerme las ____otas.
7. El ser___icio aquí es malo; es ob___io que no sa___en atender al pú___lico.
8. Reci____ieron una carta del go___ernador pidiendo los nombres de los responsa___les.

Ejercicio de composición (opcional)

Haga una composición, oral o escrita, sobre uno de los temas que se dan a continuación. Prepare de antemano un bosquejo que le ayudará a desarrollar su tema con coherencia. El primer tema incluye un esquema como modelo.

TEMA: Los estereotipos. El "latino".

INTRODUCCIÓN: La fuerza que tienen los estereotipos en el público en general.
La imagen que tenemos del "latino".
Rasgos físicos y de carácter que le aplicamos.
El estereotipo del norteamericano, del italiano y del alemán.

DESARROLLO: Entre los "latinos" que Ud. ha conocido, ¿cuáles son las diferencias que ha notado?
Diferencia entre un argentino, que desciende de italianos y españoles, y un venezolano que desciende de indio y español. ¿Puede Ud. agruparlos bajo el estereotipo de "latino"?
Diferencias sutiles que existen.
Errores que cometemos.
Importancia que tiene el conocer bien la historia de los países que están al sur de los Estados Unidos.

CONCLUSIÓN: Dé su opinión personal con respecto al estereotipo que existe del "latino".
¿Cómo difiere el estereotipo de la realidad?
¿Contribuye el estereotipo del "latino" a comprenderlo mejor?

TEMA: La música como manifestación cultural (de un pueblo; de una generación; de la juventud; de la sociedad)

TEMA: El concepto de "diversidad" en el sistema educativo (en los negocios; en el gobierno)

3 Capítulo

Universidad Nacional Autónoma de México, en la capital mexicana

- Vocabulario
- Lectura 1: "Gabriela Brimmer"
- Lectura 2: Selección de *Mujeres de ojos grandes* de Ángeles Mastretta
- Futuro y condicional
- Usos de **ser** y **estar**
- El gerundio o participio presente
- Usos del infinitivo
- Frases con **tener**
- Repaso de palabras que se prestan a confusión I
- Repaso de acentuación
- Repaso de ortografía: **que**, **qui**, **cue**, **cui**

Vocabulario

Antes de leer, repase el siguiente vocabulario que le ayudará a comprender la lectura.

Sustantivos

el cuerpo body
el dedo toe; finger
el detalle detail
la época time; epoch
el fondo bottom
la frontera border
el guión script
el odio hate
el rencor rancor; ill will
la ruta route
la tenacidad tenacity
la tentación temptation
la voluntad will

Verbos

alentar (ie) to encourage
animar to encourage
asistir to attend
clamar to cry out
complacer (zc) to please
crecer (zc) to grow
desarrollar(se) to develop
esforzarse (ue) (c) to strive
herir (ie, i) to hurt; to wound
notar to notice
proponer to propose
redactar to write; to edit
seguir (i, i) to continue
soler (ue) to be accustomed to
vencer (z) to overcome

Adjetivos

adelante ahead; forward
desapercibido unnoticed
hondo deep
izquierdo left
único only

Expresiones

dar a conocer let it be known
darle miedo a (uno) to fear
darse cuenta de to realize

Lectura I

Gabriela Brimmer

Entre los ejemplos de voluntad absoluta y de tenacidad ejemplar para vencer dificultades y salir adelante en la vida, está el caso de Gabriela Brimmer, conocida por Gaby, quien al nacer contrajo° parálisis cerebral, hecho que marcó la ruta de su vida futura y la preparó para luchar en un mundo que no aceptaba diversidad ni excepciones. Esta historia contra el destino de una vida en silla de ruedas° hubiera pasado desapercibida si la escritora Elena Poniatowska no hubiera publicado *Gaby Brimmer,* libro biográfico que narra la vida y da a conocer la obra poética de "Gaviota", nombre que solían decirle. Desde su cuerpo inmóvil,° Gaby aprendió a escribir con un dedo del pie izquierdo que era la única parte de su cuerpo que podía controlar. La publicación de este libro cambió la vida de Brimmer: la oscuridad se volvió° luz y Gaby fue solicitada para dar conferencias, asistir a congresos, proponer guiones de cine y servir de tema para una película de Hollywood.

contracted · *wheelchair* · *paralyzed* · *became*

Cuando a los ocho años Gaby entró en un centro de rehabilitación, una de las maestras que tenía se dio cuenta de las dotes° que tenía la niña para escribir y la ayudó y animó para que siguiera esa inclinación poética. Su madre ya había notado la sensibilidad conmovedora° que tenía su hija y la fuerza que nacía de lo profundo de su ser.° Su padre, y la nana Florencia que estuvo siempre a su lado, le habían abierto el camino para pasearse por el campo de la poesía que ella redactaba lentamente y con gran amor. Más tarde, estando en una escuela regular, tuvo como profesor de lengua española a un poeta que contribuyó mucho a alentar su vocación de poeta que continuó creciendo y desarrollándose.

talent · *moving* · *being*

Gabriela Brimmer escribió, junto con la Poniatowska, *Gaby, una historia verdadera* que sirvió para que la conocieran fuera de México, y en ella Gaby se muestra como una persona que se esforzó y luchó para todo en la vida. En este libro Gaby describe, con lujo de detalles,° la alegría que experimentó al sentirse madre y despertar junto a la niña que había adoptado.

a lot of detail

El intenso amor a la tierra que Gaby siente y que trasciende las fronteras de su tierra natal,° está expresado fuertemente en el poema "América Latina". En éste ella clama por esa tierra que ama y nos dice: "América Latina, me dueles desde el fondo de mi sangre, me hieres en lo hondo..."

birth place

En forma profética escribió: "Quiero morir en un día de invierno gris, feo y frío, para no tener tentación de seguir viviendo. Moriré en esa época del año, porque de todo el mundo he recibido frío. Quiero morir en invierno para que los niños hagan sobre mi tumba muñecos de nieve."° Su muerte ocurrió el 3 de enero del año 2000. La vida y el clima la complacieron. *snowmen*

En su funeral, su único hermano dio lectura al poema:

Cuando me vaya, no quiero que me
lloren.
Mi alma se irá por caminos no andados,
Y no me da miedo cruzar el universo.
Al irme quiero hacerlo con manos
limpias de rencor,
sin odios y sin ambiciones; eso se lo
dejo a los vivos.
Cuando me vaya quiero hacerlo con alivio.° *relief*
Y pasaré al otro mundo dejando una ruta
de triunfos.

Esta criatura inigualable° había nacido en México en 1947. El 10 de enero de 2000, pocos días después de su muerte, el presidente de la republica mexicana anunció la creación del Premio Nacional de Rehabilitación Física o Mental que llevaría el nombre de Gabriela Brimmer. *unequaled*

Llene los espacios en blanco con la palabra o expresión que sea correcta. Use los verbos en el tiempo que sea necesario.

1. Gaby ________________ lentamente los versos que le salían del alma.
2. La historia hubiera pasado ________________ si no la hubieran publicado.
3. La descripción estaba hecha con lujos de ________________.
4. Su padre ________________ a Gaby para que escribiera poesía.
5. Gaby aprendió a escribir con el ________________ del pie izquierdo.
6. Gaby consiguió ________________ dificultades para salir adelante y triunfar en la vida.
7. El libro biográfico de Elena Poniatowska ________________ la obra poética de Gabriela Brimmer.

Preguntas sobre la lectura

1. ¿Quiénes fueron las primeras personas que se dieron cuenta del talento de la niña Gaby?
2. ¿Quiénes fueron las personas que la animaron para desarrollar su talento poético?
3. ¿Qué hecho ocurrió que hizo que la vida de Gaby experimentara un cambio grande?
4. ¿Qué se dice de la familia de Gaby?

5. ¿Qué describe Gaby con detalle en su libro?
6. ¿Por qué quiere Gaby morir en invierno?
7. ¿Qué sentimiento predomina en el poema "América Latina"?
8. ¿Qué ocurrió cuando se publicó *Gaby, una historia verdadera*?

Temas de conversación

1. ¿Conoce Ud. algún caso de voluntad y tenacidad tan fuerte como el de Gaby?
2. ¿Ha visto Ud. la película americana "My Left Foot"? ¿Encuentra Ud. algunas semejanzas entre la vida del personaje de esa película y la vida de Gaby?
3. ¿Qué opina Ud. de las personas minusválidas *(disabled)* que desean adoptar niños? ¿Debe ser permitido?
4. Busque Ud. información sobre el Disability Act. Mencione algunos beneficios que se han conseguido por medio de esta ley.
5. Gaby nos dice que "de todo el mundo ha recibido frío." Explique Ud. lo que nos quiere decir. ¿Cree Ud. que haya discriminación hacia los minusválidos?

Vocabulario

Antes de leer, repase el siguiente vocabulario que le ayudará a comprender la lectura.

Sustantivos

el asunto matter; subject
el auxilio assitance; help
el escapulario scapulary
la fe faith
la iglesia church
el temor fear

Verbos

acariciar to caress
amenazar (c) to threaten
entonar to sing
proteger (j) to protect

Adjetivos

ateo atheist
sano healthy
suave gentle
tardía belated
valiente brave
verdadera true

Expresiones

a pesar de in spite of
dar con to find
estar de acuerdo to agree

Lectura 2

Ángeles Mastretta

Ángeles Mastretta (1949–), periodista y novelista mexicana. Su primera novela, *Arráncame la vida* (1985) obtuvo el Premio Mazatlán en México. Entre otras obras, ha publicado también el libro de relatos cortos *Mujeres de ojos grandes* (1990). *Mal de amores*, novela publicada en 1995 obtuvo el prestigioso Premio Rómulo Gallegos, concedido por primera vez a una mujer. En su obra Mastretta presenta mujeres poderosas que rompen con las convenciones sociales.

Selección de *Mujeres de ojos grandes* por Ángeles Mastretta

Desde muy joven la tía Eloísa tuvo a bien° declararse atea. No le fue fácil dar con un marido que estuviera de acuerdo con ella, pero buscando, encontró un hombre de sentimientos nobles y maneras suaves, al que nadie le había amenazado la infancia con asuntos como el temor a Dios.

Ambos° crecieron a sus hijos sin religión, bautismo ni escapularios. Y los hijos crecieron sanos, hermosos y valientes, a pesar de no tener detrás la tranquilidad que otorga saberse° protegido por la Santísima Trinidad.

Sólo una de las hijas creyó necesitar del auxilio divino y durante los años de su tardía adolescencia buscó auxilio en la iglesia anglicana. Cuando supo de aquel Dios y de los himnos que otros le entonaban,° la muchacha quiso convencer a la tía Eloísa de cuán bella° y necesaria podía ser aquella fe.

—Ay, hija —le contestó su madre, acariciándola mientras hablaba—, si no he podido creer en la verdadera religión ¿cómo se te ocurre que voy a creer en una falsa?

considered it right
both
knowing themsleves
sang
how beautiful

Preguntas sobre la lectura

1. ¿Cuándo decidió la tía Eloísa ser atea?
2. ¿Qué tipo de marido buscaba ella? ¿Lo encontró?
3. ¿Cómo era este hombre?
4. ¿Cómo crecieron sus hijos?
5. ¿Qué les da la Santísima Trinidad a los individuos?
6. ¿Qué pasó con una de las hijas? ¿En qué época de su juventud cambió?
7. ¿Dónde consiguió ayuda la hija?
8. ¿Qué trató de hacer la hija con su madre?
9. ¿Por qué no cree la madre en la religión que menciona la hija?

Jóvenes estudiando en la biblioteca de la Universidad Nacional Autónoma de México

Gramática

A Futuro y condicional

1. Verbos regulares.

Infinitivo	*Futuro*		*Condicional*	
comprar	comprar **é**	comprar **emos**	comprar **ía**	comprar **íamos**
	comprar **ás**	comprar **éis**	comprar **ías**	comprar **íais**
	comprar **á**	comprar **án**	comprar **ía**	comprar **ía**
vender	vender **é**	vender **emos**	vender **ía**	vender **íamos**
	vender **ás**	vender **éis**	vender **ías**	vender **íais**
	vender **á**	vender **án**	vender **ía**	vender **ían**
recibir	recibir **é**	recibir **emos**	recibir **ía**	recibir **íamos**
	recibir **ás**	recibir **éis**	recibir **ías**	recibir **íais**
	recibir **á**	recibir **án**	recibir **ía**	recibir **ían**

Note que en el futuro la única persona que no lleva acento escrito es la primera persona del plural. En el condicional todas las personas llevan acento escrito.

2. Verbos irregulares.

Algunos verbos tienen la raíz irregular en el futuro y en el condicional. Las terminaciones regulares se añaden a estas raíces.

Infinitivo	*Raíz*	*Futuro*	*Condicional*
salir	**saldr-**	saldré	saldría
venir	**vendr-**	vendré	vendría
poner	**pondr-**	pondré	pondría
tener	**tendr-**	tendré	tendría
poder	**podr-**	podré	podría
valer	**valdr-**	valdré	valdría
haber	**habr-**	habré	habría
saber	**sabr-**	sabré	sabría
caber	**cabr-**	cabré	cabría
hacer	**har-**	haré	haría
decir	**dir-**	diré	diría
querer	**querr-**	querré	querría

3. Usos del futuro.

a. El futuro se usa para indicar que la acción, estado o condición va a ocurrir después del momento presente.

Saldré para el aeropuerto dentro de una hora.
Iremos antes del anochecer.

b. El futuro se usa para expresar conjetura, probabilidad o duda de una acción, estado o condición, en el presente o en el futuro. Equivale a la construcción en inglés de *I wonder*, *I suppose*.

¿Qué hora **será**?	*I wonder what time it is. What time can it be?*
Serán las dos.	*It's probably two o'clock.*
¿**Llegará** Gustavo a tiempo?	*I wonder if Gustavo will arrive on time?*

NOTA: La expresión **deber de** + infinitivo también se usa para expresar probabilidad en el presente.

¿Qué hora es?
Deben de ser las dos. *It must be two.*

c. El futuro también se puede usar para indicar órdenes o mandatos. En este caso el mandato adquiere un tono más enfático.

Niños, les repito que no **saldrán** esta tarde.
Escribirás la carta en seguida.

4. Hay tres maneras de expresar una acción futura:

a. Con la forma **ir a** + un infinitivo.

Voy a aprender a esquiar.

b. Con el verbo en presente.

Mañana **salgo** para Haití y Santo Domingo.

c. Con el tiempo futuro.

El Sr. Ventura me **llevará** al juego de pelota.

Actividades

I. **Una excursión.** Su amiga Amelia va a ir de pesca (*fishing*) con unos amigos. Pregúntele a un compañero(a) qué va a hacer Amelia. Su compañero debe contestar las preguntas indicando lo que harán.

MODELO: ¿Cuándo va a salir de pesca Amelia? (el sábado)
Saldrá de pesca el sábado.

1. ¿Dónde va a reunirse con sus amigos? (en Acapulco)
2. ¿A qué hora va a salir el barco que piensan tomar? (de madrugada)
3. ¿Cómo va a ser el barco? (grande y cómodo)
4. ¿En cuánto van a alguilar el equipo de pesca? (en unos $100)
5. ¿Crees que van a divertirse? (Sí)
6. Van a tener una experiencia diferente, ¿verdad? (Claro)

II. **El juego de fútbol.** Va a haber un juego de fútbol en la Universidad de Texas. Prepare con un compañero(a) un diálogo en el que Ud. le pida la siguiente información. Usen en sus preguntas y en las respuestas de su compañero el verbo en futuro.

1. El lugar del juego.
2. La hora del juego.
3. El precio de la entrada.
4. El lugar de estacionamiento.
5. El costo del estacionamiento.

III. **Pensando en el futuro.** Su amigo cree que Ud. puede predecir el futuro. Ud. le va a dar sus predicciones futuras para las siguientes cosas que él le ha preguntado.

1. ¿Cómo será el consumo de drogas entre la juventud en los próximos cinco años?
2. ¿Cómo será la casa del futuro?
3. ¿Qué medios de transporte habrá en el año 2100?

Jóvenes jugando soccer

4. ¿Habrán descubierto una cura para el cáncer y el SIDA?
5. ¿Qué pasará con los problemas de la contaminación del medio ambiente?
6. ¿Tendrá Estados Unidos una presidenta?

IV. **La señora Rubio.** Con un(a) compañero(a) de clase completen el siguiente diálogo con el futuro del verbo entre paréntesis para expresar conjetura.

Amigo(a): ¿Quién es esa señora?
Ud.: No sé. (ser) ________________ la esposa del director.
Amigo(a): Es muy guapa. ¿Sabes cuántos años tiene?
Ud.: (tener) ________________ unos treinta y cinco. Parece muy joven.
Amigo(a): ¿Siempre lo acompaña cuando hacen presentaciones?
Ud.: No siempre. Lo (acompañar) ________________ ahora porque creo que él está enfermo.
Amigo(a): ¿Dónde van a sentarse?
Ud.: No estoy seguro. ¿(sentarse) ________________ en primera fila junto a los otros directores?

V. La señora Valle está un poco enfadada con su hija porque todavía no le ha comprado el regalo de cumpleaños a su prima. Llene los espacios en blanco con el futuro del verbo entre paréntesis para indicar los siguientes mandatos.

(Escoger) ________________ el regalo para tu prima hoy mismo. Lo (envolver) ________________ y se lo (llevar) ________________ a su casa esta misma tarde. No te lo voy a decir dos veces.

5. Usos del condicional.

a. Se usa el condicional para expresar una idea o un hecho futuro en relación con un momento del pasado.

Evelio me prometió que me **llevaría** a ver el Ballet Folklórico de México.
Él dijo que **compraría** las entradas.

b. Se usa el condicional para expresar lo que ocurriría si no fuera por otra circunstancia.

Iría contigo, pero no tengo tiempo.
Pagaría la cuenta, pero no tengo dinero.

c. En las oraciones condicionales con **si** se usa el condicional en combinación con el imperfecto de subjuntivo.*

Imperfecto de subjuntivo	Condicional
Si Pepe **llamara,**	**hablaría** con él.

d. El condicional se usa para expresar probabilidad, conjetura o duda de una acción, estado o condición en el pasado. Equivale al inglés *I wonder, I suppose, do you suppose?*

Serían las dos cuando él llegó.
It was probably two o'clock when he arrived.

¿**Iría** Antonio al baile anoche?
I wonder if Antonio went to the dance last night?

e. Observe las siguientes combinaciones de tiempo: el presente con el futuro; el condicional con el pretérito o el imperfecto de indicativo.

Presente → Futuro	Pretérito o Imperfecto → Condicional
Él **dice** que **vendrá.**	Él **dijo** que **vendría.**
Sé que él **llamará.**	**Sabía** que él **llamaría.**

f. El condicional se usa con verbos como **desear, querer, poder** y **deber** para expresar una idea en una forma más cortés y delicada.

¿**Podrías** prestarme $10?
Deberías visitar a tus abuelos.

*Ver capítulo 6, página 202.

Actividades

I. **La televisión hoy en día.** Una compañera le hace varias preguntas sobre los programas de televisión porque va a escribir un informe para la clase de periodismo (*journalism*). Conteste sus preguntas.

1. ¿Qué cambios piensa Ud. que deberían hacer los productores de televisión?
2. ¿Qué programas cree Ud. que beneficiarían más a la juventud?
3. ¿Qué tipo de programas eliminaría Ud. de la televisión?
4. ¿Cómo podría la televisión ser un medio muy eficaz (*effective*) de educación?
5. ¿Qué programas le gustaría ver con más frecuencia?

II. **Situaciones.** ¿Qué haría Ud. en las siguientes situaciones? Escriba por lo menos tres oraciones para contestar cada pregunta.

¿Qué haría Ud....

1. ...al recibir una herencia de un millón de dólares?
2. ...para darle una sorpresa a su amiga(o)?
3. ...para convencer a su jefe que le pague más?
4. ...al ser despedido de su trabajo?
5. ...para celebrar su graduación de la universidad?

III. **Práctica.** Escriba el siguiente párrafo en pasado, cambiando los verbos que están en presente y futuro al pasado y al condicional.

MODELO: Dicen que llamarán temprano.
Dijeron que llamarían temprano.

Los chicos dicen que saldrán del cine a las diez. Creo que irán a un café después y que estarán allí una hora por lo menos. Pienso que volverán a casa a eso de las doce y que seguramente vendrán un poco cansados.

IV. **Hablando de Alberto.** Con un compañero(a) de clase completen el siguiente diálogo con el condicional del verbo entre paréntesis para expresar conjetura.

Amigo(a):	¿Qué hora era cuando llamó Alberto?
Ud.:	No estoy seguro(a), pero (ser) ________________ las tres de la mañana.
Amigo(a):	(tener) ________________ que ser algo importante, ¿no?
Ud.:	No, sólo para decirme que estaba nervioso y no podía dormir.
Amigo(a):	Caramba. Después de hablar con Alberto tú (dormir) ________________ muy poco también.
Ud.:	Así fue. Nos estuvimos contando chistes hasta la madrugada.
Amigo(a):	Me imagino que ustedes (estar) ________________ muy cansados al día siguiente.
Ud.:	Ya lo creo.

V. Su amiga Carmen debe ponerse a dieta para bajar de peso y le pide consejos a Ud. Dígale de una manera fina y sutil lo que debe hacer o no hacer para mantener un peso normal. Use los verbos en condicional.

MODELO: No fumes.
No deberías fumar. (Podrías dejar de fumar. Sería bueno dejar de fumar.)

1. Camina por lo menos una milla todos los días.
2. Practica algún deporte.
3. Deja de comer papas fritas.
4. Come más pescado y menos carne roja.
5. Debes ir al gimnasio tres veces por semana.

B Usos de ser y estar

1. **Ser** se usa:

a. Con la preposición **de** para expresar origen, posesión y material de que está hecha una cosa.

Rosita le contó que **éramos de** otros países.
Estos vinos **son de** Chile.
El perro **es de** Antonio.
¿**De quién** será esa casa?
Su blusa **es de** seda.
Las paredes **son de** adobe.

b. Con adjetivos para expresar características o cualidades propias o intrínsecas de personas y cosas.

El chofer **era** muy conversador.
El edificio **es** moderno.
Los limones **son** ácidos.

c. Para expresar la idea de tener lugar o acontecer un hecho. Equivale en inglés a *to take place*.

El banquete **será** en el Hotel Tamanaco de Caracas y el concierto que lo precede **será** a las seis, también en el Hotel Tamanaco.

d. Para expresar la voz pasiva.*

La ciudad **fue destruida** por la erupción del volcán.
Todo **fue descrito** en los periódicos de ayer.

*Ver capítulo 4, voz pasiva, página 132.

e. Cuando el predicado es un nombre, pronombre o un adjetivo usado como nombre.

Ellos **son** amigos.
La inteligente **es** ella y el perezoso **es** él.

f. Para indicar la hora y otras expresiones de tiempo.

¿**Será** muy tarde ya? No lo creo. **Son** las dos.
Caramba, no recuerdo qué día **es** hoy.
Hoy **es** el quince de marzo.

g. Con expresiones impersonales.

Es necesario llegar a tiempo al concierto.
Es lástima si no escuchamos el principio.

2. **Estar** se usa:

a. Para expresar lugar o posición de cosas o personas.

El calendario azteca **está** en el Museo Nacional de Antropología en la Ciudad de México. Ayer **estuvimos** allí y también en el Parque de Chapultepec que **está** al lado del museo.

b. Con adjetivos para expresar estados o condiciones transitorios de personas o cosas, y con participios pasados —usados como adjetivos— para expresar el resultado de una acción y describir un estado o una condición del sujeto.

Condición transitoria	Resultado de una acción*
Ana **está** enferma.	El hombre **está** muerto. Murió una hora después del accidente.
El café **está** frío.	La puerta **está** cerrada. Creo que la cerró Carlos.

c. Con los gerundios (la forma verbal terminada en **-ndo**) para formar los tiempos progresivos.** Esta construcción se usa menos en español que en inglés.)

Bernabé **está recogiendo** los juguetes y los niños **están estudiando.**

d. Con las siguientes frases idiomáticas:***

estar a oscuras	*to be in the dark*
estar de acuerdo	*to be in agreement*
estar de buen (mal) humor	*to be in a good (bad) mood*
estar de cabeza	*to do a headstand*
estar de espaldas	*to be facing away*
estar de frente	*to be facing forward*

*Ver capítulo 4, usos del participio pasado, página 123.
**Ver capítulo 3, el gerundio o participio presente, página 106.
***En español hay otros verbos que llevan la preposición **de.** Ver capítulo 10.

estar de incógnito	*to be incognito*
estar de lado	*to be sideways*
estar de moda	*to be fashionable*
estar de pie	*to be standing*
estar de prisa	*to be in a hurry*
estar de regreso	*to be back*
estar de rodillas	*to be kneeling*
estar de vacaciones	*to be on vacation*
estar de viaje	*to be traveling, on a trip*
estar de vuelta	*to be back*
estar en estado	*to be pregnant*
estar listo	*to be ready*
estar para	*to be about to*
estar por	*to be in favor of*

3. Observe en las siguientes oraciones la diferencia de significado que ocurre al usar el verbo **ser** o **estar**:

SER	ESTAR
Beatriz **es** bonita *Beatriz is a pretty girl.*	Beatriz **está** bonita. *Beatriz looks pretty.*
Soy listo. *I am smart.*	**Estoy** listo. *I am ready.*
Joaquín **es** aburrido. *Joaquín is a boring person.*	Joaquín **está** aburrido. *Joaquín is bored.*
Esta fruta **es** dulce. *This (kind of) fruit is sweet.*	Esta fruta **está** dulce. *This fruit tastes very sweet.*
Juanito **es** un chico nervioso. *Juanito is a nervous kid.*	Juanito **está** nervioso por el examen. *Juanito is nervous about the exam.*
Roberto **es** muy callado. *Roberto is a very quiet person.*	Roberto **está** muy callado porque está triste. *Roberto is quiet (silent) because he is sad.*
Estas manzanas **son** verdes. *These apples are green (in color).*	Estas manzanas **están** verdes. *These apples are green (not ripe).*
Lorenzo **es** un chico malo. *Lorenzo is a bad boy.*	Lorenzo **está** malo. *Lorenzo is sick.*
Su carro **es** nuevo, lo acaba de comprar. *His car is (brand) new; he just bought it.*	Su carro **está** muy nuevo. *His car is like new (looks new).*
Angélica **es** un chica muy viva. *Angélica is a clever (witty) girl.*	Angélica **está** viva. *Angélica is alive.*
Es muy vivo ese color. *It's a very bright color.*	

Actividades

I. **Práctica.** Complete las oraciones con el tiempo apropiado de **ser** o **estar**, según el sentido de la frase.

1. Anoche cuando llegamos la casa ________________ abandonada. Todas las ventanas ________________ rotas.
2. Cuando yo ________________ ayer en el portal, vi que mi vecina ________________ hablando con un policía.
3. El año pasado los naranjos *(orange trees)* ________________ llenos de azahares *(orange blossoms)*. Me gusta el perfume de estas flores porque ________________ suave y delicado.
4. A Juan no le gusta hablar; él ________________ muy callado *(quiet)*.
5. Elsa siempre conversa mucho, pero anoche durante la comida ________________ muy callada.
6. Las manzanas que ________________ en el árbol no se pueden comer todavía ________________ muy verdes.
7. Los estudiantes ________________ hoy de mal humor porque tienen un examen.
8. El edificio ________________ muy antiguo y ________________ deteriorado porque no lo cuidan.

II. **Conversaciones breves.** Con un compañero(a) de clase completen los siguientes diálogos usando la forma correcta de **ser** o **estar** para completar las oraciones. Usen el tiempo que sea necesario.

Amigo(a): ¿Cuándo ________________ la boda de Rosalía?

Ud.: La boda ________________ el mes que viene y toda la familia ________________muy contenta porque el novio ________________ un muchacho muy listo que ________________ estudiando para contador. El ________________ de Colombia y toda su familia ________________ en Bogotá.

Amigo(a): ¿Qué hora ________________ cuando llamó Ramón?

Ud.: Creo que ________________ las cinco y dijo que iba a ________________ de regreso para la hora de la cena. Cuando llamó ________________ todavía en la oficina y ________________ listo para salir porque tenía que asistir a una reunión con el jefe de su departamento.

Amigo(a): ¿Cómo ________________ tú casa?

Ud.: Las paredes de mi casa ________________ de adobe y resulta muy fresca en el verano. Cuando las ventanas ________________ abiertas entra la brisa que viene del mar y no ________________ necesario poner el aire acondicionado, lo cual ________________ un gran ahorro de electricidad.

Amigo(a): ¿________________ verdad que no te gustan los mangos?

Ud.: No, no ________________ verdad. Cuando yo ________________ el año pasado en Costa Rica probé muchas variedades de esta fruta y todas ________________ exquisitas. Cuando un mango ________________ maduro ________________ una fruta tropical deliciosa.

Amigo(a): ¿Cómo ________________ Pablo estos días?

Ud.: Bueno, pues como sabes, Pablo ______________ un chico muy optimista, pero hoy ______________ muy triste porque le dijeron que sus vacaciones no pueden ______________ en el verano, sino en el otoño. Él ______________ pensando ir de viaje al Uruguay para ______________ allá tres semanas con los tíos que viven en Montevideo.

III. **La música hispanoamericana.** Escoja la palabra correcta para completar los siguientes párrafos.

La música hispanoamericana, en gran parte, (es / está) basada en temas folklóricos o indígenas. Existe gran variedad en la música popular, según las regiones de los distintos países. En el Caribe, por ejemplo, la música (es / está) generalmente alegre; en la región de los Andes, la música indígena tiende a (ser / estar) lenta y triste. Igualmente existe gran variedad entre los instrumentos musicales de cada región. Algunos instrumentos (fueron / estuvieron) traídos por los españoles, otros (fueron / estuvieron) heredados de los indígenas y más tarde éstos evolucionaron hasta crear nuevos instrumentos.

Aún en la música clásica se encuentran temas populares. En la música clásica, por ejemplo, se destaca la "Sinfonía India" de Carlos Chávez (1899–1978), famoso compositor y director de orquesta, reconocido internacionalmente, quien (fue / estuvo) el fundador de dos importantes orquestas: la Sinfónica de México y la Sinfónica Nacional. Visitó la Universidad de Harvard, donde dictó una serie de conferencias que (fueron / estuvieron) publicadas bajo el título de "Pensamiento musical".

IV. **Una carta.** Ud. le escribe a su primo con frecuencia para darle noticias o contarle acerca de unos amigos. Complete las frases en forma original para darle la siguiente información. Escriba por lo menos tres oraciones para cada situación.

MODELO: Mi hermano Marcos está muy triste…
Marcos está muy triste porque han cerrado el negocio donde trabaja. Ahora está sin trabajo y sin dinero. La gran ironía es que Marcos siempre ha sido optimista, pero ahora está muy pesimista.

1. Rodolfo y Rolando están muy contentos…

2. Maricusa es muy popular en la universidad...
3. Acabo de conocer a la familia Benítez. Es de origen español...
4. La fiesta del cuatro de julio...

V. **Práctica.** Complete las oraciones con el presente de indicativo de **ser** o **estar,** de acuerdo con el sentido de las frases.

1. Pedro ________________ un hombre neurótico.
2. Asela ________________ aburrida de tanto trabajar.
3. Él ________________ saludable; no ha tenido que llamar al médico este mes.
4. Ese hombre ________________ una persona impaciente.
5. Ella ________________ muy bonita con ese traje.
6. Marisa ________________ aburrida; es imposible estar con ella.
7. Don Javier ________________ neurótico porque ha perdido una gran suma de dinero.
8. Mi hermano ________________ con el arquitecto en su oficina.
9. Él ________________ una persona saludable, nunca está enfermo.
10. El diccionario ________________ sobre la mesita de noche.
11. Mi hermano ________________ arquitecto.
12. Carmen ________________ en estado; pronto va a dar a luz.

VI. **Práctica.** Complete las siguientes oraciones usando una de las expresiones idiomáticas con **estar,** de acuerdo con el contexto. Use la forma verbal que sea necesaria.

1. Jorge ________________. Lleva gafas oscuras para que nadie lo reconozca.
2. Anselmo y yo raras veces discutimos. Casi siempre ________________.
3. Cuando entramos en la iglesia nadie estaba sentado. Unas personas ________________ y otras ________________.
4. Hoy en día ________________ llevar más de un arete *(earring)* en cada oreja.
5. No podemos quedarnos a charlar más. Ya son las diez y (nosotros) ________________.
6. Tiene las manos en la tierra y los pies en el aire. ¿Por qué crees tú que ese hombre ________________?
7. Los Pérez se fueron a Madrid en mayo y no ________________ hasta el mes próximo.
8. La esposa del Sr. Jiménez ________________. Dice que va a tener gemelos.
9. ¿Por quién vas a votar? ¿(Tú) ________________ el partido republicano o el partido demócrata?
10. Nuestra amiga Petra es muy simpática. Siempre está contando chistes y parece ________________.

C El gerundio o participio presente

El gerundio o participio presente se forma añadiendo las terminaciones **-ando** o **-iendo** a la raíz del verbo.

comprar **comprando** vender **vendiendo** recibir **recibiendo**

Los verbos de la segunda y tercera conjugación que tienen una vocal delante de la terminación del infinitivo cambian la **i** de **-iendo** en **y**.

leer **leyendo**	creer **creyendo**
caer **cayendo**	oír **oyendo**
huir **huyendo**	traer **trayendo**

NOTA: El gerundio de **ir** es **yendo.**

Yendo por ese camino demorarás mucho.

Los verbos de la tercera conjugación que cambian la **e → ie** o **e → i** en el presente de indicativo, cambian la **e → i** en el gerundio.*

Infinitivo	*Presente*	*Gerundio*
sentir	siento	**sintiendo**
mentir	miento	**mintiendo**
preferir	prefiero	**prefiriendo**
servir	sirvo	**sirviendo**
pedir	pido	**pidiendo**
repetir	repito	**repitiendo**
seguir	sigo	**siguiendo**
conseguir	consigo	**consiguiendo**
reír	río	**riendo**
venir	vengo	**viniendo**
decir	digo	**diciendo**

Los verbos **poder, dormir** y **morir** cambian la **o → u.**

poder **pudiendo** dormir **durmiendo** morir **muriendo**

1. Usos del gerundio.

   a. El uso principal del gerundio es con el verbo **estar** para formar los tiempos progresivos e indicar que la acción está en progreso.

Estoy leyendo.	**Han estado trabajando.**
Estuvo estudiando.	**Habíamos estado caminando.**
Estaba bañándome.	Ojalá que mañana no **esté nevando.**

*Ver capítulo 1, página 37.

Los pronombres complementos o reflexivos pueden ir delante de **estar** o junto al gerundio.

Lo estaba sirviendo.	Están vistiéndo**se.**
Estaba sirviéndo**lo.**	**Se** están vistiendo.

El gerundio de **ir, venir** o **andar** no se usa después de **estar** para formar el progresivo. En inglés sí se usa esta construcción.

Mira, ahí **viene** Ignacio.	*Look, Ignacio is coming.*
En este momento él **va** hacia tu casa.	*At this moment he is going towards your house.*

NOTA: En español el presente progresivo se usa menos que en inglés porque se puede usar el presente de indicativo.

b. El gerundio se usa también con los verbos **andar, seguir** y **continuar.**

Fermín **anda buscando** trabajo.	*Fermin is (goes on) looking for work.*
Ellos **siguen viviendo** en San Antonio.	*They are still (keep on) living in San Antonio.*
José **continúa coleccionando** sellos.	*Jose continues (keeps on) collecting stamps.*

c. El gerundio sirve como adverbio para describir la acción de otro verbo.

El chico viene **corriendo.**
Ellos vuelven **cantando.**
Los soldados pasaron **marchando.**

NOTA: Después de los verbos **oír, ver, mirar** se puede usar el infinitivo o el gerundio. Lo mismo ocurre en inglés.

Anoche las **oímos cantar.**	*Last night we heard them sing (singing).*
No la **vi bailar.**	*I didn't see her dance (dancing).*

d. El gerundio, usado por sí solo, sirve como expresión aclaratoria que va subordinada a otro verbo.

Estudiando, aprenderás.	*By studying you will learn.*
Conociendo a mi marido, no lo esperé.	*Knowing my husband, I didn't wait for him.*
Estando en Santa Fe, decidimos ir a Albuquerque.	*Being in Santa Fe, we decided to go to Albuquerque.*

Actividades

I. Cuando Ud. llegó a su casa ayer, ¿qué estaban haciendo las siguientes personas? Use el progresivo y añada una frase original.

MODELO: Mamá cocinaba; ...
Mamá cocinaba; **estaba cocinando un pavo relleno.**

1. Papá leía; ...
2. Las gemelas jugaban; ...
3. Mi hermano mayor hablaba por teléfono; ...
4. La abuela dormía; ...
5. Mi tía Lupe le ayudaba a Mamá; ...

II. **Situaciones.** Diga por lo menos tres cosas para describir las siguientes situaciones.

1. Ud. está mirando un juego de baloncesto (*basketball*). Diga todas las cosas que están haciendo los jugadores y las personas que están mirando también el juego.
2. Ud. está en la playa. Describa lo que están haciendo las personas que están allí.
3. Ud. estuvo esperando a su amigo en el aeropuerto. Describa lo que estaba ocurriendo allí mientras Ud. esperaba.

III. Imagínese que Ud. es un actor o una actriz de cine y se encuentra con un amigo que hace tiempo que no ve. Conteste las preguntas que él le hace usando el progresivo y la información que aparece entre paréntesis.

MODELO: ¿En qué trabajas ahora? (en una película de guerra)
Estoy trabajando en una película de guerra.

1. ¿Qué película filmas ahora? (una comedia romántica)
2. ¿Qué director dirige la película? (un director italiano)
3. ¿Dónde hacen la filmación? (en Nápoles y en Roma)
4. ¿Dónde vives mientras haces la película? (en una villa romana cerca de Roma)
5. ¿Qué piensas hacer cuando termines? (casarme con el actor o la actriz que hace la película conmigo)
6. Caramba, ¿qué dices? (que voy a casarme)

IV. **Práctica.** Traduzca las siguientes oraciones.

1. *My sister kept on talking for half an hour.*
2. *By working, you will be able to earn some money.*
3. *Pedro is still sleeping. He is probably tired.*
4. *He goes on telling lies.*
5. *While walking through the park, I met Rosalinda.*
6. *They continued reading until they got tired.*

D Usos del infinitivo

1. El infinitivo puede usarse directamente después de un verbo conjugado o después de un verbo seguido de preposición. Casi siempre el verbo y el infinitivo tienen el mismo sujeto. Cuando hay cambio de sujeto se reemplaza el infinitivo por una cláusula subordinada que tenga una forma del verbo en subjuntivo.

   Prefieren salir esta tarde.
   Prefieren que yo salga esta tarde.
   Han ido a ver el juego de pelota.
   Me alegré de terminar el trabajo.

2. En español el infinitivo se usa como sustantivo y, por lo tanto, puede ser sujeto, predicado o complemento en una oración. Puede ir acompañado o no del artículo masculino **el.** En inglés se usa el gerundio en vez del infinitivo.

(El) salir de compras contigo es un dolor de cabeza.	*Shopping with you is a headache.*
Ver es **creer.**	*Seeing is believing.*

3. Después de una preposición no se usa el gerundio, sino siempre el infinitivo. En inglés se usa el gerundio en vez del infinitivo.

Salieron **sin terminar** el trabajo.	*They left without finishing the work.*
La pluma es **para escribir.**	*The pen is for writing.*
Antes de hablar, piensa lo que vas a decir.	*Before speaking, think of what you're going to say.*
Después de conocer la historia, comprendo los problemas del país.	*After knowing the history, I understand the country's problems.*

4. **Al** + infinitivo equivale a **en el momento de** + infinitivo. La traducción en inglés es *upon + present participle.*

Al salir, perdí la bufanda. (En el momento de salir, perdí la bufanda.)	*Upon leaving, I lost the scarf.*
Al oír la explosión, llamé a la policía.	*Upon hearing the explosion, I called the police.*

Actividades

I. **Práctica.** Transforme las oraciones de dos sujetos a uno, usando el infinitivo.

MODELO: Desean que vayas a la reunión.
Desean ir a la reunión.

1. Esperamos que vuelvan pronto.
2. ¿Quieres que prepare el postre?
3. Sintió que no fueras a la playa.
4. Lamentan que vendas la casa.

II. **Práctica.** Complete los párrafos traduciendo al español las palabras que están en inglés.

________________ *(Upon seeing)* a Julita, Roberto se enamoró de ella. Fue un amor a primera vista. Roberto comprendió que Julita era la mujer de sus sueños ________________ *(after talking)* con ella. Desde el momento en que la conoció Roberto no pudo vivir ________________ *(without being)* a su lado. ________________ *(Living)* sin Julita era la muerte para Roberto, pero ella insistió en ________________ *(waiting)* un poco de tiempo ________________ *(before getting married)*.

Decidí trabajar con el Cuerpo de Paz porque creo que hay que ________________ *(educate)* y ________________ *(help)* a la gente pobre que vive en el campo de Guatemala. ________________ *(Knowing)* el idioma es importante y empecé a ________________ *(study)* español para ________________ *(to be able to talk)* con los habitantes del país. ________________ *(Upon arrival)* voy a ________________ *(rent)* una casa pequeña porque no me gusta ________________ *(living)* en un hotel. Creo que el ________________ *(working)* con el Cuerpo de Paz será una experiencia interesante que siempre recordaré.

III. Complete las oraciones en forma original usando infinitivos y las palabras necesarias para completar sus ideas.

MODELO: Yo lo vi antes de…
Yo lo vi antes de salir de viaje.

1. Ella los abrazó al…
2. Nos divertimos sin…
3. Insiste en…
4. Me alegro de…
5. El… es poder…

F Frases con tener

tener en cuenta	*to take into account*
tener que ver con	*to have to do (with)*
tener...años	*to be . . . years old*
tener lástima	*to have pity*
tener calor	*to be hot*
tener lugar	*to take place*
tener catarro	*to have a cold*
tener miedo	*to be afraid*
tener celos	*to be jealous*
tener presente	*to keep in mind*
tener cuidado	*to be careful*
tener prisa	*to be in a hurry*
tener derecho	*to have the right*
tener que ver con	*to have to do (with)*
tener razón	*to be right*
tener éxito	*to be successful*
tener sed	*to be thirsty*
tener frío	*to be cold*
tener sueño	*to be sleepy*
tener ganas de	*to feel like*
tener suerte	*to be lucky*
tener hambre	*to be hungry*
tener vergüenza	*to be ashamed*
tener la culpa	*to bear the blame*

Actividades

I. **Práctica.** Seleccione de la lista la expresión adecuada y complete las oraciones de acuerdo con el sentido de éstas. Use el tiempo verbal que sea necesario.

tener celos	**tener catarro**
tener éxito	**tener cuidado**
tener vergüenza	**tener prisa**
tener la culpa	**tener sueño**
tener lugar	**tener derecho**

1. ¡________________, Alfonso, que estás al borde de un precipicio!
2. Él es muy celoso, ________________ hasta de su sombra.
3. Ellos son los herederos *(heirs)* directos, por lo tanto, ________________ a la herencia.
4. Los políticos han perdido el sentido de la decencia y la honradez; no ________________.

5. ¿Quién crees que es culpable de todo lo que pasó? —No estoy seguro pero creo que es tu hermano quien ________________.
6. Agapito ________________ porque quiere llegar al banco antes de que cierren.
7. Frida Kahlo fue una artista que ________________.
8. Elena no fue a la escuela porque está enferma; ________________.
9. El concierto se celebrará el diez de octubre: ________________ en el Palacio de Bellas Artes.
10. Me voy a acostar temprano porque ________________.

II. **Práctica.** Conteste las siguientes preguntas usando en la respuesta una expresión con **tener.**

1. ¿Quieres ir al centro comercial esta tarde? Me dicen que hay ventas especiales.
2. ¿Se equivocó el meteorólogo cuando dio el pronóstico del tiempo?
3. ¿Por qué no compras billetes de lotería? Tal vez ganes esta vez.
4. ¿Por qué no quiere el niño que le apaguen la luz?
5. ¿Dónde será el concierto de Juanes? ¿En la universidad?
6. ¿Es Juan Carlos quien se encarga *(takes charge)* de los negocios de su padre?
7. ¿Es un joven cuidadoso? ¿Cómo maneja cuando va en la autopista?
8. ¿Es verdad que el nuevo disco de Shakira se ha vendido muy bien?

F Repaso de palabras que se prestan a confusión I

Algunos verbos se prestan a confusión porque se traducen de la misma manera en inglés.

caber	Los juguetes no **caben** en esta caja tan pequeña.
quedar	Ese traje le **queda** muy bien a Margot.
dejar	Los señores **dejaron** las maletas sobre el mostrador.
salir	Los señores **salieron** sin sus maletas.
introducir	En arquitectura los árabes **introdujeron** un nuevo estilo.
presentar	El senador nos **presentó** a su colega norteamericano.
lengua, idioma	Es muy inteligente; habla varios **idiomas** (varias **lenguas**).
lenguaje	El chico tiene veinte años, pero su **lenguaje** es muy infantil.
jugar	Ellos **juegan** bien al tenis.
tocar	Alberto **toca** el violín y el clarinete.
llevar	**Llevé** a mi padre al médico.
tomar	Ellos **toman** el autobús que pasa por la esquina.
mover	**Moví** todos los muebles de la sala para limpiar la alfombra.

mudarse	**Nos mudamos** a una casa nueva.
preguntar	Le **pregunté** al policía dónde estaba el correo.
pedir	Ella me **pidió** un favor.
puesto	Le ofrecieron el **puesto** de secretaria.
posición	Hay que poner las cosas en **posición** vertical.
quitar	**Quitamos** las sillas que estaban en la terraza.
sacar	**Saqué** las llaves de la bolsa y no sé dónde las puse.
respeto	Algunos niños les tienen muy poco **respeto** a sus padres.
respecto	Voy a hablarle al gerente con **respecto** a ese asunto.
saber	Ella **sabe** mucho de astronomía.
conocer	No **conozco** la ciudad de Valparaíso.
salvar	Juan **salvó** el perro que se cayó en el río.
ahorrar	Ellos **ahorran** dinero todos los meses.
volver	¿**Volviste** temprano anoche?
regresar	Sí, **regresé** a las nueve.
devolver	Voy a **devolver** la tostadora porque tiene un defecto.

Actividad

Mis nuevos vecinos. Escoja la palabra que sea correcta para completar el párrafo.

La familia que compró la casa de al lado nuestro (se movió / se mudó) ayer por la mañana. Por la tarde fui a saludarlos y les (llevé / tomé) una jarra *(pitcher)* con limonada fría, pues hacía mucho calor. La señora es joven y parece muy simpática. Tiene dos niños, uno de nueve y otro de once años y es obvio que les tienen mucho (respecto / respeto) a sus padres. Ella cree que las escuelas de esta área son mejores y por eso compraron la casa. Ella no (conocía / sabía) que yo era maestra de la escuela a donde irán sus hijos. Me dijo que sus niños eran bilingües pero quería que estudiaran un tercer (idioma / lenguaje). Yo le expliqué que yo (conocía / sabía) a la directora del programa de (lenguas / lenguajes) y que podía (presentarle / introducirle) tanto a la directora como a los otros maestros de los niños. Se puso muy contenta. ■

Composición

Repase las siguientes reglas sobre la acentuación y la ortografía.

A Repaso de acentuación

1. Todas las formas del futuro, menos la forma que corresponde a nosotros, llevan acento escrito.

habré comprarán dirás venderemos estudiaremos

2. Todas las formas del condicional llevan acento escrito.

habría comprarían dirías venderíamos estudiaríamos

Actividad

Ponga el acento en las palabras que lo necesiten.

Me gustaria ser astronauta para volar en una nave espacial. Creo que el viaje a otros planetas seria una experiencia inolvidable. Desde la nave espacial podria ver nuestro planeta que seguramente parecera un puntito insignificante. ¿Qué le pasara al ser humano al encontrarse en el espacio infinito? ¿Qué experimentara al alejarse de la gravedad? ■

B Repaso de ortografía: que, qui, cue, cui

1. El sonido fuerte de la **c** con las vocales **e, i** se escribe **que, qui.** La **u** no se pronuncia.

banquete, orquesta, queso, pequeñito, quitar, esquiar, quinto

2. La **u** se pronuncia en las combinaciones **cue, cui.**

cuenta, frecuente, acuerdo, cuidado, circuito, descuido

3. La **k** se emplea en palabras de procedencia extranjera.

kilo, kimono, kiosko

Estas palabras también se pueden escribir con **que** o **qui.**

quilo, quimono, quiosco

Actividad

¿Se escriben con **que, cue, qui, cui**?

pa___te	ar___tecto	es___la
re___rdo	pe___ño	en___ntro
Enri___	tran___lo	___nto *(fifth)*
chi___to	___ero *(leather)*	___lolitro
a___ducto	___dado	es___na
___dar	e___vocarse	ri___simo

Ejercicio de composición (opcional)

Haga una composición, oral o escrita, sobre uno de los temas que se dan a continuación. Prepare de antemano un bosquejo que le ayudará a desarrollar su tema con coherencia. El primer tema incluye un esquema como modelo.

TEMA: Nuevo concepto de la unión entre el hombre y la mujer.

INTRODUCCIÓN: Actualmente los jóvenes prefieren vivir juntos sin casarse.
Ventajas y desventajas que tiene este modo de vida.
Concepto de la sociedad sobre esta unión voluntaria de las parejas.

DESARROLLO: ¿Existe más responsabilidad si los jóvenes se casan?
Facilidad para terminar la relación cuando no quieren seguir juntos.
El divorcio y los requisitos legales.
Responsabilidades que se presentan cuando se forma una familia con hijos.
La independencia económica del hombre y la mujer cuando no están casados.

CONCLUSIÓN: ¿Cree Ud. que eventualmente no existirá más el matrimonio?
¿Cree Ud. que el hombre y la mujer vivirán más felices sin casarse?
Dé su opinión sobre lo que pasará con los hijos.

TEMA: La tolerancia hacia otras creencias

TEMA: ________: Biografía de una mujer extraordinaria (Escoja el nombre de una mujer a quien usted admira.)

4 Capítulo

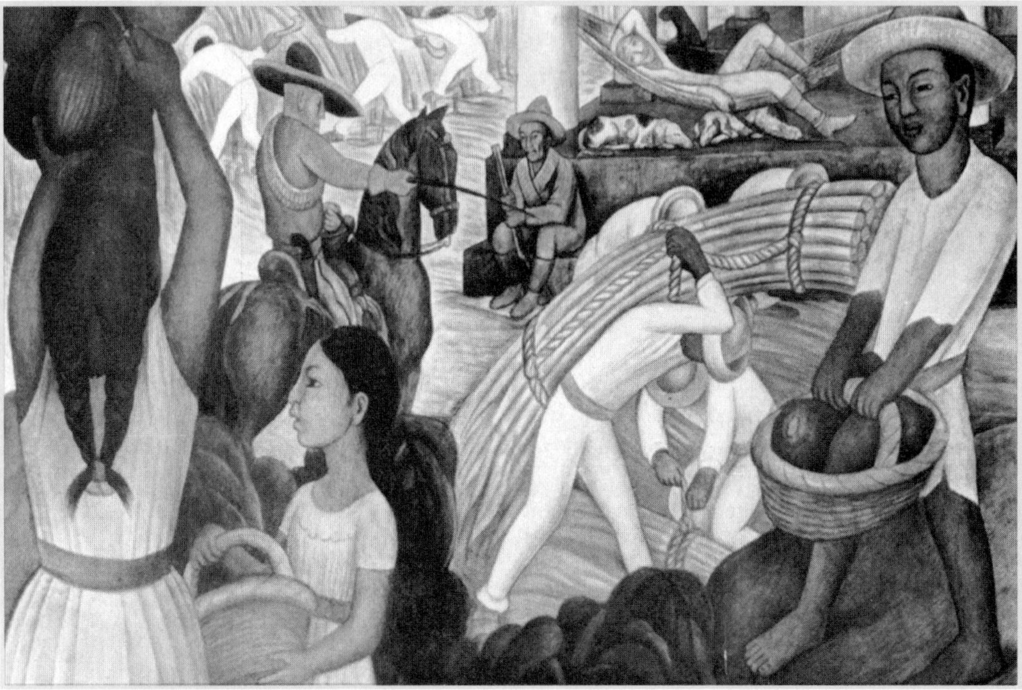

Mural de Diego Rivera hecho en 1931, el cual se encuentra en el Museo de Arte de Filadelfia.

- Vocabulario
- Lectura: "México y el arte muralista"
- Participios pasados
- Tiempos perfectos del modo indicativo
- Uso del verbo **haber**
- Construcciones pasivas
- Frases con **se**
- **Gustar** y otros verbos similares
- Repaso de palabras que se prestan a confusión II
- Repaso de acentuación
- Repaso de ortografía: **h**

Vocabulario

Antes de leer, repase el siguiente vocabulario que le ayudará a comprender la lectura.

Sustantivos

la ayuda help
el campesino peasant
el campo field
el clavel carnation
el cuadro painting
la dictadura dictatorship
el fracaso failure
el levantamiento uprising
la patria native land, country
la pintura painting
la preocupación worry
el renacer rebirth
el vecino neighbor
la ventaja advantage

Verbos

alcanzar (c) to attain
animar to encourage
complacer (zc) to please
destacar(se) to stand out
disfrutar to enjoy
donar to donate
escampar to stop raining
esclavizar (c) to enslave
fracasar to fail
iniciar(se) to begin
lloviznar to drizzle
nombrar to appoint, name; to elect
pasear to stroll, to take a walk
pelear to fight, quarrel
pertenecer (zc) to belong
pintar to paint
proporcionar to provide
realizar (c) to achieve, accomplish

Adjetivos

ambicioso ambitious
chocante striking, shocking
fiel faithful
juguetón playful

Frases

a mano by hand
a partir de since
al extremo que to the extent that
punto de vista point of view

Cognados. En la lectura se usan muchas palabras que Ud. ya conoce. Dé en inglés el equivalente de los siguientes cognados y observe la ortografía de éstos. Compare la ortografía inglesa con la española. Busque en la lectura otros ejemplos.

-tion	*nation*	**-ción**	nación
-tion	______	**-ción**	unificación
-sion	______	**-sión**	explosión
-sc	______	**-esc**	escuela
-st	______	**-est**	estilo; estimular
-sp	______	**-esp**	espacio
-mm	______	**-nm**	inmortalizar
-ff	______	**-f**	efecto

Cuidado con las siguientes palabras:

realizar *to achieve, accomplish*
pelear *to fight, to quarrel*
crear *to create*
darse cuenta de *to realize*
luchar *to fight for, to struggle*
criar *to raise*

Lectura

México y el arte muralista

Geográficamente, México pertenece a la América del Norte, pero culturalmente, es una nación separada de sus vecinos. En ella la unificación de dos culturas —la indígena y la española— es tan fuerte que ha llegado a formar una nueva cultura: la mexicana. La evolución histórica de este país ha proporcionado muchos de los elementos que han contribuido a darle forma y carácter a esta cultura.

La Revolución Mexicana de 1910 marca el final de una época que comenzó en 1876 con la dictadura de Porfirio Díaz. Durante su gobierno, el país aparentemente disfrutaba de paz, pero la represión política y social culminó° en la explosión revolucionaria. En esa época, que se conoce por el porfiriato, se imitaba lo europeo en la forma de vida y también en la educación, donde muchas de las ideas educacionales resultaron un fracaso en las escuelas mexicanas, ya que gran parte de la población siguió en la ignorancia y en la pobreza.

culminated

En las artes y en las letras,° la influencia europea se hizo aún más visible. Todo el que pasee por el Paseo de la Reforma, en la Ciudad de México, verá las casas de estilo francés construidas en esa época. En la literatura, la influencia francesa era muy fuerte, al extremo que el conocido poeta modernista Amado Nervo (1870–1919) decía que "su alma venía de Francia". En el campo de la música, prevalecía° la influencia alemana, y todo el que conozca el vals "Sobre las olas", de Juventino Rosas, notará la influencia del famoso compositor austriaco Johann Strauss (1825–1899).

literature
prevailed

Al llegar la Revolución de 1910 todo este deseo de imitar lo europeo desapareció. Apareció una nueva generación de intelectuales, entre ellos, José Vasconcelos (1882–1959) y Alfonso Reyes (1889–1959), quienes contribuyeron a formar el mundo de ideas que animó y dio forma a la Revolución. Como consecuencia de esta revolución política, el mundo de ideas y las artes sufrió una renovación completa. Se inició un período de libertad filosófica y artística que no se hizo sentir,° como una verdadera revolución intelectual, hasta después de 1920.

was not felt

Donde más se sintió el efecto del cambio producido por la Revolución fue en el campo del arte, especialmente en la pintura mural, que había sido muy importante en el siglo XVI, cuando se pintaban frescos con temas religiosos. A partir de 1920, el arte se identificó con lo social y los artistas desarrollaron un marcado interés por la pintura mural que el Gobierno, en su deseo de hacer popular la Revolución, protegía y estimulaba. El Ministerio de Educación llamó a los artistas para que pintaran los muros de la Escuela Nacional Preparatoria y, más tarde, los del Palacio Nacional, los del Palacio de Cortés en Cuernavaca, los del Hospicio° de Guadalajara y los de Chapingo.

orphanage

Tres importantes artistas de ese momento se destacaron, llegando a alcanzar fama internacional: Diego Rivera (1886–1957), David Alfaro Siqueiros (1898–1974) y José Clemente Orozco (1883–1949). De los tres, Diego Rivera es el que realizó en sus pinturas la síntesis de la Revolución Mexicana, y en su arte se ve su preocupación por lo "mexicano", desde la época anterior a la conquista hasta el siglo XX. Diego Rivera es quien estimula un renacer° de la pintura muralista, no sólo en México sino en otros países de Latinoamérica, y aun en los Estados Unidos.

rebirth

Diego Rivera utilizó su arte para expresar la realidad mexicana en un estilo vigoroso, presentándole al pueblo en sus murales la historia de la patria. Su obra más ambiciosa y gigantesca es la historia épica de México hecha para el Palacio Nacional. En los muros del Palacio de Cortés, en Cuernavaca, Rivera pintó el levantamiento de Emiliano Zapata, inmortalizando la figura de Zapata, junto a su hermoso caballo blanco, como defensor y protector de los campesinos mexicanos.

David Alfaro Siqueiros, lo mismo que Diego Rivera, puso su arte al servicio de la Revolución usando el concepto de espacio de los murales para crear, en colores chocantes, grandes masas de gente y objetos. En su pintura se mezcla el realismo con la fantasía llegando a crear un mundo imaginario. Uno de sus muchos murales, "Marcha de la humanidad", tiene 50.000 pies cuadrados y le llevó más de cuatro años pintarlo, necesitando la ayuda de muchas manos extras.

José Clemente Orozco nació dentro de una familia prominente de Ciudad Guzmán y, siendo muy joven, perdió la mano izquierda en

Zapatistas, óleo de José Clemente Orozco.

un accidente en un laboratorio. Este hecho hizo que abandonara los estudios de agronomía° y se dedicara a la pintura.

agriculture

Para apreciar la obra monumental de Orozco hay que visitar Guadalajara. En los murales del Hospicio, Orozco une la historia de México a la historia del hombre contemporáneo que lucha siempre por la libertad. Es en estos murales, con los dioses indios y sus sacrificios humanos, los conquistadores que esclavizan, los dictadores, los trabajadores, los frailes° franciscanos y Cervantes (creador del *Quijote*), donde se puede apreciar la profundidad y riqueza imaginativa de este gran artista.

friars

Orozco vivió en los Estados Unidos de 1927 a 1932 y durante ese tiempo pintó importantes murales en diferentes lugares del país, especialmente en Dartmouth College, en New Hampshire.

Junto a Rivera, Siqueiros y Orozco, Rufino Tamayo (1899–1991) contribuyó a definir claramente el arte moderno mexicano. Sus pinturas, con los colores y la luz de la tierra mexicana, tienen la influencia de su origen zapoteca* y de los estudios que hizo del arte precolombino° y folklórico. Sus muchos murales adornan las paredes del Palacio de Bellas Artes y las de muchos otros edificios dentro y fuera de México.

pre-Columbian

Rufino Tamayo donó su magnífica colección de arte, junto con sus pinturas, al museo que lleva su nombre en la Ciudad de México.

*Pueblo indígena de México que se estableció en el estado de Oaxaca y desarrolló una brillante cultura.

Llene los espacios en blanco con la palabra correcta para completar la oración. Use los verbos en el tiempo que sea correcto.

1. La exhibición que el artista tuvo en París le ________________ la oportunidad de darse a conocer. Al final de su vida sus ________________ estaban en muchos museos importantes del mundo.
2. Rufino Tamayo tenía una magnífica colección de arte que ________________ al museo que tiene su nombre en la Ciudad de México.
3. Las personas que visitan el Hospicio en Guadalajara pueden disfrutar los murales que Orozco ________________ allí.
4. Emiliano Zapata, protector de los ________________ mexicanos, es la figura que aparece, junto a su caballo blanco, en un famoso ________________ de Diego Rivera.
5. Siqueiros usó colores ________________ para crear un mundo alucinante en sus cuadros.
6. En el arte de Diego Rivera se ve su ________________ por lo mexicano. Él fue quien estimuló un renacer de la pintura muralista.

Preguntas sobre la lectura

1. ¿Qué elementos han contribuido a formar la cultura mexicana?
2. ¿Qué cosas son características del porfiriato en México?
3. ¿Cómo eran la arquitectura y la literatura de esa época?
4. ¿Por qué dice el autor que la Revolución Mexicana marca el final de una época?
5. ¿Qué cambios ocurrieron en México como consecuencia de la Revolución?
6. Mencione los cambios que ocurrieron en el arte a partir de 1920.
7. ¿Qué expresión artística utilizó el gobierno para hacer popular la Revolución?
8. ¿Quiénes son los tres primeros muralistas de la Revolución?
9. ¿Qué temas usa Diego Rivera en sus murales?
10. ¿En qué forma contribuye David Alfaro Siqueiros a la Revolución?
11. ¿Qué circunstancia de la vida de José Clemente Orozco contribuyó a que se dedicara a la pintura?
12. ¿Cuál es el tema que predomina en los murales del Hospicio de Guadalajara?
13. ¿Qué otro artista mexicano ha contribuido al enriquecimiento de la pintura muralista en México?

Temas de conversación

1. ¿Ha visto Ud. algunos murales de estos artistas en México o en los Estados Unidos? Comente la impresión que le causaron.
2. Actualmente se pueden ver muchos murales en sitios públicos en los Estados Unidos. ¿Sabe Ud. quién pintó estos murales? ¿Por qué cree Ud. que surgió un movimiento muralista en los Estados Unidos en la década de los setenta?

Gramática

A Participios pasados

comprar compr **ado** vender vend **ido** recibir recib **ido**

Los *participios pasados* terminados en **-ido** llevan acento sobre la **i** si ésta va precedida de vocal fuerte **(a, e, o)**.

caer **caído** leer **leído** oír **oído** traer **traído**

NOTA: Los participios pasados de los verbos terminados en **-uir** no llevan acento escrito.

huir **huido** destruir **destruido** construir **construido**

1. Algunos verbos tienen participios pasados irregulares.

Infinitivo	*Participio pasado*	*Infinitivo*	*Participio pasado*
abrir	**abierto**	volver	**vuelto**
cubrir	**cubierto**	poner	**puesto**
escribir	**escrito**	morir	**muerto**
romper	**roto**	decir	**dicho**
ver	**visto**	hacer	**hecho**
resolver	**resuelto**		

Los verbos **bendecir** *(to bless)* y **freír** *(to fry)* tienen dos participios pasados, uno regular y otro irregular. (Hoy en día se usa poco **freído.**)

Regular	*Irregular*
bendecido	**bendito**
freído	**frito**

NOTA: Las formas irregulares de los participios pasados se usan principalmente como adjetivos.

> En la iglesia hay agua **bendita.**
> Me gustan las papas **fritas.**

2. Usos del participio pasado.

a. Usado como adjetivo. En este caso concuerda en género y número con el nombre que modifica.

> Me senté al lado de la ventana **abierta** para ver las montañas **cubiertas** de nieve.
> La señora parecía **interesada** en mis problemas.
> Las películas que vimos eran muy **aburridas.**

b. Con el verbo **estar** para indicar el resultado de una acción.*

> Ese auto ya **está vendido.** Lo compró aquel señor.
> Los edificios **están** bien **construidos.** Los construyó una compañía norteamericana.

c. Con los diferentes tiempos del verbo **haber** para formar los tiempos perfectos.

he llegado **había salido** **habremos visto** **haya dicho**

d. En las construcciones pasivas con **ser.** En este caso concuerda en género y número con el nombre que modifica.

> La novela **fue escrita** por García Márquez.
> Los hombres **fueron detenidos** por la policía.

*Ver capítulo 3, usos de estar, página 101.

Actividades

I. **La fiesta en casa de Ismael.** Para completar el párrafo, use como adjetivos los participios pasados de los verbos que están entre paréntesis.

La fiesta en casa de Ismael fue muy (divertir) ________________. Las personas (invitar) ________________ eran de distintos países y cada invitado parecía (interesar) ________________ en la cultura del otro. Los músicos (seleccionar) ________________ para esta reunión tocaron muy bien y la comida que sirvieron estaba muy bien (preparar) ________________. En fin, la fiesta no fue nada (aburrir) ________________. Al contrario, fue todo un éxito.

II. **Un robo.** Un ladrón entró en su casa y robó varias cosas. Explíquele Ud. al policía cómo encontró la casa. Use **estar** + el participio pasado en sus respuestas.

MODELO: (Policía) ¿Cómo estaban las ventanas? (cerrar)
(Ud.) **Las ventanas estaban cerradas.**

1. ¿Cómo estaba el garaje? (abrir)
2. ¿Cómo estaban las luces? (apagar)
3. ¿Cómo estaba la puerta del patio? (romper)
4. ¿Cómo estaba la alarma de la casa? (descomponer)
5. ¿Cómo estaban las plantas? (destruir)

III. **Efectos de una tormenta** *(storm)*. Hubo una tormenta que causó muchos daños. Describa la condición o estado producido por las siguientes acciones.

MODELO: El río inundó *(flooded)* el valle.
El valle está inundado.

1. La nieve cubrió todo.
2. La lluvia destruyó las cosechas *(crops)*.
3. El tornado destrozó los edificios.
4. El viento rompió los cristales.1

B Tiempos perfectos del modo indicativo

El participio pasado se usa con el verbo **haber** para formar los tiempos perfectos.

Hemos comprado una casa junto a la playa.
Los jóvenes **habían salido** a las nueve.

1. *Presente perfecto.* Se forma usando el presente de **haber (he, has, ha, hemos, habéis, han)** + el participio pasado.

he comprado **hemos vendido** **han recibido**

Se usa el presente perfecto para expresar una acción que ha terminado en el pasado inmediato, cuyos efectos se extienden en el presente. En general, denota un hecho que sigue teniendo actualidad en el presente.

Mi hija **ha crecido** mucho este año.
My daughter has grown a lot this year.
Andrés y Felipe **han trabajado** mucho, pero no **han ahorrado** ningún dinero.
Andrés and Felipe have worked a lot, but they have not saved any money.

NOTA: En español, a diferencia del inglés, no se separan los dos verbos.

¿**Ha llegado** María?	*Has María arrived?*
Siempre **he hecho** lo mismo.	*I have always done the same thing.*

2. *Pluscuamperfecto.* Se forma usando el imperfecto de **haber (había, habías, había, habíamos, habíais, habían)** + el participio pasado.

habías comprado habíamos vendido habían recibido

Se usa el pluscuamperfecto para expresar una acción pasada terminada antes de otra acción pasada.

Ellos ya **habían comido** cuando yo **llamé.**	*They had already eaten when I called.*
Ella ya **había visto** esa película.	*She had already seen that movie.*

3. *Pretérito anterior.* Se forma usando el pretérito de **haber (hube, hubiste, hubo, hubimos, hubisteis, hubieron)** + el participio pasado.

hube comprado hubimos vendido hubo recibido

Este tiempo se usa muy poco hoy en día y aparece generalmente en oraciones temporales que pueden expresarse con el verbo en pretérito.

Tan pronto como **hubimos llegado** empezó el programa.	*As soon as we had arrived the program began.*
Tan pronto como **llegamos** empezó el programa.	*As soon as we arrived the program began.*

4. *Futuro perfecto.* Se forma usando el futuro de **haber (habré, habrás, habrá, habremos, habréis, habrán)** + el participio pasado.

habré comprado habrá vendido habrán recibido

a. Se usa el futuro perfecto para expresar una acción futura ocurrida antes de otra acción también futura.

Habré terminado el libro para esa fecha.	*I will have finished the book by that date.*

Habremos preparado las maletas para mañana.	*We will have packed the suitcases by tomorrow.*

b. También se usa el futuro perfecto para expresar probabilidad, conjetura o duda. En este caso equivale a la construcción en inglés de presente perfecto + *probably* o *I wonder, I suppose.*

Ya **habrán salido.**	*They have probably gone out already.*
¿Qué le **habrá pasado** a Susana?	*I wonder what has happened to Susana?*

5. *Condicional perfecto.* Se forma usando el condicional de **haber (habría, habrías, habría, habríamos, habríais, habrían)** + el participio pasado.

habría comprado **habrías vendido** **habríamos recibido**

a. Se usa el condicional perfecto para expresar lo que habría pasado si otra acción no hubiera ocurrido.

Yo les **habría hablado**, pero no los vi.	*I would have talked to them, but I did not see them.*

b. También se usa para expresar probabilidad, conjetura o duda de una acción pasada.

Pensé que **habrías ido** a la playa.	*I thought that you had probably gone to the beach.*
¿**Habría ganado** Elisa el primer premio?	*I wonder if Elisa would have won the first prize?*

c. En las oraciones condicionales con **si** se usa el condicional perfecto en combinación con el pluscuamperfecto de subjuntivo para expresar una acción contraria a la realidad en el pasado.*

Pluscuamperfecto de subjuntivo		Condicional perfecto
Si **hubiera venido,**	⟶	lo **habría visto.**
If he had come,		*I would have seen him.*
Si no **hubiera llovido,**		**habría ido** al juego de pelota.
If it had not rained,		*I would have gone to the baseball game.*

Actividades

I. **Los muralistas mexicanos en los Estados Unidos.** Complete las oraciones con el participio pasado de los verbos entre paréntesis.

1. (ser / invitar) Diego Rivera, José Clemente Orozco y David Alfaro Siqueiros han ________________ las figuras principales en el arte muralista mexicano. Los tres fueron ________________ a pintar murales en los Estados Unidos.

*Ver capítulo 6, página 202.

2. (exhibir / terminar) Entre 1932 y 1934 Orozco se dedicó a pintar los murales en la biblioteca de Dartmouth. Ya había ________________ sus pinturas en los Estados Unidos y había ________________ su *Prometeo* en California.
3. (aceptar / destruir) Mientras tanto, Rivera había ________________ una comisión para pintar un mural en el Centro Rockefeller de Nueva York. Poco después de terminarlo, este mural fue ________________ por órdenes de Rockefeller.
4. (causar / recrear) Se dice que fue el resultado del furor ________________ por la cara de Lenin que Rivera pintó en una de las figuras. Más tarde este mural fue ________________ por Rivera en el Palacio de Bellas Artes en México.
5. (ser) Los muralistas mexicanos han ________________ una inspiración para el arte muralista chicano.

II. **La educación en los Estados Unidos.** Ud. entrevistó a un profesor de español sobre la educación en los Estados Unidos. Complete las respuestas que le dio el profesor con el presente perfecto de indicativo de los verbos que están entre paréntesis.

Ud.: ¿Qué idioma extranjero cree Ud. que es más necesario en los Estados Unidos?

Profesor: El español se ________________ (hacer) cada vez más necesario en este país.

Ud.: ¿Cómo es la educación con respecto a ese idioma?

Profesor: Ésta ________________ (cambiar) en muchos aspectos. Muchas instituciones ________________ (establecer) programas bilingües y muchas universidades ________________ (abrir) cursos sobre la cultura chicana y la cultura hispanoamericana en general.

Ud.: ¿Qué puede decir de la literatura que ________________ (producir) las diferentes inmigraciones hispanas en los Estados Unidos?

Profesor: Creo que todos los grupos, los chicanos, los puertorriqueños y los cubanos, ________________ (crear) una literatura propia que cada vez es más leída y apreciada.

III. Toda la familia quería escuchar el discurso del Presidente. ¿Qué cosas se habían hecho cuando empezó a hablar el Presidente por televisión? Use el verbo en pluscuamperfecto de indicativo para indicar una acción terminada antes de otra acción pasada.

MODELO: Cuando empezó a hablar el Presidente...
Yo ya _______ (sacar) la basura.
Yo ya había sacado la basura.

1. Nosotros ya ________________ (terminar) de cenar.
2. Mamá ya ________________ (poner) los platos en el lavaplatos.
3. Mi hermana ya ________________ (bañar) a mi hermanita.

4. Mi hermanito ya le ________________ (dar) de comer al gato.
5. El perro ya ________________ (dormirse) en el patio.
6. Yo ya ________________ (escribir) una composición para mi clase.

IV. Cuando su amigo le hace varias preguntas acerca de su auto, usted no sabe la respuesta exacta, pero va a decirle quién probablemente hizo la acción. Conteste sus preguntas indicando probabilidad con el futuro perfecto y las palabras entre paréntesis.

MODELO: ¿Quién lavó el carro? (mi hermano)
No sé. Lo habrá lavado mi hermano.

1. ¿Quién arregló el motor? (el mecánico)
2. ¿Quién cambió el aceite? (Tomás)
3. ¿Quién compró la batería? (mi padre)
4. ¿Quién ajustó los frenos? (Juanito)
5. ¿Quién puso en el carro las gomas nuevas? (Ramón)

V. Si Ud. hubiera pasado tres meses de verano en México ¿qué habría ocurrido? Complete las oraciones con una idea original usando el condicional perfecto para expresar una acción contraria a la realidad en el pasado.

1. Si hubiera pasado tres meses en México, ...
2. Si hubiera aprendido español, ...
3. Si hubiera podido, ...
4. Si hubiera vivido en Acapulco, ...
5. Si hubiera tenido dinero, ...

VI. **Práctica.** Complete las oraciones con la traducción al español de las frases que están en inglés.

1. *(have learned)* Ellos ya ________________ a manejar el camión.
2. *(would have gone)* Pensé que tú ________________ con ellos.
3. *(had told)* Eusebio me ________________ que volvería temprano.
4. *(I will have finished)* (Yo) ________________ la construcción del edificio para fines de año.
5. *(probably have arrived)* Ellos ya ________________.
6. *(I would have seen them)* (Yo) ________________ si hubieran venido.

VII. **Práctica.** Conteste las preguntas elaborando las respuestas en forma original.

MODELO: ¿Dónde ha dejado Ud. las llaves?
Probablemente las he perdido porque siempre las he tenido dentro de la bolsa y ahora no están.

1. ¿Qué experiencias personales ha tenido Ud. este año?

2. Ud. ha sentido un ruido grande en la cocina de su casa. ¿Qué cree Ud. que habrá pasado?
3. La policía ha encontrado a un hombre herido en la calle donde Ud. vive. ¿Qué cree Ud. que le habrá pasado?

C Uso del verbo haber

1. Se usa la forma de la tercera persona del singular del verbo **haber**, en todos los tiempos que sean necesarios, para expresar el concepto de **hay.** No se usan las formas plurales. Observe las siguientes equivalencias:

hay	*(there is / there are)*	**hay** un estudiante **hay** diez estudiantes
había	(*there was / there were* [existed])	**había** una persona **había** mil personas
hubo	(*there was / there were* [occurred])	**hubo** una fiesta **hubo** muchas fiestas
habrá	*(there will be)*	**habrá** un baile **habrá** varios bailes
habría	*(there would be)*	**habría** un carro **habría** cientos de carros
ha habido	*(there has been / there have been)*	**ha habido** una revolución **ha habido** muchas revoluciones
había habido	*(there had been)*	**había habido** un presidente **había habido** otros presidentes

2. En las oraciones que requieren subjuntivo se sigue la misma regla de usar sólo la forma de la tercera persona del singular.

> Tal vez **haya** una exhibición de carros este mes y espero que **haya** muchos modelos baratos porque necesito comprar un carro nuevo.
> Sentí que no **hubiera** más personas en el desfile *(parade)*.

Actividades

1. ¿Habrá algunas celebraciones para el Día de la Independencia? Complete la respuesta traduciendo las frases que están en inglés.

_______________ *(There will be)* muchas celebraciones el Día de la Independencia. Esta semana _______________ *(there were)* dos reuniones en la escuela para planear las festividades. _______________ *(There is)* mucho entusiasmo y _______________ *(there are)* muchas personas que están trabajando en el programa que van a presentar.

II. ¿Fuiste a la exposición de las obras de Frida Kahlo? Complete la respuesta traduciendo las frases que están en inglés.

Fui al museo y ________________ *(there were)* miles de personas viendo la exposición de los cuadros de Frida Kahlo. Anteriormente ________________ *(there had been)* otra exhibición con dibujos de distintos pintores mexicanos. Espero que ________________ *(there are)* otras exposiciones con artistas de Hispanoamérica.

III. En esta página aparece un cuadro pintado por Frida Kahlo. Describa Ud. este cuadro. ¿Por qué habrá incluido ella la imagen de un sol? ¿Qué hay dentro del sól? ¿Qué representará la figura que aparece sobre el pecho de Frida? ■

Óleo de Frida Kahlo. Auto-retrato con Perro Itxcuintli y Sol, 1954.

D Construcciones pasivas

1. La *voz pasiva* se forma con el verbo **ser** + participio pasado, el cual concuerda en género y número con el sujeto. Generalmente, la preposición **por** precede al complemento agente, la persona o cosa que ejecuta la acción. El complemento agente puede ser implícito.

La novela *Los de abajo* **fue escrita** por Mariano Azuela.
Los productos **son distribuidos por** el agente.
La cena **fue preparada** en aquel restaurante. (por un cocinero italiano)

La *voz activa* y la *voz pasiva* son formas diferentes de construir una oración para informar sobre el mismo evento. Generalmente, en la conversación usamos la voz activa para producir oraciones como la siguiente:

sujeto — complemento directo
El pueblo **eligió** al gobernador.

En esta oración, la gente (el pueblo) que hizo la acción de elegir es el sujeto, y la persona (el gobernador) que recibió la acción de ser elegido es el complemento directo. Usando la voz pasiva se puede informar sobre el mismo evento desde un punto de vista diferente, teniendo más prominencia el que recibe la acción (el gobernador) que el que la hace (el pueblo).

sujeto
El gobernador **fue elegido** por el pueblo.

a. Observe el cambio de una oración en voz activa a voz pasiva:

El cineasta *(film producer)* León Ichaso **dirigió** la película.
La película **fue dirigida por** el cineasta León Ichaso.

Carlos Fuentes **escribió** la novela *Gringo viejo.*
La novela *Gringo viejo* **fue escrita por** Carlos Fuentes.

b. **Ser** + participio pasado siempre implica una acción recibida por el sujeto. **Estar** + participio pasado describe un estado o condición del sujeto, así como el resultado de una acción.*

Las puertas **fueron abiertas** a las ocho.	*The doors were opened up at eight.*
Las puertas **estaban abiertas** a las ocho.	*The doors were already open by eight.*

NOTA: Se puede usar cualquier tiempo que sea necesario para la voz pasiva:

La reunión **ha sido cancelada.**	*The meeting has been canceled.*

*Ver capítulo 3, usos de **ser** y **estar**, páginas 100–101.

NOTA: La voz pasiva (**ser** + participio pasado) se usa menos en español que en inglés, especialmente en la conversación. En español se observa más en reportajes periodísticos donde frecuentemente prevalece la traducción literal.

2. Otra forma de expresar una construcción pasiva es con la partícula **se.** Estas construcciones son de mucho más uso en la conversación. **Se** + verbo en la tercera persona del singular o del plural equivale a la voz pasiva con **ser** + participio pasado. El complemento agente (la persona o cosa que ejecuta la acción) no se menciona; es un sujeto **implícito.** Es muy usual que el verbo preceda al sujeto. Esta construcción se expresa en inglés con *to be* + *past participle.*

   Se publicará la entrevista en todos los periódicos.
   (La entrevista será publicada en todos los periódicos.)
   The interview will be published in all the newspapers.

   Se cerraron las tiendas a las ocho.
   (Las tiendas fueron cerradas a las ocho.)
   The stores were closed at eight.

   Se ha aumentado el presupuesto para las escuelas.
   (El presupuesto para las escuelas ha sido aumentado.)
   The school budget has been increased.

   La cena **se servirá** a las ocho en punto.
   (La cena será servida a las ocho en punto.)
   Supper will be served at eight o'clock sharp.

3. En la conversación a veces se emplea el verbo en la tercera persona del plural teniendo por sujeto implícito **las personas** en sentido general. Equivale a la construcción pasiva con **se.**

   Producen café en Colombia.
   (**Se produce** café en Colombia.)

   ¿**Servirán** café en la reunión mañana?
   (¿**Se servirá** café en la reunión mañana?)

NOTA: Observe que la partícula **se** siempre precede a los pronombres usados como complemento indirecto.

   Le enviaron los pedidos la semana pasada.
   (<u>Se le</u> **enviaron** los pedidos la semana pasada.)

   Nos pidieron dinero para la organización.
   <u>Se nos</u> **pidió** dinero para la organización.

Actividades

I. **Práctica.** Complete las oraciones con la voz pasiva de los verbos entre paréntesis. Use el tiempo de verbo que sea necesario.

1. (escribir) La novela que me regalaste _____ ________________ por el autor peruano Mario Vargas Llosa.
2. (elegir) En México, el presidente _____ ________________ por un período de seis años.
3. (entrevistar) Los inmigrantes que llegan a la frontera _____ ________________ por las autoridades.
4. (recoger) El mes pasado, un grupo de exiliados cubanos _____ ________________ en alta mar por un guardacostas *(coast guard)* norteamericano.
5. (aprobar) Se dice que la nueva ley de inmigración _____ ________________ por el Congreso el próximo año.

II. Su amigo le hace preguntas acerca de las noticias que Ud. escuchó en la radio. Conteste sus preguntas usando una construcción pasiva con **se.**

MODELOS: ¿Aumentarán el precio de la gasolina?
Sí, se aumentará el precio de la gasolina.
¿Han pedido que bajen los impuestos?
Sí, se ha pedido que bajen los impuestos.

1. ¿Anunciaron que regularán los precios para fin de año?
2. ¿Han importado más petróleo de México y Venezuela?
3. ¿Están construyendo una refinería cerca de la costa?
4. ¿Dicen que fabricarán más carros económicos?
5. ¿Esperan que pronto se normalice esta situación?

III. **Práctica.** Complete las oraciones con la traducción al español de las frases que están en inglés. Use una construcción pasiva con **ser** para informar sobre una acción, o **estar** + participio pasado para describir un estado o condición.

1. *(has been translated)* La obra ________________ a muchos idiomas.
2. *(were approved)* Las peticiones de los obreros ________________ por los directores.
3. *(is made)* La blusa ________________ a mano.
4. *(will be covered)* La ciudad ________________ de nieve mañana.
5. *(Is dinner served?)* ¿ ________________?
6. *(were announced)* Los premios ________________ al final del banquete.
7. *(is painted)* La casa ________________ de verde y blanco.
8. *(is made)* El pastel ________________ con mantequilla.

9. *(were founded)* Las misiones __________ por un fraile español.
10. *(are signed)* Muchas de las cartas recibidas __________ por los estudiantes.

E Frases con se

1. Cuando se quiere expresar algo que ocurre involuntariamente o por casualidad, se usa **se** + pronombre de complemento indirecto + el verbo en la tercera persona del singular o del plural, de acuerdo con el sujeto.

Singular	*Plural*
Se me quitó el dolor de cabeza.	**Se te ocurrieron** algunas ideas.
Se le cayó el florero.	**Se me perdieron** los anteojos.
Se nos descompuso el carro.	**Se le rompieron** las copas.
Se les acabó la gasolina.	**Se te olvidaron** los guantes.

2. Cuando en las construcciones de tipo impersonal se usa **se** con el verbo en la tercera persona del singular, equivale al sujeto impersonal del inglés *one, they, people.*

Se vive bien aquí.	*One lives well here.*
No **se debe** decir eso.	*One should not say that.*
¿Qué **se dice** del presidente?	*What do they say about the president?*
¿Dónde **se venden** cigarillos?	*Where do they sell cigarrettes?*

Esta construcción impersonal es muy común en anuncios e instrucciones.

Se solicita intérprete	*Interpreter wanted*
Se ofrece trabajo	*Help wanted*
Se prohíbe fumar	*No smoking*
Primero se cortan las papas.	*First (you) cut the potatoes.*
Luego se añaden los huevos.	*Then (you) add the eggs.*
Se pone una cucharadita de sal.	*Add a teaspoon of salt.*

3. Recuerde que **se** + el verbo en la tercera persona del singular o del plural se usa en lugar de la voz pasiva con **ser.**

Se descubrió América en 1492.	*America was discovered in 1492.*
Se anunciaron los resultados del examen.	*The results of the exam were announced.*

4. Resumen de los diferentes usos de **se.** Se usa:

- Como pronombre reflexivo de tercera persona y también para expresar acciones recíprocas.*

  Luis **se despertó** tarde.
  Ellos **se quieren** mucho.

*Ver capítulo 1, verbos reflexivos, páginas 41–42.

- Delante de los pronombres de complemento indirecto para expresar algo que ocurre involuntariamente o por casualidad.

  Se me olvidó tu dirección.
  Se le cayó la cafetera.

- En las construcciones de tipo impersonal.

  Se prohíbe fumar.
  Se venden carros usados.

- En construcciones pasivas.

  La casa **se vendió** en medio millón de dólares.
  La cena **se sirvió** a las siete.

- Como complemento indirecto en lugar de **le** o **les** delante de **lo, la, los** y **las.***

  Se lo dije a Manolo.
  Se las presté a mi amiga.

Actividades

I. **Práctica.** Traduzca al español las siguientes frases usando una construcción con **se.**

1. *We ran out of gas.*
2. *The lights went out (on us).*
3. *They forgot the address.*
4. *His watch stopped.*
5. *She dropped her eyeglasses.*

II. **Un día desastroso.** Explíquele a un(a) compañero(a) lo que le pasó a Ud. ayer, usando **se** para expresar una acción involuntaria o accidental.

MODELO: Olvidé la tarea.
Se me olvidó la tarea.

1. Perdí las llaves de mi carro.
2. Se descompuso mi computadora.
3. Quemé la comida.
4. Olvidé de darle de comer al perro.
5. Rompí los pantalones nuevos.

III. **Práctica.** Traduzca las expresiones en inglés usando una construcción con **se.**

1. *(One eats)* ________________ bien en este restaurante.
2. *(They say)* ________________ que van a construir otra autopista.

*Ver capítulo 7, pronombres de complemento directo e indirecto, página 220.

3. *(were signed)* Los contratos ________________ el mes pasado.
4. *(Were distributed)* ________________ los juguetes entre los niños.
5. *(opens)* El banco ________________ a las nueve.
6. *(It's believed)* ________________ que la economía mejorará este año.

IV. ¿Qué se hace cuando se quiere conseguir alguna información en la universidad? Dé una respuesta impersonal usando una construcción con **se**, según el modelo.

MODELO: Ir a la oficina de la universidad.
Se va a la oficina de la universidad.

1. Hablar con un consejero.
2. Explicar la información que se desea.
3. Escuchar las recomendaciones del consejero.
4. Pedir los folletos *(brochures)* necesarios.
5. Preguntar las posibilidades para obtener una beca.

V. **¿Qué opina Ud.?** Composición dirigida (oral o escrita). Diga lo que piensa Ud. de las siguientes opiniones de la gente. Explique Ud. su respuesta.

1. Se dice que para conseguir un buen empleo es necesario tener una educación universitaria.
2. Se cree que los estudiantes tienen una vida muy fácil.
3. Se piensa que las universidades tienen fondos *(funds)* especiales para ayudar a los estudiantes con el costo de la educación.
4. Se dice que muchos estudiantes han tomado drogas.
5. Se piensa que muchos estudiantes tienen grandes problemas en la universidad por falta de preparación y porque no saben estudiar. ■

F Gustar y otros verbos similares

1. El verbo **gustar**, como otros verbos que pertenecen a la misma categoría, presenta una construcción especial.

   a. Por lo general, se usa sólo en la tercera persona del singular o del plural y lleva delante el pronombre de complemento indirecto: **me, te, le, nos, os, les.***
   Observe que el verbo **gustar** puede usarse en cualquier tiempo.

   Me gusta la música de Carlos Chávez.
   ¿**Te gustaron** las fresas?
   Le gustan las ciudades grandes.
   Nos gustan las películas de misterio.
   Me ha gustado mucho ese museo.
   Les gustaba viajar en avión.

*Ver capítulo 7, complementos indirectos, páginas 216–217.

NOTA: Cuando en español decimos **Me gusta la casa,** la traducción literal en inglés es *The house is pleasing to me.*

b. En los casos de duplicación del complemento indirecto se emplea **a** + el nombre o pronombre preposicional. En este caso la frase preposicional puede ser aclaratoria o enfática.

A mí no me gusta esquiar.
A Ud. le gusta hablar en público.
A José le gustan las películas extranjeras.
A ella le gusta el té helado.
A los chicos les gusta montar en bicicleta.

c. Si **gustar** va seguido de un verbo reflexivo, el pronombre reflexivo correspondiente se añade al infinitivo.

Me gusta cepillarme el pelo.
¿**Te gusta sentarte** en el balcón?
A Gilberto **le gusta ponerse** sombrero.
Nos gusta acostarnos tarde.
Les gusta levantarse al amanecer.

NOTA: Observe la siguiente construcción: **¿Te gusto?** *(Do you like me?)* Sí, claro, **me gustas,** querido *(Yes, of course I like you, dear).*

d. Otros verbos que se usan lo mismo que **gustar** son:

asustar *(to frighten)*	**interesar** *(to interest)*
divertir *(to amuse)*	**parecer** *(to seem)*
doler *(to hurt, ache)*	**preocupar** *(to worry)*
encantar *(to "love")*	**sobrar** *(to have extra)*
enojar *(to anger)*	**sorprender** *(to surprise)*
faltar *(to lack)*	**quedar** *(to fit) (to have left over)*
importar *(to matter)*	**tocar** *(to be one's turn)*

A los niños **les encantó** ver al payaso.
Nos parece imposible que tengas seis hijos.
Me queda una semana de vacaciones.
Nos ha sorprendido tu respuesta.
Ya tú jugaste, ahora **me toca** a mí.

e. Observe las siguientes frases que se usan lo mismo que **gustar.**

dar igual	*to be the same*
hacer daño	*to harm, hurt*
hacer falta	*to need, lack*
caer bien (mal)	referente a personas: *to like (dislike)* referente a comidas: *to agree (disagree)*

¿Qué prefieres comer, carne o pescado? **Me da igual.**
¿**Le hizo daño** al niño lo que comió anoche?
Nos hace falta un carro nuevo.
Me caen bien los nuevos vecinos.
¿**Te cayó mal** la cena ayer?

Actividades

I. **Práctica.** Conteste las preguntas usando en la respuesta la información que está entre paréntesis.

MODELO: ¿Qué le pasa a Simón? (doler los pies)
Le duelen los pies.

1. ¿Qué piensan Uds. de esa pareja? (parecer muy aburrida)
2. ¿Por qué gritas? (enojar lo que haces)
3. ¿Qué vestido prefieres? (gustar el blanco de algodón)
4. ¿Por qué enciende ella todas las luces? (asustar la oscuridad)
5. ¿Por qué se ríen ellos? (divertir los chistes)
6. ¿Le gusta a tu amigo hablar de política? (No, al contrario, disgustar)
7. ¿Les gustaría a Uds. ir al cine? (encantar ver una buena película)
8. ¿Le gustaría a Ud. correr una milla? (hacer daño tanto ejercicio)

II. Para conocer mejor a su compañero(a) de clase, hágale las siguientes preguntas. Después conteste las preguntas que él / ella le hará.

1. ¿Qué te interesa más, el cine o el teatro?
2. ¿Qué tipo de película te gusta más?
3. ¿Qué te parecen las películas del oeste (*westerns*)?
4. ¿Qué te encanta hacer en tu tiempo libre?
5. ¿Te hace falta dinero para hacer lo que deseas?
6. ¿Te preocupan los problemas de tus amigos?

III. **Práctica.** Traduzca al español las siguientes frases.

1. *I like my neighbor.* (Hay dos posibilidades.)
2. *We love to try on new clothes.*
3. *I don't care, it's all the same to me.*
4. *It's your turn, isn't it?*
5. *Does your arm hurt?*
6. *We had a lot of wine left over.*

IV. **Situación.** Imagínese que Ud. vio una película anoche y ahora la comenta con sus compañeros. Dé sus impresiones acerca de la acción, el argumento, los actores, las escenas violentas, el director, etc.

Use verbos como **parecer, gustar, disgustar, interesar, encantar,** etc.

V. **Preguntas.** Use una de las siguientes expresiones para contestar las preguntas que le hace su amigo(a).

caer bien	dar igual	hacer falta
tocar	sobrar	hacer daño

1. ¿Por qué se enfermó Ricardo? ¿No le gustó la comida?
2. ¿Es simpática tu compañera de cuarto? ¿Te gusta?
3. ¿Cuánto necesitas para completar los cien dólares?
4. ¿Prefieres quedarte en casa o ir al cine?
5. ¿Quién sigue, Carlos o Eduardo?
6. Hubo demasiada comida en la fiesta de los García, ¿verdad?

G Repaso de palabras que se prestan a confusión II

introducir	En arquitectura los árabes **introdujeron** un nuevo estilo.
presentar	El senador nos **presentó** a su colega norteamericano.
la televisión	En **la televisión** hoy en día hay muchos programas inferiores.
el televisor	Puesto que **el televisor** es pequeño, ponlo sobre la mesa.
la cualidad	El candidato tiene buenas **cualidades;** es muy responsable.
la calidad	La cartera es de alta **calidad,** por eso cuesta mucho.
la entrada	**La entrada** al parque queda por aquel lado. ¿Cuánto pagaste por **las entradas** para el concierto?
el ingreso	Creo que Julio no aprobó el examen de **ingreso.**
la lectura	Ella dedica mucho tiempo a **la lectura** de la poesía; le encanta leer.
la conferencia	Escuchamos su **conferencia,** que fue muy intersante.
el congreso	¿Cuándo tuvo lugar **el congreso** sobre la literatura española?
la ponencia	El profesor Romano leyó una **ponencia** en el último congreso.
el papel	Necesito un **papel** para escribir los apuntes.
el papel	¿Qué **papel** hizo Antonio Banderas en esa película?
la nota	Le escribí una **notita** diciéndole que no podía prestarle mis **notas** (apuntes).
la nota	Su **nota** (calificación) en el examen fue excelente.
la calificación	El chico siempre saca buenas **calificaciones (notas).**
el grado	Ahora está en el quinto **grado.**
el grado	Hace mucho calor. La temperatura está a 95 **grados.**
solicitar	Angelina piensa **solicitar** un puesto en el banco.
aplicar	Será mejor **aplicar** dos manos de pintura, ¿no?
aplicarse	Es muy estudioso; **se aplica** mucho en la escuela.

exigir	Los obreros **exigen** que se les pague mejor sueldo.
demandar	Van a **demandarlo** por los daños que causó.
el puesto	Me ofrecieron **el puesto** de secretaria. Paga bien.
la posición	Hay que poner las cosas en **posición** vertical.
el trato	Siempre voy a ese café porque allí **el trato** es muy amistoso.
el tratamiento	Estuvo enfermo pero **el tratamiento** que le hicieron fue bueno.
el extranjero	Hay muchos **extranjeros** visitando este país.
el forastero	Nadie conoce a ese señor; es **forastero.**
levantar	Que **levante** la mano el que pueda **levantar** el paquete con un dedo.
recoger	**Recogí** a los niños a las tres. Les dije que **recogieran** sus juguetes.
admitir	No se **admiten** menores de diez años.
reconocer	**Reconozco** que no sé la verdad.

Actividad

Escoja la palabra que sea correcta para completar el párrafo.

El mes pasado asisití a (un congreso / una conferencia) sobre literatura hispanoamericana del siglo XX. Mi profesor fue uno de los conferenciantes. Al terminar de leer su (ponencia / papel), vinieron muchos colegas a felicitarlo. Mi profesor me (introdujo / presentó) a un colega muy amigo de él, y como supo que yo estaba para terminar mi carrera en filosofía y letras, me invitó a (aplicar / solicitar) empleo en su universidad. (Admito / reconozco) que habrá muchos candidatos con muy buenas (cualidades / calidades), pero tengo esperanzas de que me ofrezcan (la posición / el puesto), ya que tengo muy buenas cartas de recomendación y muy buenas (calificaciones / grados) en los cursos universitarios. La universidad (exige / demanda) que los candidatos tengan un doctorado, y yo pronto tendré el título. ■

Composición

Antes de escribir, repase las reglas sobre la acentuación y la ortografía.

A Repaso de acentuación

1. Recuerde que se requiere el acento escrito sobre la vocal débil de un diptongo cuando la vocal débil lleva el acento hablado.

   baúl antología comería río

2. Los participios pasados terminados en **-ido** llevan acento escrito sobre la **i** si ésta va precedida de vocal fuerte.

   leído caído oído traído

3. Recuerde que las formas del pretérito de estos verbos también llevan acento escrito sobre la vocal débil.

   caí caíste caímos oí oíste oímos reí reíste reímos

4. Los participios pasados de los verbos terminados en **-uir** no llevan acento escrito.

   distribuido huido construido atribuido

Actividad

Ponga el acento en las palabras que lo necesiten.

1. Raul ha leido que se han construido varios edificios en el centro de la ciudad donde vive.
2. Oimos que el huracán ha destruido el puente que cruza el rio.
3. No me rei cuando supe que te caiste.
4. Habria traido mi casetera si hubiera sabido que la necesitabas.
5. Lei en esta antología que habian excluido a algunos autores de Hispanoamérica.

B Repaso de ortografía: h

1. La ortografía de las palabras con h se confunde porque ésta no se pronuncia. Observe las siguientes palabras:

   a *(to; at)* **¡Ah!** *Ah* **ha** *has* — **asta** *flagpole* **hasta** *until*
   ojear *to stare* **hojear** *to leaf through* — **echo** *I throw* **hecho** *made*
   ora *prays* **hora** *hour* — **ola** *wave* **hola** *hello*

2. Estudie las siguientes reglas. Se escriben con h:

- las palabras que empiezan con hipo-, hidr-, hiper-:
  hipótesis, hidráulico, hipertensión

- las palabras que empiezan con **hie-, hia-**:
  hielo, hierba *(grass)*, **hierro, hiato** *(hiatus)*

- las palabras que empiezan con el sonido **hue-, hui-**:
  huevos, hueso, huelga, huir, huido

- las palabras que empiezan con **hexa-, hepta, hect-**:
  hexágono, heptasílabo, hectárea

- las derivaciones de los verbos **haber** y **hacer**:
  habían, han, haciendo, hago, hiciste

- las interjecciones **¡ah! ¡eh! ¡oh!**

Actividad

I. ¿Se escriben con **h** o sin **h**?

1. __ueso	6. a__ora	11. __ermoso
2. __uérfano	7. __ola *(wave)*	12. __onrado
3. pro__ibido	8. __echo *(made)*	13. __umor
4. __abía	9. __abitación	14. __ipótesis
5. __asta *(until)*	10. __asta *(flagpole)*	15. __ierba

Ejercicio de composición (opcional)

Haga una composición, oral o escrita, sobre uno de los temas que se dan a continuación. Prepare de antemano un bosquejo que le ayudará a desarrollar su tema con coherencia. El primer tema incluye un esquema como modelo.

TEMA: El "graffiti" y los murales de una ciudad.

INTRODUCCIÓN: El "graffiti" ha sido usado como expresión de protesta y rebelión. Uso del "graffiti" por los movimientos políticos y los grupos de pandilleros *(gangs)* de una ciudad. Expresión de orgullo de una identidad cultural en los murales pintados en los muros y paredes de una ciudad.

DESARROLLO: Temas que aparecen en los "graffitis". Temas que predominan en los murales. ¿Existe sentido artístico en el "graffiti"? Diferencia entre los que pintan el "graffiti" y los que pintan los murales. Problemas que ocasiona el "graffiti" para las autoridades de una ciudad. Actitud del público con respecto al "graffiti" y con respecto a los murales. ¿Cómo son los murales que existen en su ciudad?

CONCLUSIÓN: Dé su apreciación personal del "graffiti" y de los murales. ¿Cree que se debe y se puede prohibir y controlar el "graffiti" en una ciudad? ¿Tiene algún comentario que hacer con respecto a estas dos manifestaciones de expresión pública?

TEMA: La influencia de los muralistas mexicanos sobre los muralista en los Estados Unidos.

TEMA: La importancia de la música y el arte en la educación de los niños.

5 Capítulo

Una villa maya cerca del mar. Mural en las ruinas de Chichén Itzá, Península de Yucatán, México.

- Vocabulario
- Lectura 1: "La América Central"
- Lectura 2: "El eclipse" de Augusto Monterroso
- Lectura 3: "El nacimiento de la col" de Rubén Darío
- Afirmativos y negativos
- Imperativo
- Modo indicativo y modo subjuntivo
- Presente de subjuntivo: formas
- Usos del subjuntivo: verbos que expresan duda, voluntad o emoción
- Frases y expresiones que requieren el subjuntivo
- Respaso de acentuación
- Repaso de ortografía: **g, j**

Vocabulario

Antes de leer, repase el siguiente vocabulario que le ayudará a comprender la lectura.

Sustantivos

el bosque forest
el crecimiento growth
el desarrollo development
el eslabón link
el fango mud
la franja strip
la papa potato
el plátano banana
la población population
el porcentaje percentage
el sentido sense
el tamaño size
el trigo wheat

Verbos

abrazar (c) to embrace
aparecer (zc) to appear
azotar to beat
condenar to condemn
crecer (zc) to grow
morir (ue, u) to die
prevalecer (zc) to prevail
probar (ue) to prove

Adjetivos

acogedor hospitable
ancho wide
estrecho narrow
hermoso beautiful
hondo deep
libre free

Frases

al mismo tiempo at the same time
alzar la voz to raise the voice
así como as well as
llevar a cabo to carry out

Palabras relacionadas. El significado de algunas palabras se puede determinar al pensar en palabras relacionadas. ¿Puede Ud. dar el significado en inglés de las palabras subrayadas si piensa en la palabra entre paréntesis?

1. (rico) La principal fuente de <u>riqueza</u> de estos países centroamericanos es la agricultura…
2. (escribir) …Rigoberta Menchú, en sus <u>escritos</u>, ataca el racismo y la discriminación…
3. (saber) Asturias…recordaba un Dios ancestral lleno de <u>sabiduría</u>.
4. (cerca) Al final de la clase el profesor <u>se acercó</u> a Asturias…
5. (emoción) …el <u>emocionado</u> profesor lo abrazó con entusiasmo…

Vista preliminar de algunas expresiones

1. Observe la traducción de la siguiente oración:

   Notó que éste no le quitaba los ojos de encima.
   He noticed that the latter did not take his eyes off of him.

2. Observe que algunos cognados pueden tener más de una definición y que ésta se determina según el contexto:

   provocar *to provoke; to cause; to tempt*
   ...movimientos sísmicos que han provocado grandes desastres...
   seismic movements that have caused great disasters . . .

   conservar *to conserve; to preserve; to keep; to remain*
   ...el elemento indígena se conserva en una proporción alta...
   the indigenous element remains proportionately high . . .

   quedar *to remain; to be left behind; to fit; to be*
   ...la construcción del Canal que quedó terminado en 1914
   the construction of the Canal that was finished in 1914

Cognados falsos. Cuidado con estas palabras.

éxito	*success*	recordar	*to recall/remind*
exit	salida	*to record*	grabar

Lectura I

La América Central

La América Central es el eslabón que une las dos Américas, la del Norte y la del Sur, y en esa franja de tierra, ancha en su comienzo y estrecha en el sur, viven más de treinta y cinco millones de habitantes. Ocupa una zona volcánica que ha sido azotada por movimientos sísmicos que han provocado grandes desastres y, al mismo tiempo, ofrece hermosos paisajes de montañas, volcanes, lagos y playas acogedoras. Está formada por los siguientes países: Guatemala, Honduras, El Salvador, Nicaragua, Costa Rica y Panamá.

Un fuerte sentido nacionalista prevalece en estas pequeñas repúblicas, que representan una unidad geográfica y económica donde el crecimiento y el desarrollo son inestables, teniendo extremos de gran riqueza y de gran pobreza. La política volátil, los conflictos entre liberales y conservadores, la frecuente intervención del ejército, así como los regímenes autocráticos, son características comunes en los países de Centroamérica, con excepción de Costa Rica, que ha tenido éxito en mantener una tradición democrática, con elecciones libres, y donde el ejército tiene poca influencia.

El país de mayor población es Guatemala, sede° de la civilización maya, donde el elemento indígena puro (indios mayas-quichés) se conserva en una proporción alta. La población mestiza es abundante en todos los países, excepto en Costa Rica, donde el 95% de la población es blanca, predominando el elemento de origen español, y donde el porcentaje de indios puros es insignificante.

center

La principal fuente de riqueza de estos países centroamericanos es la agricultura, siendo el café y los plátanos los productos más importantes de exportación. En los bosques de Honduras crecen hermosos cedros° y caobas° y en las regiones elevadas de Guatemala se cultiva el trigo, la cebada° y la papa.

cedars / mahogany
barley

Panamá ocupa la franja más estrecha del istmo centroamericano y es el punto de unión con la América del Sur. La fuerte presencia económica de los Estados Unidos se ha dejado sentir° en estos países, especialmente en Panamá con la construcción del Canal que quedó terminado en 1914. En la Zona del Canal la población, en su mayoría, es bilingüe (español e inglés), lo que no ocurre en ninguna de las otras repúblicas donde el idioma que se habla, además de las lenguas indígenas, es el español.

has been felt

Estos países son pequeños en tamaño, pero ricos en su arte, folklore y literatura. Fue Nicaragua el país que le dio al mundo un poeta cuya influencia se extendió a todas las literaturas de lengua castellana. Rubén Darío, al frente del movimiento Modernista, influyó hondamente° en España, y sus innovaciones métricas, el gusto refinado, y el ritmo y la armonía de sus versos aparecieron en todas las literaturas del idioma español.

deeply

Dos autores centroamericanos —los dos de Guatemala— han recibido el Premio Nobel: Miguel Ángel Asturias el de Literatura en 1967, y Rigoberta Menchú, en 1992, el de la Paz. Tanto Asturias como Menchú han condenado los males sociales y políticos que afectan a los países centroamericanos y han alzado la voz° en defensa de los indígenas. En sus obras literarias, Asturias ha combinado el misticismo de los mayas con el mundo de protesta moral y social, y Rigoberta Menchú, en sus escritos, ataca el racismo y la discriminación contra los indígenas.

raised their voices

Asturias era un hombre de figura grande, de ojos estrechos, y recordaba un Dios ancestral lleno de sabiduría. Cuando terminó sus estudios de Derecho en Guatemala se fue a París a estudiar en la Sorbona.* El primer día en la clase del profesor Raynaud, quien

University of Paris; the Sorbonne.

hablaba varios idiomas indios y quien había traducido al francés el Popol Vuh,* —notó que éste no le quitaba los ojos de encima. Al final de la clase el profesor se acercó a Asturias y le preguntó: "¿Es Ud. maya?" Al contestarle que era de Guatemala el emocionado profesor lo abrazó con entusiasmo y se lo llevó a su casa para probarle a su esposa que los mayas existían.

*Libro sagrado de los quichés de Guatemala.

Llene los espacios en blanco con la palabra o expresión que sea correcta. Use los verbos en el tiempo que sea necesario.

1. Los productos más importantes de exportación de Centroamérica a Estados Unidos son el café y los ________________.
2. El desarrollo es inestable, ya que hay extremos de gran pobreza y gran ________________.
3. En los ________________ de Honduras hay maderas hermosas como cedro y caoba.
4. Dos escritores centroamericanos ________________ la voz para condenar los males que afectan a la América Central.
5. Los países de la América Central son pequeños en ________________ pero ricos en su arte, folklore y literatura.
6. En la Zona del Canal la mayor parte de la ________________ es bilingüe.
7. La franja de tierra que une las dos Américas es ancha en su comienzo y ________________ en el sur.
8. Costa Rica ha tenido ________________ en mantener una tradición democrática.

Preguntas sobre la lectura

1. ¿Por qué dice el autor que la América Central es un eslabón?
2. ¿Qué características comunes existen en los países de Centroamérica?
3. ¿Explique las diferencias entre Costa Rica y los otros países de Centroamérica.
4. ¿Por qué es importante Rubén Darío dentro del panorama de la literatura hispanoamericana?
5. Miguel Ángel Asturias y Rigoberta Menchú son dos figuras importantes de Guatemala. Explique por qué.
6. Narre la anécdota que se cuenta en la lectura sobre Miguel Ángel Asturias en París.

Temas de conversación

1. En su opinión, ¿cuáles son los principales problemas que tienen los inmigrantes que vienen a los Estados Unidos de Centro América? ¿Pueden compararse estos problemas con los que tienen los inmigrantes de otros países de la América del Sur y del Caribe? Explique su respuesta.
2. ¿Qué país la interesaría más visitar, Guatemala o Panamá? Explique por qué.
3. El autor nos dice que Costa Rica es el único país de Centro América que ha podido mantener una tradición democrática con elecciones libres. ¿Por qué cree Ud. que existe esta excepción si todos los países representan una unidad geográfica con características comunes?
4. ¿Le gustaría a Ud. ver algunos de sus programas favoritos de televisión doblados al español? ¿Cree Ud. que serían populares entre los muchos hispanos que viven en los Estados Unidos? ¿Qué le parece la idea de producir programas nuevos escritos originalmente en español? Explique sus respuestas.

Chichén Itzá, ruinas de la antigua ciudad maya al norte de Yucatán. Al centro, la figura de Chac Mool, divinidad maya-tolteca de la lluvia.

Vocabulario

Antes de leer, repase el siguiente vocabulario que le ayudará a comprender la lectura.

Sustantivos

el desdén disdain
la esperanza hope
el lecho bed
el rostro face
la selva jungle; forest
el temor fear

Verbos

conferir (ie) to give
confiar to trust
descansar to rest
disponerse (g) to get ready
engañar to deceive
intentar to try
parecer (zc) to seem
perder (ie) to lose
prever to foresee
valerse de to make use of

Adjetivos

aislado isolated
fijo fixed
perdido lost
poderoso powerful
rodeado surrounded

Lectura 2

Augusto Monterroso

Augusto Monterroso (1921–2004), nacido en Guatemala, es autor de numerosos y variados cuentos cortos. "El eclipse" es del libro *Obras completas y otros cuentos*. En él, Monterroso presenta el encuentro del mundo indígena de América con el mundo cultural europeo.

"El eclipse"

Cuando fray° Bartolomé Arrazola se sintió perdido, aceptó que ya nada podría salvarlo. La selva poderosa de Guatemala lo había apresado,° implacable y definitiva. Ante su ignorancia topográfica se sentó con tranquilidad a esperar la muerte. Quiso morir allí sin ninguna esperanza, aislado, con el pensamiento fijo en la España distante, particularmente en el convento de Los Abrojos, donde

fray° friar
apresado° had captured

Carlos V condescendiera una vez a bajar de su eminencia para decirle que confiaba en el celo° religioso de su labor redentora.°

zeal / redemptive

Al despertar se encontró rodeado por un grupo de indígenas de rostro impasible que se disponían a sacrificarlo ante un altar, un altar que a Bartolomé le pareció como el lecho en que descansaría, al fin, de sus temores, de su destino, de sí mismo.

Tres años en el país le habían conferido un mediano dominio de las lenguas nativas. Intentó algo. Dijo algunas palabras que fueron comprendidas.

Entonces floreció° en él una idea que tuvo por digna° de su talento y de su cultura universal y de su arduo° conocimiento de Aristóteles.* Recordó que para ese día se esperaba un eclipse total de sol. Y dispuso, en lo más íntimo, valerse de aquel conocimiento para engañar a sus opresores y salvar la vida.

appeared / worthy
difficult

—Si me matáis —les dijo— puedo hacer que el sol se oscurezca en su altura.°

darken the sky

Los indígenas lo miraron fijamente° y Bartolomé sorprendió° la incredulidad en sus ojos. Vio que se produjo un pequeño consejo,° y esperó confiado, no sin cierto desdén.

fixedly / caught
council

Dos horas después el corazón de fray Bartolomé Arrazola chorreaba° su sangre vehemente sobre la piedra de los sacrificios (brillante bajo la opaca luz de un sol eclipsado), mientras uno de los indígenas recitaba sin ninguna inflexión de voz, sin prisa, una por una, las infinitas fechas en que se producirían eclipses solares y lunares, que los astrónomos de la comunidad maya habían previsto y anotado en sus códices° sin la valiosa ayuda de Aristóteles.

was gushing
old manuscripts

*Aristóteles, célebre filósofo griego (384–322 a. C.)

Llene los espacios en blanco traduciendo al español las palabras que están en inglés.

1. Fray Bartolomé se sintió apresado en la ________________ *(jungle)* de Guatemala, y como estaba completamente ________________ *(isolated)* perdió toda la ________________ *(hope)* de salvarse.
2. Cuando despertó se encontró ________________ *(surrounded)* por los indígenas que ________________ *(were getting ready)* a sacrificarlo.
3. Decidió ________________ *(make use)* de sus conocimientos para ________________ *(deceive)* a los opresores.
4. Los conocimientos astronómicos que tenían los mayas les permitían ________________ *(foresee)* los eclipses solares y lunares.
5. El altar le ________________ *(seemed)* a fray Bartolomé el ________________ *(bed)* donde ________________ *(he would rest).*

Preguntas sobre la lectura

1. ¿Qué le pasó a fray Bartolomé en la selva?
2. ¿En qué pensó el fraile cuando se sintió aislado y perdió la esperanza de salvarse?
3. ¿Qué le iban a hacer los indígenas a fray Bartolomé?
4. ¿Qué les dijo Bartolomé a sus opresores para que no lo mataran?
5. ¿Qué sabían los astrónomos mayas que iba a pasar?

Temas de conversación

1. ¿Conoce Ud. alguna leyenda de los indios de Norteamérica? Si la conoce, nárrela. ¿Puede contar alguna otra leyenda que Ud. conozca?
2. ¿Es Ud. una persona supersticiosa? ¿En qué supersticiones cree Ud.? ¿Conoce Ud. algunas supersticiones que traen mala suerte como la del número 13, o la de no abrir una sombrilla *(umbrella)* dentro de la casa, o la de no pasar por debajo de una escalera *(ladder)*? Menciónelas.
3. ¿Qué opina Ud. de las practicas de brujería *(witchcraft)*? Cree Ud. que una persona inteligente y educada puede creer en brujería? Explique su respuesta.

Vocabulario

Antes de leer, respase el siguiente vocabulario que le ayudará a comprender la lectura.

Sustantivos

el alba dawn
la bellota acorn
la caricia caress
la col cabbage
la muchedumbre multitude
el nacimiento birth
la palidez paleness
el paraíso paradise
la utilidad usefulness

Verbs

acercarse a (qu) to approach
tentar (ie) to tempt

Adjetivos

frondoso leafy
maligno evil
tentada tempted
útil useful

Lectura 3

Rubén Darío

Rubén Darío (1867–1916), uno de los grandes poetas del mundo hispano, nació en Nicaragua. Durante su adolescencia leyó e imitó a los poetas españoles y franceses, los cuales tuvieron gran influencia en su formación literaria. En su primera obra, *Azul* (1888), Rubén Darío mostró su gran sensibilidad y su originalidad en el verso. Fue el líder de la revolución artística que dio paso al Modernismo, movimiento que se caracterizó por las innovaciones métricas, la riqueza musical, el lenguaje preciosista y el mundo refinado y sensual que describía. El cuento "El nacimiento de la col" apareció en 1893 en el periódico argentino *La Tribuna,* y en él Darío nos transporta al paraíso terrenal en el quinto día de la creación del mundo.

"El nacimiento de la col"

En el paraíso terrenal,° en el día luminoso en que las flores fueron creadas, y antes de que Eva fuese tentada por la serpiente, el maligno espíritu se acercó a la más linda rosa nueva en el momento en que ella tendía,° a la caricia del celeste° sol, la roja virginidad de sus labios.

Garden of Eden

was offering / celestial

—Eres bella.

—Lo soy —dijo la rosa.

—Bella y feliz —prosiguió el diablo—. Tienes el color, la gracia y el aroma. Pero…

—¿Pero?…

—No eres útil. ¿No miras esos altos árboles llenos de bellotas?

—Ésos, a más de ser frondosos,° dan alimento a una muchedumbre de seres animados° que se detienen bajo sus ramas. Rosa, ser bella es poco…

besides being leafy

living things

La rosa entonces —tentada como después lo sería la mujer— deseó la utilidad, de tal modo° que hubo palidez en su púrpura. Pasó el buen Dios después del alba siguiente.

so much

—Padre —dijo aquella princesa floral, temblando en su perfumada belleza—, ¿queréis hacerme útil?

—Sea, hija mía —contestó el Señor, sonriendo.

Y entonces vio el mundo la primera col.

Preguntas sobre la lectura

1. ¿Dónde y cuándo ocurrió este cuento?
2. ¿Quién se acercó a la más linda rosa nueva?
3. Según la narración, ¿qué tienen los árboles que no tiene la rosa?
4. ¿Con qué tentó el diablo a la rosa?
5. ¿Qué le pidió la rosa a Dios?
6. ¿Cómo complació (*pleased*) Dios a la rosa?

Gramática

A Afirmativos y negativos

Referencia	*Afirmación*	*Negación*
cosas	**algo**	**nada**
personas	**alguien**	**nadie**
cosas y personas	**alguno (-os, -a, -as), algún**	**ninguno (-a), ningún**
tiempo	**siempre**	**jamás, nunca**
conjunciones	**o**	**ni**
adverbios	**también**	**tampoco**

Mi hermano sabe **algo** de física, pero yo no sé **nada.**
Alguien tocó en la puerta y cuando abrí no vi a **nadie.**
Algunas de las fotografías quedaron muy bien.
No llamé a **ninguno** de los amigos.
Siempre dices que sí pero después **nunca** cumples tu palabra.
No le pongo al café **ni** azúcar **ni** crema.
Este verano **también** estuvimos en Guayaquil.
Hoy **no** pude salir de compras; **tampoco** podré ir mañana.

1. En español la doble negación es muy común.

   a. Las palabras negativas pueden emplearse antes o después del verbo. Si la frase empieza con **no** delante del verbo, los otros negativos se ponen detrás del verbo.

   Nadie me vino a ver así que **nada** sabemos de lo ocurrido.
   No me vino a ver **nadie** así que **no** sabemos **nada** de lo ocurrido.
   Josefina **nunca** escribe y **tampoco** llama por teléfono.
   Josefina **no** escribe **nunca** y **no** llama **tampoco** por teléfono.

b. Se pueden usar varias palabras negativas en una oración.

José **nunca** le da **nada** a **nadie.**	*José never gives anything to anyone.*

2. Con **alguien** o **nadie** se usa la **a** personal cuando son complementos directos.

Espero **a alguien** esta tarde.
No veo **a nadie** en la calle.

3. **Alguno** y **ninguno**, cuando se usan como adjetivos, pierden la **-o** final cuando van delante de un sustantivo masculino.

Algún día iré a Guatemala porque me interesa la cultura maya.
Ningún calendario europeo tenía la precisión del calendario maya.

NOTA: Recuerde que **ninguno** no se usa en plural.

4. Cuando **alguno** (**-a**) va después de un sustantivo equivale a **ninguno.**

No he recibido noticia **alguna** de ellos.
(No he recibido **ninguna** noticia de ellos.)

NOTA: **Alguna vez** equivale al inglés *ever.*

¿Has estado **alguna vez** en Yucatán?
Have you ever been in Yucatán?

5. **Ni** conecta dos unidades negativas.

No quiero salir **ni** ver a nadie.
Felipe **ni** escribió **ni** llamó.

NOTA: **Ni siquiera**, y algunas veces **ni**, equivalen al inglés *not even.*

Julián **ni siquiera** me miró.	*Julian did not even look at me.*
Ella no quiere **ni** hablar con él.	*She doesn't even want to talk to him.*

6. **También** afirma la igualdad o relación de una cosa con otra previamente mencionada. **Tampoco** se emplea en las oraciones negativas.

Nosotros **también** iremos a la reunión de padres y maestros.
Ofelia **no** quiere asistir a la reunion; yo **tampoco** iré.

7. Observe la traducción de las siguientes expresiones.

más que nunca	*more than ever*
más que nada	*more than anything*
alguna vez	*ever*
mejor que nadie	*better than anyone*
sin + infinitivo + **nada**	*without* + present participle + *anything*

He trabajado este año **más que nunca.**
Le gusta bailar **más que nada.**
¿Ha tomado **alguna vez** sangría?
Conozco a Arturo **mejor que nadie.**
Se pasa el día **sin hacer nada.**

8. **Nunca jamás** es una expresión fuerte de negación y equivale al inglés *never ever* o *never again.* **Nunca más** también equivale a *never again.*

Nunca jamás me volveré a casar.	*I'll never ever marry again.*
Nunca más saldré contigo.	*Never again will I go out with you.*

Cuando **jamás** se usa en expresiones superlativas, equivale al inglés *ever.*

Es la catedral más linda que **jamás** he visto.
It is the most beautiful cathedral I have ever seen.

Actividades

I. Enrique y Felipe son gemelos *(twins)*, pero siempre hacen cosas opuestas. Dé una oración negativa para indicar el contraste entre los dos.

MODELO: Felipe siempre camina por el parque.
Enrique nunca camina por el parque.
(Enrique no camina nunca por el parque.)

1. Felipe siempre hace ejercicios por la mañana.
2. También le gusta correr por la tarde.
3. Felipe algunas veces nada o en el mar o en la piscina.
4. Generalmente algún amigo va a nadar con él.
5. Felipe prepara todo la noche anterior.

II. **Práctica.** Trabaje con un(a) compañero(a) y conteste las siguientes preguntas que le hace usando la doble negación. Después él/ella va a contestar las preguntas que Ud. le hace.

MODELO: ¿Le han dicho algo?
No, no me han dicho nada.

1. ¿Tú siempre haces ejercicios en el gimnasio?
2. ¿Has hecho algo para adelgazar?
3. ¿Sales a correr o haces algún deporte?
4. ¿Vas a caminar algunos días?
5. ¿Crees que alguien haga ejercicio por gusto solamente?

III. **Práctica.** Complete las oraciones con el equivalente en español de las palabras que están en inglés. Use las palabras negativas necesarias.

1. *(no one)* ________________ es perfecto.
2. *(more than ever)* Ahora, ________________, me preocupo por los problemas sociales.
3. *(either)* Los niños no quieren comer ________________.
4. *(not even)* Jorge ________________ me llamó una vez.
5. *(ever)* ¿Ha estado ________________ en Barcelona?
6. *(any)* No me gusta ________________ vestido en esta tienda.
7. *(none)* ________________ de los muchachos aceptó la invitación.
8. *(more than anything)* Lo que deseo, ________________, es terminar mis estudios.
9. *(never again)* ________________ volveré a ir a ese lugar.
10. *(anyone)* No llamé a ________________ cuando estuve en San Francisco.

IV. Irma le pidió a su hermano que fuera al mercado para comprar algunas cosas que ella necesitaba. Con un(a) compañero(a) de clase, completen el diálogo entre ellos dos con los negativos necesarios.

Irma: No trajiste ________________ de las cosas que te pedí.

Hermano: No me explico, pues llevé la lista que me diste. ¿Qué cosas faltan?

Irma: No compraste ________________ la mantequilla ________________ la margarina y ________________ trajiste el queso crema. Eres la persona más distraída que ________________ he visto.

Hermano: Por esa razón ________________ ________________ debes mandarme al mercado.

B Imperativo

El imperativo se usa para órdenes afirmativas y negativas. Hay formas imperativas para personas tratadas de **tú** o **vosotros(as)** y otras formas para personas tratadas de **Ud.** o **Uds.** También hay formas para **nosotros(as)** y **ellos(as).** Como se verá más adelante, se usan las formas correspondientes al presente de subjuntivo para **Ud., él, ella, Uds., ellos(as)** y **nosotros(as)** en órdenes afirmativas y negativas.

1. Órdenes afirmativas y negativas con **Ud., Uds, nosotros(as).** Se omite la **o** final de la primera persona singular (yo) del presente de indicativo y se añaden las siguientes terminaciones:

(no) compr **e** Ud.	(no) vend **a** Ud.	(no) recib **a** Ud.
(no) compr **en** Uds.	(no) vend **an** Uds.	(no) recib **an** Uds.
(no) compr **emos**	(no) vend **amos**	(no) recib **amos**

Infinitivo	*Presente de indicativo*	*Imperativo*		
hacer	**hago**	(no) haga Ud.	(no) hagan Uds.	(no) hagamos
salir	**salgo**	**salga**	**salgan**	**salgamos**
oír	**oigo**	**oiga**	**oigan**	**oigamos**
traer	**traigo**	**traiga**	**traigan**	**traigamos**
venir	**vengo**	**venga**	**vengan**	**vengamos**
poner	**pongo**	**ponga**	**pongan**	**pongamos**
cerrar	**cierro**	**cierre**	**cierren**	**cerremos**
mentir	**miento**	**mienta**	**mientan**	**mintamos**
contar	**cuento**	**cuente**	**cuenten**	**contemos**
volver	**vuelvo**	**vuelva**	**vuelvan**	**volvamos**
pedir	**pido**	**pida**	**pidan**	**pidamos**
seguir	**sigo**	**siga**	**sigan**	**sigamos**
llegar	**llego**	**llegue**	**lleguen**	**lleguemos**
pagar	**pago**	**pague**	**paguen**	**paguemos**
buscar	**busco**	**busque**	**busquen**	**busquemos**
sacar	**saco**	**saque**	**saquen**	**saquemos**
empezar	**empiezo**	**empiece**	**empiecen**	**empecemos**
cruzar	**cruzo**	**cruce**	**crucen**	**crucemos**
dirigir	**dirijo**	**dirija**	**dirijan**	**dirijamos**
proteger	**protejo**	**proteja**	**protejan**	**protejamos**

NOTA: Observe los cambios ortográficos:

1. en los verbos con cambios en la raíz: **e → ie, o → ue, e → i**
2. en los verbos terminados en **-gar, -car** y **-zar: g → gu, c → qu, z → c** delante de **e**
3. en los verbos terminados en **-gir** y **-ger: g → j** delante de **a**

Por favor, **vuelva** Ud. más tarde.
Chicos, **no crucen** Uds. la calle.
Señores, **no salgan** Uds. por esa puerta.

2. Verbos irregulares. Los siguientes verbos tienen irregularidades propias.

dar	**dé**	**den**
estar	**esté**	**estén**
ir	**vaya**	**vayan**
saber	**sepa**	**sepan**
ser	**sea**	**sean**

Esté Ud. seguro de que se hará el negocio. **Estése** tranquilo, Sr. Pérez, que todo saldrá bien.
Sea Ud. generoso y **dé** un poco más.

3. Órdenes con **nosotros.** La forma correspondiente a **nosotros** equivale a la expresión *let's* en inglés.

> **Cantemos** esa canción.
> No **pidamos** tantas cosas.

NOTA: *Let's* también puede expresarse en forma afirmativa usando **vamos a** + infinitivo.

> **Vamos a cantar** esa canción.

El verbo **ir** tiene dos formas. En las órdenes afirmativas se usa **vamos;** en las órdenes negativas se usa **vayamos.**

> **Vamos,** ya va a empezar el programa.
> No **vayamos** con Luciano.

4. Órdenes indirectas con **él, ella, ellos(as).** Se usa **Que** + el imperativo de Ud., o sea, la tercera persona del subjuntivo para expresar *Let him, her, them* en una órden indirecta.

Que lo **haga** Pepe.	*Let (Have) Pepe do it.*
Que hablen ellos.	*Let (Have) them speak.*

5. Órdenes afirmativas con **tú** y **vosotros.** Observe que se usa la forma de la tercera persona singular del presente de indicativo para las órdenes afirmativas con **tú.**

compr **a** (tú)	vend **e** (tú)	recib **e** (tú)
compr **ad** (vosotros)	vend **ed** (tú)	recib **id** (vosotros)

6. Órdenes negativas con **tú** y **vosotros.** Se omite la **o** final de la primera persona singular (yo) del presente de indicativo y se añaden las siguientes terminaciones. Como se verá más adelante, estas formas negativas corresponden a las formas en presente de subjuntivo.

No compr **es** (tú)	No vend **as** (tú)	No recib **as** (tú)
No compr **éis** (vosotros)	No vend **áis** (vosotros)	No recib **áis** (vosotros)

Afirmativo — Negativo

> Por favor, **llama** a María ahora; **no** la **llames** por la noche.
> Enrique, **lee** las frases en voz baja; **no leas** las frases en voz alta.
> **Abre** las ventanas de atrás ahora; **no abras** las puertas.

Infinitivo	*Órden afirmativa*	*Órden negativa*
cerrar	**cierra** (tú)	**no cierres** (tú)
volver	**vuelve**	**no vuelvas**
pedir	**pide**	**no pidas**
seguir	**sigue**	**no sigas**
llegar	**llega**	**no llegues**
buscar	**busca**	**no busques**
empezar	**empieza**	**no empieces**
traducir	**traduce**	**no traduzcas**
dirigir	**dirige**	**no dirijas**
oír	**oye**	**no oigas**
traer	**trae**	**no traigas**

NOTA: Las formas negativas sufren los mismos cambios que las órdenes con Ud.:

1. los verbos con cambios en la raíz: **e → ie, o → ue, e → i**
2. los verbos terminados en **-zar, -car, -gar: z → c, c → qu, g → gu** delante de **e**
3. los verbos terminados en **-ger y -gir: g → j** delante de **a, o**

Jaime, no empieces todavía. No toques nada.
No recojas los juguetes ahora.
No vuelvas tan tarde.

7. Verbos irregulares. Los siguientes verbos tienen formas propias para el imperativo afirmativo con **tú.** Las formas negativas siguen la regla general para la formación de órdenes negativas.

Infinitivo	*Imperativo afirmativo*	*Imperativo negativo*
salir	**sal** (tú)	no **salgas** (tú)
venir	**ven**	no **vengas**
poner	**pon**	no **pongas**
tener	**ten**	no **tengas**
decir	**di**	no **digas**
hacer	**haz**	no **hagas**
ir	**ve**	no **vayas**
ser	**sé**	no **seas**

Sal en seguida, **ve** a la tienda y **haz** todas las compras.
No **te precupes** tanto y no **seas** tan pesimista.

8. Las formas pronominales de complemento directo e indirecto y los pronombres reflexivos se colocan después de las órdenes afirmativas y delante de las órdenes negativas.

Dá**melo.**	No **me lo** des.
Dígan**selo.**	No **se lo** digan.
Acuésta**te.**	No **te** acuestes.
Hagámos**lo.**	No **lo** hagamos.

NOTAS: Observe la acentuación al añadir formas pronominales al verbo.

hágalo	díselo	ábranlas
hágamelo	dígaselo	póntelos
vámonos	dánoslo	despiértate

Con las órdenes afirmativas que tienen una sola sílaba no se escribe el acento cuando se añade una sola forma pronominal. El mandato **dé Ud.** es una excepción: **déme, déles,** etc.

ponte **dime** **danos** **hazlo**

a. Los verbos reflexivos en la forma correspondiente a **nosotros**, en las órdenes afirmativas, pierden la **s** final de la terminación verbal.

lavemos + nos = **lavémonos**	**no nos lavemos**
sentemos + nos = **sentémonos**	**no nos sentemos**

b. Los verbos reflexivos en la forma correspondiente a **vosotros**, en las órdenes afirmativas, pierden la **d** final de la terminación verbal.

lavad + os = **lavaos**	**no os lavéis**

c. El uso del imperativo frecuentemente se sustituye por una forma más cortés usando el verbo en el presente de indicativo en una frase interrogativa. Observe los ejemplos siguientes.

Tráeme un vaso de agua.
¿**Me traes** un vaso de agua?
Cállate.
¿**Te callas**, por favor?

9. El imperativo también puede sustituirse por el futuro. Sugiere más insistencia o un tono más enfático.

Esta noche no **saldrás.**
Escribirás la carta enseguida.

10. El infinitivo se usa frecuentemente con sentido imperativo en carteles y anuncios.

No **fumar.**	*No smoking.*
Entrar por la puerta lateral.	*Enter through the side door.*

Actividades

1. **En la escuela de conducir.** Imagínese que Ud. es instructor en una clase de manejar. Transforme las siguientes instrucciones en órdenes formales que Ud. le da a su estudiante.

MODELO: Es importante mantener su carro en buenas condiciones.
Mantenga su carro en buenas condiciones.

1. Es necesario disminuir la velocidad al doblar una esquina.
2. Tiene que parar para dejar cruzar a los peatones *(pedestrians).*
3. Debe encender las luces al atardecer.
4. Es importante no correr a más de la velocidad indicada.
5. No debe manejar si toma bebidas alcohólicas.
6. Tiene que ponerse siempre el cinturón de seguridad.
7. No es bueno quitar las manos del volante *(steering wheel).*

II. **Preparativos para la fiesta.** Su hermana le hace varias preguntas relacionadas con la fiesta que piensan dar. Conteste las preguntas con órdenes afirmativas y negativas, usando pronombres y el verbo en la forma familiar.

MODELO: ¿Mando las invitaciones?
Sí, mándalas.
No, no las mandes.

1. ¿Hago el ponche?
2. ¿Pongo las mesas en el patio?
3. ¿Traigo las enchiladas?
4. ¿Invito al profesor de español?
5. ¿Sirvo café con leche?

III. Su hermana sugiere que Uds. hagan ciertas actividades juntas un domingo por la tarde. Ud. está de acuerdo con ella y afirma sus sugerencias. Sustituya la construcción **ir a + un infinitivo** por una orden que corresponda a *Let's*.

MODELO: Vamos a escuchar las noticias.
Sí, escuchemos las noticias.

1. Vamos a practicar en español.
2. Vamos a tocar la guitarra.
3. Vamos a dormir la siesta.
4. Vamos a dar un paseo.
5. Vamos a tomar un café espreso.

IV. **En la sala de clase.** ¿Qué les contesta la profesora a los estudiantes cuando le hacen las siguientes preguntas? Conteste las preguntas con órdenes afirmativas y negativas usando pronombres.

MODELO: ¿Abrimos las ventanas?
Sí, ábranlas.
No, no las abran.

1. ¿Apagamos las luces?
2. ¿Cerramos la puerta?
3. ¿Leemos el artículo?
4. ¿Hacemos los ejercicios?
5. ¿Traemos los casetes?

V. Complete las oraciones con el imperativo afirmativo o negativo de los verbos entre paréntesis para darle a Jorge los siguientes mandatos.

1. (decir) Jorge, ________________ (tú) lo que pasó.
2. (Empezar) ________________ a hablar lentamente.
3. (llamar) No ________________ (tú) al intérprete.
4. (sentarse) No ________________ en esa silla.
5. (Hacer) ________________ (tú) lo que yo digo, pero no lo que yo hago.

VI. Ud. va a cuidar a los niños de su hermana este sábado. Ella le deja una lista de cosas que quiere que ellos hagan. Transforme en órdenes lo que la hermana quiere que hagan los niños.

Hermana: Dile a Ramoncito que se levante temprano; que se bañe; que se pruebe la chaqueta nueva, y que se la pruebe con el suéter; y que ordene su cuarto.
Ud.: Ramoncito...
Hermana: Diles a Gabriel y a Anita que se pongan los zapatos de tenis; que se los pongan con calcetines; que se desayunen antes de salir; y que se den prisa porque deben visitar a la abuela.
Ud.: Gabriel y Anita...

VII. Ramoncito, Gabriel y Anita, los hijos de su hermana, están jugando en el patio. ¿Qué les dice ella si quiere que hagan o no hagan ciertas cosas? Cambie el infinitivo que está entre paréntesis y continúe la oración con una idea original.

MODELO: Niños, (no gritar) tanto porque...
Niños, no griten tanto porque van a despertar al bebé.

1. Niños, (ponerse) el traje de baño...
2. Niños, (no jugar) en la calle...
3. Ramoncito, (no cruzar) por el jardín...
4. Anita, (no dejar) salir al perro porque...
5. Gabriel, (tener cuidado)...

C Modo indicativo y modo subjuntivo

El *modo indicativo* se usa para informar sobre un hecho o estado que es real o definido ya sea en el presente, el pasado o el futuro. Expresa la acción verbal como una realidad objetiva. El indicativo puede usarse en las cláusulas principales o en las cláusulas subordinadas.

El *modo subjuntivo* expresa subjetividad y su uso depende de otra expresión, generalmente de actitud emocional, dudosa, incierta o a hechos indefinidos o hipotéticos. Puesto que depende de otro verbo, el modo subjuntivo generalmente se usa en las cláusulas subordinadas.

Cláusula principal		*Cláusula subordinada*	
Sé	que	ella **viene** hoy.	(Es seguro que ella viene hoy.)
Espero	que	ella **venga** hoy.	(Existe la esperanza de que ella venga hoy, pero no hay seguridad.)

Note en los ejemplos que el sujeto de la cláusula principal es diferente al de la cláusula subordinada. Si no hay cambio de sujeto, se usa el infinitivo.

(Ella) **quiere** que (tú) **vengas** hoy.
(Ella) **quiere venir** hoy.

Como se verá más adelante, se usa el modo subjuntivo en la cláusula subordinada cuando en la cláusula principal aparecen:

- verbos que expresan duda, voluntad o emoción
- ciertas frases impersonales de incertidumbre, probabilidad o duda
- antecedentes indefinidos o inexistentes
- ciertas conjunciones
- la expresión ***como si*** *(as if)*
- expresiones condicionales

Dudo que **compremos** la casa.
Alfredo **prefiere** que **alquilemos** un apartamento.
Tal vez mi hijo **consiga** un condominio.
Será necesario que **vendamos** la cabaña del lago.
No hay **nada** que me **guste.**
Vendrán **antes de que** los **llames.**
Hablas **como si fueras** un experto.
Iría de viaje **si tuviera** dinero.

El modo subjuntivo, hoy día, tiene dos tiempos simples: presente e imperfecto; y dos tiempos perfectos: presente perfecto y pluscuamperfecto. El modo subjuntivo se usa más en español que en inglés.

D Presente de subjuntivo: formas

1. Hay formas regulares y formas irregulares en el presente de subjuntivo.

   a. Para formar el *presente de subjuntivo* se omite la **o** final de la primera persona singular **(yo)** del presente de indicativo y se añaden las terminaciones del presente de subjuntivo.

	Verbos terminados en		
	-ar	*-er*	*-ir*
	COMPRAR	VENDER	RECIBIR
Indicativo	compr **o**	vend **o**	recib **o**
Subjuntivo	compr **e**	vend **a**	recib **a**
	compr **es**	vend **as**	recib **as**
	compr **e**	vend **a**	recib **a**
	compr **emos**	vend **amos**	recib **amos**
	compr **éis**	vend **áis**	recib **áis**
	compr **en**	vend **an**	recib **an**

b. Los verbos con irregularidades en la raíz de la primera persona del singular **(yo)** del presente de indicativo usualmente tienen la misma irregularidad en todas las formas del subjuntivo.

Infinitivo	*Presente de indicativo*		*Presente de subjuntivo*	
hacer	(yo)	**hago**	(yo, Ud., él, ella)	**haga**
salir		**salgo**		**salga**
oír		**oigo**		**oiga**
traer		**traigo**		**traiga**
venir		**vengo**		**venga**
valer		**valgo**		**valga**
ofrecer		**ofrezco**		**ofrezca**
conocer		**conozco**		**conozca**
producir		**produzco**		**produzca**
traducir		**traduzco**		**traduzca**
huir		**huyo**		**huya**
construir		**construyo**		**construya**
destruir		**destruyo**		**destruya**
coger		**cojo**		**coja**
proteger		**protejo**		**proteja**
dirigir		**dirijo**		**dirija**
caber		**quepo**		**quepa**
pedir		**pido**		**pida**
repetir		**repito**		**repita**
servir		**sirvo**		**sirva**
seguir		**sigo**		**siga**
vencer		**venzo**		**venza**

Ejemplos completos:

HACER		ESCOGER		PEDIR	
haga	**hagamos**	**escoja**	**escojamos**	**pida**	**pidamos**
hagas	**hagáis**	**escojas**	**escojáis**	**pidas**	**pidáis**
haga	**hagan**	**escoja**	**escojan**	**pida**	**pidan**

c. Los verbos que sufren cambios ortográficos en la primera persona del pretérito para indicar que el sonido de la consonante del infinitivo no cambia, tienen este cambio en todas las personas del presente de subjuntivo.

Cambio ortográfico	*Infinitivo*	*Presente de subjuntivo*
c → qu	buscar	(yo, Ud., él, ella) **busque**
	tocar	**toque**
g → gu	llegar	**llegue**
	pagar	**pague**
z → c	cruzar	**cruce**
	comenzar	**comience**

d. Los verbos que terminan en **-ar** y **-er** que cambian la **e → ie** y la **o → ue** en el presente de indicativo llevan este cambio en el subjuntivo en **yo, tú, Ud.**, y **Uds.** pero no en **nosotros, vosotros.**

CERRAR		CONTAR		VOLVER	
cierre	cerremos	**cuente**	contemos	**vuelva**	volvamos
cierres	cerréis	**cuentes**	contéis	**vuelvas**	volváis
cierre	**cierren**	**cuente**	**cuenten**	**vuelva**	**vuelvan**

Otros verbos que pertenecen a esta categoría:

pensar, apretar, recordar, mostrar, entender, devolver

e. Ciertos verbos terminados en **-ir** sufren otro cambio que no ocurre en el presente de indicativo. En el presente de subjuntivo cambian la **e** en **i** y la **o** en **u** en **nosotros** y **vosotros.**

SENTIR		DORMIR	
sienta	**sintamos**	duerma	**durmamos**
sientas	**sintáis**	duermas	**durmáis**
sienta	sientan	duerma	duerman

Otros verbos que pertenecen a esta categoría son:

mentir **preferir** **divertirse** **morir**

f. Los siguientes verbos tienen irregularidades propias:

DAR		ESTAR		SER	
dé	demos	**esté**	estemos	**sea**	**seamos**
des	deis	**estés**	estéis	**seas**	**seáis**
dé	den	**esté**	**estén**	**sea**	**sean**

SABER		HABER		IR	
sepa	**sepamos**	**haya**	**hayamos**	**vaya**	**vayamos**
sepas	**sepáis**	**hayas**	**hayáis**	**vayas**	**vayáis**
sepa	**sepan**	**haya**	**hayan**	**vaya**	**vayan**

2. El tiempo del verbo usado en la cláusula principal sirve de guía para seleccionar el tiempo en la cláusula subordinada. Cuando el verbo de la cláusula principal comenta en el presente de indicativo sobre un concepto expresado en la cláusula subordinada, se usa el presente de subjuntivo en la cláusula subordinada. Observe los siguientes ejemplos:

Quiero que **lleves** la carta al correo.
Dudo que el cartero **recoja** la correspondencia hoy.

Actividades

I. **Práctica.** Escriba las oraciones cambiando los verbos en la cláusula subordinada de acuerdo con los nuevos sujetos entre paréntesis.

MODELO: Leopoldo desea que cierres la puerta. (nosotros) (Uds.)
Leopoldo desea que cerremos la puerta.
Leopoldo desea que Uds. cierren la puerta.

1. Es importante que Uds. se despierten temprano. (tú) (nosotros)
2. Miguel teme que pierdas las llaves. (nosotros) (mis hijos)
3. Espero que ella encuentre trabajo pronto. (Uds.) (nosotros)
4. Ojalá que se diviertan mucho. (tú) (Ud.)
5. ¿Quiere que sirva el café? (nosotros) (las chicas)

II. **Práctica.** Complete las oraciones, según el modelo, usando el presente de subjuntivo de los verbos entre paréntesis.

MODELO: Deseamos que Ud. ________________.
(venir con nosotros)
Deseamos que Ud. venga con nosotros.
(ser presidente)
Deseamos que Ud. sea presidente.

Espero que Ud. ________________.
1. (venir a la fiesta)
2. (traer los discos)
3. (llegar a las siete)

Dudo que ellos ________________.
4. (saber lo que pasó)
5. (hacer la acusación)
6. (buscar un abogado)

Es necesario que nosotros ________________.
7. (ir al restaurante)
8. (almorzar con el director)
9. (pagar la cuenta del almuerzo)

Deseo que tú ________________.
10. (conocer a Luis)
11. (sentarse a su lado)
12. (seguir conversando con él)

III. **El partido de fútbol.** Sus amigos piensan ir a un juego de fútbol. Conteste las preguntas que le hace un(a) amigo(a) usando en las respuestas el verbo en el presente de subjuntivo.

1. ¿Qué deseas que hagan tus amigos durante el juego?
2. ¿Dudas que vayan también los padres de tus amigos?
3. ¿Qué esperas que pase en el juego de fútbol de tu universidad? ¿Crees que gane tu equipo *(team)*?
4. ¿Lamentas no poder ir con ellos?
5. ¿Qué les sugieres que hagan después del partido?

IV. Imagínese que Ud. conversa con un grupo de estudiantes sobre la ecología y los problemas del medio ambiente. Usando las frases que siguen, continúe las oraciones para expresar sus opiniones. Use los verbos en el presente de subjuntivo.

MODELO: Espero que todo el mundo...
Espero que todo el mundo evite usar productos que contaminen el medio ambiente.

1. Recomiendo que el gobierno...
2. Sugiero que las compañías de autos...
3. Lamento que las personas...
4. Aconsejo que...
5. Propongo que...

E Usos del subjuntivo: verbos que expresan duda, voluntad o emoción

1. Cuando en la cláusula principal aparece un verbo que expresa duda, incredulidad o negación, comentando sobre el concepto expresado en la cláusula subordinada, generalmente se usa el verbo en subjuntivo en esta cláusula subordinada. El sujeto de la cláusula principal y el de la cláusula subordinada deberán ser diferentes.

Cláusula principal: Verbo en indicativo		*Cláusula subordinada: Verbo en subjuntivo*
Ella **duda**	que	**salgas** bien en el examen.
No creo	que	**Uds. puedan** estar allí a tiempo.

Si no hay cambio de sujeto no se requiere el subjuntivo. Se usa el infinitivo.

Ella duda salir bien en el examen.
No creo poder estar allí a tiempo.

Verbos que expresan duda, incredulidad o negación. Observe la forma negativa de algunos verbos.

dudar
no creer
no pensar
no estar seguro de
negar
} + **que** + subjuntivo

Subjuntivo	*Indicativo*
No creo que **sea** buena idea llamar ahora.	**Creo** que **es** buena idea llamar ahora.
Dudo que **llueva** esta tarde.	**No dudo** que **llueve (lloverá)** esta tarde.

2. Cuando en la cláusula principal aparece un verbo que expresa voluntad (recomendación, sugerencia, mandato, etc.) o emoción, comentando sobre el concepto expresado en la cláusula subordinada, generalmente se usa el verbo en subjuntivo en esta cláusula subordinada. El sujeto de la cláusula principal y el de la cláusula subordinada deberán ser diferentes.

Yo deseo que Luisa **obtenga** el empleo.
Yo deseo **obtener** el empleo.

Verbos que expresan voluntad o emoción:

aconsejar	necesitar	recomendar	+ **que** + subjuntivo
alegrarse de	ordenar	rogar	
aprobar	pedir	sentir	
desear	permitir	sorprender	
esperar	preferir	sorprenderse de	
exigir	preocupar	suplicar	
impedir	prohibir	temer	
insistir en	proponer	tener miedo de	
lamentar	querer		

El Sr. Espinosa **quiere** que **pasemos** a su oficina.
La secretaria nos **ruega** que **salgamos** del cuarto.
Lamento que no **podamos** firmar el contrato.

3. Cuando los verbos **decir** o **escribir** aparecen en una cláusula principal expresando un mandato, se usa el verbo en subjuntivo en la cláusula subordinada.

Ana te dice que **vengas.**	*Ana tells you to come.*
Me escribe que le **envíe** el dinero.	*She's writing me to send her the money.*

Cuando estos verbos aparecen en una cláusula principal expresando una información, se usa el verbo en indicativo en la cláusula subordinada.

Ana dice que ellos **vienen.**	*Ana says they are coming.*
Me escribe que le **envía** el dinero.	*She writes me that she is sending him the money.*

Actividades

I. **El aniversario de bodas.** Sus padres quieren celebrar su aniversario con la familia en casa y quieren que Ud. prepare una paella. Complete las oraciones usando los verbos entre paréntesis en indicativo, infinitivo o en subjuntivo, según convenga.

1. (pensar) (cocinar) Yo ________________ ________________ una paella para celebrar su aniversario de boda.
2. (dudar) (tener) Mi madre ________________ que (yo) ________________ suficiente dinero para comprar todos los mariscos *(seafood)*.
3. (esperar) (ayudar) Yo ________________ que mi hermano me ________________ con los gastos *(expenses)*.
4. (salir) (venir) Espero que la paella ________________ bien porque toda la familia ________________ a cenar ese día.
5. (preferir) (servir) Mi padre ________________ que nosotros ________________ sangría con la paella.

II. Ud. tiene que ir a una entrevista para un puesto de secretario(a). Todo el mundo le da distintos consejos. Escriba estos consejos, según el modelo, usando el presente de subjuntivo.

MODELO: hermano / recomendar / (yo) pedir un buen sueldo
Mi hermano me recomienda que pida un buen sueldo.

1. madre / decir / no ponerse nerviosa
2. padre / aconsejar / contestar las preguntas con claridad
3. hermana / sugerir / vestirse y peinarse bien
4. profesor de español / recomendar / hablar despacio
5. mejor amigo / decir / mostrar mucho interés en obtener el puesto

III. Ud. es un buen amigo y un buen consejero. Cuando sus amigos le cuentan sus problemas Ud. les hace algunas recomendaciones. Complete las siguientes oraciones elaborando su respesta. Use el indicativo o el subjuntivo, según sea necesario.

Amigo N°. 1: No estudié para el examen.
Ud.: Dudo que... Te recomiendo que...
Amiga N°. 2: Me duelen las piernas por el mucho ejercicio.
Ud.: Siento que... Te aconsejo que...
Amigo N°. 3: Fui al médico y me dijo que estoy demasiado gordo.
Ud.: Pienso que... Propongo que...
Amigo N°. 4: Hablé con mi amiga y no puede acompañarme al baile de graduación.
Ud.: Me sorprende que... Te recomiendo que...
Amigo N°. 5: Estoy muy aburrido y no sé qué hacer.
Ud.: No niego que... Te sugiero que...

Amigo Nº. 6: Tengo hambre y sed. Además tengo mucho calor.
Ud.: No creo que... Te aconsejo que...

IV. Exprese su reacción emocional ante los siguientes hechos. Use verbos como **sentir, desear, esperar, dudar, alegrarse,** etc. Dé por lo menos tres reacciones.

MODELO: María y Juan van a casarse este verano.
Me alegro de que María y Juan se casen, pero siento mucho que la boda sea este verano porque no podré asistir. No dudo que van a ser muy felices.

1. Elisa no viene mañana a vernos porque se siente un poco enferma.
2. Roberto tuvo un accidente y está en el hospital.
3. Los recién casados van a comprar una casa.
4. Hace mal tiempo y los jóvenes no pueden ir a esquiar.
5. Mis abuelos salen de viaje cada año.
6. Pedro a veces pierde dinero en el negocio.

F Frases y expresiones que requieren el subjuntivo

Cuando las expresiones de la siguiente lista aparecen en una cláusula principal comentando sobre el concepto expresado en la cláusula subordinada, se usa el subjuntivo en la cláusula subordinada.

1. Expresiones impersonales que expresan incertidumbre y que expresan duda, probabilidad, necesidad, emoción o voluntad.

es (im)posible	es malo	es conveniente	+ **que** + subjuntivo
es probable	es urgente	es triste	
es importante	es difícil	es preciso	
es dudoso	es extraño	es una pena	
es lástima	es aconsejable	puede ser	
es natural	es raro	más vale	
es necesario	es suerte	quiera Dios	
es mejor	es sorprendente	ojalá	
es bueno	es de temerse		

Es conveniente que **digan** la verdad.
Quiera Dios que **tengas** éxito.
No **es probable** que **llueva** mañana.
No **es necesario** que me **lleves** a la universidad.
No **es bueno** que **salgas** sin abrigo. Hace mucho frío.

NOTA: Estas expresiones, afirmativas o negativas, requieren siempre el subjuntivo.

Frases con la expresión **ojalá** pueden expresar una idea referente al presente, al futuro o al pasado. Cuando **ojalá** se usa en una oración que tiene el verbo en el presente o en el imperfecto de subjuntivo, la idea expresada se refiere al presente o al futuro.

Ojalá que Raquel **llame.**	*I hope Raquel calls.*
Ojalá que Raquel **llamara.**	*I wish Raquel would call.*

Cuando **ojalá** se usa en una oración que tiene el verbo en el presente perfecto o en el pluscuamperfecto de subjuntivo, la idea expresada se refiere al pasado.
(El presente perfecto y el pluscuamperfecto aparecen más adelante en este capítulo.)

Ojalá que ellos **hayan llegado** anoche.	*I hope (that) they arrived last night.*
Ojalá que ellos **hubieran estado** aquí.	*I wished (that) they had been here.*

NOTA: **Que** puede eliminarse, especialmente cuando no se expresa el sujeto.

Ojalá nieve mañana.
Ojalá vengan.

2. Expresiones impersonales en forma negativa que expresan duda o incertidumbre.

no es cierto
no es seguro
no es claro
no es verdad
no es evidente
no es obvio
} + **que** + subjuntivo

No es seguro que **vayamos** a la tienda.
No es verdad que ella **salga** con Pedro.

NOTA: Estas frases en afirmativo, puesto que no expresan duda, requieren el indicativo.

Indicativo	*Subjuntivo*
Es cierto que Ud. **habla** mucho.	**No es cierto** que Ud. **hable** mucho.
Es seguro que él **viene** mañana.	**No es seguro** que él **venga** mañana.
Es verdad que ella **gasta** mucho.	**No es verdad** que ella **gaste** mucho.

Actividades

1. **Práctica.** Conteste las preguntas comenzando con las frases que están entre paréntesis y continuando con una cláusula subordinada original. Note que no todas las frases requieren el uso del subjuntivo en la cláusula subordinada.

1. ¿Lloverá esta tarde? (Quiera Dios que…)
2. ¿A qué hora van a salir? (Ojalá que…)
3. ¿Llegarán a tiempo al teatro? (Es obvio que…)

4. ¿Va Pepe al juego de pelota? (No es seguro que...)
5. ¿Qué dice Manuel? (Dice que es evidente que...)

II. Su amigo tiene ciertas opiniones acerca del nuevo candidato a la presidencia. Ud. tiene ideas opuestas y lo contradice.

MODELO: Amigo: Es verdad que Alfonso Hernández es el mejor candidato para la presidencia.
Ud.: **No es verdad que Alfonso Hernández sea el mejor candidato para la presidencia.**

1. Es evidente que tiene todas las cualidades necesarias para ser presidente.
2. Es probable que él inicie nuevos programas de educación.
3. No es cierto que él esté en contra de los movimientos ecológicos.
4. Es seguro que él quiere combatir la inflación.
5. No es verdad que él reciba dinero de las grandes compañías de petróleo.
6. Creo que él va a ganar las elecciones.
7. Es necesario que él tenga un buen vicepresidente.
8. No es seguro que él pueda mejorar la situación económica del país.

III. **Práctica.** Haga nuevas oraciones empezando con las frases que están entre paréntesis. Continúe la idea con oraciones originales.

MODELO: Mañana voy a visitar a mis amigos. (Es posible que...)
Es posible que mañana yo vaya a visitar a mis amigos. Deseo que me acompañes porque quiero que los conozcas. Sin duda te van a parecer muy simpáticos.

1. No puedo ir contigo porque tengo mucho trabajo. (Es una lástima que...)
2. Mi amigo tiene una casa grande en San Salvador. (Es evidente que...)
3. Mis padres todavía viven en Costa Rica. (No me sorprende que...)
4. Él habla muy bien varios idiomas. (No es cierto que...)

IV. María e Isabel conversan sobre el matrimonio y expresan las ideas que se dan a continuación. Usando las expresiones que están entre paréntesis escriba otras opiniones sobre lo que dicen las muchachas. Use el verbo en indicativo o en subjuntivo de acuerdo con la expresión usada en cada oración.

MODELO: El matrimonio ahora es diferente. (Es posible...) (Yo creo que...)
Es posible que el matrimonio ahora sea diferente.
Yo creo que muchas chicas prefieren seguir trabajando después de casarse.

1. Los jóvenes tienen ideas erróneas sobre el matrimonio. (Probablemente...) (Es verdad...)
2. Los jóvenes no piensan en las responsabilidades. (Es triste...) (Es evidente...)
3. Ellos no se conocen bien antes del matrimonio. (Es posible...) (Conviene...)

4. Ellos se casan sin terminar los estudios. (Es lástima…) (Sus padres lamentan…)
5. Muchos matrimonios acaban en divorcio. (No me sorprende...) (Es seguro…)

V. **Franklin Chang-Díaz.** Lea la carta que le escribe Marina a su hermano Paco. Llene los espacios en blanco con la forma correcta del verbo entre paréntesis para completar el párrafo. El verbo puede ser indicativo, subjuntivo o infinitivo.

Querido Paco,

Como me dices que tú (querer) ________________ ser astronauta algún día, te aconsejo que (seguir) ________________ estudiando física e ingeniería. De seguro que esos cursos (ser) ________________ requisitos en tu programa de estudio. Yo sé que (tú) (ser) ________________ una persona muy capacitada y espero que tu sueño (hacerse) ________________ realidad. A propósito, con esta carta te envío un artículo interesantísimo sobre el astronauta costarricense Franklin Chang-Díaz. Te recomiendo que lo (leer) ________________ ¿Sabes que él (ser) ________________ el primer hispanoamericano que (viajar) ________________ en el transbordador espacial en 1986? Además es interesante que él (haber) ________________ sido el primer director latino del Laboratorio de Propulsión del Centro Espacial Johnson en Houston, Texas. El ensayo nos cuenta que Chang-Díaz (venir) ________________ de Costa Rica a los Estados Unidos a los 18 años. Después de (aprender) ________________ inglés y (recibirse) ________________ de ingeniero mecánico, él (obtener) ________________ el doctorado en física en el Insituto Tecnológico de Massachusetts (creo que en tecnología MIT (tener) ________________ fama internacional). No me sorprende que Chang-Díaz (ser) ________________ el recipiente de muchos premios, medallas y honores, pues es importante que (reconocerse) ________________ los méritos de más de 21 años de trabajo como científico, investigador y diseñador de nuevos conceptos de propulsión de cohetes.

Mira, Paco, ¿quieres que yo (hablar) ________________ con papá? Dudo que tu beca (cubrir) ________________ todos tus gastos de matrícula, y es posible que papá te (ayudar) ________________.

Bueno, querido hermanito, me despido con un fuerte abrazo.

Marina

VI. **Rigoberta Menchú.** Llene los espacios en blanco con la forma correcta del verbo entre paréntesis para completar el párrafo.

Rigoberta Menchú, Premio Nobel de la Paz, 1992.

Me alegro de que Uds. (haber) ________________ podido escuchar la conferencia de Rigoberta Menchú. Muchos piensan que ella (ser) ________________ una de las figuras más importantes de Guatemala. ¿Sabes que en 1992 (recibir) ________________ el Premio Nobel de la Paz? Se dice que el premio (ser) ________________ bien merecido, pues ella (haber) ________________ luchado por los derechos humanos, sobre todo por el pueblo maya. Menchú no quiere que su gente (seguir) ________________ sufriendo violencia y opresión a manos de los que tienen poder. Desea que (establecerse) ________________ una paz global. En su relato testimonial *Me llamo Rigoberta Menchú y así me nació la conciencia* ella (hacer) ________________ una descripción autobiográfica de la vida opresiva de su familia y en general de los indígenas. Es importante que todos (conocer) ________________ la obra importante de esta guatemalteca.

Composición

Antes de escribir, repase las siguientes reglas sobre la acentuación y la ortografía.

A Repaso de acentuación

1. Recuerde que los mandatos afirmativos requieren el acento escrito al añadirles pronombres reflexivos o pronombres de complementos directos e indirectos:

siéntese	**levántate**	**póntelo**
dígame	**ciérralas**	**tráenos**

2. No se escribe el acento cuando se le añade una sola forma pronominal a mandatos de una sílaba.

ponlos **dame** **hazlo** **dinos**

Actividad

Ponga el acento en las palabras que lo necesiten.

1. Hijito, ponte la piyama y acuestate; son después de las nueve.
2. Señores, quitense la corbata. Esta no es una fiesta de etiqueta.
3. Petra, cierra las puertas que dan a la calle; cierralas con llave y ponla sobre mi escritorio.
4. Señorita, hagame el favor de pasar adelante. Sientese al lado de la señora.
5. Digame cuánto cuesta la tostadora; digamelo para escribir el cheque antes de ir a la caja.

B Repaso de ortografía: g, j

1. Se escriben con **g**:

- Los verbos terminados en **-ger** y **-gir** y sus derivados, excepto cuando la terminación lleva **-a**, **-o**:

    proteger, escoger, dirigir, proteja, escojo, dirijo [excepto: **tejer** *(to weave)*, **crujir** *(to creak)*]

- Las terminaciones **-gía, -gia, -gio, -gión:**

    antología, magia, privilegio, religión [excepto: **bujía** *(spark plug)*, **lejía** *(lye)*]

- La sílaba **-gen:**

    origen, margen, gente, urgente, generoso, imagen [excepto: **comején** *(termite)*]

2. Se escriben con **j**:

- La terminación **-jero, -jera:**

    viajero, pasajera, consejera, mensajero, agujero [excepto: **ligero** *(slight)*]

- La terminación **-aje:**

    aprendizaje, mestizaje, personaje, homenaje, salvaje

- Los sonidos **ja, jo, ju:**

    jarro, enojar, reflejo, dejo, joya, justicia, jugo

- El sonido **je** cuando se deriva de un verbo terminado en **-jar:**

    se queje, empuje, maneje, festeje, me enoje

- La terminación del pretérito y del imperfecto de subjuntivo de verbos terminados en **-decir** y **-ducir:**

    dijeron, produjeron, tradujéramos, redujeran

NOTA: Las sílabas **ge**, **gi**, **je**, **ji** llevan el mismo sonido: **gelatina**, **gimnasio**, **jefe**, **cajita**. Para escribir correctamente es necesario usar un diccionario cuando no esté seguro de la ortografía.

Actividad

¿Se escriben con **g** o **j**?

esco__er	__ente	homena__e
biolo__ía	pá__ina	a__ente
__oven	mu__er	__eneral
prote__emos	conse__ero	paisa__e
redu__eron	re__ión	extran__ero

Ejercicio de composición (opcional)

Escriba una composición sobre el tema que se da a continuación. Use el esquema siguiente.

TEMA: El mundo de la astrología.

INTRODUCCIÓN: La astrología se ocupa de predecir el porvenir *(future)*. Muchas personas creen en la influencia que los astros *(stars)* tienen en sus vidas. Consultan con astrólogos y respetan su horóscopo.

DESARROLLO: Ud. en relación con su signo del zodíaco. ¿Lee Ud. la sección del horóscopo en el periódico y revistas? Relate alguna circunstancia de su vida en que ocurrió lo que predijo su horóscopo. ¿Cree Ud. que creer en la astrología es lo mismo que creer en el destino?

CONCLUSIÓN: ¿Qué aspectos positivos o negativos puede tener el creer que toda la vida de las personas está guiada por los astros?

TEMA: La religión como apoyo espiritual.

TEMA: La tolerancia al aceptar distintos valores.

6 Capítulo

Plaza de las Tres Culturas en la Ciudad de México.

- Vocabulario
- Lectura 1: "Sor Juana Inés de la Cruz"
- Lectura 2: "Hombre pequeñito" de Alfonsina Storni
- Conjunciones adverbiales que requieren el subjuntivo
- El subjuntivo con antecedentes indefinidos o inexistentes
- Otros casos que requieren el subjuntivo
- Imperfecto de subjuntivo
- Presente perfecto de subjuntivo
- Pluscuamperfecto de subjuntivo
- Secuencia de tiempos
- Cláusulas con ***si***
- Repaso de acentuación
- Repaso de ortografía: **ll**, **y**, **ío**, **ía**, **-illo**, **-illa**

Vocabulario

Antes de leer, repase el siguiente vocabulario que le ayudará a comprender la lectura.

Sustantivos

la afición liking
el alma soul
el ambiente environment
la belleza beauty
el cura priest
la época epoch, era
el grado degree
el magisterio teaching profession
la monja nun
el obispo bishop
el pecado sin
el quehacer chore
la razón reason
el saber knowledge
la soledad solitude
la vanidad vanity

Verbos

acoger (j) to welcome, receive
acusar to accuse
adquirir (ie) to acquire
asistir to attend
atraer (atraigo) to attract
buscar (qu) to look for
crecer (zc) to grow (up)
culpar to blame
ejercer (z) to practice a profession
fundar to found
hallar to find
mostrar (ue) to demonstrate, to show
perseguir (i, i) to persecute
regañar to scold
rogar (ue) to beg
sobresalir (sobresalgo) to stand out
vestirse (i, i) to get dressed

Adjetivos

bello beautiful
impuesto imposed

Frases

al mismo tiempo at the same time
en contra de against
en cuanto a in regard to

Palabras relacionadas. El significado de algunas palabras se puede determinar al pensar en palabras relacionadas. ¿Puede Ud. dar el significado en inglés de las palabras subrayadas si piensa en la palabra entre paréntesis?

1. (pasión) (dominar) Su temperamento <u>apasionado</u> estaba controlado por el <u>dominio</u> de la razón.
2. (acusar) (vanidad) En esta carta Sor Juana Inés rebatió la <u>acusación</u> de <u>vanidosa</u> que le hacía el obispo.
3. (justo) ...un documento en contra de las <u>injusticias</u> de la época...
4. (contestar) Sor Juana Inés escribió una <u>contestación</u> al obispo...

Cognados falsos. Cuidado con estas palabras:

asistir:	*to attend*	grado:	*degree*
atender:	*to assist*	nota:	*grade*

Lectura I

Sor Juana Inés de la Cruz: voz feminista de Hispanoamérica

En el año 1651 nació, a poca distancia de la Ciudad de México, Inés de Asbaje y Ramírez, más conocida por su nombre conventual° de Sor Juana Inés de la Cruz. Esta mujer notable sobresalió como poeta brillante y defendió con convicción la dignidad y los derechos de la mujer en una época en que ésta estaba relegada° a los quehaceres

conventual°: *monastic*
relegada°: *relegated*

Sor Juana Inés de la Cruz.

domésticos. Aunque las costumbres de la época en el virreinato° de México y las restricciones impuestas por un dogma religioso no eran favorables para el desarrollo intelectual de una mujer interesada en la poesía, la música y las ciencias, Sor Juana mostró siempre unos deseos intensos de saber y pasó toda su vida tratando de adquirir cultura para comprender las ciencias y las letras.

viceroyalty

En el siglo XVII existía en México un ambiente intelectual estimulante y la universidad, fundada en 1553, atraía a miles de estudiantes que deseaban recibir los grados de bachiller,° o de licenciado o de doctor. En este ambiente de curiosidad intelectual creció Sor Juana. Ella nos dice en una página de su *Respuesta a Sor Filotea de la Cruz* que ella tenía unos seis o siete años cuando oyó hablar de la Universidad de México y de las Escuelas donde se aprendían las ciencias. Como° ya sabía leer y escribir, le rogaba a su madre, con gran insistencia, que la vistiera de muchacho para así poder asistir a la universidad. Aun° a esa edad, ella sabía que como mujer nunca podría entrar allí.

bachelor

Since

Even

Desde muy niña, Sor Juana tuvo acceso a los libros de su abuelo, y así adquirió y desarrolló su enorme afición e interés por la lectura. Cuando siendo una adolescente fue a vivir a casa de su tía en la Ciudad de México, llamó la atención de todos los que la conocieron por su curiosidad intelectual y gran aptitud para defender sus ideas y responder a las preguntas que le hacían en la corte del virreinato de México.

La vanidad de la corte de México en aquella época no le atraía a la joven, y siempre buscaba la soledad para dedicarse tranquilamente a la lectura y a la investigación. En 1669 Inés de Asbaje y Ramírez decidió entrar en un convento de monjas para vivir el resto de su vida en la pobreza, sin poseer ningún bien material, y dedicarse a meditar, a estudiar y a escribir. La poeta que había en ella empezó a desarrollarse y escribió versos que empezaron a circular y a publicarse, siendo muy bien acogidos en México y en España.

Hay dos características constantes que marcan todo el proceso de la obra de Sor Juana Inés de la Cruz: la pasión y la razón. Su temperamento apasionado estaba controlado por el dominio de la razón y ella misma lo explica, con gran sinceridad, en los siguientes versos:

En dos partes dividida
tengo el alma en confusión:
una, esclava a la pasión,
y otra, a la razón medida.°

controlled by reason

Sus poemas más conocidos son sus famosas "Redondillas" donde hace una defensa de la mujer, culpando a los hombres de los pecados de las mujeres, ya que son ellos los que las llevan al mal.

Pero la vida de la monja-poeta se vio ensombrecida° cuando el obispo de Puebla, contestando una carta que Sor Juana Inés de la Cruz escribió discutiendo un sermón pronunciado por un cura jesuita, la regañó públicamente y la criticó por su vanidad. Sor Juana Inés escribió una contestación al obispo que ha pasado a la historia como un documento en contra de las injusticias de la época. En esta carta Sor Juana Inés rebatió° la acusación de vanidosa que le hacía el obispo y, al mismo tiempo, defendió los derechos de la mujer para aprender y ejercer el magisterio. Asimismo, defendió la libertad de opinión, oponiéndose a la intolerancia de la época. En cuanto a la poesía que escribió, Sor Juana Inés de la Cruz expresó: "He buscado muy de propósito que los versos pueden hacer daño y no lo he hallado".

saddened
refuted

Sor Juana Inés murió en 1695 cuando una epidemia azotó° el convento en que ella vivía. Esta notable mujer fue víctima del antagonismo y de la hostilidad que existían contra los intelectuales y, especialmente, contra la mujer. En el primer cuarteto de uno de sus famosos sonetos Sor Juana Inés expresó:

hit

En perseguirme,° Mundo, ¿qué interesas?
¿En qué te ofendo cuando sólo intento
poner belleza en mi entendimiento°
y no mi entendimiento en las bellezas?

persecuting me
mind, reasoning

Llene los espacios con la palabra que sea correcta. Use los verbos en el tiempo que sea necesario.

1. A Sor Juana le gustaba mucho leer. Tenía gran ________________ por la lectura.
2. Las ________________ viven en el convento.
3. El ________________ dijo la misa en la iglesia del pueblo.
4. El libro fue muy bien ________________ por el público.
5. Los estudiantes deben ________________ a clase todos los días.
6. Los ________________ domésticos son muy aburridos.
7. En el siglo XVII las mujeres no enseñaban en las escuelas. Sor Juana Inés defendió los derechos de la mujer para ejercer el ________________.
8. En una de sus "Redondillas", Sor Juana Inés ________________ a los hombres de los pecados de las mujeres.
9. La sociedad la ________________ por las ideas de liberación feminista que tenía.
10. Ella era tan inteligente que ________________ siempre en todo lo que estudió.

Preguntas sobre la lectura

1. ¿Por qué considera el autor que Sor Juana Inés fue una feminista notable?
2. ¿Fue Sor Juana Inés una joven diferente a las demás de su época? ¿En que se diferenciaba?
3. Cuando Sor Juana Inés era una niña, ¿qué le pidió a su madre con gran insistencia?
4. ¿Qué dice Sor Juana Inés en las "Redondillas" con respecto a los hombres?
5. ¿Por qué decidió Sor Juana Inés entrar en el convento?
6. ¿Qué ideas expresó Sor Juana Inés en la carta que le escribió al obispo de Puebla?
7. Si Sor Juana Inés hubiera vivido en el siglo XX, ¿habría sufrido el ataque de la sociedad al expresar sus ideas? Explique por qué.
8. ¿Cómo era el ambiente intelectual en México en el siglo XVII? Si Ud. conoce actualmente a alguna mujer similar a Sor Juana Inés, hable sobre ella.

Temas de conversación

1. ¿Cómo cree Ud. que es la vida de una monja? ¿Aburrida, triste, interesante, divertida, libre de preocupaciones? Explique su respuesta. ¿Conoce Ud. a alguna mujer similar a Sor Juana Inés? Describa a esa persona.
2. ¿Qué profesión o trabajo le interesa más a Ud.? Explique por qué. ¿Le gustaría tener un negocio? ¿Qué negocio?
3. ¿Qué piensa Ud. de las personas que critican a sus amigos? ¿Conoce Ud. a alguien con esa característica? ¿Pertenece Ud. a ese grupo de personas? ¿Piensa Ud. que la crítica puede ser positiva en muchas situaciones? Explique su respuesta.
4. ¿Puede mencionar a alguna mujer que haya influido en la vida política y social de los Estados Unidos? Hable sobre ella. ¿Qué otras mujeres conoce Ud. que hayan pasado a la historia de sus países? ¿Cree que Eva Perón fue una de esas mujeres? Explique su respuesta.

¿Qué nos dice el poeta?

La lectura de una poesía es siempre más difícil que la lectura de un párrafo en prosa. Una poesía, generalmente, despierta en el lector sensaciones diversas que afectan los diferentes sentidos,° produciendo en la mente multitud de emociones, sentimientos e imágenes. *senses*

En la poesía, muchas veces el orden gramatical de las palabras aparece invertido y por eso para poder entender la oración tenemos que organizarla gramaticalmente. Note el siguiente ejemplo:

estrofa

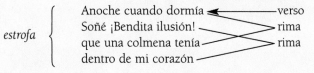

Anoche cuando dormía ← verso
Soñé ¡Bendita ilusión! → rima
que una colmena tenía → rima
dentro de mi corazón

Organizada gramaticalmente: Anoche cuando yo dormía soñé que yo tenía una colmena° dentro de mi corazón. *beehive*

Note los términos literarios de verso, estrofa y rima. Verso es cada línea de un poema; estrofa es el grupo de versos que se repite; rima es la igualdad o semejanza de los sonidos finales de dos o más versos. Puede haber poesías con versos libres o sueltos (también llamados versos blancos), es decir, que no tienen rima.

Lectura 2

Alfonsina Storni

Alfonsina Storni (1892–1938), poeta argentina y mujer de gran inteligencia e imaginación, denuncia en su poesía las injusticias y las dificultades de ser mujer frente a una sociedad dominada por el hombre. Cuando le diagnosticaron que tenía un cáncer incurable se suicidó en el balneario *(beach resort)* de Mar del Plata. Tenía 46 años.

"Hombre pequeñito"

Hombre pequeñito, hombre pequeñito,
Suelta° a tu canario que quiere volar... *set free*
Yo soy el canario, hombre pequeñito,
Déjame saltar.

Estuve en tu jaula,° hombre pequeñito, *cage*
Hombre pequeñito que jaula me das,
Digo pequeñito porque no me entiendes,
Ni me entenderás.

Tampoco te entiendo, pero mientras tanto° *meanwhile*
ábreme la jaula, que quiero escapar;
Hombre pequeñito, te amé media hora,
No me pidas más.

De *Irremediables* (1919)

Preguntas sobre la lectura

1. ¿A quién se dirige la poeta?
2. ¿Qué quiere la autora que haga el hombre pequeñito?
3. ¿Por qué llama al hombre "pequeñito"?
4. ¿Qué simbolizan la jaula y el canario?
5. ¿Cómo interpreta Ud. los dos versos finales del poema?
6. ¿Cuál es el tema principal de este poema?

Gramática

A Conjunciones adverbiales que requieren el subjuntivo

Hemos visto que el subjuntivo se requiere después de verbos que expresan duda, voluntad o emoción y después de ciertas frases impersonales. En los siguientes casos también se requiere el subjuntivo:

1. Conjunciones que denotan tiempo, propósito o condición. Estas conjunciones siempre requieren el subjuntivo.

antes (de) que *before*	**con tal (de) que** *provided that*
a fin de que *so that*	**sin que** *without*
a menos que *unless*	**en caso de que** *in case*
para que *so that*	**a condición de que** *provided that*

La llamaré **para que venga** a comer.	*I will call her so that she will come to eat.*
Salen **sin que** yo las **vea.**	*They go out without my seeing them.*
Usaré tu carro **en caso de que tenga** que salir.	*I will use your car in case I have to go out.*

2. Conjunciones adverbiales de tiempo o modo. Se usa el subjuntivo en la cláusula subordinada cuando se refiere a una acción que no ha ocurrido todavía.

cuando *(when)*	**mientras que** *(while)*	**después (de) que** *(after)*
en cuanto *(as soon as)*	**tan pronto como** *(as soon as)*	**así que** *(as soon as)*
luego que *(as soon as)*	**hasta que** *(until)*	**siempre que** *(provided that)*
de manera que *(so that)*	**de modo que** *(so that)*	

Yo le hablaré a él **cuando venga.**	*I will talk to him when he comes.*
Les daré el recado **tan pronto como lleguen.**	*I will give them the message as soon as they arrive.*
Después de que llegues, llámame.	*Call me after you arrive.*

Pero si la oración se refiere a una acción que ocurre generalmente o que ya ocurrió, se usa el indicativo.

Le hablo **cuando** él **viene.**	*I talk to him when he comes.*
Le hablé **cuando** él **vino.**	*I talked to him when he came.*
Les di el recado **tan pronto como llegaron.**	*I gave them the message as soon as they arrived.*
Ellos llegaron **después de que** yo **había comido.**	*They arrived after I had eaten.*

NOTA: La preposición **de** puede eliminarse en las expresiones **antes (de) que, con tal (de) que** y **después (de) que.**

3. Frases que denotan inseguridad o seguridad. Las expresiones **quizás** o **quizá** *(perhaps)*, **tal vez** *(maybe, perhaps)* y **aunque** *(although, even though)* se pueden usar con el subjuntivo o el indicativo según la duda o certidumbre que quiera comunicar la persona que habla. Note que el subjuntivo expresa la acción en forma insegura, incierta. El indicativo expresa la acción en forma segura, con más certidumbre.

Inseguridad o posibilidad: *Subjuntivo*	Seguridad o cierta certidumbre: *Indicativo*
Quizá **salgamos** esta noche.	Quizá **regresarán** mañana.
Quizá Pedro no **esté** en la casa.	Quizá ella **salió** un momento.
Tal vez **hayan ido** al banco.	Tal vez **has trabajado** mucho.
Él vendrá aunque **haga** mal tiempo.	Él vendrá aunque **hace** mal tiempo.
Aunque **viniera** no le hablaría.	Aunque **vino** no le hablé.
Aunque **llueva** iré a la universidad.	Aunque **llovió** fui a la universidad.

Actividades

I. ¿Por qué comprará usted las siguientes cosas? Explique en cada caso usando una de las siguientes expresiones en su respuesta: **para que, en caso de que, antes de que, con tal que, sin que, de manera que.** Use una expresión diferente en cada oración.

MODELO: un iPod
Le compraré un iPod a mi hijo para que pueda escuchar la música que le gusta.

1. un carro híbrido
2. un suéter de casimir
3. una lámpara de pie
4. una mochila
5. un collar de perlas
6. un Webcam

II. **Quehaceres del día.** Con un(a) compañero(a) de clase, completen el siguiente diálogo usando el presente de indicativo o subjuntivo, según sea necesario, del verbo entre paréntesis.

Sra. Gómez: ¿Vas al trabajo hoy? Mira cómo está el tiempo.

Sr. Gómez: Pues, aunque (hacer) ________________ mal tiempo, tengo que salir porque hay mucho trabajo. Te llamaré en cuanto yo (llegar) ________________ a la oficina para que (tú) no (preocuparse) ________________.

Sra. Gómez: Esperaré hasta que (llamar) ________________ pero en caso de que yo (tener) ________________ que salir, déjame un recado en la contestadora.

Sr. Gómez: A propósito de llamadas, se me olvidó decirte que ayer te llamó Ana cuando tú andabas de compras. Si (tú) (poder) ________________, llámala.

Sra. Gómez: Quizás le (hablar) ________________ ahora mismo, antes de que me (ocupar) ________________ con otros quehaceres.

Sr. Gómez: Bueno, me voy. Hasta más tarde.

III. **La despedida de Jaime.** Complete las frases con el tiempo correcto del indicativo o del subjuntivo del verbo entre paréntesis.

Nos alegramos mucho cuando mi hermano Jaime nos (decir) ________________ que se había ganado la beca para estudiar en Chicago. A mis padres, sin embargo, les dará mucha tristeza cuando él (irse) ________________ a la universidad. Jaime prometió venir a casa cada mes, a menos que (tener) ________________ que prepararse para algún examen. Aunque (venir) ________________ cada mes, la verdad es que lo vamos a extrañar mucho, pues él es una persona muy alegre y divertida. El sábado próximo vamos a hacerle una fiesta de despedida para que (llevarse) ________________ buenos recuerdos de la familia y de sus amigos.

IV. El hijo del Sr. Domínguez será igual que su padre y hará lo que su padre solía hacer. Basándose en la información que Ud. tiene acerca del Sr. Domínguez, diga lo que hará el hijo cambiando el siguiente párrafo al futuro.

El Sr. Domínguez era dueño de una empresa y trabajaba cuando quería. Tan pronto como llegaba a casa, pedía el periódico. Después de que leía un rato salía a caminar. Iba al campo cuando podía. Tenía la buena costumbre de llamar a casa para avisar cuando iba a llegar tarde.

V. **Opiniones.** Complete las siguientes oraciones para dar sus opiniones acerca de las siguientes situaciones.

1. El precio de la gasolina seguirá aumentando (bajando) hasta que...
2. Habrá más desempleo a menos que...
3. La economía mejoró tan pronto como...
4. Construirán más escuelas antes de que...
5. Abrirán el nuevo parque cuando...
6. Algunos no quieren reciclar aunque...

B El subjuntivo con antecedentes indefinidos o inexistentes

Se usa el subjuntivo en la cláusula subordinada si el antecedente que esta cláusula modifica es una persona o cosa indefinida o inexistente. Se usa el indicativo si el antecedente es una persona o cosa definida.

Antecedente indefinido o inexistente: *Subjuntivo*	Antecedente definido: *Indicativo*
Necesito <u>un amigo</u> que me **comprenda.**	Tengo <u>un amigo</u> que me **comprende.**
Busca <u>una casa</u> que **tenga** dos cuartos.	Encontró <u>la casa</u> que **quería.**
Llamaré a <u>un mecánico</u> que **sepa** cómo arreglar mi carro.	Llamaré <u>al mecánico</u> que **sabe** cómo arreglar mi carro.
No hay <u>nada</u> que me **guste** más.	Hay <u>algo</u> que me **gusta** más.
No hay <u>nadie</u> que **hable** japonés.	Conozco a <u>alguien</u> que **habla** japonés.

Actividades

I. **¿Qué tipo de compañero(a) busca Ud.?** Escriba Ud. un anuncio en Confidencias *(personals)* describiendo a la persona ideal con quien Ud. quiere compartir su vida, tal vez casarse.

II. **¿Qué tipo de empleados se necesitan?** La agencia de viajes donde Ud. trabaja busca nuevo personal. Apunte Ud. las cualidades que se necesitan para un(a) gerente, un(a) agente de viajes, un(a) secretario(a) y un(a) recepcionista.

MODELO: Buscamos una persona que sea atenta con el público, que sepa dos idiomas, etc.

III. El viaje de Julieta a la Ciudad de México. Llene los espacios en blanco con la forma correcta de los verbos que están entre paréntesis. Use los verbos en el indicativo o subjuntivo según sea necesario.

Julieta se interesa mucho en la antropología y cuando (ir) ________________ a México piensa visitar el conocido Museo de Antropología que (encontrarse) ________________ en el Bosque de Chapultepec. Va a comprar un libro que (tener) ________________ ilustraciones del arte prehispánico. No tiene ninguno que (hablar) ________________ de los aztecas y ese es un tema que le (interesar) ________________ mucho. Julieta no conoce a nadie que (saber) ________________ tanto de antropología como un librero que (vender) ________________ objetos de arte en el recinto de la universidad. Esta tarde irá a verlo para que le (sugerir) ________________ algunos textos que (poder) ________________ comprar.

C Otros casos que requieren el subjuntivo

1. Las cláusulas subordinadas que tienen frases con **por** + adjetivo o adverbio + **que** se usan con el verbo en subjuntivo cuando expresan una idea que se refiere al presente o al futuro.

Por mucho que hable la gente, **no creo** lo que dicen de él.	*No matter how much people talk, I don't believe what they say about him.*
Por rápido que vayamos, no **llegaremos** a tiempo.	*No matter how fast we go, we will not arrive on time.*

NOTA: Si se expresa una idea que se refiere al pasado, no se requiere el verbo en subjuntivo.

Por mucho que explicó, no **entendí** lo que dijo.	*No matter how much he explained, I did not understand what he said.*

2. Expresiones indefinidas. Las siguientes expresiones llevan subjuntivo cuando están en una cláusula subordinada que expresa una idea que se refiere al futuro: **quienquiera** *(whoever)*, **cuandoquiera** *(whenever)*, **dondequiera** *(wherever)*, **comoquiera** o **como quiera** *(however)*, **cualquier(-a)** *(whoever, whatever)*.

Dondequiera que vayas verás flores en Xochimilco.
Lo haré **comoquiera** que sea.
Dígale a **quienquiera** que sea, que no puedo recibirlo.
Vendrán a visitarnos **cuandoquiera** que tú digas.
Será interesante, **cualquier** libro que leas de ese autor.

NOTA: El plural de **quienquiera** es **quienesquiera** y es de muy poco uso en el español moderno.

Dondequiera que **vamos** vemos flores.
Dondequiera que **fuimos** vimos flores.
Dondequiera que **íbamos** veíamos flores.

NOTA: En las cláusulas subordinadas con **dondequiera,** cuando se expresa una idea que se refiere al presente o al pasado, se usa el indicativo.

3. Después de **como si,** se usa sólo el imperfecto o el pluscuamperfecto de subjuntivo.*

Él habla **como si fuera** el dueño de la casa.
El niño parece **como si hubiera tenido** una pelea.

4. El imperfecto y el pluscuamperfecto de subjuntivo se usan en expresiones que llevan la palabra **quién** para expresar un deseo de parte de la persona que habla.**

¡**Quién pudiera** bailar como tú!	*If only I could dance like you!*
¡**Quién fuera** Plácido Domingo!	*If only I were Placido Domingo!*
¡**Quién** lo **hubiera sabido**!	*If only I had known it!*

Actividades

I. **Práctica.** Llene el espacio en blanco con la forma correcta del verbo entre paréntesis. Use el presente de indicativo o de subjuntivo, según sea necesario.

1. (ser) Por interesante que ________________ esa novela, no la leeré porque es muy larga.
2. (vivir) Por cerca que ________________ de la universidad, siempre va en auto.
3. (ir) Dondequiera que ________________ nos recibieron muy bien.
4. (ser) Roberto, haz todo tu trabajo, como quiera que ________________.
5. (comprar) Dondequiera que ________________ el vestido, te costará caro.
6. (correr) Por mucho que ________________ Elisa, no podrá llegar a tiempo.
7. (ver) Quienquiera que ________________ el espectáculo, se va a sorprender porque es fabuloso.
8. (viajar) Dondequiera que ________________, conocerás todo tipo de gente.

II. Ud. piensa comprar una nueva impresora *(printer)* para su oficina. Conteste las preguntas que le hace su colega usando una expresión con **dondequiera, como quiera, cualquier(-a), cuandoquiera** o **por...que.**

MODELO: ¿Qué libro escogerás?
Cualquiera que escoja, será interesante.

1. ¿Qué impresora comprarás?
________________, no será muy barata.
2. ¿Es muy pequeña?
________________, me será muy útil.

*Ver usos del imperfecto de subjuntivo, página 192.
**Ver usos del imperfecto de subjuntivo, página 192.

3. ¿Dónde la vas a poner?

_______________, estará lejos de la computadora.

4. ¿Qué cosas imprimirás?

________________, saldrá a colores.

5. ¿Cuándo la traerás a la oficina?

_______________, la usaremos en seguida.

D Imperfecto de subjuntivo

1. Formas.

a. El imperfecto de subjuntivo tiene dos formas: una con **-ra** y otra con **-se.** La forma del imperfecto de subjuntivo terminada en **-ra** y la forma terminada en **-se** son intercambiables. En general, se usa más la forma terminada en **-ra.** Este tiempo se forma quitando **-ron** de la tercera persona del plural del pretérito y añadiendo una de las terminaciones correspondientes al imperfecto de subjuntivo.

TODOS LOS VERBOS

COMPRAR **compraron**		VENDER **vendieron**	
compra **ra**	compra **se**	vendie **ra**	vendie **se**
compra **ras**	compra **ses**	vendie **ras**	vendie **ses**
compra **ra**	compra **se**	vendie **ra**	vendie **se**
comprá **ramos**	comprá **semos**	vendié **ramos**	vendié **semos**
compra **rais**	compra **seis**	vendie **rais**	vendie **seis**
compra **ran**	compra **sen**	vendie **ran**	vendie **sen**

RECIBIR **recibieron**	
recibie **ra**	recibie **se**
recibie **ras**	recibie **ses**
recibie **ra**	recibie **se**
recibié **ramos**	recibié **semos**
recibie **rais**	recibie **seis**
recibie **ran**	recibie **sen**

b. Los verbos que tienen irregularidades en la raíz del pretérito en tercera persona **(Uds., ellos, ellas)** tienen la misma irregularidad en el imperfecto de subjuntivo.

Infinitivo		*Pretérito*	*Raíz*	*Imperfecto de subjuntivo*
decir	(Uds.	**dijeron**	**dije-**	**dijera**
producir	ellos, ellas)	**produjeron**	**produje-**	**produjera**
traer		**trajeron**	**traje-**	**trajera**
poner		**pusieron**	**pusie-**	**pusiera**
saber		**supieron**	**supie-**	**supiera**

hacer	**hicieron**	**hicie-**	**hiciera**
haber	**hubieron**	**hubie-**	**hubiera**
querer	**quisieron**	**quisie-**	**quisiera**
tener	**tuvieron**	**tuvie-**	**tuviera**
estar	**estuvieron**	**estuvie-**	**estuviera**
andar	**anduvieron**	**anduv-**	**anduviera**
ir, ser	**fueron**	**fue-**	**fuera**
dar	**dieron**	**die-**	**diera**
leer	**leyeron**	**leye-**	**leyera**
caer	**cayeron**	**caye-**	**cayera**
oír	**oyeron**	**oye-**	**oyera**
sentir	**sintieron**	**sintie-**	**sintiera**
pedir	**pidieron**	**pidie-**	**pidiera**
preferir	**prefirieron**	**prefirie-**	**prefiriera**
dormir	**durmieron**	**durmie-**	**durmiera**
morir	**murieron**	**murie-**	**muriera**
caber	**cupieron**	**cupie-**	**cupiera**
huir	**huyeron**	**huye-**	**huyera**
construir	**construyeron**	**construye-**	**construyera**

2. Usos del imperfecto de subjuntivo.

   a. El *imperfecto de subjuntivo* se usa en la cláusula subordinada cuando el verbo de la cláusula principal comenta en el pasado (pretérito o imperfecto de indicativo) sobre un concepto expresado en la cláusula subordinada.

      No **quería** que ella **vendiera** su auto.
      Yo **dudaba** que le **pagaran** el precio que pedía.

   b. Cuando el verbo de la cláusula principal comenta en presente sobre una acción que ocurrió en el pasado, se usa el presente en la cláusula principal y el imperfecto de subjuntivo en la cláusula subordinada.

      Me alegro de que **llegaran** a tiempo.
      Nos **sorprende** que **estuvieran** allí tanto tiempo.

   c. Se usa el imperfecto de subjuntivo (o el pluscuamperfecto de subjuntivo) después de **como si** *(as if)*.

      Don José habla **como si fuera** el dueño de la casa.
      Tú me tratas **como si yo fuera** una niña.

   d. El imperfecto de subjuntivo (o el pluscuamperfecto de subjuntivo) se usa en expresiones que llevan la palabra **quién** para expresar un deseo de parte de la persona que habla.

¡Quién **pudiera bailar** como tú!	*If only I could dance like you!*
¡**Quién fuera** millonario!	*If only I were a milllionaire!*

Actividades

I. **Claudio en México.** Cuando Claudio decidió ir a México Ud. le hizo varias recomendaciones. Complete el párrafo llenando los espacios en blanco con el imperfecto de subjuntivo de los verbos entre paréntesis.

La catedral de México en la Plaza del Zócalo.

Le recomendé a Claudio que ______________ (visitar) algunos lugares en México. Yo deseaba que él ______________ (conocer) la Plaza del Zócalo. Quería que él ______________ (apreciar) la amplitud del lugar. Le dije que ______________ (entrar) en la catedral que está en la plaza. Era importante que él ______________ (ver) el bello altar barroco. Le pedí que ______________ (sacar) fotografías de la catedral y del Palacio Nacional.

II. **Práctica.** Complete las oraciones, según el modelo, usando el imperfecto de subjuntivo de los verbos entre paréntesis.

MODELOS: Ellos querían que yo ______________.
(ir a la playa)
Ellos querían que yo fuera a la playa.
(jugar en la arena)
Ellos querían que yo jugara en la arena.

Dudaba que Magdalena ______________.

1. (saber cocinar)
2. (hacer el pastel)
3. (traer los ingredientes)
4. (tener una buena receta)

Era imposible que nosotros ______________.

5. (leer la novela en un día)
6. (traducir los apuntes de clase)
7. (poder escribir el informe)
8. (estar listos para tomar el examen)

III. **Práctica.** Transforme las siguientes oraciones del presente al pasado, según el modelo.

MODELO: Desean que yo haga el trabajo.
Deseaban que yo hiciera el trabajo.

1. Les dice a los chicos que entren.
2. Se alegran de que Ud. venga a la boda.
3. Esperan que Ud. influya en la decisión.
4. Es imposible que ellos construyan ese edificio.
5. Sugiero que ellos traigan los refrescos.

IV. En las siguientes frases se habla del drama de la literatura española *Don Juan Tenorio,* escrito por José Zorrilla (1817–1893). El personaje de don Juan, que originalmente apareció en una antigua leyenda española, se convirtió en una figura de carácter universal.

Haga nuevas oraciones empezando con las frases que están entre paréntesis. Use el presente o el imperfecto de subjuntivo, según sea necesario.

1. Vamos al teatro el próximo sábado. (Es posible)
2. Ponen un famoso drama de la literatura española. (Me alegro de)
3. La obra *Don Juan Tenorio* se pone en España todos los años en el mes de noviembre. (Es sorprendente)
4. Todos los estudiantes de español leyeron este drama. (Recomendé)
5. Doña Inés murió de dolor por don Juan. (Sentí)
6. Don Juan tuvo un final trágico. (Fue justo)

V. **Octavio Paz.** En el siguiente párrafo se habla del escritor y poeta mexicano Octavio Paz (1914–1998). Llene los espacios en blanco con el tiempo correcto del verbo que está entre paréntesis.

Sentí mucho que ayer Uds. no ________________ (oír) la conferencia sobre el escritor y poeta mexicano Octavio Paz. Es importante que los estudiantes de español ________________ (conocer) su obra para que ________________ (poder) apreciar su valor. Sería bueno que Uds. ________________ (leer) algunas de sus muchas obras. Entre sus obras en prosa les recomiendo que ________________ (buscar) *El laberinto de la soledad* y *Tiempo nublado.* Su obra poética es muy importante también. Me alegró de que por fin, en 1990, le ________________ (dar) el Premio Nobel de Literatura.

VI. **Sor Juana Inés de la Cruz.** Complete las oraciones con el indicativo o el subjuntivo de los verbos entre paréntesis. Use el tiempo que sea necesario.

1. Sin duda la mejor poetisa mexicana del siglo colonial (ser) ________________ Sor Juana Inés de la Cruz. De niña, le pidió a su madre que la (vestir) ________________ de varón para poder asistir a la universidad.

2. Su belleza espiritual, así como sus amplios conocimientos, le permitieron que (llegar) ________________ a ser dama de honor en el palacio virreinal. Allí el rey mandó a traer a los hombres más sabios del virreinato a fin de que la (examinar) ________________.
3. Fue lástima que no (poder) ________________ desarrollar su genio plenamente por ser víctima de la época. Se cree que (decidir) ________________ hacerse monja porque el matrimonio no le iba a permitir que (seguir) ________________ adelante con sus estudios.
4. El obispo de Puebla, aunque (reconocer) ________________ su talento, le recomendó que (dejar) ________________ las letras y que (dedicarse) ________________ a la religión.
5. Aunque (escribir) ________________ prosa y teatro, su fama descansa en su poesía. Su famosa *Respuesta a Sor Filotea de la Cruz* es un ensayo biográfico y feminista donde (defender) ________________ los derechos de la mujer. No cabe duda de que sor Juana (ser) ________________ una de las precursoras del movimiento feminista moderno.

VII. Usted tuvo la buena suerte de ir a Nueva York para celebrar el fin de año. Continúe las siguientes oraciones para describir la celebración en la ciudad mientras eperaba la medianoche.

1. La gente bailabla como si...
2. Mis amigos gritaban como si...
3. Toda la gente... como si...
4. La policía... como si...
5. La música... como si...
6. Las parejas de enamorados... como si...

VIII. Haga un comentario sobre las siguientes declaraciones usando la expresión **¡Quién** + imperfecto de subjuntivo!

MODELO: Los Rodríguez son millonarios y hacen un viaje en crucero cada año.
¡Quién fuera millonario para poder viajar como los García!

1. Magdalena pasa mucho tiempo mirando telenovelas.
2. Eduardo canta muy bien y cada sábado le dedica una canción a su novia.
3. Jorge es el presidente y es quien debe dar las órdenes.
4. Como Rosario es muy delgada, puede comer todo tipo de postres.
5. Carmen tiene dos meses de vacaciones y piensa ir a las playas de Acapulco.

IX. **Composición dirigida (oral o escrita).** Basándose en los temas, complete las oraciones en forma original usando los verbos en el imperfecto de subjuntivo.

MODELO: Tema: Las cosas que le permitían hacer sus padres cuando Ud. era niño o niña.
Cuando yo era niño...
Cuando yo era niño mis padres permitían que yo hiciera deportes, que fuera a un campamento todos los veranos, que comiera lo que quisiera y que fuera a pescar todos los fines de semana.

1. Tema: Las cosas que sería conveniente que Ud. hiciera este fin de semana.
   Sería conveniente que yo...
2. Tema: Las cosas que desearía que su amigo hiciera cuando sale con Ud.
   Desearía que mi amigo...
3. Tema: Las cosas que le aconsejaba su profesor o profesora de inglés en la escuela secundaria.
   Mi profesor de inglés en la escuela secundaria me aconsejaba que (yo)...

E Presente perfecto de subjuntivo

1. El *presente perfecto de subjuntivo* se forma con el presente de subjuntivo del verbo **haber** + el participio pasado del verbo que se conjuga.

haya	
hayas	**comprado**
haya	**vendido**
hayamos	**recibido**
hayáis	
hayan	

2. Cuando el verbo de la cláusula principal comenta en el presente sobre un concepto —expresado en la cláusula subordinada— que trata de un tiempo anterior, se usa el presente perfecto de subjuntivo en la cláusula subordinada. Observe los siguientes ejemplos:

Joaquín **ha leído** el libro.	*Joaquín has read the book.*
Dudo que Joaquín **haya leído** el libro.	*I doubt that Joaquín has read the book.*

Actividades

I. **Práctica.** Complete las oraciones, según el modelo, usando el verbo en el presente perfecto de subjuntivo en la cláusula subordinada.

MODELO: Benito ha vuelto.
Espero que Benito...
Espero que Benito haya vuelto.

1. Carolina ha salido temprano.
   Dudo que Carolina...
2. Hemos escrito la carta.
   Esperan que...
3. Has estado enferma.
   Siento que...
4. Uds. no han visto el desfile.
   Es lástima que Uds. no...
5. Ellos han salido tarde.
   Es posible que ellos...

II. **Solicitando empleo.** Elisa desea trabajar en el Banco Mundial *(World Bank)*. Para saber lo que ella ha hecho, complete las oraciones con el presente perfecto de indicativo o el presente perfecto de subjuntivo del verbo entre paréntesis, según el contenido de la frase.

1. (escribir) Elisa ________________ una carta de solicitud para un puesto en el Banco Mundial.
2. (hacer) No creo que ella ________________ la solicitud en español.
3. (pedir) Elisa me ________________ que le escriba una carta de recomendación.
4. (llegar) Ojalá que la solicitud ________________ a tiempo *(on time)*.
5. (llamar) Dice que el gerente no la ________________ para una entrevista.

III. Su primo le ha dado a Ud. las siguientes noticias. Exprese su reacción personal sobre las cosas que se mencionan más abajo usando expresiones tales como **es posible, es bueno, es lástima, es importante, tal vez, dudo, me alegro (de), me sorprende, siento, espero.**

MODELO: Isabel ha perdido el trabajo.
Siento que Isabel haya perdido el trabajo.
Es lástima que Isabel haya perdido el trabajo.

1. Las condiciones sociales han cambiado.
2. Mis padres han decidido ir a Puerto Rico.
3. Ha llovido mucho el fin de semana.
4. Mi hermana ha pasado el examen de geometría.
5. Mi tío Alfonso ha venido a comer con nosotros.
6. El profesor ha cancelado la clase de español.

F Pluscuamperfecto de subjuntivo

1. El *pluscuamperfecto de subjuntivo* se forma con el imperfecto de subjuntivo del verbo **haber** + el participio pasado del verbo que se conjuga.

hubiera	**(hubiese)**		
hubieras	**(hubieses)**		**comprado**
hubiera	**(hubiese)**	+	**vendido**
hubiéramos	**(hubiésemos)**		**recibido**
hubierais	**(hubieseis)**		
hubieran	**(hubiesen)**		

2. Cuando el verbo de la cláusula principal comenta en el pasado sobre un concepto que trata de un tiempo anterior al de la cláusula principal, se usa el pluscuamperfecto de subjuntivo en la cláusula subordinada. Observe los siguientes ejemplos:

Le **dije** que ellos **habían ido** al museo.	*I told him they had gone to the museum.*
Yo **esperaba** que ellos **hubieran ido** al museo.	*I was hoping that they had gone to the museum.*

Actividades

I. **Práctica.** De acuerdo con el contenido de las frases, llene los espacios en blanco con la forma apropiada de **haber (haya** o **hubiera).**

1. Me alegro de que Gustavo ________________ podido recibir hoy mi recado.
2. Gustavo temía que yo me ________________ olvidado de llamarlo.
3. Es bueno que él ________________ visitado a sus primos.
4. Yo temía que él no ________________ traído la dirección.

II. **En el consultorio del médico.** Ud. fue a ver al médico ayer. Su amigo(a) quiere saber qué le dijo y le hace a Ud. algunas preguntas. Contéstelas usando los verbos en el pluscuamperfecto de subjuntivo.

MODELO: ¿De qué se alegró el médico? (ir a verlo)
De que yo hubiera ido a verlo.

1. ¿Qué esperaba el médico? (tomar las medicinas)
2. ¿Qué dudaba el médico? (seguir sus instrucciones)
3. ¿Qué le disgustó al médico? (aumentar de peso) *(to gain weight)*.
4. ¿Qué le preocupaba al médico? (no continuar los ejercicios)
5. ¿Qué le sorprendió al médico? (no tener un ataque al corazón) *(heart attack)*.

III. Usted escuchó una conferencia sobre arqueología y les comenta a sus compañeros sus impresiones. Cambiando los verbos subrayados al pasado (pretérito o imperfecto de indicativo) vuelva a narrar sus impresiones haciendo los cambios necesarios.

Siento que no hayas escuchado la conferencia del arqueólogo en la universidad. Ojalá que todos los alumnos hayan oído la explicación sobre las ruinas mayas de Tikal. Es lástima que no hayamos grabado la conferencia. Es una suerte que hayamos leído sobre la civilización maya. El profesor espera que los estudiantes hayan visto las fotos de las ruinas.

G Secuencia de tiempos

Según se muestra en el diagrama siguiente, el tiempo del verbo (presente o pasado) en la cláusula principal sirve de guía para seleccionar el tiempo de subjuntivo que se debe usar en la cláusula subordinada.

Cláusula principal: *Verbo en indicativo*	Cláusula subordinada: *Verbo en subjuntivo*
Presente Futuro Presente perfecto Imperativo	Presente o Presente perfecto
Dudo **Dudaré** **He dudado** **Dude Ud.**	lo que Adolfo **diga** o lo que Adolfo **haya dicho**
Pretérito Imperfecto Condicional Pluscuamperfecto Condicional perfecto	Imperfecto o Pluscuamperfecto
Dudé **Dudaba** **Dudaría** **Había dudado** **Habría dudado**	que Adolfo **saliera.** o que Adolfo **hubiera salido.**

Se usan las combinaciones de tiempos que sean necesarias para expresar la idea que quiere comunicar la persona que habla.

> Espero que **lleguen** bien.
> Espero que ya **hayan llegado.**
> **Esperaban** que **fuéramos** con ellos.
> **Dudaba** que **hubieras salido** hoy.

NOTA: Se puede combinar el presente de indicativo con el imperfecto de subjuntivo para expresar una idea o acción ya terminada:

> **Siento** que **estuvieras** enferma la semana pasada.
> *I'm sorry you were sick last week.*

Actividades

I. **Práctica.** Complete las frases usando el tiempo correcto del subjuntivo de los verbos que están entre paréntesis.

1. (visitar) Ellos me han pedido que yo ________________ a Federico.
2. (poder) Lamento que él no ________________ venir con nosotros.
3. (enfermarse) Siento que Federico ________________ la semana pasada.
4. (divorciarse) Él sintió mucho que sus padres ________________ cuando él era niño.
5. (terminar) Él siempre había dudado que yo ________________ la carrera.

II. Trabaje con un(a) compañero(a) de clase. Hágale las siguientes preguntas que él/ella debe contestar en forma original. Después él/ella le hará las mismas preguntas para que Ud. las conteste.

1. Cuando almuerzas en la cafetería, ¿qué quiere el cajero que hagas?
   Cuando terminas de almorzar, ¿qué desea el empleado que hagas con los platos sucios?
2. Cuando vas a comprar un carro, ¿qué esperas que el vendedor haga?
   Cuando escoges el carro, ¿qué espera el vendedor que tú hagas?
3. Cuando Luis jugaba fútbol en la universidad, ¿qué deseaba el entrenador que él hiciera?
   Cuando terminaba la temporada de fútbol, ¿qué les aconsejaba el entrenador a todos los jugadores del equipo?

4. Cuando no tienes dinero, ¿qué deseas que tu hermano haga?
   Cuando una persona te da dinero, ¿qué espera ella que tú hagas?
5. Cuando de niño o niña ibas a la playa con tus padres, ¿qué querían ellos que hicieras?
   Cuando había muchas olas, ¿qué te aconsejaban ellos?

III. **El Canal de Panamá.** Complete las frases con el tiempo correcto del subjuntivo del verbo entre paréntesis.

1. (comunicar) (ser) Es un dato curioso que la primera persona que propuso la construcción de un canal que ________________ el océano Atlántico con el Pacífico ________________ Hernán Cortés.
2. (hacer) El Emperador Carlos V se entusiasmó, pero su sucesor, Felipe II, recomendó que no se ________________ tal cosa.
3. (estudiar) En 1898 el gobierno norteamericano aconsejó que se ________________ el plan de construcción.
4. (llevar) (comprar) Como era preciso que se ________________ a cabo el proyecto, el Congreso de los Estados Unidos le autorizó al presidente Teodoro Roosevelt que ________________ los derechos *(rights)* de la Nueva Compañía del Canal de Panamá.
5. (reconocer) (anular) La construcción del Canal de Panamá se inició en 1904 y quedó terminada en 1914. En 1975 Panamá y los Estados Unidos acordaron firmar un tratado, ratificado en 1977. Era importante que se ________________ la soberanía de Panamá en la zona del canal y que además se ________________ el tratado de 1903. El 31 de diciembre de 1999, los Estados Unidos transfirió la soberanía del Canal a Panamá.
6. (existir) (mantener) Es necesario que ________________ relaciones amigables entre los Estados Unidos y Panamá, puesto que es vital para el mundo entero que se ________________ el control de este canal libre de los conflictos y tensiones de la política internacional.

H Cláusulas con *si*

En las cláusulas con **si** se puede expresar una condición probable o una condición poco probable o contraria a una realidad presente o pasada. En el primer caso se usa el indicativo, en el segundo el subjuntivo.

Condición probable: *Indicativo*	Resultado: *Indicativo*
Si **quieres**,	te **presto** mi secadora de pelo.
Si **tengo** dinero,	**iré** a Madrid.
Si Mirta **escribió**,	no **llegó** la carta.
Si él **caminaba** tanto,	**era** porque **quería** hacer ejercicio.
Si mi marido **llama**,	le **dices** que **salí**.

Condición poco probable o contraria a la realidad en el presente: *Imperfecto de subjuntivo*	Resultado: *Condicional*
Si **tuviera** tiempo,	**iría** hoy a la playa.
Si **comiera** menos,	**estaría** más delgado.

Condición poco probable o contraria a la realidad en el pasado: *Pluscuamperfecto de subjuntivo*	Resultado: *Condicional perfecto o pluscuamperfecto de subjuntivo*
Si ellos se **hubieran conocido** antes,	se **habrían (hubieran) casado.**
Si **hubieras traído** el traje de baño,	**habríamos (hubiéramos) ido** a nadar.

Actividades

1. **Práctica.** Complete las oraciones según los modelos empleando la forma correcta del verbo entre paréntesis.

Condiciones probables.

MODELO: (necesitar) Si (tú) ________________ mis botas, te las doy.
Si necesitas mis botas, te las doy.

1. (llamar) Si mi mujer ________________ dentro de una hora, le das el recado.
2. (salir) Si ellos ________________ mañana temprano, llegarán antes de las seis.
3. (venir) Si Úrsula ________________ ayer, no la vi.
4. (ir) Si Vicente ________________ al cine anoche, no me invitó.

Condiciones poco probables y contrarias a la realidad presente o pasada.

MODELO: (poder) Si yo ________________, viajaría el próximo verano.
Si yo pudiera, viajaría el próximo verano.

1. (pedir) Si (tú) me ________________ un favor, te lo haría.
2. (estar) Si ella ________________ en casa, me recibiría.
3. (avisar) Si (nosotros) les ________________ anoche, ellos habrían venido a jugar al póquer.
4. (tener) Si yo ________________ el libro, se lo habría prestado.

II. **Composición dirigida (oral o escrita).** La siguiente actividad tiene dos partes. Continúe las frases con ideas originales usando el verbo en el tiempo que necesite (subjuntivo o indicativo) para expresar su pensamiento.

1. Si yo tuviera mucho dinero...
2. Si mi amiga viene esta noche...
3. Si yo hubiera tenido tiempo...
4. Si yo pudiera...
5. Si Elisa hubiera ido a España...
6. Si yo..., compraría un carro nuevo.
7. Si ellos..., iré con ellos a la fiesta de fin de año.
8. Si Fernando... habrían ganado el campeonato.
9. Si yo..., sacaría muy buenas notas.
10. Si yo..., me habría divorciado en seguida.

III. **¿Qué haría usted?** Conteste las preguntas que le hace un(a) compañero(a) de clase. Después hágale Ud. las mismas preguntas.

1. Si Ud. fuera un productor de Hollywood, ¿qué tipo de películas haría Ud.?
2. Si a Ud. le ofrecieran el puesto de gerente de la General Motors, ¿qué salario y qué condiciones de trabajo pediría Ud.?
3. Si su jefe le pidiera que asistiera a una conferencia que a Ud. no le interesa, ¿qué excusas le daría Ud. para no ir a la conferencia?
4. Si a Ud. le ofrecieran menos dinero del que Ud. merece, ¿qué le diría Ud. al gerente para pedir que le paguen más?

IV. Su amiga cree que se deben hacer cambios en los programas de televisión. Para conocer la opinión de ella, complete el párrafo con la forma correcta del subjuntivo de los verbos entre paréntesis.

Me gustaría que los productores de televisión ________________ (aumentar) el número de programas educativos. Se beneficiaría más la juventud si ________________ (mostrarse) programas científicos y culturales y ________________ (disminuirse) los anuncios. Espero que las estaciones ________________ (mostrar) más programas históricos y que ________________ (presentar) biografías de gente notable en el campo de la ciencia, la música y el arte. Propongo que ________________ (sustituirse) la violencia por música y arte. Así que (yo) (poder) ________________, les escribiré a los distintos canales para pedirles que (hacer) ________________ una encuesta que (demostrar)

_______________ los gustos del publico. Estoy casi seguro de que mucha gente (estar) _______________ de acuerdo con lo que yo propongo; no creo que la gente (seguir) _______________ pidiendo programas, por ejemplo, de realidad virtual. Pero es muy posible que yo (equivocarme) _______________. El año pasado quise enviar una carta que (explicar) _______________ mi punto de vista, pero mis amigos me dijeron que (ser) _______________ inútil que (perder) _______________ mi tiempo y esfuerzo. Dudo que (ser) _______________ inútil, y haré el esfuerzo como si (ser) _______________ posible un milagro. ¡Quién (ser) _______________ billonario para comprarme la estación de televisión!

Composición

Antes de escribir, repase las siguientes reglas sobre la acentuación y la ortografía.

A Repaso de acentuación

1. Recuerde que el acento escrito distingue el significado y tiempo de algunos verbos.

Comprará (futuro) Roberto le **comprará** un ramo de flores a Otilia.

Comprara (imperfecto de subjuntivo) Otilia quería que él le **comprara** una docena de rosas.

Compro (presente) Siempre **compro** mis libros en la librería de la universidad.

Compró (pretérito) Roberto **compró** los suyos en la librería del centro.

Saque (mandato) El policía le dijo: **Saque** las manos del bolsillo.

Saque (presente de subjuntivo) Me pide que **saque** las cosas del bolso.

Saqué (pretérito) Ya **saqué** todo lo que llevaba en el bolso.

Actividad

Escoja la palabra correcta.

1. Los Sres. Hinojosa querían que sus hijos (estudiaran / estudiarán) en una universidad estatal.
2. Por favor, (lleve / llevé) estos documentos a mi oficina.
3. El médico dijo que era necesario que Ud. (tomara / tomará) estas píldoras.
4. Yo nunca la (llamo / llamó) después de las nueve.

5. Roberto (trabajo / trabajó) casi diez horas ayer y ahora me pide que yo (trabaje / trabajé) lo mismo.
6. Era necesario que yo (practicara / practicará) un poco más, pero creo que aunque (practique / practiqué) mañana, no podré jugar bien.

B Repaso de ortografía: ll, y, -ío, -ía, -illo, -illa

1. Se escriben con **ll:**

- las palabras terminadas en **-alla, -alle, -ello, -ella: pantalla, calle, camello, paella** (excepto: **Pompeyo, plebeyo**)
- las terminaciones del diminutivo **-illa, -illo: chiquilla, panecillo**

NOTA: No confunda la terminación **-ía, -ío** con **-illa, -illo.** Use el diccionario si no está seguro.

mía *(mine)*	**milla** *(mile)*
comías *(you ate)*	**comillas** *(quotation marks)*
sombría *(gloomy)*	**sombrilla** *(beach umbrella)*

2. Se escriben con **y:**

- el pretérito, el imperfecto de subjuntivo y el gerundio de verbos como **caer, creer, leer, oír: cayó, creyera, leyendo, oyeron**
- el presente de indicativo y subjuntivo, el pretérito, el imperfecto de subjuntivo, el gerundio de verbos cuyo infinitivo termina **-uir: atribuir atribuyo, huir huyó, contribuir contribuyendo**
- el presente de subjuntivo de los verbos **haber, ir: haya, hayamos, vaya, vayan**

Actividad

1. ¿Se escriben con **y, ll, -ía, -ío, -illa, -illo.**

le__ron	va__ecito	mi__a *(mile)*
comi__as *(quotation marks)*	pasi__o	panta__a
hu__endo	tra__endo	sombrí__a *(umbrella)*
va__amos	ha__ar *(to find)*	came__o
ca__e	o__eron	ra__a *(stripe)*
sombr__ *(somber)*	ensa__o	ha__amos
m__s *(mine)*	amar___ *(yellow)*	a __udar

Ejercicio de composición (opcional)

Haga una composición, oral o escrita, sobre uno de los temas que se dan a continuación. Prepare de antemano un bosquejo que le ayudará a desarollar su tema con coherencia. El primer tema incluye un esquema como modelo.

TEMA: Evolución y cambios producidos por el movimiento feminista.

INTRODUCCIÓN: Cambios en la forma de vida de la mujer.
Dilemas que tiene: la crianza *(raising)* de los hijos y las exigencias de su trabajo.
El papel del padre en el hogar, antes y ahora.
Libertades que tienen hoy las mujeres que no tenían sus abuelas.

DESARROLLO: Los trabajos que hace hoy la mujer que antes sólo hacían los hombres.
¿Cómo aceptan los hombres que las mujeres estén en el mismo campo laboral que ellos?
Cambios en la relación entre el hombre y la mujer.
Idea que existía de que la mujer pertenecía al sexo débil y el hombre al sexo fuerte.

CONCLUSIÓN: Dé su opinión sobre los cambios producidos por el movimiento feminista y los efectos de éstos en la sociedad. ¿Cómo cree Ud. que será la vida de la mujer dentro de cincuenta años?

TEMA: La independencia personal.

TEMA: La importancia de mantener buenas relaciones.

Capítulo 7

Valle del río Aconcagua, situado entre la Argentina y Chile, con los majestuosos Andes al fondo.

- Vocabulario
- Lectura 1: "Dos poetas chilenos: Mistral y Neruda"
- Lectura 2: "Yo no tengo soledad" de Gabriela Mistral
- Lectura 3: "Poema 20" de Pablo Neruda
- Pronombres sujeto
- Pronombres en función de complementos directos e indirectos
- Uso de dos pronombres complementos en una misma oración
- Pronombres reflexivos
- Pronombres usados después de preposición
- ***Hace* + tiempo + *que***
- Repaso de acentuación
- Repaso de ortografía: **gue, gui, güe, güi**

Vocabulario

Antes de leer, estudie el siguiente vocabulario que le ayudará a comprender la lectura.

Sustantivos

el alma soul
el campo field
la carrera career
el dolor pain, sorrow
el éxito success
el extranjero abroad
la fe faith
la fuerza strength
el inicio beginning
la muerte death
la naturaleza nature
la noticia news
el novio fiancé, boyfriend
el poder force, power
el puesto position; post, job
la soledad solitude
el título title

Verbos

cambiar to change
combinar to combine
convertir (ie) (i) to convert
crear to create
criar to raise
dejar to leave behind
entretenerse (g) (ie) to amuse oneself
esconder to hide
nacer (zc) to be born
proporcionar to provide, to supply
publicar (qu) to publish
romper to break
suicidarse to commit suicide

Adjetivos

ambos both
distinto different
escondido hidden
único only

Adverbio

luego later

Frases

cambiar de nombre to change name
llegar a + infinitivo to come to . . .
más tarde later

Palabras relacionadas. El significado de muchas palabras se puede determinar al pensar en palabras relacionadas. ¿Puede Ud. dar el significado en inglés de las palabras subrayadas si piensa en la palabra entre paréntesis?

1. (niño) ...durante su <u>niñez</u> muy frecuentemente se entretenía conversando...
2. (nombrar) ...combinó con éxito su mundo creativo con sus <u>nombramientos</u> diplomáticos...

3. (sentir) Estos sentimientos de dolor…son evidentes en su obra.
4. (solo) …una profunda tristeza que se convirtió en gran desolación…
5. (triste) Estas muertes llenaron el alma de Gabriela de una profunda tristeza…

Observe el cambio de significado de algunos verbos al usarse en forma reflexiva:

cambiar	*to change*	cambiarse	*to change clothes*
convertir	*to convert; to change*	convertirse	*to become; to turn into*
entretener	*to entertain*	entretenerse	*to amuse oneself*

Cuidado con estas palabras:

noticia	*news*	éxito	*success*
notar	*to notice*	salida	*exit*
extranjero	*abroad; foreigner*	único	*only* (la única obra)
extraño	*stranger*	único	*unique, original* (una obra única)

Lectura I

Dos poetas chilenos: Mistral y Neruda

Gabriela Mistral y Pablo Neruda, dos grandes figuras de la poesía chilena, están unidos por más de una circunstancia común. Los dos nacieron en pueblos pequeños de Chile, ambos decidieron cambiar sus verdaderos nombres por otros y además recibieron el Premio Nobel de Literatura.

Lucila Godoy Alcayaga, quien más tarde cambió su verdadero nombre por el de Gabriela Mistral, nació en 1889 en un pequeño pueblo escondido en las montañas de los Andes, en el norte de Chile. Pasó los primeros años de su vida en perfecta comunión con la naturaleza y durante su niñez muy frecuentemente se entretenía conversando con las flores, los árboles y los pájaros.

Gabriela Mistral comenzó a enseñar a la edad de quince años. El trabajo de maestra de pueblo pequeño fue el inicio de su carrera profesional de educadora y humanista. Más tarde, llegó a ocupar puestos importantes en el campo de la educación y en el servicio diplomático de Chile en el extranjero.

La vida de esta mujer estuvo siempre marcada por la tragedia. El primer y único novio de Gabriela Mistral se suicidó a los veintidós años y, luego, el sobrino que ella había criado y quería como a un hijo, se suicidó también. Estas muertes llenaron el alma de Gabriela de una profunda tristeza que se convirtió en gran desolación cuando

Gabriela Mistral recibiendo el Premio Nobel de Literatura de manos del rey de Suecia en 1945.

Pablo Neruda, Premio Nobel de Literatura, 1971.

recibió la noticia del suicidio, en el Brasil, de sus amigos más queridos e íntimos, Stefan Zweig* y su señora. Estos sentimientos de dolor, junto a una ternura maternal por los niños, y más tarde una fe vehemente en Dios, son evidentes en su obra poética.

En 1945 Gabriela Mistral recibió el Premio Nobel de Literatura. Su poesía refleja° su gran amor por todos los niños, un humanismo apasionado, un intenso poder emocional y gran fuerza lírica. En 1957 Gabriela Mistral murió en la ciudad de Nueva York.

reflects

Pablo Neruda, uno de los más altos valores° de la lírica hispana, nació en Parral, Chile, en 1904. Su verdadero nombre era Neftalí Ricardo Reyes el cual cambió por el de Pablo Neruda al principio de su carrera poética. El paisaje chileno de montañas y desiertos ayudó a formar el alma del poeta y, siendo muy joven, se fue a vivir a la capital. A los veintitrés años, Neruda comenzó su carrera diplomática, la cual le proporcionó la oportunidad de viajar por distintos países del Oriente, de Europa y de Latinoamérica.

worthy figures

De convicciones políticas marxistas, Neruda combinó con éxito su mundo creativo con sus nombramientos diplomáticos y actividades políticas, poniendo su gran talento poético, como miembro del Partido Comunista, al servicio de una ideología totalitaria.

Neruda publicó sus dos primeros libros cuando tenía veinte años. La obra poética de Neruda se caracteriza por una evolución constante

*Stefan Zweig (1881–1942), escritor austriaco.

que expresa las impresiones y cambios que tuvo en su vida. Sus primeros poemas líricos y románticos se transforman más tarde en una creación más espiritual, más introvertida y más enigmática. Rompió con las formas tradicionales de la poesía y creó un mundo lleno de símbolos e imágenes personales.

Neruda recibió el Premio Nobel de Literatura en 1971. Al morir en 1973 en Chile, Neruda le dejó al mundo una extensa y magnífica obra poética. Sus memorias fueron publicadas después de su muerte bajo el título de *Confieso que he vivido*.

Llene los espacios en blanco con la palabra o frase que sea correcta.

1. Ahora no puedo pasar por tu casa; pasaré a verte ________________.
2. Desde aquí no se puede ver el pueblo; está ________________ detrás de la montaña.
3. En su juventud el escritor ________________; no quiso usar su nombre verdadero.
4. ________________ Gabriela Mistral y Pablo Neruda nacieron en Chile.
5. Gabriela Mistral salió de Chile y vivió varios años en el ________________.
6. Gabriela Mistral ________________ a su sobrino con mucha ternura.
7. Hace tiempo que el escritor trabaja allí porque tiene muy buen ________________ en el Ministerio de Educación.
8. Gabriela Mistral ________________ jugando en el jardín.
9. El ________________ del poeta se debió a la magnífica calidad de su talento poético.
10. Neruda pudo ________________ su mundo creativo con su carrera diplomática.

Preguntas sobre la lectura

1. ¿Qué semejanzas hay en la vida de Gabriela Mistral y Pablo Neruda?
2. ¿Qué sentimientos abundan en la poesía de Gabriela Mistral?
3. ¿Por qué se dice que la vida de Gabriela Mistral estuvo marcada por la tragedia?
4. ¿En qué aspectos de la vida piensan de manera diferente los dos poetas?
5. ¿Qué cambios se notan en la poesía de Neruda?
6. ¿Siguió Neruda las formas tradicionales de la poesía?

Temas de conversación

1. Si Ud. estuviera en el campo de la educación, ¿qué le interesaría más: estar en la administración o estar enseñando en contacto con los estudiantes? ¿Le gustaría ser decano, director de una escuela secundaria o consejero? ¿Ha tenido Ud. un consejero que le haya ayudado en su educación? ¿En qué sentido?
2. ¿Le gustaría a Ud. estar en el servicio diplomático de su país? Explique su respuesta.
3. Es importante proteger la naturaleza. ¿Cree Ud. que se están haciendo suficientes esfuerzos para no destruirla? ¿Comparte Ud. estas ideas?

Lectura 2

"Yo no tengo soledad" de Gabriela Mistral

Es la noche desamparo° *abandonment*
de las sierras hasta el mar.
Pero yo, la que te mece,° *rocks*
¡yo no tengo soledad!° *solitude*

Es el cielo desamparo
pues la luna cae al mar.
Pero yo la que te estrecha,° *hugs*
¡yo no tengo soledad!

Es el mundo desamparo.
Toda carne triste va.
Pero yo, la que te oprime,° *holds close to me*
¡yo no tengo soledad!
De *Ternura* (1924)

Preguntas sobre la lectura

1. En este poema la poeta termina las tres estrofas con las mismas palabras. ¿Qué efecto produce esto al leerlo?
2. La palabra "desamparo" se repite en el primer verso de cada estrofa. ¿Qué cosas no le ofrecen protección o consuelo *(consolation)* a la autora?
3. ¿Por qué dice la autora que no tiene soledad?
4. ¿Qué sentimiento principal predomina en este poema?

Vocabulario

Antes de leer, repase las siguientes palabras que le ayudarán a comprender la lectura.

Sustantivos

el cielo sky; heaven
la estrella star
el olvido forgetfulness
el pasto pasture
el rocío dew
el viento wind

Verbos

acercar (qu) to bring or place near
besar to kiss
contentarse to be content
girar to revolve
guardar to keep
tocar (qu) to touch

Adjetivos

corto short
estrellado with stars
largo long

Lectura 3

"Poema 20" de Pablo Neruda

Puedo escribir los versos más tristes esta noche.

Escribir, por ejemplo, "La noche está estrellada,
y tiritan,° azules, los astros,° a lo lejos". *twinkle / stars*

El viento de la noche gira en el cielo y canta.

Puedo escribir los versos más tristes esta noche.
Yo la quise, y a veces ella también me quiso.

En las noches como ésta la tuve entre mis brazos.
La besé tantas veces bajo el cielo infinito.

Ella me quiso, a veces yo también la quería.
¡Cómo no haber amado sus grandes ojos fijos!

Puedo escribir los versos más tristes esta noche.
Pensar que no la tengo. Sentir que la he perdido.

Oír la noche inmensa, más inmensa sin ella.
Y el verso cae al alma como al pasto el rocío.

¡Qué importa que mi amor no pudiera guardarla!
La noche está estrellada y ella no está conmigo.

Eso es todo. A lo lejos alguien canta. A lo lejos.
Mi alma no se contenta° en haberla perdido. *is not happy*

Como para acercarla mi mirada la busca.
Mi corazón la busca, y ella no está conmigo.

La misma noche que hace blanquear° los mismos árboles. *whiten*
Nosotros, los de entonces,° ya no somos los mismos. *other times*

Ya no la quiero, es cierto, pero cúanto la quise.
Mi voz buscaba al viento para tocar su oído.° *ear*

De otro. Será de otro. Como antes° de mis besos. *as before*
Su voz, su cuerpo claro. Sus ojos infinitos.

Ya no la quiero, es cierto, pero tal vez la quiero.
Es tan corto el amor y tan largo el olvido.° *forgetfulness*

Porque en noches como ésta la tuve entre mis brazos,
mi alma no se contenta con haberla perdido.

Aunque éste sea el último dolor que ella me causa,
y éstos sean los últimos versos que yo le escribo.

De *Veinte poemas de amor y una canción desesperada* (1924)

Preguntas sobre la lectura

1. ¿Cúal es la causa de la tristeza del poeta?
2. La naturaleza no ha cambiado, pero los amantes sí. ¿Qué cambios se han producido en ellos?
3. Mencione los dos versos en que se expresa más o menos lo siguiente: La noche le parece al poeta más enorme porque está sin la amada y el escribir poesía le hace bien a su alma.
4. ¿Cómo interpreta Ud. el verso: "Es tan corto el amor y tan largo el olvido"?
5. ¿Por qué cree Ud. que el poeta repite el primer verso varias veces?

Gramática

A Pronombres sujeto

PRONOMBRES

Sujeto	*Complemento directo*	*Complemento indirecto*	*Reflexivos*	*Después de preposición*
yo	**me**	**me**	**me**	**mí**
tú	**te**	**te**	**te**	**ti**
Ud.	**lo, la**	**le (se)**	**se**	**Ud.**
él	**lo (le)***	**le (se)**	**se**	**él**
ella	**la**	**le (se)**	**se**	**ella**
nosotros/as	**nos**	**nos**	**nos**	**nosotros/as**
vosotros/as	**os**	**os**	**os**	**vosotros/as**
Uds.	**los, las**	**les (se)**	**se**	**Uds.**
ellos	**los (les)***	**les (se)**	**se**	**ellos**
ellas	**las**	**les (se)**	**se**	**ellas**
ello (neutro)	**lo** (neutro)			**ello** (neutro)

***Le, les,** como complementos directos, se pueden usar en lugar de **lo, los** para las personas del sexo masculino.

Yo visito a Juan. Yo **le** visito.

1. El pronombre sujeto se debe omitir en los casos en que no hay ambigüedad, puesto que la terminación del verbo indica la persona y el número.

No **puedo** ir. **Hablas** mucho. **Salimos** tarde.

2. Se usa el pronombre en los siguientes casos:

   a. Si se quiere poner énfasis en el sujeto. En este caso su uso es sólo enfático.

      Yo se lo dije. **Tú** estás loca.

   b. Con las formas verbales, cuando hay ambigüedad, para evitar confusión.

      Yo / **Ud.** / **Él** / **Ella** } iba a la plaza todas las mañanas.

   c. Cuando hay dos acciones y dos sujetos diferentes.

      Ella va al centro, pero **yo** no voy.

3. El pronombre **usted (Ud.** o **Vd.)** es la forma respetuosa de dirigirnos a la persona con quien hablamos. Sale de "Vuestra Merced", que era la forma que se usaba antiguamente. En Hispanoamérica se usa **Uds.** como plural de **tú** y **Ud.**; en España se usa la forma **vosotros** (o **vosotras**) como plural de **tú.**

4. El pronombre neutro **ello** se usa con poca frecuencia como sujeto. Se refiere a una idea o situación mencionada previamente.

   El gobierno quiere controlar la inflación.
   Ello va a ser imposible. *That's going to be impossible.*

NOTA: Hoy día se usa más **esto** o **eso** en lugar de **ello.**

5. El pronombre inglés *it,* usado como sujeto, no se traduce en español.

Llueve mucho.	*It rains a lot.*
Es caro.	*It is expensive.*
Es tarde.	*It is late.*
Está sobre la mesa.	*It is on the table.*

6. A diferencia del inglés, en español se usan los pronombres sujeto en lugar de las formas preposicionales después de **menos, excepto, según, incluso, como** y **entre.**

menos él (ella, ellos, ellas)	*except him (her, them)*
excepto él (ella, ellos, ellas)	*except him (her, them)*
según él (ella, ellos, ellas)	*according to him (her, them)*
incluso él (ella, ellos, ellas)	*including him (her, them)*
como él (ella, ellos, ellas)	*like him (her, them)*
entre tú y yo	*between you and me*

Actividad

Práctica. Traduzca las frases al español.

1. *It is easy.*
2. *It rained last night.*
3. *They all came, except him.*
4. *Felicia is not like her.*
5. *I invited all the students, including her.*
6. *According to them, the house is very big.*
7. *She played the piano and I played the guitar.*

B Pronombres en función de complementos directos e indirectos*

1. Los pronombres.

a. Los pronombres de complemento directo se usan en lugar de los complementos directos que se han mencionado antes, y reflejan el número y el género de éstos.

Jorge mira el programa pero yo no **lo** miro.
¿Escribiste la carta? Sí, **la** escribí y **la** puse en el correo.
¿Llamaste a tu hermano? Sí, **lo** llamé por la mañana.
¿Quién tiene los pasajes? **Los** tengo yo.

b. El pronombre inglés *it*, usado como complemento directo, sí se traduce en español. Equivale a **lo** o **la.**

¿Compró Pepe **un televisor** nuevo?	Sí, **lo** compró y **lo** tiene en su cuarto.
¿Toca Elena **la guitarra**?	Sí, **la** toca, aunque no muy bien.

c. Observe que los pronombres de complemento directo e indirecto son idénticos, excepto en la tercera persona del singular y del plural, donde se usan **le** y **les** para los complementos indirectos.

d. Observe el cambio de significado en las siguientes frases de acuerdo con los pronombres de complemento directo o indirecto.

(¿A Carmela?) **Le** pagúe la renta.	*I paid the rent to her. (I paid the rent for her.)*
(¿La renta?) **La** pagúe ayer.	*I paid it yesterday.*

NOTA: **Le** se refiere al complemento indirecto (la persona a quién o por quién pagué la renta); mientras que en el ejemplo **la pagué ayer, la** es el complemento directo (la renta).

*En el capítulo preliminar, página 17, aparece la definición de los complementos directos e indirectos. Es aconsejable repasar otra vez estas explicaciones.

2. Posición de los pronombres usados como complemento directo e indirecto.

a. Con verbos conjugados se colocan delante de éstos.

Pepe **me** ve.
Luis **me** escribió.
Los llamaré mañana.
Marta **les** ha regalado una bicicleta.

b. Con infinitivos y gerundios se colocan detrás y junto al infinitivo o gerundio.

Para abrir**la** necesitamos la llave de esa gaveta *(drawer)*.
Llamándo**lo**,* me di cuenta de que el número de teléfono que tenía estaba equivocado.

En caso de que el infinitivo o el gerundio estén acompañados de otro verbo conjugado, se puede usar una de estas dos opciones:

Me quiere conquistar.	Quiere conquistar**me.**
Nos va a explicar las instrucciones.	Va a explicar**nos** las instrucciones.
Lo está haciendo.	Está haciéndo**lo.**
Las desea escuchar.	Desea escuchar**las.**

c. Con órdenes afirmativas los pronombres se colocan detrás y junto al verbo, y con órdenes negativas los pronombres se colocan delante del verbo.

díga**me**	no **me** diga
haz**lo**	no **lo** hagas
ábran**las**	no **las** abran
dé**le**	no **le** dé

3. Duplicación del complemento: forma pronominal y una frase preposicional con **a** + nombre o pronombre.

a. En el caso del complemento indirecto es muy usual esta duplicación.

Le escribo **a Ud.**	(Le → a Ud.)
Les doy los papeles **a Uds.**	(Les → a Uds.)
Le enseño el mapa **a Ricardo.**	(Le → a Ricardo)
Les envío la carta **a Irene y a Rodolfo.**	(Les → a Irene y a Rodolfo)
Nos entregaron las llaves **a Enrique y a mí.**	(Nos → a Enrique y a mí)

En el caso de **le** y **les** la frase preposicional es al mismo tiempo aclaratoria.

Le leo el cuento { **a Ud.** / **a él.** / **a ella.** }

Les muestro la casa { **a Uds.** / **a ellos.** / **a ellas.** }

*Observe el acento escrito cuando se añade un pronombre al gerundio. Ver página 220.

b. En el caso del complemento directo la frase preposicional aclaratoria se usa en pocos casos.

Lo admiro	(a Ud.). (a él).	**La** comprendo	(a Ud.). (a ella).
Los vi	(a Uds.). (a ellos).	**Las** esperé	(a Uds.). (a ellas).

Aunque no es muy frecuente, a veces el complemento directo precede al verbo y entonces se usa también el pronombre de complemento.

A Ofelia la conocí ayer.	(A Ofelia → la)
El vestido lo lavé a mano.	(El vestido → lo)
La paella la preparó mi padre.	(La paella → la)

Actividades

I. **El Desfile de las Rosas.** Ud. y su amigo van a ir al desfile *(parade)*. Conteste las preguntas que le hace su amigo usando un pronombre de complemento en la respuesta.

MODELO: ¿Llevarás a tu familia al desfile?
Sí, la llevaré. o **No, no la llevaré.**

1. ¿Has visto alguna vez *(ever)* el Desfile de las Rosas en California?
2. ¿Conoces la historia de este desfile anual?
3. ¿Verán Uds. el desfile desde un balcón?
4. ¿Leíste en el periódico el orden del programa?
5. ¿Vas a sacar fotos de las carrozas *(floats)* llenas de flores?
6. ¿Tienes las entradas para el juego de fútbol después del desfile?

II. Imagínese que Ud. les va a comprar una computadora a sus hijos. Conteste las preguntas que le hace un amigo, según el modelo, colocando los pronombres con los infinitivos y gerundios.

MODELO: ¿A quiénes les vas a comprar una computadora?
__________ una computadora a Rubén y a Carolina.
Voy a comprarles una computadora a Rubén y a Carolina.

1. ¿Quién les va a hacer una demostración?
   El vendedor ________________ una demostración a mis hijos.
2. ¿Cúando la puede instalar el técnico?
   El técnico ________________ el próximo lunes.
3. ¿Le siguen interesando las ciencias a Rubén?
   Sí, ________________ las ciencias y también ahora las artes.
4. ¿Piensas usar tú también la computadora?
   Sí, ________________ para escribir mis cartas.

III. Imagínese que Ud. supervisa el trabajo de los camareros en un restaurante. Conteste las preguntas que le hacen con un mandato.

MODELO: ¿Limpio las mesas?
Sí, límpielas.

1. ¿Doblo las servilletas?
2. ¿Traemos las copas de vino?
3. ¿Secamos los cuchillos?
4. ¿Pongo los platos en las mesas?

IV. **Diálogo entre Elsa y su hermana.** Complete las ideas con los pronombres de complemento que sean necesarios.

Hermana: ¿Qué sabes de Fefita?

Elsa: ¡Qué tonta soy! ¿No ________________ dije que recibí una carta de ella que ________________ escribió desde Barcelona?

Hermana: No ________________ dijiste nada.

Elsa: ________________ manda a ti un abrazo. ________________ dice que España es un país muy interesante y que sus amigos españoles ________________ han llevado a visitar muchos lugares hermosos. Pero a mí ________________ parece que ya tiene ganas de regresar. Dice que ________________ extraña mucho a ti y a mí.

Hermana: El tiempo se va muy rápido. Ya pronto ________________ tendremos aquí de vuelta.

Elsa: Eso es verdad. ________________ voy a escribir mañana. ¿Quieres que ________________ dé algún recado *(message)* tuyo?

Hermana: Sí, ________________ dices que quiero que ________________ traiga el plato de porcelana de Talavera que ________________ pedí.

Elsa: ¿A ti no ________________ parece que es demasiado problema el traer una cosa tan frágil?

Hermana: Es verdad, pero ella ________________ dijo que ________________ traería cualquier cosa que yo ________________ pidiera.

C Uso de dos pronombres complementos en una misma oración

1. El orden es el siguiente: indirecto, directo y verbo. Después de los infinitivos, gerundios y mandatos: indirecto y directo.

Pedro **me lo dice.**	Voy a **preparártela.**
Ella **te la enseñará.**	Están **explicándonoslo.**
Ellos **nos los han dado.**	**Muéstremelos.**

Observe el acento escrito cuando se añaden los pronombres al infinitivo, al gerundio y a los mandatos.

2. Se usa el pronombre **se** para reemplazar **le, les** delante de **lo, la, los, las** para evitar la repetición del sonido **l.**

Ernestina le escribe una carta a **su madre.**

Ernestina **le** escribe **una carta.**

Ernestina **se la** escribe.

Les prestaré mi **libro** a Uds.

Se lo prestaré a Uds.

Ella **les** ha explicado **las lecciones.**

Ella **se las** ha explicado.

3. El pronombre neutro **lo** se refiere a una idea o concepto expresado anteriormente.

¿Crees que llueva mañana?	No, no **lo** creo.
¿Está Ud. loco?	Seguramente **lo** estoy.
¿Son ellos uruguayos?	Sí, **lo** son.
¿Sabes que Julia se casó?	Sí, **lo** sé.

a. La construcción de **lo** + un adjetivo masculino singular expresa la idea de "la cosa o la parte + adjetivo".*

Lo extraño es que el perro no ladró anoche.
The strange thing is that the dog did not bark last night.

Lo bueno es que no tenemos clase hoy.
The good thing is that we don't have class today.

b. También, cuando se usa con adjetivos, equivale al inglés *how.*

No puedes imaginarte **lo cansada** que estoy.
You can't imagine how tired I am.

Tengo que decirte **lo felices** que están mis sobrinas.
I have to tell you how happy my nieces are.

*Ver capítulo 2, artículo neutro, página 78.

Actividades

I. Imagínese que el jefe de la empresa donde Ud. trabaja le hace las siguientes preguntas. Conteste afirmativamente sus preguntas usando en las respuestas pronombres de complemento. Haga los cambios necesarios.

MODELO: Jefe: ¿Les explicaste la situación a los accionistas (*shareholders*)?
Ud.: **Sí, se la expliqué.**

1. ¿Le dejó ella el contrato al abogado?
2. ¿Me trajiste los papeles?
3. ¿Me puedes firmar estas cartas?
4. ¿Te dieron los certificados?
5. ¿Les vas a enviar el dinero a los accionistas?

II. Ud. tiene un amigo que es muy preguntón (*nosy*). Conteste sus preguntas usando en las respuestas la información que está entre paréntesis y los pronombres de complemento.

MODELO: ¿A quién le pides ayuda cuando necesitas algo? (a mi padre)
Se la pido a mi padre.

1. ¿A quiénes les prestas tus discos? (a mis amigos)
2. ¿A quiénes les dio sus libros el profesor? (a los estudiantes)
3. ¿A quién le regaló Roberto una enciclopedia? (a su sobrino)
4. ¿A quién le cuentas tus problemas? (a mi mejor amigo)
5. ¿A quién le envió su hermano un telegrama? (al rector de la universidad)

III. **Práctica.** Usando la información dada, escriba oraciones reemplazando los nombres subrayados por pronombres de complemento.

MODELO: di / <u>los libros</u> / <u>al profesor</u>
Se los di.

1. mi primo / escribió / <u>una carta</u> / <u>al director</u>
2. mandé / <u>las flores</u> / <u>a la cantante</u>
3. los turistas / visitaron / <u>las ruinas mayas</u>
4. escribí / <u>a Matilde</u> / <u>la carta de recomendación</u>
5. ¿pidieron / <u>las llaves del carro</u> / <u>al abuelo</u>?

IV. **Práctica.** Conteste las preguntas traduciendo al español las frases que están en inglés. Después cambie esos mandatos al negativo.

MODELO: ¿Los periódicos? (*Take them with you.*)
Lléveselos.
No se los lleve.

1. ¿La verdad? (*Tell it to me.*)
2. ¿Los exámenes? (*Give them to him.*)
3. ¿El paquete? (*Send it to Luisa.*)

4. ¿Las flores? *(Bring them to us.)*
5. ¿El café? *(Serve it to us.)*

V. **Práctica.** Traduzca al español las frases que están en inglés para contestar las preguntas. Use una construcción con el pronombre neutro **lo.**

1. ¿Qué dice Camila? *(How tired she is.)*
2. ¿Cómo es la novia de Andrés? *(You cannot imagine how pretty she is.)*
3. ¿Qué vas a hacer con tu carro? *(The best thing is to change it.)*
4. ¿Vamos en autobús? *(The bad thing is that it is always late.)*
5. ¿Qué dices? *(How difficult it is to learn a language.)*

VI. ¿Qué hace Ud. normalmente en las circunstancias que se mencionan a continuación? En sus oraciones use pronombres de complemento directo o indirecto.

MODELO: Es el cumpleaños de un amigo.
Yo le compro un regalo a mi amigo y se lo llevo.

1. Su abuelo está en el hospital.
2. Su amigo necesita dinero.
3. Su hermana se gradúa.
4. Es el aniversario de bodas de sus padres.
5. Es el Día de las Madres.

VII. Ud. conversa con una amiga sobre su viaje a Puerto Rico. Complete el diálogo con los pronombres que correspondan.

Ud.: Mañana salgo para Puerto Rico para asistir a la conferencia de hispanistas.

Amiga: ¿Conoces la ciudad de San Juan?

Ud.: No ________________ conozco. Por eso principalmente voy a la reunión.

Amiga: ¿________________ avisaste a tu amiga Aida para que ________________ espere en el aeropuerto?

Ud.: Sí, __________ llamé por teléfono y ________________ dije la hora de mi llegada. Ella ________________ va a hacer el favor de hacer la reservación del hotel. ________________ va a hacer en un hotel antiguo que está en el Viejo San Juan.

D Pronombres reflexivos

Los pronombres reflexivos **(me, te, se, nos, os, se)** se usan con los verbos reflexivos. **Nos** y **se** se usan también en acciones recíprocas.

1. Posición de los pronombres reflexivos. Se siguen las mismas reglas que con los pronombres de complemento. Se colocan delante de un verbo conjugado; detrás y

junto a los infinitivos, gerundios y mandatos afirmativos; delante de los mandatos negativos.

Nos sentamos a descansar.
Van a despertarse temprano. o **Se van a despertar** temprano.
Estaba **desayunándose** cuando la llamé. o **Se estaba desayunando** cuando la llamé.

¡**Cállense**!
No **te bañes** en el río porque es peligroso.

a. Cuando hay dos pronombres, el pronombre reflexivo siempre precede al pronombre de complemento directo.

Luisa se pone la bufanda. **Se la** pone cuando hace mucho frío.
No me probé los zapatos. **No me los** probé porque sabía que me quedaban bien.

b. En las órdenes con **nosotros** se omite la **-s** final de la forma verbal al añadirle el pronombre reflexivo **nos.** (Esta construcción equivale al inglés *let's* . . .)*

Sentémonos. *(Let's sit down.)* **No nos sentemos.**
Vistámonos. *(Let's get dressed.)* **No nos vistamos.**

NOTA: El mandato para **irse** es:

Vámonos. No nos vayamos.

c. En las órdenes con **vosotros** se omite la **-d** final de la forma verbal al añadirle el pronombre reflexivo **os.**

Lavad (vosotros) las ventanas. No **lavéis** las ventanas.
Lavaos. **No os lavéis.**

Actividades

I. **Práctica.** Conteste las preguntas usando en las respuestas un verbo reflexivo y la información que está entre paréntesis.**

MODELO: ¿Qué hace Ud. cuando tiene frío? (un abrigo)
Me pongo un abrigo.

1. ¿Qué hace Ud. cuando le duelen los pies? (los zapatos)
2. ¿Cuál es el nombre del mecánico? (Gilberto Rojas)
3. ¿Para qué va su hermano a la barbería? (el pelo)
4. ¿Qué hace Ud. cuando quiere ver si está bien peinado? (en el espejo *(mirror)*)
5. ¿Qué hace Ud. cuando tiene sueño? (en la cama)

*Ver el imperativo, capítulo 5, página 161.
**Repase la lista de verbos reflexivos en el capítulo 1, página 42.

II. ¿Qué hacen las siguientes personas? Use verbos reflexivos para traducir las frases entre paréntesis.

1. Adela *(sat down)* ________________ junto al espejo. *(She wanted to see herself)* ________________ en el espejo porque *(she was going to cut)* ________________ el pelo.
2. Efraín *(went to bed)* ________________ porque *(he was falling asleep)* ________________.
3. Miguelito *(took off)* ________________ el piyama y *(he put on)* ________________ la camiseta y los pantalones.
4. Los niños *(are misbehaving)* ________________. *(They don't realize)* ________________ que están haciendo demasiado ruido.

III. Cambie la construcción **ir a** + infinitivo a un mandato equivalente a *let's*.

MODELO: Vamos a acostarnos temprano.
Acostémonos temprano.

1. Vamos a sentarnos en el parque.
2. Vamos a ponernos el sombrero.
3. Vamos a vestirnos para salir en seguida.
4. Vamos a irnos con Maricusa.
5. Vamos a levantarnos temprano.

F Pronombres usados después de preposición

El reloj es para **mí.**
Tengo muchas esperanzas en **ti.**
Ignacio desea hablar con **ella.**
Marcela está sentada detrás de **nosotros.**
Él se sacrificó por **Uds.**

NOTA: Observe que **mí**, pronombre, lleva acento para diferenciarlo del adjetivo **mi**. **Ti** no lleva acento porque el adjetivo correspondiente es **tu** *(your)*.

Los pronombres usados después de preposición se pueden referir a personas y a cosas.

¿Te gusta el libro? Quédate con **él.**	*(You may keep it.)*
Hablé con **él.**	*(I spoke with him.)*

NOTA: Recuerde que después de **como, entre, excepto, menos** *(except)*, **según, incluso** se usan los pronombres personales. No ocurre lo mismo en inglés.*

Entre tú y **yo** nunca hay problema.	*Between you and me there is never a problem.*

*Ver página 215, pronombres sujeto.

Todos bailaron **menos** yo. — *Everyone danced except me.*
Como él, quiero ser médico. — *Like him, I want to be a doctor.*

1. La preposición **con** seguida de la primera y segunda persona del singular toma estas formas: **conmigo, contigo.**

   Él no quiere hablar **conmigo.** Saldré **contigo.**

2. Se usa la forma **sí** después de una preposición cuando el sujeto de tercera persona, singular o plural, se refiere a la misma persona que el pronombre que sigue a la preposición.

   Él sólo vive para **sí.** — *He lives only for himself.*
   Ellos quieren todo **para sí.** — *They want everything for themselves.*

NOTA: **con + sí** = consigo.

Él siempre lleva el llavero **consigo.** — *He always takes the keychain with him.*

3. Es frecuente el uso de **mismo (-a, -os, -as)** después de los pronombres con preposición.

   Yo trabajo para **mí mismo.** *(I work for myself.)*
   Ella tiene mucha seguridad en **sí misma.**
   Ellos ahorran el dinero para **sí mismos.**

NOTA: **Mismo (-a, -os, -as)** se usa también después de los pronombres personales y después de un nombre.

Yo misma escribí la carta. *(I myself wrote the letter.)*
Pedro mismo hizo el trabajo. *(Pedro did the work himself.)*

Actividades

I. **Práctica.** Traduzca al español los pronombres que están entre paréntesis para completar las oraciones.

1. *(it)* El agua es necesaria para vivir. Sin ________________ moriríamos.
2. *(it)* Ese verano fue maravilloso, siempre me acordaré de ________________.
3. *(us)* Llevaremos el perro a la playa con ________________.
4. *(you)* Sra. Costa, estos lirios son para ________________.
5. *(with me)* Juanita vino ________________.
6. *(himself)* Pedro siempre habla de ________________.
7. *(among themselves)* Ellos discutían ________________.
8. *(with you)* (tú) No puedo salir esta noche ________________.
9. *(you)* (Uds.) Me gustaría estar con ________________.
10. *(herself)* Raquel siempre escoge lo mejor para ________________.

II. Rafaela está pensando en las cosas que tiene que hacer para su casa. Complete las oraciones con el pronombre adecuado.

MODELO: El sofá está delante de la ventana.
Debo ponerlo al lado de ________________.
Debo ponerlo al lado de ella.

1. La sala está sin cortinas.
   Será bueno comprar cortinas para ________________.
2. La lámpara está sobre el piano.
   Ahora voy a poner un florero sobre ________________.
3. Este reloj es para Justina.
   Tengo que poner el reloj y las otras cosas para ________________ en su recámara.
4. Según mi marido, la lámpara debe ir en el pasillo.
   Según ________________, nada está en su lugar.
5. A veces estoy de acuerdo con mi marido.
   Al contrario, él casi nunca está de acuerdo ________________.
6. Este almohadón era para Luisa.
   Me gusta mucho, así que ahora será para ________________.

F *Hace* + tiempo + *que*

Presente	*tiempo*	*que*	*Presente o presente progresivo*
Hace	una hora	que	**espero / estoy esperando.**
Imperfecto	*tiempo*	*que*	*Imperfecto o imperfecto progresivo*
Hacía	una hora	que	**esperaba / estaba esperando.**
Presente	*tiempo*	*que*	*Pretérito*
Hace	una hora	que	**llegaron.**
Futuro	*tiempo*	*que*	*Pretérito*
Hoy **hará**	tres años	que	**se casaron.**

1. **Hace** + tiempo + **que** + verbo en presente indica cuánto tiempo ha pasado desde que empezó una acción que todavía continúa en el presente.

Hace dos meses que ella **está** de vacaciones.	*She has been on vacation for two months.*
Hace tres horas que estamos aquí.	*We have been here for three hours.*
Hace un año que estudio español.	*I have been studying Spanish for one year.*

NOTA: Observe la siguiente construcción: verbo en presente + **desde hace** + tiempo.

¿**Desde cuándo** viven Uds. en Nicaragua?	*How long have you lived in Nicaragua?*
Vivimos en Nicaragua **desde hace** tres meses.	*We have been living in Nicaragua for three months.*

2. **Hacía** + tiempo + **que** + verbo en imperfecto indica el tiempo transcurrido de una acción que comenzó en el pasado y que todavía continuaba en un momento del pasado.

Hacía un año que ellos **estaban** en El Paso cuando compraron la casa.
They had been in El Paso for one year when they bought the house.

¿Cuánto tiempo **hacía que** ellos **se conocían?**
How long had they known each other?

3. **Hace** + tiempo + **que** + verbo en pretérito indica el tiempo que pasó desde que terminó una acción. (En inglés se usa la expresión *ago.*)

Hace un año que regresé de España.
I came back from Spain a year ago.

Hace seis meses que dejé el trabajo del banco.
I left my job at the bank six months ago.

NOTA: La frase con **hacer** puede ponerse al principio o al final de la oración. Si se pone al final no se usa **que.**

Hace tres meses que vivimos en Nicaragua.
Vivimos en Nicaragua **hace tres meses.**

Hacía una semana que ella estaba enferma.
Ella estaba enferma **hacía una semana.**

Hace un año que me gradué.
Me gradué **hace un año.**

4. El verbo **hacer** se puede poner en pretérito o en futuro de acuerdo con la idea que se quiera comunicar. Observe los siguientes ejemplos:

Ayer **hizo** tres meses que llegué de Chile.
I arrived from Chile three months ago yesterday.

Mañana **hará** dos años que me casé.
Tomorrow it will be two years since I got married.

Actividades

I. **Práctica.** De acuerdo con el sentido de las oraciones, use **hace, hacía, hizo** o **hará** para completarlas.

1. ¿________________ mucho tiempo que Ud. no compra billetes de lotería *(lottery tickets)?*

2. Hoy ________________ un año que ella se graduó de la universidad.

3. ¿Cuánto tiempo ________________ que Ud. no patinaba?

4. El verano pasado ________________ dos años que me visitó mi amigo José.

5. La semana que viene ________________ cinco años que nos casamos.

6. ________________ mucho tiempo que no veía a mis primas.

II. **Práctica.** Conteste las siguientes preguntas usando una expresión con **hace.**

MODELO: ¿Cuánto tiempo hace que estudias español?
Hace tres años que estudio español.

1. ¿Cuánto tiempo hace que él trabaja de enfermero?
2. ¿Cuándo estuviste en el consultorio?
3. ¿Cuánto tiempo hacía que esperabas a la doctora?
4. ¿Cuánto tiempo hace que dejaste de fumar?
5. ¿Desde cuándo estás a dieta?

III. Delia y Javier son grandes aficionados del cine. Los dos conversan sobre las películas que han visto. Complete el diálogo con una frase con **hacer.**

Delia: ¿Has visto la película española "Mar adentro"?

Javier: Sí, ________________ dos semanas que la vi. Me gustó mucho.

Delia: ¿________________ que no ibas a ver una película hablada en español?

Javier: ________________ por lo menos un año. Son pocas las películas que nos llegan de países de habla hispana.

Delia: Me dijo Luisa que estás de nuevo estudiando español.

Javier: Sí, para repasar lo que aprendí ________________ mucho tiempo.

IV. Exprese la misma idea usando una expresión con **hace.**

MODELO: Son las once; empecé a estudiar a las 10:30 y todavía estoy estudiando.
Hace media hora que estudio (estoy estudiando).

1. No nos vemos desde el año pasado.
2. Llevo más de tres años que no la visito.
3. La familia llegó la semana pasada.
4. ¿Desde cuándo estás aquí?
5. ¿Todavía estás al teléfono? Has hablado por dos horas.

Composición

Antes de escribir, repase las siguientes reglas sobre la acentuación y la ortografía.

A Repaso de acentuación

1. Llevan acento escrito ciertas palabras que se pronuncian de la misma manera para distinguir el significado y uso gramatical.* (Ver página 224).

mi *my*	**mí** *me*	**el** *the*	**él** *he, him*	**te** *you, yourself*	**té** *tea*
si *if*	**sí** *yes*	**tu** *your*	**tú** *you*	**de** *of, from*	**dé** *give*

NOTA: En general las plabras monosilábicas no llevan acento cuando no hay confusión de significado: **fui, fue, vi, vio, di, dio.**

2. Se requiere el acento escrito al añadir pronombres a infinitivos, gerundios o mandatos afirmativos.

llevársela	**comprármelo**	**estudiándola**	**escribiéndoselas**
quítelo	**acuéstate**	**siéntense**	

NOTA: En el caso de infinitivos no se necesita el acento escrito cuando se añade un solo pronombre: **llevarla, comprarme.** Recuerde que los mandatos de una sílaba tampoco llevan acento: **ponla, hazlo.**

Actividad

Ponga el acento en las palabras que lo necesiten.

1. Alicia habló con el director. Como te dije, el fue a su despacho poco antes de las tres.
2. Si tu quieres que yo les de el recibo, se lo puedo dar esta tarde.
3. Ayer por la tarde vi al primo de Elena. Fui con el al café donde tomamos te.
4. Pedro habla de si mismo como si fuera el más importante.
5. Estaba escribiendote una notita para decirte que vi a Josefina ayer.
6. Por favor, traeme aquella toalla y ponla a mi lado.

*Ver capítulo preliminar, página 7.

B Repaso de ortografía: gue, gui, güe, güi

1. El sonido fuerte de la **g** con las vocales **e, i** se escribe **gue, gui.** La **u** no se pronuncia:

   guerra, juguete, pague, guitarra, Guillermo, águila

2. La **u** se pronouncia cuando lleva diéresis (dos puntitos): **güe, güi:**

   vergüenza, bilingüe, lingüista, pingüino

Actividad

¿Se escriben con **gue, gui, güe, güi**?

se___mos	___rrillero	lle___mos
ci___ña	len___ta	ver___nza
bilin___smo	ro___mos	ju___mos
lle___mos	___tarra	á___la
consi___n	pa___n	

Ejercicio de composición (opcional)

Haga una composición, oral o escrita, sobre uno de los temas que se dan a continuación. Prepare de antemano un bosquejo que le ayudará a desarrollar su tema con coherencia. El primer tema incluye un esquema como modelo.

TEMA: Efectos producidos por el cine y la televisión en la sociedad actual.

INTRODUCCIÓN: La violencia que hay en las películas se refleja en la sociedad.
Efecto que causa en los niños y jóvenes el ver tantas cosas horribles en el cine y la televisión.
Protesta de muchas personas contra este tipo de película.
Necesidad de un cambio.

DESARROLLO: Cómo influir para que se produzca un cambio.
Necesidad de usar el cine y la televisión como un medio educativo.
Necesidad de destacar los valores morales y éticos en el cine y la televisión.

CONCLUSIÓN: ¿Cuál es su opinión sobre este tema?
¿Cree que el cine y la televisión pueden usarse como un medio de educación cultural?
¿Qué tipos de programas culturales podrían ser muy educativos?

TEMA: La importancia de la libertad de prensa.

TEMA: ¿Por qué estudiar literatura?

Capítulo 8

Mural hecho en un edificio de San Francisco, California, por artistas mexicoamericanos.

- Vocabulario
- Lectura 1: "Inmigraciones hispanas en los Estados Unidos"
- Lectura 2: "Recuerdo íntimo" de Lucha Corpi
- Lectura 3: "La mejor tinta" de Armando Valladares
- Adjetivos y pronombres posesivos
- Adjetivos y pronombres demostrativos
- Sustantivos
- Adjetivos
- Prefijos **des-**, **in-**, **re-**
- Repaso de acentuación
- Repaso de ortografía: **sc**

Vocabulario

Antes de leer, estudie el siguiente vocabulario que le ayudará a comprender la lectura.

Sustantivos

la banca banking
la cifra number
la ciudadanía citizenship
el ejército the armed services
la empresa company
la escasez shortage
la fábrica factory
el habitante inhabitant
el negocio business
el obrero worker, laborer
la oferta offer
la población population
el puesto position, job
el reconocimiento recognition
el refugio refuge
el suroeste southwest
el trabajador worker, laborer
la travesía voyage
la vivencia personal experience

Verbos

agrupar to group, assemble
aportar to contribute
citar to cite
establecer (zc) to found
evolucionar to evolve
expatriarse to go into exile
fluir (y) (como huir) to flow
fortalecer (zc) to strengthen
hacerse to become
mantener (como tener) maintain
narrar to narrate
regresar to go back
remontarse to go back (to some date in the past)
surgir (j) to appear
triunfar to be successful, triumph
valorar to value

Adjetivos

agudo keen, sharp
duro hard
propio one's own
trabajador hardworking

Preposición

según according to

Frases

debido a due to
en busca de looking for
en su época in his time
Segunda Guerra Mundial World War II
sentido de humor sense of humor

Palabras relacionadas. El significado de muchas palabras se puede determinar al pensar en palabras relacionadas. ¿Puede Ud. dar el significado en inglés de las palabras subrayadas si piensa en la palabra entre paréntesis?

1. (fundar) Cuando en 1607 se fundó Jamestown, ...
2. (documento) ...millones de indocumentados que viven en el país
3. (agricultura) (brazo) ...muchos de ellos trabajadores agrícolas o braceros
4. (pintar) (vivir) ...han tratado de expresar, a través de la pintura, su historia y sus vivencias

Cuidado con estas palabras:

fábrica *factory*
tela *fabric*

fundar *to found*
encontrar *to find*

época *time; epoch, era*
tiempo *time; duration of time; weather*

actualmente *at present*
realmente *actually*

calidad *quality*
cualidad *qualification*

rato *short time*
vez *time in a series*

Lectura I

Inmigraciones hispanas en los Estados Unidos

Históricamente, gran parte del territorio ocupado hoy por los Estados Unidos podría haber sido parte del mundo hispanoamericano. La presencia hispana en el suroeste de este país se remonta a la llegada de los españoles a América. Cuando en 1607 se fundó Jamestown, en Virginia, el español Pedro Martínez de Avilés ya había fundado, en 1565, la ciudad de San Agustín en la Florida, y otros españoles habían navegado por el río Misisipí y explorado áreas de Tejas, Arizona, Nuevo México y California. En este último estado el fraile español Junípero Serra estableció las famosas misiones que, en su época, no sólo fueron centros religiosos, sino también centros económicos y de educación. Como consecuencia de este pasado hispánico, en el suroeste de los Estados Unidos hay innumerables ciudades y pueblos, calles y avenidas con nombres españoles.

En el siglo XX ese pasado hispano se fortaleció debido a las inmigraciones hispanas que actualmente representan un aspecto importante de la vida y la cultura de los Estados Unidos. Según el último censo,° se calcula que la población hispana pasa de los veinte y dos millones, cifra que no incluye a los millones de indocumentados que viven en el país. Se calcula que para el año 2010 los hispanos serán la minoría más grande en los Estados Unidos. Las mayores inmigraciones que forman esta gran población hispana han venido de México, Puerto Rico, Cuba y Centro América.

°*census*

La principal inmigración, y la que más impacto ha tenido, es la mexicana, que representa más de un 60% de la población hispana, con grandes concentraciones en California, Arizona, Nuevo México y Chicago. Durante la Segunda Guerra Mundial, debido a la gran escasez de trabajadores que había en los Estados Unidos, miles de mexicanos vinieron en busca de trabajo. La vida de estos mexicanos, muchos de ellos trabajadores agrícolas, era dura y se veían forzados° a tener que ir de un lado para otro según las ofertas de trabajo. Aunque estos inmigrantes asimilaron una nueva forma de existencia, no abandonaron sus tradiciones y costumbres. En el suroeste de los Estados Unidos la influencia de la cultura mexicana es notable, ya que esta parte del país era territorio de México. Lógicamente, la población de origen mexicano aportó varios elementos culturales que han quedado incorporados a la vida norteamericana.

forced

El chicano o mexicoamericano, como grupo, presenta gran variedad. Se caracteriza por su bilingüismo y su biculturalismo. La cultura chicana es el producto final de la vida y las experiencias del inmigrante mexicano en los Estados Unidos. Los chicanos han producido una literatura propia que evoluciona y crece constantemente y, aunque es muy variada, se caracteriza por los elementos que definen la vida del chicano en conflicto con la cultura norteamericana. Entre los muchos autores se deben citar a Tomás Rivera, Rolando Hinojosa y Sandra Cisneros. Esta última escritora ha iniciado su carrera literaria con dos novelas que han tenido mucho éxito y resonancia. En ellas Sandra Cisneros narra las experiencias del mexicoamericano en un estilo original donde predomina su personal sentido de humor poético.

El arte muralista mexicano ha sido imitado en muchas ciudades estadounidenses por artistas chicanos, los cuales han tratado de expresar, a través de la pintura, su historia y sus vivencias.

En los últimos años muchos chicanos han ido ocupando puestos en el gobierno, en las universidades y en las escuelas desde donde defienden y luchan por su cultura. En el mundo de los negocios y del comercio, son muchos los chicanos que han triunfado estableciendo y desarrollando fábricas y empresas importantes.

Los puertorriqueños son el segundo grupo (en número y en antigüedad) de inmigrantes hispanos que se encuentran por todo el país. Puerto Rico pasó a los Estados Unidos en 1898 y actualmente es un Estado Libre Asociado.° Los habitantes de la isla tienen la ciudadanía norteamericana y sirven en el ejército de los Estados Unidos, pero no votan en las elecciones presidenciales y no tienen representantes en el Congreso. Después de la Segunda Guerra Mundial, los puertorriqueños, lo mismo que los mexicoamericanos, venían a los Estados Unidos para buscar trabajo. Más de un 70% de los puertorriqueños vive en Nueva York, donde forman un núcleo cultural y social definido y vital. Muchos de ellos han asimilado la cultura norteamericana y han tenido éxito,

Commonwealth

otros mantienen una dualidad° cultural y aún otros están agrupados solamente entre ellos. Ultimamente la inmigración puertorriqueña ha disminuido debido al gran desarrollo económico de Puerto Rico, y algunos de los que vivían en el clima frío de Nueva York han regresado a su hermosa isla tropical.

duality

En los últimos años han surgido escritores y poetas puertorriqueños que, desde tierra° norteamericana, han creado una literatura genuina de importancia. Entre ellos se pueden citar a Rosario Ferré y a Julia de Burgos, poeta independiente, sincera y rebelde que vivió y murió en Nueva York. En su poesía expresa la nostalgia de su tierra natal° y del campo de su isla del Caribe. Entre los compositores puertorriqueños de música seria que enseñan en universidades de los Estados Unidos se puede citar a Roberto Sierra, cuya música es cada vez más conocida.

land
native country

A diferencia de los otros dos grupos anteriores, los cubanos empezaron a venir a los Estados Unidos, buscando refugio político, a partir de 1959. Al triunfar en esa fecha la revolución dirigida por Fidel Castro, miles de profesionales, artistas, escritores, oficinistas, campesinos y obreros tuvieron que expatriarse por no poder vivir bajo la dictadura comunista existente en Cuba. Cuando en 1962 se suspendieron los vuelos comerciales entre los Estados Unidos y Cuba, la salida de la isla se hizo casi imposible y muchas familias completas escapaban en barcos pequeños, muriendo muchos de ellos en la travesía. En 1965 el presidente de los Estados Unidos, Lyndon Johnson, autorizó los "vuelos de la libertad" y más de 300.000 cubanos llegaron, en corto tiempo, a las costas de Miami. Actualmente los cubanos que residen en este país pasan del millón.

Los cubanos se han incorporado a la vida estadounidense ocupando puestos importantes en las universidades y escuelas, en el comercio y en la banca, y estableciendo negocios propios. Los comerciantes cubanos han tenido un papel importante en el desarrollo de la economía de Miami, siendo esta ciudad un centro bancario importante para las conexiones de negocios entre el Caribe y la América del Sur. Se puede decir que la ciudad de Miami está totalmente "cubanizada", ya que se ha convertido en una extensión de Cuba en tierra norteamericana.

La producción literaria del exilio cubano es abundante y de gran calidad. Novelistas, cuentistas y poetas, así como pintores, compositores y escultores,° forman un núcleo creativo en las áreas de Nueva York y Miami. Entre los escritores que han alcanzado fama y reconocimiento están Guillermo Cabrera Infante, quien recibió el valioso Premio Cervantes en 1997, y Reinaldo Arenas, que dejó una extensa lista de obras que han sido traducidas a muchos idiomas. Su autobiografía *Antes que anochezca* es un estremecedor° testimonio personal y político que Arenas terminó de escribir unos días antes de poner fin a su vida. Esta obra ha sido llevada al cine y la película ha sido muy elogiada° por la crítica cinematográfica.

sculptors
shocking
praised

Varios pintores cubanos ocupan una posición sólida en los círculos del mundo del arte, destacándose Cundo Bermúdez, cuyos cuadros han alcanzado precios muy altos, Baruj Salinas y Ramón Alejandro, quien vive ahora en París. En el campo de la música clásica entre los compositores que han trascendido las fronteras de este país se pueden citar a Julián Orbón, a Aurelio de la Vega y a Tania León.

En los años ochenta grandes grupos de refugiados políticos de Nicaragua llegaron a Miami, aumentando así el número de hispanohablantes en esa ciudad. Más tarde, debido a la guerra civil en El Salvador que duró hasta 1992, muchos salvadoreños vinieron a Estados Unidos estableciéndose en Miami, Nueva York y Los Ángeles que es donde reside el núcleo mayor de ellos.

Todas las inmigraciones mencionadas se han incorporado al fluir de la vida norteamericana dejando en ella las huellas de la cultura y las tradiciones hispanas, produciendo un enriquecimiento en la forma de vida, en las costumbres y hasta en la lengua.

Llene los espacios en blanco con la palabra o frase que sea correcta.

1. En el siglo pasado un viaje a Europa demoraba varios días, ________________ que no había aviones y el viaje se hacía en barco.
2. La presencia hispana en el suroeste de los Estados Unidos ________________ a la llegada de los españoles a América.
3. Después de la Segunda Guerra Mundial, en los Estados Unidos hacía falta gente para trabajar. Debido a esta ________________ de trabajadores, vinieron muchos mexicanos a distintas partes del país.
4. Los puertorriqueños tienen que servir en el ________________ norteamericano.
5. Muchos de los inmigrantes cubanos que venían en botes pequeños murieron en la ________________.
6. Un fraile español ________________ las misiones de California.
7. El pasado hispano se ha ________________ y se ha enriquecido con las inmigraciones de México, Puerto Rico y Cuba.
8. La literatura chicana tiene muchos escritores que han alcanzado ________________ y fama.
9. Miami es un centro importante para las conexiones de ________________ entre el Caribe y la América del Sur.
10. Debido al desarrollo económico de Puerto Rico, muchos puertorriqueños están ________________ a la isla tropical.

Preguntas sobre la lectura

1. ¿Por qué dice el autor que parte de los Estados Unidos podría haber pertenecido al mundo hispanoamericano?
2. ¿Cuál de las tres inmigraciones hispanas que han venido a los Estados Unidos es la que más huellas ha dejado en la vida norteamericana? Mencione algunas de las influencias que se notan en la lengua, en las comidas, en la ropa, en el estilo de las casas.
3. Mencione las circunstancias que hicieron que miles de trabajadores mexicanos vinieran a los Estados Unidos.
4. ¿Qué narra la escritora chicana Sandra Cisneros en sus novelas?
5. En los últimos años, ¿en qué campos de la vida norteamericana se desenvuelve y triunfa el mexicoamericano?
6. Al ser Puerto Rico un Estado Libre Asociado, ¿qué ciudadanía tienen sus habitantes?
7. ¿Por qué ha disminuido en los últimos años la inmigración puertorriqueña que venía a Nueva York?
8. ¿Qué circunstancia produce la inmigración cubana a los Estados Unidos? Compare esta inmigración con las otras dos inmigraciones.
9. ¿Cómo interpreta Ud. el hecho de que muchas familias cubanas se decidieran a escapar, abandonando todas las pertenencias y posesiones, en lugar de quedarse en su patria? En iguales circunstancias, ¿haría Ud. lo mismo?
10. Si Ud. ha estado en Nueva York, entre los puertorriqueños, o en Miami, entre los cubanos, describa algunas de las costumbres de ambos grupos.

Temas de conversación

1. Se dice que este país es un mosaico de culturas. ¿Está de acuerdo con esta afirmación? Explique su respuesta. ¿Cuáles fueron las principales inmigraciones venidas de Europa en el siglo XIX? ¿En qué aspectos de la cultura popular norteamericana es evidente la influencia de los esclavos negros?
2. La inmigración ilegal de mexicanos y centroamericanos a los Estados Unidos es un problema muy discutido y existen muchas opiniones sobre ese tema. Algunas personas creen que es beneficiosa porque los inmigrantes ilegales hacen trabajos que nadie quiere hacer. Otros piensan que les quitan trabajos a los que ya viven aquí. ¿Cuál es su opinion?
3. ¿Viene Ud. de una familia de inmigrantes llegados recientemente a Estados Unidos? Hable sobre las experiencias que han tenido en este país. ¿Qué diferencia cree Ud. que existe entre un turista y un inmigrante?
4. ¿Cree Ud. que la tecnología moderna ha creado o eliminado puestos de trabajo? Explique su respuesta. ¿Por qué cree Ud. que hay tanta inmigración del campo hacia las ciudades grandes? ¿Cree Ud. que el gobierno federal debe proporcionar *(provide)* trabajo a todos los que estén desempleados *(unemployed)*?

Vocabulario

Antes de leer, repase el siguiente vocabulario que le ayudará a comprender la lectura.

Sustantivos

el tejado tile roof

la tina de baño bathtub

Verbos

destrozar (c) to destroy
meterse to get inside

Adjetivos

infame horrible

Frases

por si acaso just in case

Lectura 2

"Recuerdo íntimo" de Lucha Corpi

Lucha Corpi, escritora mexicana chicana, nació en Veracruz. Habiendo publicado varios libros, tanto en inglés como en español, esta escritora se destaca no sólo por su prosa, sino también por su poesía. "Recuerdo íntimo" narra en primera persona una anécdota del pasado en un tono melancólico y evocador.

"Recuerdo íntimo"
Para Arturo y Finnigan

No había llovido así
desde aquel día en que los perros
destrozaron los únicos zapatos que tenías
y mi bolsa estaba llena solamente
de papeles y palabras.

Llovía tanto aquella tarde
que Finnigan el gato, tú y yo,
a falta de arca,° decidimos meternos *ark*
a la tina de baño, por si acaso...

Esta tarde llueve igual que entonces
pero mi razón se niega a reandar° *to remember*
aquel infame invierno:
Sólo escucho la lluvia en el tejado,
el ronroneo° del gato en la tina de baño, *purring*
veo la suave luz de tu sonrisa de dos años.

Es todo lo que necesito recordar.

Preguntas sobre la lectura

1. ¿Qué recuerdos le trae la lluvia a la poeta?
2. ¿A quién se dirige la poeta?
3. ¿Quién cree Ud. que es el "tú" de la segunda estrofa?
4. ¿A qué se refiere el poeta al mencionar, también en la segunda estrofa, la palabra "arca"?
5. ¿Cómo interpreta Ud. la expresión de "aquel infame invierno"?
6. ¿Qué cosas no quiere olvidar la poeta?

Vocabulario

Antes de leer, repase el siguiente vocabulario que le ayudará a comprender la lectura.

Sustantivos

la cárcel jail
el castigo punishment
la rebeldía rebelliousness
la sonrisa smile

Verbos

ahogar to choke, to drown
hundir to sink
quitar to take away
sacar (qu) to take out

Frases

mi propia sangre my own blood
ni así not even then

Lectura 3

"La mejor tinta" de Armando Valladares

Armando Valladares (1937–), poeta cubano, estuvo preso° veintidós años (1960–1982) por sus convicciones cristianas y políticas, contrarias a las ideas marxistas de la dictadura° de Fidel Castro en Cuba. Su poesía, parte de

preso: in prison
dictadura: dictatorship

ella escrita en prisión y sacada° en secreto fuera del país, fue publicada en dos libros, *El corazón con que vivo* (1984) y *El alma de un poeta* (1988). *taken out*

"La mejor tinta"

Me lo han quitado todo
las plumas
los lápices
la tinta
porque ellos no quieren
que yo escriba
y me han hundido
en esta celda de castigo
pero ni así ahogarán mi rebeldía.
Me lo han quitado todo
—bueno, casi todo—
porque me queda la sonrisa
el orgullo° de sentirme un hombre libre *pride*
y en el alma un jardín
de eternas florecitas.
Me lo han quitado todo
las plumas
los lápices
pero me queda la tinta de la vida
—mi propia sangre—
y con ella escribo versos todavía.

Original escrito con mi sangre y una astillita de madera° en abril de 1981 en las celdas de castigo de la cárcel° del Combinado del Este,° en La Habana. *wooden chip* *jail / name of the prison*

De *El alma de un poeta* (1988)

Preguntas sobre la lectura

1. ¿En qué lugar estaba el poeta cuando escribió el poema?
2. ¿Por qué le han quitado todo?
3. ¿Qué cosas no le han podido quitar al poeta?
4. ¿Qué tinta usó para escribir los versos?
5. ¿Qué sentimiento cree Ud. que se expresa con mayor fuerza en este poema?

Ejercicio oral. En la página XXX aparece un dibujo por Armando Valladares. Conteste las siguientes preguntas.

1. ¿Qué contraste ve Ud. entre los dos objetos del dibujo: la rosa y el alambre de púas *(barbed wire)*? ¿Qué cree Ud. que simbolizan?
2. ¿Qué sentimientos cree Ud. que se expresan en este dibujo?
3. ¿Cómo interpreta Ud. el dibujo?

Dibujo de Armando Valladares que aparece en el libro El alma de un poeta.

Gramática

A Adjetivos y pronombres posesivos

POSESIVOS

Poseedor	*Adjetivo delante del sustantivo*	*Adjetivo después del sustantivo*	*Pronombre*
yo	**mi, mis**	**mío (-os, -a, -as)**	**el (los, la, las) mío (-os, -a, -as)**
tú	**tu, tus**	**tuyo (-os, -a, -as)**	**el (los, la, las) tuyo (-os, -a, -as)**
él, ella, Ud., cosa	**su, sus**	**suyo (-os, -a, -as)**	**el (los, la, las) suyo (-os, -a, -as)**
nosotros (-as)	**nuestro (-os, -a, -as)**	**nuestro (-os, -a, -as)**	**el (los, la, las) nuestro (-os, -a, -as)**
vosotros (-as)	**vuestro (-os, -a, -as)**	**vuestro (-os, -a, -as)**	**el (los, la, las) vuestro (-os, -a, -as)**
ellos (-as), Uds., cosas	**su, sus**	**suyo (-os, -a, -as)**	**el (los, la, las) suyo (-os, -a, -as)**

1. *Adjetivos posesivos.* Los adjetivos posesivos se usan acompañando al sustantivo para expresar posesión o pertenencia. Concuerdan con la cosa poseída y no con el poseedor.

   a. Como se ve en el diagrama, hay dos formas de adjetivos posesivos: una corta y otra larga. La forma corta se usa delante del sustantivo. **Mi, tu** y **su** concuerdan en número con el sustantivo; **nuestro** y **vuestro** en género y número.

   mi hermano   **tus** casas   **nuestros** amigos   **sus** ideales

   La forma larga se usa detrás del sustantivo, después del verbo **ser** y sola. Concuerda en género y número con el sustantivo.

   ¿Es éste el abrigo **suyo**?
   El televisor es **tuyo.**
   ¿De quién es esta camisa? **Mía.**

   b. **Su, sus** y **suyo** (**-os, -a, -as**) algunas veces presentan ambigüedad. Para mayor claridad se sustituyen por la preposición **de** + los pronombres personales.

su amigo	el amigo **de él** el amigo **de ella** el amigo **de Ud.** el amigo **de ellos** el amigo **de ellas** el amigo **de Uds.**
la casa suya	la casa **de él** la casa **de ella** la casa **de Ud.** la casa **de ellos** la casa **de ellas** la casa **de Uds.**

NOTA: Recuerde que en español se usa el artículo definido con las partes del cuerpo y las prendas de vestir.*

Me lavo **las** manos.	*I wash my hands.*
¿Te pusiste **las** botas?	*Did you put on your boots?*

2. *Pronombres posesivos.* Los pronombres posesivos se forman con los artículos definidos + las formas largas **mío, tuyo, suyo, nuestro, vuestro** y **suyo.** Concuerdan en número y en género con la cosa poseída.

   Mi abrigo es azul; **el tuyo** es rojo.
   Su casa costó poco; **la nuestra,** mucho.
   Mi hermana es bella; **la tuya** también.
   ¿Cuál es tu taza? Ésta es **la mía.**

*Ver usos del artículo definido, capítulo 2, página 76.

3. Formas neutras. Las formas neutras **lo mío, lo tuyo, lo suyo, lo nuestro, lo vuestro** y **lo suyo** se usan para expresar una idea o concepto.

> **Lo nuestro** no tiene solución.
> Ellos explicaron **lo suyo.**

Actividades

I. **Práctica.** Traduzca al español los posesivos que están en inglés y complete las frases.

1. *(mine / yours* [Ud.]) No me interesa el trabajo ________________ sino ________________.
2. *(my)* Ella no es ________________ amiga.
3. *(our / yours / mine)* ________________ generación era muy diferente. ¿Cuál te gusta más, ________________ o ________________?
4. *(ours)* ¿De quién son estas gafas? Son ________________.
5. *(his)* No acepto ________________ excusas.
6. *(his)* Este programa es ________________.
7. *(their)* Ellos discuten ________________ planes.
8. *(my / theirs)* Ésas no son ________________ ideas, son ________________.
9. *(my / yours* [tú]) ________________ familia habla español, ________________ habla inglés.
10. *(mine)* El artículo fue escrito por una profesora __________.

II. **En el aeropuerto.** Mientras Ud. espera su vuelo, al caminar por la sala de espera, Ud. escucha algunas conversaciones. Complete los siguientes diálogos con pronombres posesivos según el contexto.

Sr. López: Mi vuelo sale a las diez y media. ¿A qué hora sale ________________?

Sra. Pérez: Según mi tarjeta de embarque ________________ sale a la misma hora. Pero el de mi hijo Roberto sale una hora más tarde. ________________ sale con retraso. Es que no vamos al mismo lugar.

Empleado: ¿A quién pertenecen estas maletas? ¿Son de Uds.?

Sr. García: Sí, son ________________. Queremos facturarlas *(check them in)*, por favor.

Sra. Torres: Voy a comprarles unos recuerdos *(souvenirs)* a mis nietecitos. ¿Y tú vas a comprarles algo a ________________?

Amiga: Sí, claro, a ________________ les encanta cuando les llevo regalitos.

Doña Ana: Aquí en mi bolso tengo mi pasaporte, pero no tengo ________________, querido.

Don Pepe: Llevo ________________ en mi bolsillo, mi amor. No te pongas nerviosa.

III. **Una excursión en auto.** Ud. y su amigo hacen planes para una excursión en auto. Conteste las preguntas de su amigo y explique la razón para su respuesta. Use pronombres posesivos donde sea necesario.

MODELO: ¿Vamos en mi carro o en el de Uds?
Vamos en el nuestro porque es más cómodo.
Vamos en el tuyo porque es más cómodo.

1. ¿Llevamos mi cámara o la tuya?
   Llevemos ________________ porque...
2. ¿Vamos a usar tus mapas o los de la agencia?
   Usemos ________________ porque...
3. ¿Llevamos mi despertador o el de tu hermana?
   Llevemos ________________ porque...
4. ¿Ponemos mis maletas o las tuyas en el maletero?
   Pongamos ________________ porque

B Adjetivos y pronombres demostrativos

DEMOSTRATIVOS

Adjetivos		*Pronombres*		
singular	*plural*	*singular*	*plural*	*neutro*
este	**estos**	**éste**	**éstos**	**esto**
esta	**estas**	**ésta**	**éstas**	
ese	**esos**	**ése**	**ésos**	**eso**
esa	**esas**	**ésa**	**ésas**	
aquel	**aquellos**	**aquél**	**aquéllos**	**aquello**
aquella	**aquellas**	**aquélla**	**aquéllas**	

Los demostrativos se usan para indicar proximidad o lejanía en el espacio o en el tiempo.

este próximo a la persona que habla
ese próximo a la persona que escucha
aquel lejos de la persona que habla y de la que escucha

Aunque ha pasado mucho tiempo, no olvido **aquella** experiencia traumática.
Siempre recordaré **estos** momentos felices que pasé contigo.

1. *Adjetivos demostrativos.* Se colocan delante del sustantivo y concuerdan con éste en género y número. Los adjetivos demostrativos no llevan acento.

Aquí tienes **esta** carta. Léela y contéstala.
Déme **ese** informe que acaba de escribir.
Siempre recuerdo **aquellos** días cuando no existían las computadoras.

2. *Pronombres demostrativos.* Se usan en lugar de un sustantivo y concuerdan en género y número con el sustantivo que reemplazan. Los pronombres demostrativos llevan acento.

Escogí estos zapatos y **aquéllos.**
¿Cuál cartera prefiere, **ésta** o **ésa**?
Aquélla sí fue una semana inolvidable.

a. El pronombre **éste** (**-os**, **-a**, **-as**) reemplaza al sustantivo que está más cerca. (Equivale a la expresión en inglés *the latter.*)

b. **Aquél, aquéllos, aquélla, aquéllas** reemplazan al sustantivo que está más lejos. (Equivale a la expresión en inglés *the former.*)

Rita es mayor que Anita; **ésta** tiene diez años, **aquélla** tiene quince.
(Ésta se refiere a Anita; aquélla se refiere a Rita.)

3. Las formas neutras **esto, eso** y **aquello** se refieren a una idea, acción o cosa abstracta. Equivalen a esta cosa, esa cosa y aquella cosa. Las formas neutras no llevan acento.

Ricardo, **esto** que escribiste está muy bien, puesto que aclaras que **aquello** que parecía humo era sólo niebla. Por **eso** la gente del pueblo estaba tan alarmada.
Ricardo, what you wrote is very good, because you clarify that that which looked like smoke was really fog. That is the reason the people in the village were so upset.

Actividades

1. **En una mueblería.** Adela y Beatriz andan buscando muebles nuevos para su apartamento. Complete el diálogo con los demostrativos adecuados.

Adela: *(Sentada en un sillón)* ¿Qué te parece ________________ sillón? A mí me encanta el estilo. Y mira ________________ almohadones. *(Se los muestra a Beatriz.)* Le hacen juego al sillón.

Beatriz: Pues, yo me senté en él, y ________________ sillón que tanto te gusta no me parece muy cómodo.

Adela: ¿Por qué no vemos entonces ________________ sofá que está allá junto a la ventana? Quizás tenga un buen precio.

Beatriz: No, ________________ sofás que están allá son sofá-camas y además son caros.

Adela: Entonces vamos a ________________ mueblería de enfrente. Allí tal vez encontremos algo que nos guste a las dos.

II. **José Vasconcelos.** El siguiente párrafo trata del mexicano José Vasconcelos. Subraye la forma correcta del pronombre o adjetivo demostrativo que está entre paréntesis.

José Vasconcelos, uno de los más distinguidos hombres de letras en México, fue ministro de educación en 1921. (Este, Éste) filósofo de vida contradictoria y apasionada nació en Oaxaca pero se educó en la Ciudad de México. Participó activamente a favor de la Revolución. (Eso, Esa) le llevó al Ministerio de Educación. En (aquellos, aquéllos) años el porcentaje de analfabetos era sumamente alto. (Esto, Este) le impulsó a hacer muchas reformas en la enseñanza. (Esas, Ésas) reformas incluían la enseñanza en sitios rurales a niños así como a adultos. Su lema "Por mi raza habla el espíritu" es bien conocido. La organización estudiantil MECHA* adoptó (éste, este) lema cuando se fundó en la década de los '70. ■

C Sustantivos

1. Género de los sustantivos.

a. La mayor parte de los sustantivos masculinos terminan en **-o**, y los femeninos en **a.****

el muchacho	la puerta
los escritorios	las chicas

b. Existen excepciones a la regla anterior ya que hay sustantivos masculinos terminados en **-a** y sustantivos femeninos terminados en **-o.**

Masculinos terminados en -a		*Femeninos terminados en -o*
el clima	el drama	la mano
el problema	el telegrama	la soprano
el tema	el mapa	la foto (la fotografía)
el programa	el planeta	la moto (la motocicleta)
el sistema	el día	
el poema	el sofá	

En **estos días** Luisa tiene **varios problemas:** perdió **los poemas** que escribió, recibió **un telegrama** con malas noticias y le robaron **la moto** que compró el mes pasado.

*Movimiento Estudiantil Chicano de Aztlán

Recuerde que se usa el artículo masculino con los sustantivos femeninos que comienzan con **-a o **-ha** acentuada: el ala, las alas; el hambre, mucha hambre. Ver capítulo 2, página 75.

c. Los nombres terminados en **-d, -umbre, -ión, -ie** y **-ez** generalmente son femeninos. Excepciones: el camión, el avión, el gorrión *(sparrow)*

la lealtad	la costumbre	la nación	la serie	la sencillez
la juventud	la muchedumbre	la porción	la superficie	la vejez
la pared	la lumbre	la pasión	la especie	la honradez
la red	la cumbre	la religión		la acidez

La muchedumbre llenaba la plaza.
Las misiones de California fueron fundadas por franciscanos españoles.

d. Son femeninos casi todos los nombres terminados en **-sis** o **-tis,** especialmente los referentes a enfermedades. Excepciones: el oasis, el análisis

la artritis	la laringitis
la tuberculosis	la apendicitis
la parálisis	la tesis
la neurosis	la crisis

Beatriz terminó **la tesis** doctoral.
Al hacerle **el análisis** descubrieron que su problema le venía de **la artritis.**

e. Las letras del alfabeto son femeninas.

la a
las efes

f. Los nombres de océanos, ríos y montañas son masculinos.

el Pacífico
el Amazonas
el Aconcagua
el Caribe
el Nilo
el Popocatépetl

g. Los nombres de los idiomas son masculinos.

el italiano
el español
el alemán
el japonés

h. Los sustantivos terminados en **-e**, **-l**, **-r** y **-z** pueden ser masculinos o femeninos.

	Masculino		*Femenino*	
-e:	el parque	el chiste	la calle	la nube
	el coche	el valle	la nave	la nieve
	el postre	el bigote	la gente	la fuente
	el viaje	el paisaje	la noche	la torre
	el nombre	el baile	la suerte	la pirámide
	el cine	el tomate	la fe	la parte
-l:	el árbol	el mantel	la piel	la postal
	el rosal	el tamal	la cárcel	la sal
-r:	el amor	el temor	la flor	la labor
	el calor	el motor		
	el carácter	el terror		
-z:	el pez	el arroz	la cruz	la voz
	el maíz	el lápiz	la raíz	la actriz
			la nariz	la vez

El flamenco es **un baile** andaluz.
La gente llenó el estadio.
Metieron al ladrón en **la cárcel.**

i. Los sustantivos terminados en **-ante**, **-ente**, **-iente**, referentes a personas o animales, adquieren la terminación **-a** para formar el femenino.

el comediante	la comedianta
el elefante	la elefanta
el asistente	la asistenta
el presidente	la presidenta
el confidente	la confidenta
el pariente	la parienta
el dependiente	la dependienta

Tengo **una asistenta** muy eficiente.
La Sra. Presidenta leyó el discurso de despedida *(farewell address)*.

j. Los días de la semana son masculinos.

el lunes   los viernes

k. La mayoría de los sustantivos terminados en **d**, **l**, **n**, **r**, **s** y **z**, referentes a personas o animales, agregan **-a** para formar el femenino.

el huésped	la huéspeda
el león	la leona
el trabajador	la trabajadora
el marqués	la marquesa
el andaluz	la andaluza

l. Hay sustantivos que se usan para ambos géneros biológicos y sólo cambia el artículo.

el artista	la artista
el novelista	la novelista
el pianista	la pianista
el masajista	la masajista
el testigo	la testigo
el joven	la joven
el juez	la juez
el astronauta	la astronauta
el mártir	la mártir
el cantante	la cantante
el atleta	la atleta
el compatriota	la compatriota
el habitante	la habitante

El flautista tocó acompañado de una **pianista** argentina.
Los atletas españoles ganaron varias medallas en las Olimpiadas.

m. Hay sustantivos referentes a personas o animales que tienen palabras diferentes en cada género.

el actor	la actriz
el alcalde	la alcaldesa
el caballero	la dama
el caballo	la yegua
el compadre	la comadre
el emperador	la emperatriz
el gallo	la gallina
el héroe	la heroína
el marido, el esposo	la esposa
el padrastro	la madrastra
el padrino	la madrina
el príncipe	la princesa
el rey	la reina
el toro	la vaca
el varón, el macho	la hembra
el yerno	la nuera

Tanto **el actor** como **la actriz** me parecieron excelentes.
Ramiro siempre monta *(rides)* **la yegua** blanca.

NOTA: La palabra **macho** se aplica principalmente a los animales. La palabra **varón** se aplica a las personas.

Mis tíos tienen dos **varones.**
Entre los animales, el **macho** generalmente es más agresivo.

n. Hay nombres que tienen dos significados diferentes según el artículo —femenino o masculino— que los acompaña.

el guía	*guide*	**el** frente	*front*
la guía	*phone book*	**la** frente	*forehead*
el policía	*policeman*	**el** Papa	*Pope*
la policía	*police force*	**la** papa	*potato*
el parte	*communiqué, dispatch*	**el** orden	*order*
la parte	*part, portion*	**la** orden	*order, command*
el capital	*capital (money)*	**el** modelo	*example, pattern*
la capital	*capital (city)*	**la** modelo	*female model*
el cura	*priest*	**el** pendiente	*earring*
la cura	*cure, healing*	**la** pendiente	*slope*

La policía de **la capital** se encargó de mantener **el orden.**
Le pedí la dirección a **un policía** de tráfico.

Actividades

I. **Práctica.** Escriba de nuevo los párrafos haciendo los cambios necesarios al cambiar los sustantivos subrayados del masculino al femenino.

MODELO: El asistente parecía cansado.
La asistenta parecía cansada.

Tengo un compatriota que es un buen masajista. Cuando voy para que me dé masaje en la espalda le sirvo de confidente y conversa tanto que ya conozco su vida. Creo que es un héroe y un mártir por todo lo que pasó durante la revolución que hubo en su patria.

El artista de ópera que cantó anoche era el yerno del director de orquesta. Es un cantante magnífico y se viste que parece un emperador.

II. **Práctica.** Escoja el artículo que sea correcto.

1. (un / una) El pájaro tiene ________________ ala rota.
2. (el / la) El astronauta está en ________________ nave espacial.
3. (el / la) Llegó ________________ telegrama urgente para el director.
4. (el / la) Los alumnos discutieron ________________ tema de las drogas.
5. (los / las) Se fueron muy rápido ________________ días felices.
6. (un / una) Ella vive en ________________ torre del Parque Central.

III. **Próximas elecciones.** Pronto habrá elecciones en la ciudad donde vive Roberto. Él piensa en los problemas y en las cualidades que él quisiera ver en un candidato. Usando los artículos —definidos o indefinidos— que sean necesarios, complete las siguientes ideas que tiene Roberto.

1. ________________ problemas principales que existen en ________________ sociedad son ________________ hambre, ________________ drogas y ________________ gente sin trabajo.
2. ________________ habitantes de ________________ ciudad han perdido ________________ fe y ________________ esperanza de tener ________________ alcalde que necesitan.
3. ________________ cualidades que más aprecio son ________________ honradez, ________________ lealtad, ________________ nobleza y ________________ sencillez.
4. Estoy a favor de Jorge Robles. Tiene ________________ inteligencia clara y es ________________ estudiante brillante de leyes. Me parece que es ________________ persona sincera y parece tener ________________ buen carácter. Me han dicho que es ________________ atleta dinámico.
5. En la foto que salió en el periódico, todavía no se había quitado ________________ bigote. Como era una foto de perfil, ________________ nariz le salió un poco larga, pero es lo de menos. Las apariencias engañan.

IV. Escriba los artículos —definidos o indefinidos— que correspondan de acuerdo con el género de los sustantivos. Use las contracciones **al** o **del** donde sea necesario.

1. Cuando fuimos al Perú ________________ guía que nos acompañó sabía mucho de ________________ civilización de ________________ incas. Tuvimos ________________ suerte de estar con él cuando visitamos ________________ ruinas de Machu Picchu, y además de ser ________________ fuente *(source)* de información excelente, hablaba perfectamente ________________ inglés.
2. Son muchos ________________ problemas que tienen que resolver ________________ ciudades grandes. ________________ sistema de educación y ________________ programas de asistencia social necesitan cambios importantes.
3. ________________ clima ________________ estado de California es lo que atrae a ________________ gente que vive en lugares fríos donde ________________ nieve cubre todo durante ________________ mayor parte ________________ invierno.

V. Ud. y unos compañeros de la universidad han participado en una manifestación. Conteste las preguntas que le hace su amigo(a) acerca de la actividad.

Amigo: ¿Adónde fueron Uds. el fin de semana?

Ud.: Fuimos a ________________ capital a participar en la manifestación contra el aumento del costo de la matrícula *(tuition)* en las universidades.

Amigo: ¿Y pudieron ver a los legisladores? ¿Cómo sabían su horario?

Ud.: Por ________________ guía y los panfletos que nos mandó nuestro líder. Todo estaba muy bien organizado. No hicimos nada hasta que él nos dio ________________ orden de manifestar.

Amigo: ¿Y no hubo problemas?

Ud.: En realidad, no. ________________ policía se portó bien y todo se dirigió con ________________ debido orden. Sólo tuvimos un problema al volver. Un individuo chocó su carro contra el nuestro dándole un golpe al carro en ________________ frente, pero nadie salió lastimado.

Amigo: ¿Crees que haya sido un éxito la manifestación en el capitolio?

Ud.: Creo que sí. ________________ parte que más me interesó de todo aquello fue la discusión que hubo por la tarde entre los varios políticos y nuestro líder. ■

2. Plural del sustantivo.

a. Los sustantivos terminados en vocal no acentuada y en **-é** (acentuada) añaden una **-s** para formar el plural.

el cuadro	**los cuadros**	el almirante	**los almirantes**
la sobrina	**las sobrinas**	el café	**los cafés**

b. Los sustantivos terminados en consonante o en vocal acentuada, excepto **-é**, añaden la sílaba **-es** para formar el plural.

la flor	**las flores**	el origen	**los orígenes**
la ley	**las leyes**	el danés	**los daneses**
la reloj	**los relojes**	el rubí	**los rubíes**
la cárcel	**las cárceles**	el hindú	**los hindúes**
el carbón	**los carbones**	el ají	**los ajíes**

Excepciones:

mamá	**mamás**	menú	**menús**
papá	**papás**	esquí	**esquís**
sofá	**sofás**		

NOTA: Si la palabra termina en consonante y lleva acento escrito en la última sílaba, pierde el acento escrito al formar el plural.

pasión	**pasiones**	inglés	**ingleses**
nación	**naciones**	alemán	**alemanes**

NOTA: Si la palabra lleva el acento hablado en la penúltima sílaba, lleva acento escrito en esta sílaba al formar el plural.

examen **exámenes** origen **orígenes**

c. Los sustantivos que terminan en **-z** cambian la **-z** por **-c** al añadir la sílaba **-es** para formar el plural.

luz **luces** lápiz **lápices** cruz **cruces**

d. Los sustantivos terminados en **-s** en sílaba no acentuada no cambian en el plural.

el sacacorchos	**los sacacorchos**	el paraguas	**los paraguas**
el salvavidas	**los salvavidas**	el abrelatas	**los abrelatas**
el tocadiscos	**los tocadiscos**	la crisis	**las crisis**
la tesis	**las tesis**	el viernes	**los viernes**
el rompecabezas	**los rompecabezas**	el lavaplatos	**los lavaplatos**

e. Los apellidos no se pluralizan en español. En cambio, los nombres de pila *(first names)* sí se pueden pluralizar.

Anoche cenamos en casa de **los González.**
Allí estaban **las Salcedo.**
Después llegaron los **dos Antonios** de la familia Pérez.

f. Algunas palabras se usan sólo en plural.

las gafas	los anteojos
las vacaciones	las cosquillas *(tickling)*

Actividad

Escriba de nuevo el siguiente párrafo cambiando los sustantivos al plural haciendo los cambios que sean necesarios.

El profesor preparó un exámen muy difícil. Según el muchacho, parecía un rompecabezas *(puzzle)*. A pesar de eso, el joven salió bien. Le aprobaron la tesis doctoral y por lo tanto se puso muy contento. Su papá estaba muy orgulloso y le regaló un reloj de oro. ■

3. Diminutivos.

a. Las terminaciones más usadas para formar el diminutivo son **-ito** y **-cito**, que se añaden a los sustantivos y adjetivos. La terminación **-cito** generalmente se usa con los sustantivos y adjetivos que terminan en **e**, **n** o **r.**

-cito				*-ito*	
rincón	**rinconcito**	amor	**amorcito**	vaso	**vasito**
lápiz	**lapicito**	parque	**parquecito**	papel	**papelito**
suave	**suavecito**	limón	**limoncito**	silla	**sillita**
madre	**madrecita**	lugar	**lugarcito**	árbol	**arbolito**
corazón	**corazoncito**	café	**cafecito**		

NOTA: Cuando una palabra termina en **-co** o **-go** ocurre el siguiente cambio ortográfico:

-co	→	**-qui**	poco	**poquito**	muñeca	**muñequita**
-go	→	**-gui**	amigo	**amiguito**	lago	**laguito**

b. También se usan las terminaciones **-illo**, **-ico** y **-uelo** para expresar el diminutivo.

pájaro	**pajarillo**	pan	**panecillo**	mano	**manecita**
	pajarito		**panecito**		**manita**
flor	**florecilla**				
	florecita				
gato	**gatillo**	chico	**chiquillo**		
	gatito		**chiquito**		
	gatico		**chicuelo**		

NOTA: Observe que algunas palabras, especialmente las de una sílaba, insertan una **e** antes de añadir la terminación del diminutivo. Note que el diminutivo de **pie** es **piececito.**

c. En español se usa frecuentemente el diminutivo, no sólo para expresar pequeñez de tamaño, sino para expresar afecto o cariño. A veces también se usa con sentido irónico o sarcástico.

El **abuelito** siempre llevaba a su **nietecito** a pasear.
El **gatico** estaba echado en un **rinconcito** del cuarto.

4. Aumentativos.

a. Las terminaciones más usadas para formar el aumentativo son **-ote (-ota)**, **-azo (-aza)** y **-ón (-ona).** Se usan para expresar aumento de tamaño y también pueden expresar derogación.

libro	**librote**	perro	**perrazo**
hombre	**hombrón**	mujer	**mujerona**
muchacho	**muchachón**		

Actividades

I. **El bebé de mi amiga.** Usando el diminutivo de las palabras subrayadas, lea el siguiente párrafo para hacer la descripción del hijo de su amiga.

El <u>bebé</u> de mi amiga nació hace un mes y parece un <u>muñeco</u>. El <u>pelo</u> y los <u>ojos</u> son oscuros y tiene la <u>cara</u> como la de un <u>ángel</u>. Las <u>manos</u> y los <u>pies</u> son muy <u>pequeños</u> y <u>suaves</u>. La <u>abuela</u> está feliz con el <u>nieto</u> y lo va a ver todos los días.

Le llevé a mi amiga un <u>traje</u> azul y blanco para el niño y un <u>cesto</u> de <u>flores</u> que tenía unas <u>rosas</u> blancas combinadas con <u>claveles</u> rosados.

II. Lea el siguiente poema del poeta chicano Jesús Maldonado, subrayando los diminutivos y aumentativos. Observe el uso de *code-switching*, común en el habla popular.

Don Juanito

¡Pan!
¡pan calientito!
moyetes, marranitos, polvorones°
¡Pan!
¡pan calientito!
Dulce voz of don Juanito
acompañada by early tortolitas°
cooing songs

7 o'clock serenata
bajo Tejas skies
inviting mamases [*sic*] to their doors
platos in their hands
esperando la llegada de don Juanito
basketful of campechanas, empanadas,
revolcadas, marranitos°
And like a daily ritual
en la tarde
a la hora de la merienda
don Juanito's voz
would sing again

¡Pan! ¡Pan calientito!
70 year old viejito
carrying su canastota
el dorado corazón
de nuestra gente

Old man con sus pasitos ciertos
regalando su corazón al barrio
loved by all
a legend in his time
un recuerdo del pasado
un eco resonando en el viento
¡Pan!
¡pan calientito!
.....

moyetes... *different types of sweet bread*

mourning doves

campechanas... *types of sweet bread*

1. ¿Qué efecto produce el uso de diminutivos?
2. ¿Qué efecto se logra al contrastar "canastota" con los diminutivos? ¿Por qué no dice "canastita"?
3. ¿Qué palabras nos dicen que don Juanito ya no existe?

D Adjetivos

El *adjetivo* acompaña y modifica al sustantivo especificando o restringiendo su significado. Los adjetivos pueden ser determinativos o calificativos. Ambos concuerdan en género y número con el sustantivo.

NOTA: Cuando en una oración hay dos sustantivos, uno masculino y otro femenino, el adjetivo que los modifica será masculino.

Miguel y Elisa son **argentinos.**

1. *Adjetivos determinativos.* Los adjetivos determinativos concretan o limitan el significado del sustantivo por medio de diferentes relaciones. Estas relaciones pueden ser:

de lugar (adjetivos demostrativos):	**aquellas** guitarras
posesivas (adjetivos posesivos):	**nuestra** cultura
indefinidas (adjetivos indefinidos):	**cualquier** cosa, **algún** amigo
numerales (adjetivos numerales):	**poca** experiencia, **tres** pueblos

Por lo general, los adjetivos determinativos preceden al sustantivo.

2. *Adjetivos calificativos.* Los adjetivos calificativos describen el sustantivo informándonos acerca de alguna cualidad. Generalmente, se colocan después del sustantivo cuando se quiere diferenciarlo de los demás de su clase.

hombre **inteligente**   árboles **frutales**   tierra **fértil**

NOTA: Observe que en español un nombre no modifica a otro nombre. Se usa **de** + nombre.

el libro **de español** (*the Spanish book*)
las clases **de verano** (*the summer classes*)

Frecuentemente, los adjetivos calificativos se anteponen al sustantivo para señalar una cualidad esencial o inherente y, al mismo tiempo, poner de relieve esta cualidad propia del sustantivo.

La **blanca** nieve cubría todo el paisaje.
Las **impresionantes** montañas se reflejan en el lago.
La **inocente** niña temblaba de hambre y miedo.
La **hermosa** muchacha lloraba al alejarse de la **vieja** casa donde pasó su niñez.

3. Género de los adjetivos.

   a. Los adjetivos terminados en **-o** cambian la terminación **-o** por **-a** para formar el femenino.

un camino **estrecho**
una calle **estrecha**

b. Los adjetivos terminados en **-ón**, **-án**, **-or**, y los acabados en consonante que indican nacionalidad, añaden una **-a** para el femenino. Observe que se crea una sílaba más y no se necesita el acento escrito que tenía la forma masculina.*

juguetón	**juguetona**	español	**española**
holgazán	**holgazana**	alemán	**alemana**
traidor	**traidora**	francés	**francesa**
soñador	**soñadora**	andaluz	**andaluza**

un joven **soñador**	una joven **soñadora**
un pueblo **andaluz**	una casa **andaluza**

NOTA: Los siguientes adjetivos terminados en **-or** (todos comparativos) no cambian y tienen una sola forma para ambos géneros:

superior	**exterior**	**mayor**	**mejor**
interior	**posterior**	**menor**	**peor**
inferior	**ulterior**		

un libro **inferior**	una calidad **inferior**
el hijo **mayor**	la hija **mayor**

c. Los diminutivos y los aumentativos terminados en **-ete** y **-ote** forman el femenino cambiando la **-e** final por **-a.**

un niño **regordete**	una niña **regordeta**
un cuerpo **grandote**	una mano **grandota**

d. Los adjetivos terminados en cualquier otra terminación, **-a**, **-e**, **-l**, **-r**, **-s**, **-z**, tienen una sola forma para ambos géneros.

un hombre **entusiasta**	una sociedad **entusiasta**
un día **triste**	una noticia **triste**
un niño **débil**	una salud **débil**
un actor **popular**	una actriz **popular**
un empleado **cortés**	una empleada **cortés**
un obrero **capaz**	una persona **capaz**

4. Formación del plural.

a. Para formar el plural, los adjetivos terminados en vocal añaden una **-s** y los terminados en consonante añaden la sílaba **-es.**

unas ideas **interesantes** unos paisajes **tropicales**

NOTA: Al añadirles a los adjetivos terminados en **-ón** o **-án**, la **-es** o **-as** para el plural, se crea una sílaba más y no se necesita el acento que tenía la forma masculina singular.

*Ver capítulo preliminar, páginas 6–7.

juguetón	**juguetones**	**juguetonas**
alemán	**alemanes**	**alemanas**
holgazán	**holgazanes**	**holgazanas**
inglés	**ingleses**	**inglesas**

b. Cuando el adjetivo termina en **-z**, cambia la **-z** por **-c** para formar el plural.

un año **feliz** — unos días **felices**

5. Apócope de algunos adjetivos.

a. Los adjetivos **bueno, malo, primero, tercero, alguno** y **ninguno** pierden la **-o** final delante de un sustantivo masculino.

un **buen** libro	**primer** grado	**algún** mercado
un **mal** negocio	**tercer** cuaderno	**ningún** automóvil

b. **Grande** se convierte en **gran** delante de un nombre masculino o femenino.

un **gran** concierto — una **gran** fiesta

c. **Santo** se convierte en **San** cuando va delante de nombres propios masculinos.

San Juan — **San** Antonio — **San** José — **San** Cristóbal

NOTA: Son excepciones **Santo Tomás**, **Santo Toribio** y **Santo Domingo**.

d. **Ciento** se convierte en **cien** delante de un sustantivo.

cien pesos — **cien** caballos

6. Cambio de significado del adjetivo de acuerdo con la colocación. Algunos adjetivos varían de significado según la colocación, delante o después del sustantivo.

un hombre **grande**	*a big man*
un **gran** hombre	*a great man*
un hombre **pobre**	*a poor man, without money*
un **pobre** hombre	*an unfortunate man*
un traje **nuevo**	*a brand-new suit*
un **nuevo** traje	*a new different suit*
un libro **único**	*a unique book*
un **único** libro	*a single book*
el médico **mismo**	*the doctor himself*
el **mismo** médico	*the same doctor*
el vendedor **dichoso**	*the lucky salesman*
el **dichoso** vendedor	*the disagreeable (persistent) salesman*
la casa **antigua**	*the old, ancient house*
la **antigua** casa	*the former, previous house*

7. Adjetivos relacionados con sustantivos. Hay adjetivos que están relacionados con otras palabras. Por su significado pertenecen a la misma familia que el sustantivo correspondiente.

alegría	**alegre**	humildad	**humilde**
amistad	**amistoso**	inteligencia	**inteligente**
amor	**amoroso**	lealtad	**leal**
belleza	**bello**	maravilla	**maravilloso**
calor	**caluroso**	montaña	**montañoso**
capacidad	**capaz**	nobleza	**noble**
debilidad	**débil**	palidez	**pálido**
delgadez	**delgado**	paz	**pacífico**
egoísmo	**egoísta**	pereza	**perezoso**
encanto	**encantador**	piedra	**pedregoso**
envidia	**envidioso**	pobreza	**pobre**
estrechez	**estrecho**	riqueza	**rico**
felicidad	**feliz**	ruido	**ruidoso**
fidelidad	**fiel**	tierra	**terrestre**
frialdad	**frío**	tristeza	**triste**
gordura	**gordo**	vanidad	**vanidoso**

8. Recuerde que muchos adjetivos se derivan de verbos, como es el caso de los participios pasados.*

Los temas **incluidos** en la discusión fueron muy **aburridos.**
La chica **sentada** a mi lado es Anita. Está **enamorada de** mi hermano.

Actividades

1. **Los toltecas en México.** Coloque los adjetivos que están entre paréntesis delante o detrás de las palabras subrayadas para hacer una descripción más precisa.

MODELO: (indígena) México se siente ligado a su pasado.
México se siente ligado a su pasado indígena.

1. (primeros) (preazteca) (otras) Uno de los pueblos que llegó al valle de México fue el de los toltecas, civilización que influyó en las culturas que se desarrollaron en la región.
2. (maravillosas / toltecas) Teotihuacán es famoso por las ruinas.
3. (dos / impresionantes) Aquí se encuentran las pirámides que se conocen como la del Sol y la de la Luna.
4. (ceremonial) Teotihuacán, que quiere decir en Náhuatl "Ciudad de los Dioses", fue el centro de una gran civilización.
5. (sagrado) (artístico) La serpiente era el animal que aparecía como motivo tallado *(carved)* en piedra.

*Ver capítulo 4, participios pasados, página 123.

II. **Práctica.** Complete las oraciones con los equivalentes en español de las palabras en inglés.

1. *(a great pianist)* Mi amiga es ________________.
2. *(a brand-new boat)* Horacio tiene ________________.
3. *(a big boy)* Juanito es ________________.
4. *(a unique book)* Éste es ________________ por las ilustraciones que tiene.
5. *(The doctor himself)* ________________ le puso la inyección.
6. *(The unfortunate man)* ________________ perdió el trabajo.

III. **Práctica.** Escriba de nuevo los siguientes párrafos expresando las ideas subrayadas con adjetivos descriptivos.

MODELO: El sitio estaba <u>rodeado de montañas</u>.
El sitio era montañoso.

1. Hoy es un día <u>de mucho calor</u>. En días como éste a veces me siento <u>con mucha debilidad</u> y <u>con mucha pereza</u>. No <u>tengo la capacidad</u> de hacer nada y por lo tanto muchas cosas se quedan sin hacer.
2. Efraín es un chico <u>de mucha humildad</u> pero <u>de una gran inteligencia</u>. No permite que por <u>estar en la pobreza</u> algunos se compadezcan *(have pity)* de él.
3. La novela trataba de una chica <u>que sentía mucho amor</u> por su novio, pero que a la vez era una joven <u>de</u> <u>mucha vanidad</u> y <u>de mucho egoísmo</u>. Esto creó problemas y el resultado fue que nunca pudo <u>conseguir la felicidad</u>.
4. No me gustan los lugares <u>donde hay mucho ruido</u>. Prefiero un lugar <u>de mucha paz y tranquilidad</u>. A veces voy a la playa, pero también me gusta el desierto porque aunque hay <u>mucha aridez y mucho calor</u>, <u>tiene su encanto y belleza</u>.

IV. **Para comentar con sus compañeros de clase.** Escoja una de las siguientes personas y haga una descripción para la clase. Comente sus aspectos físicos así como los aspectos de la personalidad que la hacen interesante.

1. Mi mamá es...
2. Mi actor / actriz favorita es...
3. El jefe donde yo trabajo...
4. Mi novio / novia...

V. Lea la siguiente descripción del tío Lucas que se hace en la novela *El sombrero de tres picos*, de Pedro Antonio de Alarcón. Preste atención a los adjetivos y subráyelos. Después conteste las preguntas que se dan al final de la lectura.

El tío Lucas era más feo que Picio. Lo había sido toda su vida, y ya tenía cerca de cuarenta años, sin embargo, pocos hombres tan simpáticos y agradables habrá echado Dios al mundo.

Lucas era en aquel entonces, y seguía siendo en la fecha a que nos referimos, de pequeña estatura (a lo menos con relación a su mujer), un poco cargado de espaldas, muy moreno, barbilampiño *(beardless)*, narigón, orejudo y picado de viruelas. En cambio, su boca regular y su dentadura inmejorable. Dijérase que sólo la corteza de aquel hombre era tosca y fea; que tan pronto empezaba a penetrarse dentro de él aparecían sus perfecciones, y que estas perfecciones principiaban en los dientes. Luego venía la voz, vibrante, elástica, atractiva, varonil y grave algunas veces, dulce y melosa *(soft)* cuando pedía algo, y siempre difícil de resistir. Llegaba después lo que aquella voz decía: todo oportuno, discreto, ingenioso, persuasivo... Y por último en el alma del tío Lucas había valor, lealtad, honradez, sentido común, deseo de saber y conocimientos instintivos o empíricos de muchas cosas, profundo desdén a los necios, cualquiera que fuere su categría social, y cierto espíritu de ironía, de burla y de sarcasmo, que le harían pasar, a los ojos del académico, por don Francisco de Quevedo* en bruto.

*Francisco de Quevedo (1603–1645), conocido por su prosa precisa y grave en la que sobresalen el tono irónico y satírico.

1. Escriba las palabras que usa el autor para describir los siguientes aspectos del tío Lucas.

la nariz	el cutis
las orejas	la voz al pedir algo

2. ¿En qué aspectos era feo el tío Lucas? Si Ud. hubiera conocido al tío Lucas, ¿le habría gustado tenerlo de amigo? Explique por qué sí o no.

VI. Describa Ud. a una persona que represente por fuera una manera de ser y por dentro todo lo opuesto (guapa / fea; rica / pobre; feliz / angustiada; etc.)

E Prefijos des-, in-, re-

1. Los prefijos **des-** e **in-** se usan para indicar lo opuesto de lo que significa la palabra a la cual se anteponen.

acuerdo	**desacuerdo**	comprensible	**incomprensible**
hacer	**deshacer**	consciente	**inconsciente**
heredar	**desheredar**	experto	**inexperto**
tejer	**destejer**	satisfecho	**insatisfecho**
vestirse	**desvestirse**	útil	**inútil**

A pesar del **desacuerdo** general del principio, los obreros llegaron a un acuerdo con el patrón.

¡Qué hombre tan **inexperto**!

2. El prefijo **re-** sirve para aumentar o repetir el significado de la palabra a la cual se antepone.

leer	**releer**	bonita	**rebonita**
hacer	**rehacer**	tonta	**retonta**

Tuve que leer y **releer** las instrucciones varias veces para comprenderlas.

Actividades

I. **Práctica.** Dé el opuesto de las siguientes oraciones usando los prefijos **des-** e **in-**.

MODELO: El nuevo equipo resultó útil.
El nuevo equipo resultó inútil.

1. Raquel siempre habla en forma comprensible.
2. Tuvo una reacción consciente.
3. Acaban de alquilar el apartamento.
4. La vida es un continuo hacer.
5. Hay que vestirse rápidamente.

II. **Práctica.** Exprese la idea subrayada usando el prefijo **re-**.

MODELO: Esa alfombra es <u>más que fea</u>.
Es **refea.**

1. Tengo que <u>volver a leer</u> este capítulo.
2. Este postre que serviste está <u>más que bueno</u>.
3. Estos claveles color de rosa son <u>más que lindos</u>.
4. Los niños deben <u>volver a hacer</u> la tarea para aprenderla bien.
5. Tengo que <u>volver a mirar</u> el catálogo. Se me olvidó anotar la página.

Composición

Antes de escribir, repase las siguientes reglas sobre la acentuación y la ortografía.

A Repaso de acentuación

1. Si la palabra termina en **consonante** y lleva acento escrito en la última sílaba, pierde el acento escrito al formar el plural. Esto ocurre también al formar el femenino de algunos sustantivos.

inglés inglesa ingleses	**nación naciones**
alemán alemana alemanes	**juguetón juguetona**

2. Si la palabra termina en **vocal** acentuada, mantiene el acento escrito al formar el plural.

menú menús	**rubí rubíes**	**ají ajíes**

3. Si la palabra termina en **consonante**, excepto **s**, y lleva el acento hablado en la penúltima sílaba, lleva acento escrito al formar el plural.

examen exámenes	**orden órdenes**	**árbol árboles**

Actividad

Práctica. Cambie la palabra del singular al plural o del plural al singular, prestando atención al uso del acento escrito.

1. la nación
2. el alemán
3. el danés
4. el examen
5. la lección
6. el lápiz
7. el rubí
8. la crisis
9. la razón
10. los menús
11. los caracteres
12. los abrelatas
13. los marqueses
14. los huéspedes
15. las ocasiones
16. los corazones
17. los franceses
18. las órdenes

B Repaso de ortografía: sc

1. Se usa **sc**:

a. en los verbos compuestos de la partícula **des-** y otra palabra que empiece con **ce-** o **ci-**: **descifrar, descentrar**

b. en los verbos cuyo infinitivo termina en **-cender: ascender** (excepto: **encender**)

c. en las palabras **doscientos, trescientos, seiscientos**

d. en las siguientes palabras que llevan **sc** en inglés:

adolescencia	*adolescence*	**miscelánea**	*miscellaneous*
consciente	*conscious*	**obsceno**	*obscene*
disciplina	*discipline*	**reminiscencia**	*reminiscence*
discípula	*disciple*	**susceptible**	*susceptible*
escena	*scene*		

Actividad

¿Se escriben con **sc**, **c** o **s**? Si no está seguro, busque las palabras en el diccionario.

1. El hombre estaba enfermo y no estaba con___iente de lo que decía.
2. Todavía viven en ese pueblo los de___endientes de su fundador.
3. ¿Encontraron Uds. muchas diferen___ias?
4. Ese programa no es bueno porque contiene muchas e___enas de violen___ia.
5. Juanito, ¿quieres en___ender las lu___es, por favor?
6. Había más de sei___ientas personas en ese salón.
7. El Sr. Ramos es un trabajador efi___iente y hace poco le dieron un a___enso.
8. Ella me a___eguró que estaría pre___ente en la conferen___ia.

Ejercicio de composición (opcional)

Haga una composición, oral o escrita, sobre uno de los temas que se dan a continuación. Prepare de antemano un bosquejo que le ayudará a desarrollar su tema con coherencia. El primer tema incluye un esquema como modelo.

TEMA: La influencia hispana en el suroeste de los Estados Unidos.

INTRODUCCÍON: Enriquecimiento cultural ocurrido en el suroeste de los Estados Unidos. Principales inmigraciones de habla hispana que han venido. ¿En qué parte del país es más fuerte la influencia hispana?

DESARROLLO: Cambios que se han producido en las costumbres, en la ropa, en las comidas. Incorporación de nuevas palabras en el vocabulario. Los efectos de estas influencias en la sociedad, en la educación y en la familia.

CONCLUSIÓN: Dé su opinión personal de los resultados, positivos o negativos, producidos por la mezcla de las culturas.

TEMA: Las ventajas de vivir en una sociedad bilingüe y bicultural.

TEMA: Los hispanos en el mundo de la política.

Capítulo 9

Vista aérea de la ciudad de Buenos Aires, capital de la Argentina.

- Lectura 1: "Argentina"
- Lectura 2: "Sala de espera" de Enrique Anderson Imbert
- Lectura 3: "Apocalipsis" de Marco Denevi
- Adverbios
- Comparativos
- Superlativos
- Relativos
- Frases que denotan obligación
- Repaso de acentuación
- Repaso de ortografía: **r**, **rr**

Vocabulario

Antes de leer, repase el siguiente vocabulario que le ayudará a comprender la lectura.

Sustantivos

el arco iris rainbow
el bosque the forest
la confitería coffee shop, pastry shop
la cordillera mountain range
la costura sewing
el / la cuentista storyteller, short story writer
el ganado cattle
el gaucho Arg. expert horseman
el grano grain
la hierba (yerba) grass
la imprenta printing
la llanura flatland; plain
la nieve snow
el orgullo pride
la orilla shore
el pastel pastry, pie, cake
el pasto pasture
el / la periodista journalist
el rascacielos skyscraper
el sabor taste, flavor
el taller shop; workshop
el terreno land, piece or plot of land
la trucha trout
la uva grape
el vaquero cowboy

Verbos

destacarse (qu) to stand out
empapar to soak
encabezar (c) to be at the top of, at the head of
esquiar to ski
habitar to live on
justificar (qu) to justify
pescar (qu) to fish
sobrecoger (j) to fill with awe

Adjetivos

impresionante impressive
sedoso silky

Frases

al alejarse de upon leaving
al pie de at the foot of
dejar atrás to leave behind
lugar de temporada resort

Palabras relacionadas. El significado de muchas palabras se puede determinar al pensar en palabras relacionadas. ¿Puede Ud. dar el significado en inglés de las palabras subrayadas si piensa en la palabra entre paréntesis?

1. (cultivar) …el clima es templado y el terreno fértil para el cultivo de los granos…
2. (llover) …en la Tierra del Fuego, donde las lluvias son abundantes
3. (cubrir) …las majestuosas montañas cubiertas de nieve
4. (habitar) …los muchos millones de habitantes que tiene este país
5. (densidad) …ocupa una parte de los Andes que es famosa por sus densos bosques
6. (nieve) …los picos nevados de los Andes

Vista preliminar de algunas frases

1. Observe el uso del adjetivo antes del sustantivo para darle mayor énfasis a la descripción:

   sus **densos bosques** y las **majestuosas montañas**

   una **magnífica metrópoli** con **grandes edificios, numerosos rascacielos** y **espléndidas avenidas**

   los **excelentes vinos**

2. Observe el uso de **gran** y **grande** en los siguientes ejemplos. **Grande** se convierte en **gran** cuando va delante del sustantivo y significa *great.* En plural se usa **grandes** y puede usarse antes o después del sustantivo. Note la diferencia: **grandes edificios** (*great buildings*) (*big buildings:* énfasis en *big*) y **edificios grandes** (*big buildings:* sin énfasis).

   Un clima subtropical en el norte, y frío y con **grandes** vientos...

   Gran parte de los muchos millones de habitantes...

   Una magnífica metrópoli con **grandes** edificios...

   Domingo Faustino Sarmiento, el **gran** político, escritor y pedagogo...

Lectura I

Argentina

La Argentina es un país fascinante que se encuentra al sur del continente americano y se extiende hasta la Tierra del Fuego. Con la excepción del Brasil, es el país de mayor extensión de Hispanoamérica y tiene fronteras con Chile, Bolivia, el Paraguay, el Brasil y el Uruguay. Su gran extensión hace que tenga un clima subtropical en el norte, y frío y con grandes vientos en la Patagonia y en la Tierra del Fuego, donde las lluvias son abundantes.

Las pampas son extensas llanuras cubiertas de hierba que ocupan más de la mitad del territorio central de la Argentina. Aquí, el clima es templado y el terreno fértil para el cultivo de granos y la cría de ganado, debido al abundante pasto. La ganadería, que es la primera del mundo, así como la producción agrícola de esta región, contribuyen a que la Argentina tenga una economía basada en estas dos importantes riquezas de exportación. Gran parte de los muchos millones de habitantes que tiene este país vive en esta región central.

Los Andes separan a la Argentina de Chile y presentan un espectáculo grandioso que sobrecoge cuando se contemplan al volar sobre ellos. Las ciudades que están al pie de la cordillera, como San Luis, Mendoza y

San Juan, gozan de un clima ideal. Aquí llueve poco, hace sol, la temperatura es templada° y abundan los hermosos valles donde se cultivan las uvas que producen los excelentes vinos argentinos.

temperate, mild

Posiblemente, la región más hermosa del continente americano es Neuquén, que se encuentra en las riberas° del río Negro. Neuquén ocupa una parte de los Andes que es famosa por la hermosura de sus lagos, sus densos bosques y las majestuosas montañas cubiertas de nieve.

banks

Bariloche, famoso lugar de temporada situado a orillas del lago Nahuel Huapi (en araucano quiere decir Isla del Tigre), es de una belleza impresionante. Estando a unas dos horas de vuelo de la ciudad de Buenos Aires, en el invierno está lleno de visitantes que van a esquiar. En el verano, la pesca de la trucha y los deportes acuáticos atraen a miles de turistas que vienen de todas las partes del mundo. En una península del lago están los incomparables bosques de los arrayanes° que sirvieron de inspiración a Walt Disney para su película "Bambi". Estos maravillosos árboles, con troncos° amarillo-ámbar y hojas verdes sedosas, sólo crecen en esta región de la Argentina. El visitante, al alejarse de Bariloche, sale con la nostalgia de dejar atrás los múltiples arco iris que diariamente mueren en los picos nevados de los Andes, y con el sabor y el perfume de los conocidos chocolates que allí se elaboran.°

wax myrtles

trunks

are made

Buenos Aires, capital de la Argentina, es una magnífica metrópoli con grandes edificios, numerosos rascacielos y espléndidas avenidas. La Avenida de Mayo, que se extiende entre la Casa Rosada (Palacio Presidencial) y el Congreso, es el centro administrativo e intelectual de la ciudad. En ella abundan los cafés y confiterías que son centros de reunión de políticos, periodistas, escritores y artistas. En la Avenida 9 de Julio está el Teatro Colón que desde 1908, año en que se construyó, ha sido centro importante de la vida musical de Buenos Aires. Este teatro cuenta con una orquesta propia, una compañía de ópera permanente y otra de ballet, así como talleres de costura, carpintería e imprenta. El orgullo que sienten los porteños —nombre que se les da a los habitantes de Buenos Aires— está muy justificado, ya que poseen una capital hermosa con una rica tradición.

El pueblo argentino ha creado una rica cultura, tanto en el aspecto popular como en el culto. En el aspecto popular son famosos los bailes y la música, especialmente el tango, que se hizo famoso en Europa y los Estados Unidos durante la Primera Guerra Mundial. En el campo de la música culta, la Argentina cuenta en el siglo XX con compositores de fama internacional, sobresaliendo entre ellos Alberto Ginastera (1916–1983).

Son muchos los escritores argentinos que han enriquecido la literatura hispánica. En este siglo, Jorge Luis Borges (1899–1986) encabeza la lista de su generación abriendo nuevos caminos para la renovación literaria en Hispanoamérica. Muchos nombres más siguieron a Borges: poetas, novelistas y cuentistas de excelente calidad, como, por ejemplo, Julio Cortázar (1914–1984), que se destacó con sus cuentos y novelas fantásticos.

La literatura gauchesca ocupa un lugar especial en el mundo de las letras argentinas. El gaucho, el vaquero que habita las pampas, es la figura central de esta literatura. Domingo Faustino Sarmiento (1811–1888), el gran político, escritor, pedagogo y además Presidente de la República argentina, fue quien primero describió con gran claridad y fuerza al gaucho en su obra *Civilización y barbarie: Vida de Juan Facundo Quiroga* (1845). Más tarde, José Hernández (1834–1886), empapado del espíritu gauchesco, escribe su conocido poema *Martín Fierro* donde deja hablar la voz auténtica del gaucho. Martín Fierro tiene un doble público: se dirige a los lectores cultos° y a los gauchos. Ante los cultos, reclama° justicia para el gaucho. Ante los gauchos, procura° darles lecciones morales que mejoren su condición.

well-read people / claims / tries

Como hemos visto, la Argentina es un país donde los colores de su geografía, historia y tradición han producido un arco iris de insuperable belleza, vastedad y alcance.°

scope

Llene los espacios en blanco con la palabra o frase que sea correcta.

1. Los niños jugaban en la _______________ del río.
2. Bariloche es un _______________ _______________ _______________ muy hermoso.
3. El pelo de la niña era muy finito y _______________; daba gusto peinarla.
4. Entre los escritores de Hispanoamérica el que más _______________ es Borges.
5. En Buenos Aires las _______________ están muy concurridas por los sabrosos pasteles que tienen.
6. El gaucho vive en la pampa y se le compara al _______________ americano.
7. Me sorprendió el aguacero *(heavy rain)* en la calle y llegué _______________ a mi casa.
8. En Buenos Aires, como en Nueva York, hay edificios altísimos. Se ve el perfil de la ciudad con todos los _______________.

Preguntas sobre la lectura

1. Explique por qué cree Ud. que gran parte de los habitantes de la Argentina viven en la región central.
2. ¿Cuáles son las dos exportaciones más importantes de la Argentina?
3. ¿Qué palabras usa el autor para describir la belleza de los Andes que separan a la Argentina de Chile?
4. ¿Qué se dice de la región al pie de la cordillera donde están las ciudades de San Luis, Mendoza y San Juan?
5. ¿Por qué cree el autor que la región de Neuquén es tan hermosa?
6. ¿Qué cosas menciona el autor sobre Bariloche que Ud. no sabía?
7. ¿Qué nombre se le da en la Argentina a la casa donde vive el Presidente de la República?
8. ¿Qué dice el autor del Teatro Colón?
9. ¿Qué nombre se les da a los habitantes de Buenos Aires?
10. ¿Qué frases usa el autor para expresar la importancia que tiene Jorge Luis Borges en la literatura hispanoamericana?
11. ¿Qué importancia tiene Domingo Faustino Sarmiento en la historia de la Argentina?
12. ¿Por qué dice el autor que el poema *Martín Fierro* tiene un doble público?

Temas de conversación

1. En Argentina el "asado" *(beef grilled on an open fire)* es una de las comidas más populares y típicas. ¿Ha comido Ud. asado alguna vez? ¿Conoce Ud. algún restaurante que sirva comida argentina? Narre su experiencia si ha estado en un restaurante argentino.
2. Muchas personas no comen carne porque piensan que es cruel matar los animales. ¿Qué piensa Ud. de esta actitud? ¿Es Ud. vegetariano? ¿Tiene Ud. animales en su casa? ¿Cómo es su relación con ellos?

3. Las telenovelas argentinas son muy populares. ¿Puede mencionar alguna que Ud. haya visto? ¿Cree Ud. que hay algunas diferencias entre una telenovela mexicana y una argentina? Dé su opinión.

Vocabulario

Antes de leer, repase el siguiente vocabulario que le ayudará a comprender la lectura.

Sustantivos

el andén railway platform
la aspiradora vacuum cleaner
el bostezo yawn
el fantasma ghost, phantom
la joya jewel
la valija suitcase

Verbos

asesinar to murder
fingir (j) to pretend
quedarse con to keep
robar to steal

Adjetivos

fastidiado annoyed
mudo mute, speechless

Adverbio

entonces then

Lectura 2

Enrique Anderson Imbert

Enrique Anderson Imbert (1910–2000), reconocido escritor argentino tuvo una larga y exitosa carrera de profesor, novelista, historiador y crítico literario, tanto en su tierra natal como en los Estados Unidos. El cuento "Sala de espera" forma parte de *El gato de Cheshire* (1965) y es representativo de los "microcuentos" de Anderson Imbert. En él, el autor combina el mundo de la fantasía con el de la realidad.

Sala de espera°

waiting room

Costa y Wright roban una casa. Costa asesina a Wright y se queda con la valija llena de joyas y dinero. Va a la estación para escaparse en el primer tren. En la sala de espera, una señora se sienta a su izquierda y le da conversación. Fastidiado, Costa finge con un bostezo que tiene sueño y que va a dormir, pero oye que la señora continúa conversando. Abre entonces los ojos y ve, sentado a la derecha, el fantasma de Wright. La señora atraviesa° a Costa de lado a lado con la mirada, y charla con el fantasma, quien contesta con simpatía. Cuando llega el tren, Costa trata de levantarse, pero no puede. Está paralizado, mudo y observa atónito° cómo el fantasma toma tranquilamente la valija y camina con la señora hacia el andén, ahora hablando y riéndose. Suben, y el tren parte. Costa los sigue con los ojos. Viene un hombre y comienza a limpiar la sala de espera, que ahora está completamente desierta. Pasa la aspiradora por el asiento donde está Costa, invisible.

pierces

astonished

Preguntas sobre la lectura

1. ¿Por qué mata Costa a Wright?
2. ¿Qué contiene la valija?
3. ¿Para qué va Costa a la estación?
4. ¿Quién es la otra persona que está en la sala de espera? ¿Quién cree Ud. que es esta persona?
5. Costa finge que tiene sueño. ¿Qué ve cuando abre los ojos? ¿Cómo interpreta Ud. la aparición del fantasma?
6. ¿Qué hacen la señora y el fantasma?
7. ¿Qué pasa cuando llega el tren?
8. ¿Por qué no sube Costa al tren?
9. ¿Qué hace el hombre que viene a la sala de espera?
10. ¿Cómo interpreta Ud. el final de este cuento?

Vocabulario

Antes de leer, repase el siguiente vocabulario que le ayudará a comprender la lectura.

Sustantivos

la máquina machine
la mitad half
el sillón chair, rocking chair

Verbos

alcanzar (c) reach
apretar (ie) to push
bastar to be enough
prevalecer (zc) to prevail
quedar to remain, end up; to be left behind
tropezar (ie)(c) to bump into

Adjetivos

disponible available

Frases

ellos mismos they themselves
la tienda de antigüedades antique shop
ni siquiera not even
ya no no longer

Lectura 3

Marco Denevi

Marco Denevi nació en Buenos Aires, Argentina, en 1922. Su primer libro *Rosaura a las diez* mereció el primer premio en un concurso celebrado por la Editorial Kraft, en 1955. Este libro fue el comienzo de su brillante carrera literaria que abarca° el campo de la novela, el cuento corto y el teatro. En mucha de su obra prevalece cierta sátira social, así como su preocupación por el progreso tecnológico del mundo actual. La pequeña fantasía que sigue pertenece a la colección *Ceremonia secreta y otros cuentos,* de 1965.

covers

Apocalipsis

La extinción de la raza de los hombres se sitúa aproximadamente a fines del siglo XXXII. La cosa ocurrió así: las máquinas habían alcanzado tal perfección que los hombres ya no necesitaban comer, ni dormir, ni leer, ni hablar, ni escribir, ni hacer el amor, ni siquiera° pensar. Les bastaba apretar botones y las máquinas lo hacían todo por ellos. Gradualmente fueron desapareciendo las Biblias, los Leonardo da Vinci,[1] las mesas y los sillones, las rosas, los discos con las nueve sinfonías de Beethoven,[2] las tiendas de antigüedades,° el vino de Burdeos,[3] las oropéndolas,° los tapices flamencos,° todo Verdi,[4] las azaleas, el palacio de Versalles. Sólo había máquinas. Después los hombres empezaron a notar que ellos mismos iban desapareciendo gradualmente, y que, en cambio, las máquinas se multiplicaban. Bastó poco tiempo para que el número de los hombres quedase° reducido a la mitad y el de las máquinas aumentase al doble.° Las máquinas terminaron por ocupar todo el espacio disponible. Nadie podía moverse sin tropezar con una de ellas. Finalmente, los hombres desaparecieron. Como el último se olvidó de desconectar las máquinas, desde entonces seguimos funcionando.

not even
antiques / golden orioles / Flemish tapestries
end up
doubled

[1]Leonardo da Vinci (1452–1519), artista italiano que se distinguió en la pintura y en otros campos del saber humano.
[2]Ludwig van Beethoven (1770–1827), famoso compositor alemán.
[3]Burdeos, región de Francia famosa por sus vinos.
[4]Giuseppe Verdi (1813–1901), célebre compositor italiano, autor de muchas óperas.

Preguntas sobre la lectura

1. En esta pequeña fantasía, ¿cuándo cree el autor que se extinguirá la raza humana?
2. ¿Qué aspecto del mundo actual critica el autor?
3. ¿Qué usa el autor para representar la religión, la pintura, la música y la arquitectura?
4. ¿Por qué cree Ud. que el autor dice al final "seguimos funcionando"?

Gramática

A Adverbios

El adverbio es invariable y modifica a un verbo, un adjetivo u otro adverbio.

> La ópera empezó **muy** tarde, pero la disfrutamos **mucho.** La soprano cantó **bien** y todos los cantantes eran **bastante** buenos.

1. El *adverbio* expresa relación de lugar, tiempo, modo, cantidad, afirmación o negación.

   El pueblo quedaba **lejos de** la capital.
   Terminaré **mañana** lo que empecé hoy.
   Acaba **mal** lo que empieza **mal.**
   El pobre hombre bebe **mucho** y come **poco.**
   Me siento **verdaderamente** feliz.
   Nunca olvidaré el favor que me has hecho.

2. Se pueden formar adverbios añadiendo el sufijo **-mente** a los adjetivos. Si el adjetivo termina en **-o** se usa la forma femenina para formar el adverbio. (La terminación **-mente** corresponde a la terminación *-ly* del inglés.)*

sencillo	**sencillamente**	cortés	**cortésmente**
fácil	**fácilmente**	emocionado	**emocionadamente**
rico	**ricamente**	humilde	**humildemente**
amable	**amablemente**	perezoso	**perezosamente**

NOTA: Si el adjetivo tiene acento escrito éste se conserva al formar el adverbio.

difícil	**difícilmente**	rápido	**rápidamente**

NOTA: Si hay dos o más adjetivos la terminación **-mente** se añade sólo al último adjetivo.

> Él habla **clara** y **lentamente.**

3. Observe que **bueno (-a, -os, -as)** y **malo (-a, -os, -as)** son adjetivos; **bien** y **mal** son adverbios y, por lo tanto, invariables.

   Gutiérrez y Almeida son **buenos** artistas; tocan **bien** el piano y la guitarra.
   Pepito es un niño **malo;** se porta **mal** en la escuela.

4. **Más, menos, poco, mucho, mejor, peor, demasiado** y **bastante** pueden usarse como adjetivos o como adverbios.

   La señora tiene **muchas** ganas de viajar.
   Tenemos **demasiados** gastos.
   Alberto está **mucho** mejor.
   Elena es **demasiado** orgullosa.

*Ver la lista de adjetivos en el capítulo 8, página 259.

La palabra **mas** no lleva acento cuando es conjunción adverbial. Equivale a **pero:**

No la vi **mas** le escribí. (No la vi pero le escribí.)

5. El adverbio **aún** en oraciones afirmativas corresponde al inglés *still*. En oraciones negativas corresponde a *yet*.

Aún están bailando.	*They are still dancing.*
Aún no han llegado.	*They have not arrived yet.*

Aún más (menos) corresponde al inglés *still (even) more* o *still (even) less*.

Yo estudio mucho, pero tú estudias **aún más.**

NOTA: **Aún** (con acento escrito) equivale a **todavía.**

Aún no ha llegado el avión.

Aun (sin acento escrito) equivale a **hasta** o **incluso.**

Aun los tontos lo saben.

Actividades

I. **Práctica.** Complete las oraciones con la forma adecuada de la palabra entre paréntesis.

MODELO: (bastante) Practicamos **bastante** el español; tenemos **bastantes** amigos que hablan esa lengua.

1. (poco) Ella habla muy ________________; tiene ________________ amigos.
2. (mejor) Estos zapatos son ________________; caminarás ________________ con ellos.
3. (peor) Hoy hace ________________ tiempo que ayer y anuncian ________________ condiciones para mañana.
4. (demasiado) Ese niño tiene ________________ cosas; los padres lo malcrían *(spoil)* ________________.

II. Describa Ud. sus observaciones cuando fue a una función que se ofreció en una escuela de niños. Use un adverbio terminado en **-mente.***

MODELO: Los niños entraron <u>con alegría</u>.
Los niños entraron alegremente.

1. El coro cantó <u>con emoción</u>.
2. El director habló <u>con humildad</u> y <u>con amistad</u>.
3. Las madres les hablaban a los niños <u>con amor</u>.
4. Los maestros recibieron a los padres <u>con amabilidad</u>.

*Repase los adjectivos en el capítulo 8, página 259.

5. El escenario estaba decorado con sencillez.
6. La gente aplaudió con entusiasmo.

III. **Preguntas.** Conteste las preguntas que su compañero(a) de clase le hace, continuando la idea de una manera original, usando adverbios en sus respuestas. Después Ud. le va a hacer las mismas preguntas a él.

MODELO: ¿Cuándo tienes problemas en clase, tratas de hablar con regularidad con tu profesor?
Sí, tratamos de reunirnos regularmente. Quiero entender bastante bien la lección antes de un examen, y él me lo explica todo claramente.

1. ¿Al leer el periódico, lo haces con rapidez o con lentitud?
2. ¿Tomas apuntes con frecuencia sobre lo que lees?
3. ¿Adónde vas con tus amigos si quieren conversar con tranquilidad?
4. ¿En general, prefieres hacer tus tareas en casa o en la biblioteca?
5. ¿Cómo se portan tus amigos contigo cuando les pides un favor? ¿Son amables?

B Comparativos

Al establecer una comparación, podemos hacerlo en tres niveles: de igualdad, de superioridad y de inferioridad.

1. Igualdad.

tan + adjetivo o adverbio
tanto (-a, os, -as) + sustantivo } **como**
tanto

tan alta **como**	*as tall as*
tan tarde **como**	*as late as*
tanto dinero **como**	*as much money as*
tantas fichas **como**	*as many chips as*
tanto como	*as much as*

Las ruinas aztecas son **tan** interesantes **como** las ruinas incas.
El avión llegó a Rosario **tan** tarde **como** el tren.

Hoy hizo **tanto** calor **como** ayer.
Mi madre tiene **tanta** paciencia **como** mi padre.

Había **tantos** turistas en el Museo de Bellas Artes **como** en la calle Florida.
Silvia tiene **tantas** amigas **como** Rosita.

Los viejos trabajan **tanto como** los jóvenes.
Ella habla **tanto como** su hermana.

NOTA: En los dos últimos ejemplos **tanto** está usado como adverbio y es invariable. Observe los equivalentes ingleses de **tanto** y **tan** en las siguientes oraciones:

No debes beber **tanto.**	*You shouldn't drink so much.*
¡Esa casa tiene **tantos** defectos!	*That house has so many defects!*
¡Ella es **tan** bonita!	*She is so pretty!*

Actividades

I. **Nuestras impresoras.** Llene los espacios en blanco con una palabra o expresión comparativa de igualdad.

Tu impresora y la mía son buenas. La mía imprime ______________ bien ______________ la tuya. Además imprime ______________ páginas por minuto ______________ la tuya y los colores son ______________ brillantes ______________ los de la tuya. Sin embargo, la mía no costó ______________ ______________ la tuya.

II. **Juan y Manuel.** Juan y Manuel son muy populares en mi universidad. Juan tiene ______________ amigos ______________ Manuel ya que uno es ______________ extrovertido ______________ el otro. Uno trabaja ______________ ______________ el otro.

III. **¿Cómo se dice en español?** Dé el equivalente de las siguientes oraciones.

1. *The doctor told me that I shouldn't work so much.*
2. *The food they prepared was so good!*
3. *He loves her as much as I do.*
4. *I don't think the problem is so difficult.*
5. *He sent her so many flowers!*

IV. **Composición (oral o escrita).** Juanita y Julia son gemelas y se parecen mucho. Haga una comparación de las dos hablando de su apariencia física, sus gustos, su trabajo, etc. Use comparativos de igualdad.

2. Superioridad e inferioridad.

Superioridad				Inferioridad			
más	adjetivo / adverbio / sustantivo	**que**		**menos**	adjetivo / adverbio / sustantivo	**que**	
más viejo **que**	*older than*			**menos** orgulloso **que**	*less proud than*		
más temprano **que**	*earlier than*			**menos** rápido **que**	*less fast than*		
más camisas **que**	*more shirts than*			**menos** tiempo **que**	*less time than*		

Los días del verano son **más** largos **que** los del invierno.
José camina **más** rápido **que** Antonio.
El naranjo tiene **más** frutas **que** el limonero.
Esta tela es **menos** suave **que** la otra.
Lima tiene **menos** habitantes **que** Buenos Aires.
Un Ford pequeño consume **menos** gasolina **que** un Lincoln.

NOTA: Observe que cuando se usa un adjetivo en la comparación, éste concuerda con el primer nombre mencionado. En el caso de los adverbios éstos son invariables.

Ernesto es tan **alto** como Susana.
La madre es más **orgullosa** que los hijos.

a. **Más que** y **menos que** equivalen al ingles *more than* y *less than.*

Él trabaja **más que** tú.
Luisa estudia **menos que** sus compañeros.

b. Cuando se introduce una cantidad se emplea **más de** y **menos de** en vez de **más que** y **menos que.**

Tengo **más de** veinte años.
Pagué por la casa **menos de** $50.000.

c. En oraciones negativas generalmente se usa **más que** delante de una cantidad y equivale a *only* en inglés.

No tengo **más que** un buen amigo.	*I have only one good friend.*
No compré **más que** dos vestidos.	*I bought only two dresses.*

d. Cuando en la comparación se hace referencia a un nombre específico, se usa **de** + artículo definido + **que.** Recuerde que el artículo definido se refiere a algo o alguien específico.

Vendieron la casa en más <u>dinero</u> **del que** pagaron por ella.
Ella tiene menos <u>amigos</u> **de los que** tú crees.
Alfredo tiene más <u>paciencia</u> **de la que** parece.
Compré menos <u>frutas</u> **de las que** necesito.

Se usa **de lo que** cuando la comparación se refiere a una acción (verbo), descripción (adjetivo) o modo (adverbio), no a un nombre específico.

<u>Llovió</u> mucho más **de lo que** se esperaba. (verbo)
El cuarto es más <u>grande</u> **de lo que** yo pensaba. (adjetivo)
Bailaron <u>mejor</u> **de lo que** tú creías. (adverbio)

e. **Más** y **menos** pueden estar modificados por un adverbio **(mucho, bastante, poco, algo, tanto)** para intensificar o disminuir el grado de comparación.

Ella trabaja **mucho más** que yo.
Elena habla **bastante menos** que su esposo.
Su casa es **algo más** moderna que la mía.

3. Comparativos especiales.

Los siguientes adjetivos y adverbios tienen formas especiales para expresar una comparación. Estos comparativos concuerdan sólo en número. **Mejor** y **peor** se usan como adjetivos o adverbios.

bueno, bien	**mejor**	grande	**mayor**
malo, mal	**peor**	pequeño	**menor**

Los años que viví en Madrid fueron los **mejores** de mi vida.
Uds. nadan **mejor** que yo.
Esta carretera está en **peores** condiciones que el año pasado.
Tu automóvil funciona **peor** que el mío.

a. **Grande** y **pequeño** cuando se refieren a tamaño, admiten el comparativo regular con **más** y **menos.**

La casa nueva es **más grande** que la que teníamos antes.
La ventana de la sala es **más pequeña** que la del comedor.

b. **Mayor** y **menor** se usan para expresar **más viejo** y **más joven** refiriéndose a la edad de una persona.

Pedro es **mayor** que Enrique.	*Pedro is older than Enrique.*
Yo soy **menor** que mi hermano.	*I am younger than my brother.*
El senador es un señor ya **mayor.**	*The senator is a rather old man.*

c. **Más viejo** se puede usar para personas y cosas.

Pedro es **más viejo** que Enrique.
El edificio de la biblioteca es **más viejo** que el de ingeniería.

d. **Más joven** solo se refiere a personas. Para referirse a cosas se usa **más nuevo.**

Tú eres mucho **más joven** que yo.
Mi casa es **más nueva** que la suya.

Actividades

1. **Práctica.** Complete las frases con los comparativos que sean correctos.

MODELO: Eva cocina muy bien, pero su madre cocina ________________
Eva cocina muy bien, pero su madre cocina mejor.

1. El postre está malo, pero el vino está ________________.
2. El niño lee bien, pero su hermanito lee ________________.
3. Mi casa es grande, pero la de Antonio es ________________.
4. Ella tiene 30 años y yo tengo 24. Ella es ________________ que yo.
5. Estos productos son malos, pero los otros son ________________.

II. Llene los espaciós en blanco con una palabra o expresión comparativa para dar su opinión.

1. Los cuentos de Borges y los de Cortázar son fascinantes. Anoche leí un cuento de Borges que era mucho ________________ corto ________________ el de Cortázar; no tenía ________________ ________________ una página. El cuento de Borges se titulaba *Los dos reyes y los dos laberintos* y me pareció ________________ interesante como el de Cortázar.
2. La familia Pérez compró un condominio que no les costó ________________ ________________ $250,000, en realidad mucho ________________ dinero ________________ que pensaban pagar, pues en esa vecindad todos los apartamentos cuestan ________________ ________________ medio millón de dólares. Tal vez sea porque los cuartos son ________________ pequeños _____-___________ en los condominios más caros.

III. Ud. habla con un(a) compañero(a) acerca de dos cantantes. Conteste las preguntas que le hace su amigo haciendo una comparación entre las dos. Después hágale Ud. las mismas preguntas para que él/ella le dé su opinión. Llene los espacios en blanco con las palabras comparativas que sean lógicas.

Amigo: ¿Crees que Gloria Estefan es una buena cantante?
Ud.: Sí, es buena, pero en mi opinión Linda Ronstadt es ________________.
Amigo: ¿Quién es más popular?
Ud.: Yo creo que Estefan es ________________ popular que Ronstadt.
Amigo: Han filmado películas?
Ud.: No muchas. Han filmado menos ________________ ________________ ________________ parece.
Amigo: Dicen que Gloria Estefan ha comprado una casa muy bonita. ¿Has estado en ella?
Ud.: Claro que no. Se dice que pagó ________________ ________________ un millón de dólares.

IV. **Composición dirigida (oral o escrita).** Compare las siguientes cosas y personas. Dé por lo menos tres oraciones para cada comparación.

1. Su profesor(a) de inglés con su profesor(a) de español
2. Un aeropuerto con una estación de trenes
3. Una ciudad grande con un pueblo pequeño
4. Un dictador con un presidente
5. El verano con el otoño

C Superlativos

Formas de expresar una idea superlativa:

el (la, los, las)	{	**más** + adjetivo **menos** + adjetivo comparativo especial
adjetivo adverbio	}	+ **-ísimo (-a, -os, -as)**

1. Usando el artículo definido.

   La hija menor es **la más linda de** la familia.
   El fertilizante que compré es **el menos caro.**
   Armando es el **el peor** estudiante que conozco.
   Éstas son **las mejores** piñas que encontré.

NOTA: Observe en el primer ejemplo el uso de la preposición **de** en español en contraste con la preposición *in* del inglés.

2. Añadiendo el sufijo **-ísimo (-a, -os, -as)** al adjetivo o al adverbio cuando éste termina en consonante. Observe que cuando termina en vocal, se suprime ésta antes de añadir el sufijo. Observe los cambios en las siguientes palabras: **amable, antiguo, fiel, fuerte.**

amable	**amabilísimo**	inteligente	**inteligentísimo**
antiguo	**antiquísimo**	lejos	**lejísimos**
fácil	**facilísimo**	lindo	**lindísimo**
feliz	**felicísimo**	malo (mal)	**malísimo**
feo	**feísimo**	rico	**riquísimo**
fiel	**fidelísimo**	sucio	**sucísimo**
fuerte	**fortísimo**	tarde	**tardísimo**
grande	**grandísimo**	viejo	**viejísimo**

Estamos **cansadísimas.**
Anoche nos divertimos **muchísimo.**

Observe que las palabras que terminan en **-co**, **-go** y **-z** sufren los siguientes cambios ortográficos.

c → **qu**	poco	**poquísimo**
g → **gu**	amargo	**amarguísimo**
z → **c**	feliz	**felicísimo**

NOTA: **Pésimo** es una forma especial superlativa de **malo.**
Pasé una noche **pésima.** El ruido de la calle no me dejó dormir.

3. Poniendo delante del adjetivo o adverbio ciertos adverbios (**muy, sumamente, extraordinariamente, extremadamente**).

Ella es **sumamente** inteligente.

NOTA: En español el equivalente de *very much* es **muchísimo.** El equivalente de *very little* puede ser **poquísimo** o **muy poco.**

Actividades

I. Complete las oraciones con la palabra apropiada para formar el comparativo o el superlativo.

1. Carlos es tan capaz ________________ su primo.
2. Esta novela tiene más ________________ trescientas páginas.
3. Ella habla ________________ bien como su padre.
4. Ese médico es menos respetado ________________ la Dra. García.
5. Esa decisión es ________________ mejor ________________ todas las decisiones que has tomado.
6. No quiero para la cena más ________________ un plato de sopa.
7. Estos pueblos son ________________ pueblos más antiguos ________________ Guatemala.
8. El río Amazonas es más grande ________________ el río Orinoco.
9. Ellos obtuvieron ________________ beneficios como yo.
10. Éstas son ________________ mejores toallas que encontré.

II. **Diálogo.** Use el superlativo absoluto (**-ísimo**) para contestar las preguntas que le hace un amigo.

Amigo: ¿Qué sabes de aquel restaurante?
Ud.: Es muy conocido. He comido allí y sé que sirven una paella (rica) ________________.
Amigo: ¿Conoces al cocinero?
Ud.: Dirás *chef*. No lo conozco pero es (bueno) ________________. Prepara unos platos (sabrosos) ________________.
Amigo: ¿De dónde es?
Ud.: No estoy seguro, pero me dijeron que estudió alta cocina en París y Barcelona. Allí se hizo (famoso) ________________.
Amigo: ¿Tiene otros restaurantes?
Ud.: Sí, acaba de abrir uno en un edificio (antiguo) ________________. Lo remodelaron y ahora es un restaurante (popular) ________________.

Amigo: Caramba. Ahora le hará competencia a Wolfgang Puck.

Ud.: Wolfgang Puck no le llega ni a los tobillos. Te digo que si sigo comiendo allí me voy a poner (gordo) _______________ porque me encanta comer.

III. **Las vacaciones de verano.** Usted y su amigo(a) están haciendo planes para las vacaciones de junio, julio y agosto. A Ud. le gustaría ir a Hawai mientras que a su amigo(a) le gustaría ir a Buenos Aires. Traten de convencerse el uno al otro haciendo comparaciones entre los dos lugares.

D Relativos

que	**lo que**
quien (-es)	**lo cual**
el (los, la, las) que	**cuyo (-os, -a, -as)**
el (la) cual, los (las) cuales	

Los relativos se usan para relacionar palabras y frases. El antecedente es el nombre, pronombre o concepto a que se refieren.

Hay pocos **hombres** (antecedente)	**que** (relativo)	son héroes.
Laura compró el **traje** (antecedente)	**que** (relativo)	estaba en la tienda.

1. **Que** es invariable y es el relativo más usado cuando sigue inmediatamente al antecedente. Puede referirse a personas, cosas, lugares o conceptos. Equivale en inglés a *that, which, who.*

   Los niños **que** fueron a la excursión están emocionados.
   Las personas **que** los acompañaron están contentas.
   El árbol **que** plantamos el año pasado está lleno de fruta.
   La fruta **que** da es muy dulce.

NOTA: En inglés frecuentemente se omite el relativo *that.* En español no se omite **que.**

Él es el profesor **que** tuve el año pasado.
He is the professor (that) I had last year.

Se usa **que** después de las preposiciones **a, con, de, en** sólo para referirse a cosas, no a personas. **En que** equivale a **donde.**

La carta **a que** te refieres no la recibí, ni tampoco el informe **de que** me hablaste.

La compañía **en que** trabajo tiene muy buenos equipos, pero ayer se descompuso la computadora **con que** trabajo.

2. **Quien (-es)** se refiere sólo a personas y concuerda en número con el antecedente. Equivale en inglés a *who, whom, whomever.*

   a. Se usa **quien (-es)** después de las preposiciones.

      La chica **a quien** conociste en mi casa es peruana y el muchacho **con quien** vino es un artista muy conocido. Ella es **de quien** te hablé hace tiempo y es la persona **para quien** se creó el puesto en el museo.

NOTA: También se puede decir: La chica **que** conociste en mi casa es peruana. Ver letra **d.**

   b. Se usa **quien (-es)** en vez de **que** cuando va como sujeto de una cláusula apositiva o suplementaria separada por comas.

      El director, **quien** acaba de llamar, vendrá esta tarde.
      Me quedaré en la oficina para escribirle a mis hijos, **quienes** están estudiando en San Diego.

   c. En ciertos casos, **quien** incluye el antecedente y es equivalente a **la persona que.**

      Quien habla mucho hace poco.
      Quien trajo el paquete se fue en seguida.

   d. No se usa **quien (-es)** inmediatamente después del antecedente. En este caso se usa **que.**

      La persona **que** viste no era mi prima.
      El hombre **que** tocó en la puerta vendía seguros.

3. **El (los, la, las) que** o **el (la) cual, los (las) cuales** se usan indistintamente para referirse a personas o cosas. Se usan como relativos más específicos que **quien** o **que.**

   a. **El que** o **el cual** se usa cuando hay dos antecedentes para referirse al antecedente que está más lejos y aclarar la ambigüedad.

      El primo de María, **el que (el cual)** vive en Nuevo México, quiere venir a pasar las vacaciones con nosotros.

      Acabo de hablar con la mujer de Joaquín, **la que** quiere alquilar mi casa.

   b. Se usa **el que** o **el cual** después de preposiciones o frases preposicionales (excepto después de **a, con, de** o **en**).

      La razón por **la que (la cual)** dejé el trabajo es muy simple.
      La casa, delante de **la que (la cual)** dejé el carro, es de estilo californiano.

NOTA: Generalmente se usa **que** refiriéndose a cosas, después de **a, con, de** o **en.**

El edificio **de que** hablas queda a dos cuadras de aquí.
La playa **a que** te refieres no está contaminada.

c. **El que** (**la que, los que, las que**) se puede usar en lugar de **quien** y equivale a **la persona que.** No se puede usar **el cual.**

El que estudia aprende.	(**Quien** estudia aprende.)
Los que hablan mucho saben poco.	(**Quienes** hablan mucho saben poco.)
Josefina fue **la que** llamó.	(Josefina fue **quien** llamó.)

NOTA: También se usa **el que** para expresar la equivalencia del inglés **the one that** o **the ones that.**

Estos zapatos son muy cómodos. **Los que** compré ayer no lo son.
La novela **que** estoy leyendo es romántica, pero **la que** leí antes es muy cómica.

4. Los relativos neutros **lo que** y **lo cual** se usan para referirse a una idea, una acción o un hecho previamente mencionado.

Juan llegó tarde, **lo que (lo cual)** no le gustó a su mujer.
Salieron a tiempo, **lo que (lo cual)** me sorprendió.

NOTA: Se usa **lo que** (y no **lo cual**) cuando se refiere a una idea abstracta no mencionada previamente. Equivale a **la cosa que.** En inglés equivale a *what.*

Lo que pasó anoche fue interesante, sin embargo ella no sabe **lo que** yo opino pues no comprende **lo que** yo expliqué.

Lo que puede usarse con el indicativo si se refiere a algo específico, o con el subjuntivo si se refiere a algo indeterminado.

Di **lo que** tienes que decir.
Di **lo que** tengas que decir.

5. **Cuyo (-os, -a, -as)** es un adjetivo relativo. Concuerda en género y número con el nombre que modifica. Se usa para indicar posesión. Su antecedente puede ser persona o cosa. Equivale en inglés a *whose.*

Pedro, **cuya** madre es brasileña, habla portugués muy bien.
Los pescadores, **cuyas** canoas están en la playa, trajeron muchas sardinas.
Las montañas, **cuyos** picos están nevados, tienen más de diez mil pies de altura.

NOTA: Observe que *whose* en oraciones interrogativas equivale en español a **¿de quién (-es)?**

¿**De quién** es este abrigo? *Whose coat is this?*

Actividades

I. Usted invitó al cine a una amiga peruana. Su amigo quiere saber qué hicieron. Combine las oraciones usando el relativo **que** para contestar las preguntas que le hace el amigo.

MODELO: ¿Qué lees estos días?
(Un libro. Es una biografía). Estoy leyendo un libro que es una biografía.

1. ¿A quién invitaste al cine?
(A una muchacha. Es de Lima.)
2. ¿Qué vieron?
(Dos películas españolas. Eran magníficas.)
3. ¿Adónde fueron después del cine?
(A un café. Está al lado del cine.)
4. ¿Qué tomaron?
(Chocolate con churros. Estaban sabrosísimos.)
5. ¿Es verdad que te regaló algo?)
(Sí, un libro. Tiene fotografías hermosas de Machu Picchu.)

II. Usted va a preparar unos informes para su clase de filosofía. Combine las oraciones usando el relativo **que** o **quien** para informarnos acerca de lo que tiene que hacer.

MODELO: Ésta es la máquina de escribir. De ella te hablé anoche.
Ésta es la máquina de escribir de que te hablé anoche.
Tengo muchos amigos. Con ellos hablo todos los días.
Tengo muchos amigos con quienes hablo todos los días.

1. Aquí tengo el ordenador. Con él voy a preparar los informes.
2. Conseguí el disco compacto. En él está el programa que necesito.
3. Copié todos estos documentos. En ellos encontraré la información necesaria.
4. Ayer visité a mi compañera de clase. Con ella pienso escribir el bosquejo *(outline)*.
5. Conocí a su profesor. Con él estudia filosofía.

III. **El problema de la contaminación.** Complete el párrafo llenando los espacios en blanco con **que, quien** o **quienes.**

Los carros ________________ circulan por las calles de la ciudad producen gran parte de los contaminantes ________________ respiramos. Por eso, el alcalde de la ciudad, ________________ se preocupa mucho por todas las cosas ambientales, quiere desarrollar buenos sistemas de transporte público y evitar el aumento de contaminación en el aire. Un periodista con ________________ habló el alcalde mencionó el problema del poco espacio de estacionamiento para tantos carros en la ciudad. Para ________________ trabajan en el centro un sistema de transporte eficiente será una gran cosa. Pero el periodista parece ser un poco pesimista y terminó diciendo: "________________ mucho promete cumple poco".

IV. **La hermana de Jorge.** Una amiga suya le habla de la hermana de Jorge. Complete las oraciones usando **el que, los que, la que** o **las que** para saber lo que dicen de ella.

1. La hermana de Jorge, ________________ trabaja en el banco, es muy simpática.
2. Ésa es la razón por ________________ tiene tantos amigos.
3. Los edificios delante de ________________ ella vive son de estilo colonial.
4. El baile para ________________ ella compró el vestido largo será el sábado.
5. Ella cree que ________________ trabajan mucho triunfan en la vida.

V. **Práctica.** Traduzca las siguientes oraciones.

1. *What he wants is to live in Mexico. What he must do first is to study Spanish.*
2. *The one who sang last night was Gloria Estefan.*
3. *These are the new shoes. The ones I had were very old.*
4. *Whose house is this? It belongs to a family whose name I don't remember.*

VI. **Práctica.** Escoja la respuesta correcta y complete las oraciones.

1. (los que, que, cual) ¿Trajiste los esquís ________________ te pedí?
2. (El cual, Lo que, El que) ________________ mucho habla, hace poco.
3. (quienes, a quienes, que) Ellos son los jóvenes ________________ les dieron las becas.
4. (la cual, que, lo que) Ésta es la oficina para ________________ trabaja Ernesto.
5. (El que, Lo que, Lo cual) ________________ no me gusta es levantarme temprano.

VII. **Práctica.** Complete las oraciones con la forma apropiada del relativo **cuyo.**

1. El parque, ________________ flores nos encantan, está cerca de aquí.
2. Me gusta el edificio ________________ balcones tienen rejas de hierro *(iron rails)* y macetas *(flowerpots)* con geranios.
3. Ése es el chico ________________ abuelo tiene una plantación de café.
4. Visité los lagos ________________ belleza es fabulosa.
5. El salto Ángel *(Angel Falls)*, ________________ altura es mucho mayor que la del Niágara, está en Venezuela.

VIII. **Práctica.** Complete las oraciones con el relativo adecuado.

1. Alicia, ________________ tiene un resfriado, no vino a clase.
2. La prima de Isidoro, ________________ estudia química, es muy bonita.
3. La pluma con ________________ escribo es de plata.
4. Los chicos ________________ entrevistamos recibirán una beca.
5. Las clases empiezan el día dos, ________________ no me gusta.

IX. **El tráfico en Caracas.** Ud. conversa con un amigo venezolano sobre la regulación que ayuda a descongestionar el tráfico en Caracas. Esta regulación ordena días de parada para los carros particulares. Con un compañero de clase, completen el diálogo con los relativos necesarios.

Ud.: ¿Cómo se sabe cuáles son los carros ________________ no salen los días de parada?

Amigo: Muy fácil. Todas las personas ________________ tienen carro saben el día ________________ no pueden sacarlo a la calle por el número de la chapa *(license plate)*.

Ud.: ¿Por el número de la chapa?

Amigo: Sí. ________________ tienen números pares *(even numbers)* salen un día y al siguiente ________________ tienen números impares.

Ud.: ¡Qué buena idea!

Amigo: Exactamente. Así todas las personas ________________ trabajan hacen sus planes para ir en el metro o en taxi cuando no pueden usar el carro.

Ud.: ¿Y los taxis no tienen que parar un día también?

Amigo: No, ________________ es muy bueno, pues los taxis son muy baratos.

X. **Composición dirigida (oral o escrita).** Complete las oraciones con ideas originales usando el relativo entre paréntesis.

MODELO: (cuyo) Ese artista...
Ese artista, cuyo nombre no recuerdo, es el que hizo la película que vi hace unos días.

1. (quien) Nunca sabemos para...
2. (el que) El novio de Celia...
3. (que) El refrigerador...
4. (lo que) Para hablar español...
5. (en que) Quiero visitar el pueblo... ■

E Frases que denotan obligación

1. **Haber de** + infinitivo expresa un sentido de obligación impuesto a nosotros mismos. Equivale en inglés a *to be supposed to.*

   Has de levantarte temprano si quieres llegar a tiempo.
   He de estudiar más el año que viene.

2. **Hay que** + infinitivo expresa un sentido de obligación que nos viene de fuera y que se extiende a un sujeto indefinido. Equivale en inglés a *it is necessary* o *one must.*

   Hay que comprar los boletos para la corrida de toros.
   Hay que estar en el aeropuerto a las seis.

3. **Tener que** + infinitivo expresa un sentido de obligación más enérgico y determinado, también impuesto de fuera. Equivale en inglés a *to have to.*

   Tienes que pintar la casa.
   Han tenido que cancelar el viaje.

Actividades

I. Complete el siguiente diálogo entre una madre y su hijo pequeño llenando los espacios en blanco con la traducción al español de las frases que están en inglés.

Niño: ¿Puedo ir a jugar a la pelota?
Madre: No, ________________ *(you have to)* hacer la tarea.
Niño: Todos los días me dices lo mismo.
Madre: Claro, y te lo seguiré diciendo. ________________ *(One must)* estudiar para tener éxito en la vida.
Niño: Pero si me dejas jugar a la pelota ________________ *(I'm supposed to)* llegar a ser un pelotero famoso.

II. Haga oraciones originales usando como principio las siguientes frases.

MODELO: He de salir muy temprano...
He de salir muy temprano porque quiero llegar a la capital antes de que sea de noche.

1. Hay que escoger bien a los amigos...
2. Tengo que buscar otro empleo...
3. Hemos de evitar que destruyan la naturaleza...

Composición

Antes de escribir, repase las siguientes reglas de acentuación y ortografía.

A Repaso de acentuación

1. Los adjetivos que llevan acento escrito lo mantienen al formar adverbios que terminan en **-mente.**

difícil difícilmente rápido rápidamente cortés cortésmente

2. Repase el uso de las siguientes palabras cuyo uso de acento escrito depende de la función gramatical y significado.

aún	*(still; yet)* Aún no ha llegado. (Todavía no ha llegado.)
aun	*(even)* Aun si le pagas bien, no trabajará. (Incluso si le pagas bien, no trabajará.)
más	*(more)* Costó más de quinientos dólares. (Costó en exceso de quinientos dólares.)
mas	*(but)* No le habló mas le escribió. (No le habló pero le escribió.)
de quién	*(whose)* No te voy a decir de quién es la pulsera. (No te voy a decir a quien le pertenece.)
de quien	*(about whom)* Esta es la señora de quien te hablé.

Actividad

Ponga el acento escrito en las palabras que lo necesiten.

1. El orador habla maravillosamente mas no sabe cuando debe callar.
2. El público aplaudió entusiasticamente aun cuando ya había salido el cantante.
3. La organización reunió mas dinero del que pensaba, mas no quiso gastarlo en el momento.
4. Mi prima no quería salir al jardín aun cuando hacía buen tiempo.
5. ¿Aun no has preparado la lección para hoy? No lo haces aun cuando tienes tiempo.
6. ¿De quien es aquel paraguas? No me acuerdo de quien es. ■

B Repaso de ortografía : r, rr

1. El sonido de la **r** múltiple se escribe doble **(rr)** o sencillo **(r)**. Se escribe doble **(rr)** entre vocales y en la formación de compuestos:

perro, carro, irracional, grecorromano

2. Se escribe sencillo **(r)**:

- después de consonante:

  Israel, subrayar, Enrique, alrededor

- a principios de palabra:

  Rosa, rojo, redondo, Rubén

3. El sonido de la **r** simple siempre se escribe sencillo **(r)** y corresponde a toda **r** ortográfica que no sea inicial de palabra ni vaya precedida de **n, l** o **s:**

   coral, lámpara, sobre, atracción, estéreo

4. Observe la diferencia de significado:

caro *(expensive)*	**carro** *(car)*
coral *(coral)*	**corral** *(corral)*
para *(for)*	**parra** *(grape vine)*
cero *(zero)*	**cerro** *(mountain)*
foro *(forum)*	**forro** *(lining)*
pero *(but)*	**perro** *(dog)*

Actividades

I. ¿Se escriben con **r** o **rr**? Busque estas palabras en el diccionario si no está seguro.

is___aelita	ce___a	to___e
gue___illa	___ancho	bo___ador
hon___ado	peli___ojo	piza___a
i___acional	ba___io	co___upción
___ico	e___or	En___ique

II. Escoja la palabra que complete el sentido de la oración y escríbala en el espacio en blanco.

1. (cero / cerro) El rancho estaba situado en lo alto de un ________________.
2. (foro / forro) Mi abrigo de invierno necesita un nuevo ________________.
3. (coral / corral) Mi novio me regaló un collar de ________________.
4. (ahora / ahorra) Papá siempre decía: "________________ tus centavitos ________________ que después los disfrutarás".
5. (querían / querrían) De niños ellos siempre ________________ jugar en ese parque.

Ejercicio de composición (opcional)

Haga una composición, oral o escrita, sobre uno de los temas que se dan a continuación. Prepare de antemano un bosquejo que le ayudará a desarrollar su tema con coherencia. El primer tema incluye un esquema como modelo.

TEMA: La tecnología moderna en el mundo actual.

INTRODUCCIÓN: Efectos producidos por la tecnología moderna (computadoras, calculadoras, correo electrónico, etc.).
Importancia de la computadora en todos los aspectos de la vida.

DESARROLLO: Cambios experimentados en el mundo de los negocios *(business world)*.
Nuevos medios para facilitar las comunicaciones.
Equipos y aparatos especiales en el campo de la medicina.
¿Cree Ud. que la tecnología estimula y aumenta la creatividad y hace que el hombre viva más feliz?

CONCLUSIÓN: ¿Cómo cree Ud. que será el mundo dentro de cincuenta años?
Dé una evaluación personal de los aspectos positivos y negativos producidos por los adelantos *(advances)* tecnológicos.

TEMA: El programa nuclear y la producción de energía.

TEMA: Abusos de información sobre la vida privada.

Capítulo 10

Vista de la Plaza de Armas en la ciudad de Lima, capital del Perú.

- Lectura 1: "Países en la costa del Pacífico: Ecuador, Perú y Chile"
- Lectura 2: "Oswaldo Guayasamín"
- Preposiciones
- Usos de **por** y **para**
- Usos de **pero** y **sino**
- Verbos que se usan con la preposición **a** seguida de un infinitivo y los que se usan sin ella
- Verbos que van seguidos de preposiciones
- Frases con **hacer**
- Expresiones idiomáticas
- Repaso de acentuación
- Repaso de ortografía: diferencias entre el español y el inglés

Vocabulario

Antes de leer, repase el siguiente vocabulario que le ayudará a comprender la lectura.

Sustantivos

la bahía bay
el barco ship
la carretera highway
la espada sword
el ferrocaril railroad
el imperio the empire
la meseta plateau
la pesca fishing
el propósito purpose
la selva jungle
el tamaño size
el trozo piece

Verbos

atravesar (ie) to cross
bañar to bathe
beneficiar to benefit
cesar to cease, stop
cruzar (c) to cross
disfrutar to enjoy

Adjetivos

alegre merry, happy
antiguo ancient
caluroso warm, hot
desértico desert-like
ecuatoriano from Ecuador
estrecho narrow
imponente imposing
irlandés Irish
maravilloso marvelous
pintoresco picturesque
valioso valuable
vistoso attractive, showy

Frases

al igual the same
a raíz de soon after
de pie standing
Escuela de Derecho law school
junto a next to, near
junto con together with

Palabras relacionadas. El significado de algunas palabras se puede determinar al pensar en palabras relacionadas. ¿Puede Ud. dar el significado en inglés de las palabras subrayadas si piensa en la palabra entre paréntesis?

1. (alto) ...situada a más de nueve mil pies de altura...
2. (calor) El clima de este país debe ser caluroso...
3. (gigante) ...aquí se encuentran gigantescos galápagos...
4. (tierra) ...toma su nombre del Ecuador terrestre...
5. (desierto) El norte de Chile es desértico...

Vista preliminar de algunas frases

Recuerde que se puede expresar una construcción pasiva con el verbo **ser** o **estar** + un participio pasado y también con la partícula **se** + un verbo en la tercera persona del singular o del plural. Observe las siguientes frases:

...cuyas costas **están bañadas...**
...razón por la que **han sido declaradas...**
...la ciudad del Cuzco **ha sido llamada...**
...aquí **se encuentran** unas gigantescas estatuas...
...se celebra anualmente el Festival de la Canción...

Recuerde que en el uso de comparaciones superlativas se usa **de** para traducir *in:*

> El lago Titicaca, el más alto **del** mundo. . .
> *Lake Titicaca, the highest in the world...*
>
> El paisaje chileno es uno de los más 1hermosos **del** continente.
> *The Chilean landscape is one of the most beautiful in the world.*

Lectura I

Países en la costa del Pacífico: Ecuador, Perú y Chile

El Ecuador, cuyas costas están bañadas por el Océano Pacífico, toma su nombre del ecuador terrestre que lo atraviesa dividiendo su territorio en dos partes. El clima de este país debe ser caluroso, como lo es en otros lugares situados sobre el ecuador terrestre, pero debido a su altura° *altitude* —lo atraviesa de norte a sur la cordillera de los Andes— tiene un clima maravilloso, excepto en las costas donde es tropical y muy caliente.

Las principales ciudades ecuatorianas son Quito, la capital del país, situada a más de 9.000 pies de altura, Guayaquil, Cuenca, Riobamba y Ambato. La ciudad de Quito tiene su parte española con sus antiguas construcciones, y la parte moderna con anchas calles y vistosos edificios.

Guayaquil, ciudad alegre con vida muy activa, es el puerto principal por donde pasan todos los productos de exportación, entre los que se encuentran frutas, plátanos, cacao y café. Riobamba, en la provincia del Chimborazo, es la ciudad ecuatoriana que tiene el paisaje andino más pintoresco, ya que se puede ver el pico que da nombre a la provincia y que siempre está cubierto de nieve.

Las islas Galápagos pertenecen al Ecuador y aquí se encuentran gigantescos galápagos,° *giant turtles* algunos pesando más de 600 libras. Estos animales que viven más de doscientos años han sido motivo de atracción para los que visitan las islas, razón por la que han sido declaradas como Parque Nacional.

Después de México, el Perú era la posesión más valiosa que tenía España en el Nuevo Mundo. Lima, junto con la ciudad de México, eran los dos centros culturales más importantes. Esta importancia colonial, debido tanto a la riqueza natural del país, como al substrato cultural incaico, se mantuvo hasta el siglo XIX. Actualmente el Perú sigue luchando por establecer las necesarias reformas políticas, económicas y sociales para el progreso económico, industrial y comercial del país.

El Perú, lo mismo que el Ecuador, puede dividirse en tres regiones: la costa, la sierra y la selva. La costa es una estrecha franja° *strip* de terreno entre

el mar y los Andes que tiene todas las características de un desierto, excepto por pequeños trozos de tierra cultivable. En lo que se llama la sierra la altura oscila entre los 7.000 quinientos y 13.000 pies y comprende la región del sistema montañoso de los Andes que atraviesa el país. Aquí se encuentran hermosos valles y áridas mesetas, y en una de éstas, en la frontera con Bolivia, está el lago Titicaca, el más alto del mundo.

La comunicación entre estas tres regiones es uno de los grandes problemas del Perú, pues sus ferrocarriles y carreteras tienen que subir altas montañas. El Ferrocarril Central, que es uno de los más altos del mundo, va en ascensión desde Lima hasta el centro minero de La Oroya, donde comienza a descender. La carretera, que tiene que pasar por innumerables puentes° y túneles, alcanza una altura de 16.000 pies. La zona del río Amazonas, al otro lado de los Andes, es un mundo completamente distinto. De un clima frío con picos° siempre cubiertos de nieve se pasa a una selva con exuberante vegetación y ríos caudalosos.°

bridges
peaks
abundant

El Perú tiene ciudades de origen prehistórico y colonial. La ciudad del Cuzco ha sido llamada la capital arqueológica de Sudamérica, debido a las muchas ruinas prehispánicas que se encuentran en sus alrededores. Cuzco fue por muchos años la capital del imperio incaico y se cree que Machu Picchu, descubierto por el norteamericano Hiram Bingham en 1911, era la ciudad sagrada de los incas.

Chile parece una espada estrecha y larga al sur del Perú entre los Andes y el Pacífico. El paisaje chileno, debido a su posición, es uno de los más hermosos del continente. En los Andes hay imponentes picos de gran elevación, como el Aconcagua, que es el más alto del continente americano con 23.000 pies de altura. El norte de Chile es desértico y el desierto de Atacama es considerado el más seco del mundo, a pesar de tener un lago en el centro. En sus costas Chile tiene varios archipiélagos e islas, entre las que se encuentran las Islas de Juan Fernández, donde vivió Robinson Crusoe, el héroe de la novela de Daniel Defoe, y la Isla de Pascua° que está a dos mil millas de la costa y presenta una cultura de tipo polinesio.° En esta isla se encuentran unas gigantescas estatuas llamadas "Moais", algunas con más de cinco metros de altura y varias toneladas de peso.° Las figuras de estas estatuas están en varias posiciones, algunas de pie, otras en el suelo, rotas o semienterradas.° Hasta ahora nadie sabe el origen y el propósito de estas figuras tan llenas de misterio.

Easter Island
Polynesian
weight
half buried

Las principales ciudades de Chile son Santiago—la capital—Valparaíso, Concepción y Valdivia, todas en la region central. La capital, debido a la posición que tiene, es un lugar privilegiado. Está junto a la cordillera° de los Andes y cerca del mar, lo que hace que sus habitantes puedan disfrutar de los deportes de esquí en las montañas y de las hermosas playas. Santiago es una ciudad internacional con amplias avenidas, magníficos edificios, elegantes barrios residenciales y bellos parques. Valparaíso es el primer puerto de Chile y en su bahía hay siempre barcos mercantes° de todo el mundo. En esta ciudad están la Escuela de Derecho de la Universidad de Chile, la Universidad Católica y la Escuela Naval, que es una de las más importantes de Hispanoamérica. Muy cerca de Valparaíso está Viña del Mar, famosa por sus playas, clima excelente, magnífica pesca y centros culturales y de diversión. Esta ciudad está llena de elegantes y modernos edificios y hoteles, y es un lugar ideal de atracción en el verano. En ella se celebra anualmente el conocido Festival de la Canción.

mountain range
merchant ships

Al igual que los otros países hispanoamericanos, Chile empezó su lucha independentista en 1810. Bernardo O'Higgins —de madre chilena y padre irlandés— luchó por la independencia de su patria y ayudado por el general argentino José de San Martín, quien cruzó los Andes con su ejército, O'Higgins vio su patria libre de la dominación española en 1817.

La tradición cultural chilena es extremadamente rica. Desde que Pedro de Valdivia tomó posesión de la region en nombre del rey de España en 1540, Chile no ha cesado de contribuir al enriquecimiento de la cultura hispánica.

Llene los espacios en blanco con la palabra correcta para completar la oración.

1. El clima de las costas del Ecuador es ________________ por ser tropical; allí hace mucho calor.
2. Riobamba en el Ecuador es la ciudad que tiene el paisaje andino más ________________.
3. El lago Titicaca está en una ________________ en la frontera con Bolivia.
4. El Cuzco fue por muchos años la capital del ________________ incaico.
5. Se dice que Chile parece una ________________ porque es un país estrecho y largo.
6. El panorama de los Andes es ________________ por sus enormes picos cubiertos de nieve.
7. La ciudad de Santiago está ________________ a los Andes.
8. El padre de O'Higgins era de Irlanda; era ________________.

Preguntas sobre la lectura

1. ¿Qué explicación tiene el nombre que se le dio al Ecuador?
2. ¿Qué puede decir de las ciudades de Quito y Guayaquil?
3. ¿Por qué las islas Galápagos han sido declaradas Parque Nacional?
4. ¿Qué factores contribuyeron a la importancia colonial que tuvo el Perú hasta el siglo XIX?
5. ¿Qué contrastes presentan las distintas regiones del Perú?
6. ¿Por qué fue difícil establecer las vías de comunicación entre las diferentes regiones del Perú?
7. La ciudad del Cuzco en el Perú ha sido llamada la capital arqueológica de Sudamérica. Explique por qué.
8. ¿Qué comparación se hace al hablar del aspecto físico de Chile?
9. ¿Qué dice el autor de las islas que están en la costa de Chile
10. ¿Qué atractivos ofrece la ciudad de Santiago en Chile?
11. ¿Qué cosas importantes hay en Valparaíso?
12. El autor dice que en el siglo XIX el general argentino José de San Martín cruzó los Andes con su ejército para ayudar a Bernardo O'Higgins a obtener la independencia de Chile. ¿Qué cree Ud. de esta hazaña *(heroic feat)*?

Temas de conversación

1. Si Ud. pudiera ir al Ecuador, ¿qué ciudades le interesaría visitar? ¿Por qué? En la lectura se mencionan varias ciudades. ¿Conoce Ud. alguna de ellas? Prepare un pequeño informe sobre Quito para compartir con la clase.
2. ¿Por qué cree Ud. que ciudades como Machu Picchu y Cuzco atraen a tantos visitantes? ¿Hay zonas en los Estados Unidos que atraen de la misma manera? Piense en algunos sitios del Sudoeste.
3. En la lectura se dice que "Santiago es una ciudad privilegiada". ¿Por qué? ¿Conoce Ud. una ciudad privilegiada como Santiago? Descríbala.

4. Los Andes, así como los Alpes en Suiza, han dado el nombre a un deporte: el alpinismo o el andinismo *(mountain climbing)*. Puesto que es un deporte peligroso y exigente *(demanding)*, ¿qué cree Ud. motiva a los alpinistas? ¿Participa Ud. en algún deporte difícil?
5. Mucha gente va a las montañas porque quieren respirar aire puro y no contaminado como en la ciudad. ¿Qué hacen los movimientos ecológicos para proteger la naturaleza? ¿Cree Ud. que han tenido éxito?

Lectura 2

Oswaldo Guayasamín

Oswaldo Guayasamín, quien prefirió ser conocido simplemente como Guayasamín, nació en Quito, Ecuador, en 1919. Hijo de padre indígena y madre mestiza, Guayasamín fue uno de los mejores exponentes del expresionismo indigenista y usó su arte para dar a conocer la sociedad indígena oprimida, tema que había de aparecer siempre en sus obras.

Su talento artístico despertó siendo él muy niño, pues a los ocho años ya hacía caricaturas de sus compañeros. Ingresó en la Escuela de Bellas Artes de Quito en contra de la voluntad° de su padre y en 1941 recibió el diploma de pintor y escultor. Anteriormente, en 1932, había participado en una manifestación obrera en la cual murió uno de sus amigos. Este incidente le sirvió de inspiración para su obra "Los niños muertos" en la que se refleja una visión de la sociedad. *will*

Guayasamín afirmó siempre su origen indio y se identificó a través de su obra con la protesta y la denuncia social. Su obra refleja la miseria que sufre la mayor parte de la humanidad. Muestra, sobre todo, un profundo compromiso con los pueblos marginados y explotados por los más poderosos. Según él, "este siglo es el peor de los siglos que el hombre ha vivido sobre la Tierra, porque no cesa la matanza sin límites de personas."

La obra de Guayasamín puede dividirse en tres etapas. La primera corresponde a la colección "Huacayñán" que en quechua quiere decir "camino del llanto", donde resuenan las alegrías, el dolor y la tristeza de las tres grandes estirpes° humanas del Ecuador: el mestizo, el indio y el negro, tres corrientes que han contribuido a la formación del hombre ecuatoriano, cada una trayendo su forma, su color, su fuerza y su verdad. En sus cuadros están los hombres y las mujeres, los niños, y el paisaje de ese país. La segunda etapa, "La Edad de la Ira", expone el horror de lo que es capaz el ser humano, las atrocidades de la guerra, por ejemplo, o las dictaduras, o el capitalismo deshumanizador. Nos dice Guayasamín que su pintura es "para herir,° para arañar° y golpear en el corazón de la gente; para mostrar lo que el hombre hace en contra del hombre". En "La Edad *ancestry* *to hurt / to scratch*

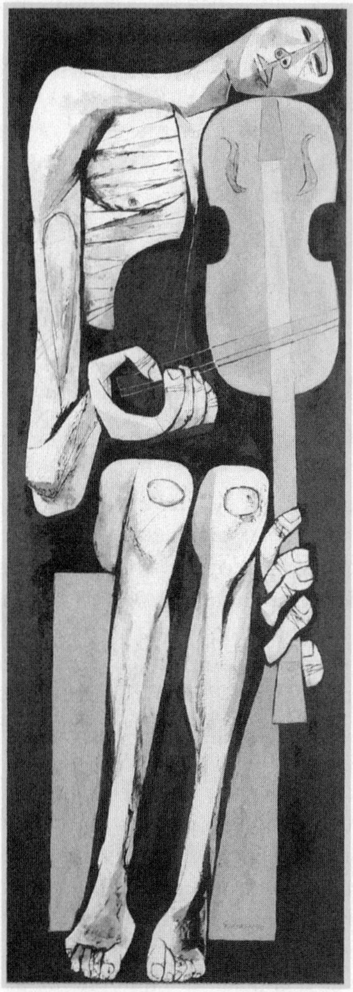

Oswaldo Guayasamín: Violinista, *1967. Fundación Guayasamín, Quito, Ecuador.*

de la Ternura", el tema principal pasa a ser la compasión y el amor. Es un periodo dedicado especialmente a su madre, en el cual se destaca la serie de madres y niños.

Guayasamín recibió numerosos elogios° por su obra. Su producción fue muy fructífera en cuadros de caballete,° esculturas, monumentos y murales. Tuvo exposiciones en las grandes capitales de América, así como en Europa. Gran humanista, Guayasamín donó al patrimonio del Ecuador más de 250 óleos que se exhiben en el Museo Guayasamín en Quito. El pintor murió en 1999 sin haber terminado su obra cumbre denominada La Capilla del Hombre, que habría de ser un homenaje a su pueblo y al ser humano en general. La Capilla del Hombre está en Quito y en ella se exhiben hoy día las importantes obras del pintor ecuatoriano.

praise
easel

Preguntas sobre la lectura

1. ¿Qué tema aparece siempre en las obras de Guayasamin?
2. ¿Cómo y cuándo empezó a dibujar?
3. ¿Qué hecho le inspiró su obra "Los niños muertos"?
4. ¿Con qué se identificó Guayasamín a través de su obra?
5. Describa las tres etapas de la obra de Guayasamín.
6. ¿Qué tres corrientes han contribuido a la formación del ecuatoriano?
7. ¿Qué es La Capilla del Hombre?

Gramática

A Preposiciones

La preposición se usa para enlazar dos palabras expresando una relación entre ellas.

Árbol **sin** hojas.
Salimos **para** la capital.
Difícil **de** comprender.

Además de las preposiciones propias que existen en español, hay frases preposicionales que equivalen o funcionan como preposiciones.

1. Preposiciones propias.

a	**de**	**hasta**	**sobre**
ante	**desde**	**para**	**tras**
bajo	**en**	**por**	
con	**entre**	**según**	
contra	**hacia**	**sin**	

a. El uso de las preposiciones en español, lo mismo que en inglés, es bastante arbitrario. Algunas preposiciones en español pueden tener diferentes equivalencias en inglés. Por ejemplo:

a	*at, by, on, to*
de	*about, from, of, to*
en	*at, in, into, on*

Salí **a** las cuatro.	*I went out at four.*
Lavé la blusa **a** mano.	*I washed the blouse by hand.*
Llegó **a** tiempo.	*He arrived on time.*
Vamos **a** la playa.	*We go to the beach.*

b. Ciertos verbos que en inglés se usan seguidos de preposición, se expresan en español con sólo el verbo.

mirar	*to look at*	**buscar**	*to look for*
escuchar	*to listen to*	**pedir**	*to ask for*
esperar	*to wait for*		

Mientras **esperábamos** el autobús para ir al aeropuerto, Fernando pagó la cuenta del hotel, Susana **escuchó** las noticias y yo **miré** la televisión.

2. Reglas generales para el uso de algunas preposiciones. **A** se usa:

a. Con verbos que expresan movimiento o dirección.

Voy **al** banco.
Llegó **a** la casa.

NOTA: Recuerde que **a** + **el** = **al. Al** también equivale a *upon:* **al llegar**, *upon arriving.*

b. Delante de los complementos directos de personas.

Conozco muy bien **a** la presidenta.
Escuchamos **a** Ricky Martín.

NOTA: Cuando el complemento directo no se refiere a una persona específica se omite la **a** personal:

La compañía busca vendedores agresivos.
Necesito una buena masajista.

c. Con el complemento indirecto.

Le doy las flores **a** Luisa.
Les pongo agua **a** las flores.

d. Para indicar la hora o tiempo en que ocurre una acción.

La cena es **a** las ocho.
Los invitados se fueron **a** la medianoche.
A la mañana siguiente ya no estaban.

e. En expresiones idiomáticas que indican la manera en que una cosa está hecha.

El mantel está hecho **a** mano.	*The tablecloth is made by hand.*
El suéter está tejido **a** máquina.	*The sweater is knitted by machine.*

f. Con el verbo **estar** para indicar distancia con respecto a otro punto de referencia.

La capital **está a** cien kilómetros de este pueblo.
Estamos a cinco minutos del aeropuerto.

g. Delante de **quién** (la **a** personal) para formar una expresión equivalente a *whom* en inglés.

¿**A quién** invitaste?	*Whom did you invite?*
Invité **a quienes** tú me dijiste.	*I invited whom you told me to.*

3. **En** se usa:

a. Para indicar posición o lugar.

Estoy **en** la frontera del Canadá.
Dejé los papeles **en** la oficina.

b. Con ciertas expresiones que llevan las palabras **momento, instante, tiempo** o **época.**

Llegué al aeropuerto **en el instante** en que salían los pasajeros del avión.
En aquel tiempo vivíamos en Barcelona.
En esa época pocas mujeres usaban pantalones.

c. Para indicar medio (forma) de transporte.

Viajaremos **en avión** hasta Guayaquil.
Ellos piensan ir **en barco** a Europa.
Los niños van a ir **en bicicleta** al parque, pero yo voy a ir **en coche.**

Pero decimos:

Montamos **a caballo** en el campo.
Fuimos **a pie** hasta llegar a la catedral.

4. **De** se usa:*

a. Para indicar posesión, origen, contenido, posición, descripción, material o materia de que se compone una cosa.

La casa **de** Fermín es hermosa.
El escritor Mario Vargas Llosa es **del** Perú.
¿Prefieres una taza **de** té o un vaso **de** agua?
No está **de** lado, sino **de** frente.
La viuda iba vestida **de** negro.
Compré unos artículos **de** plata en Bolivia.

NOTA: Recuerde que **de** + **el** = **del.**

b. Delante de **¿quién (-es)?** para formar una expresión equivalente al inglés *whose?*

¿**De quién** es esta computadora?
¿**De quiénes** son estos cuadernos?

*Ver capítulo 3, página 102, frases con **estar** que llevan la preposición **de.** Ver página 316 en este capítulo.

c. En las siguientes construcciones que en inglés requieren la preposición *in:*

Después de un superlativo:

Ella es la más bonita **de** la familia. *She is the prettiest in the family.*
José era el más estudioso **de** la clase *José was the most studious in the class.*

Para indicar una parte del día:

Eran las ocho **de** la noche. *It was eight o'clock in the evening.*

5. Otras preposiciones.

a. **Desde** se usa para indicar principio; **hasta** indica fin.

Fuimos a pie **desde** mi casa **hasta** la escuela.
Estudia siempre **desde** las ocho **hasta** las once.

Desde y **hasta** se pueden sustituir por **de** y **a.**

Estudia siempre **de** las ocho **a** las once.

b. **Según** equivale a **de acuerdo con.**

Él actúa **según** las circunstancias.

c. **Tras** equivale a **detrás de** o **después de.**

Los automóviles salieron uno **tras** otro.
Tras la primavera, el verano.

Tras también equivale a **además de.**

El carro, **tras** ser (o **tras de** ser) económico, es muy cómodo.

6. Frases preposicionales. Estas frases generalmente tienen carácter adverbial, es decir, indican cómo, cuándo o dónde ocurre la acción.

acerca de *(about)*	**detrás de** *(behind)*
adentro de *(inside)*	**encima de** *(on top of)*
alrededor de *(around)*	**en contra de** *(against)*
antes de *(before)*	**en lugar de** *(instead of)*
a través de *(throughout)*	**en vez de** *(instead of)*
cerca de *(near)*	**frente a** *(in front of)*
delante de *(in front of)*	**fuera de** *(outside of)*
después de *(after)*	**junto a** *(near, close to)*

Hay un parque **delante de** la iglesia.
Los ciudadanos están **en contra de** esa ley.
Se me quedaron las llaves **encima de** la mesa.
El perro corrió **a través de** la calle.

Actividades

I. **Práctica.** ¿Se requiere **a** en las siguientes oraciones?

1. Buscaba ________________ los tres hijos de Manuela.
2. En la reunión no vi ________________ nadie mal vestido.
3. Estábamos ________________ una hora de tu casa cuando empezó a llover.
4. El jefe busca ________________ una secretaria bilingüe.
5. ¿________________ quiénes invitaste?
6. Es verdad que viajaron ________________ Montevideo.

II. **De vacaciones en Puerto Rico.** Usando la preposición que corresponda **(a, en)**, complete la narración que hace Jaime Blanco, donde habla de las vacaciones que piensa pasar en Puerto Rico.

Pienso pasar las vacaciones ________________ Puerto Rico. Viajaré ________________ avión de Nueva York ________________ San Juan, que está ________________ pocas horas de vuelo. Mis padres viven ________________ el Condado, frente ________________ la playa. Mi amigo Ernesto vive ________________ otro lugar de la isla, en Ponce. Los dos haremos varias excursiones ________________ caballo y ________________ pie. Si tengo tiempo, me gustaría ir ________________ barco ________________ las Islas Vírgenes. Allí se pueden comprar guayaberas bordadas *(embroidered)* ________________ mano más baratas que ________________ los Estados Unidos. Espero divertirme mucho.

III. **Práctica.** Complete las oraciones con la preposición adecuada **(a, de, del, en).**

1. Decidimos encontrarnos ________________ el café ________________ eso de las ocho ________________ la noche.
2. ¿________________ quiénes son aquellos cuadernos?
3. Puse el bolígrafo ________________ Rubén ________________ el cajón *(drawer)*________________ escritorio.
4. Prefiero que me sirvas un poco ________________ vino tinto ________________ esta copita *(little goblet)*.
5. Su novio le regaló una canasta ________________ flores.
6. Dicen que la niña iba vestida ________________ blanco, pero llevaba los zapatos llenos ________________ lodo.
7. Angelina es la más liberal ________________ su familia.
8. Me encontré con Margarita ________________ la mañana siguiente.

IV. **En las Islas Galápagos.** Imagínese que Ud. y su familia visitaron las Islas Galápagos. Complete el párrafo para hablar de sus experiencias usando una preposición o frase preposicional para traducir las palabras entre paréntesis.

(Among) ________________ las excursiones que hicimos en nuestro viaje *(through)* ________________ el Ecuador, nos interesó más la visita *(to)* ________________ las Islas Galápagos. Fuimos *(by)* ________________ avión *(from)* ________________ Quito *(to)* ________________ las Islas. *(According to)* ________________ la historia, estas islas fueron descubiertas *(by)* ________________ el español fray Tomás de Berlanga *(in)* ________________ 1535. Las Islas están situadas *(at)* ________________ unos mil kilómetros *(of)* ________________ distancia *(from the)* ________________ continente. *(Because of)* ________________ su extraordinaria vegetación y fauna, podríamos decir que las Islas forman uno de los paraísos naturales más bellos *(in the)* ________________ mundo. Me interesó mucho la Estación de Investigación Charles Darwin, y *(upon)* ________________ llegar a casa, decidí leer *(about)* ________________ este investigador británico.

V. **Decorando el apartamento.** Usted acaba de mudarse a un nuevo apartamento. Como no puede estar allí cuando lleguen los hombres de la mudanza, deje por escrito instrucciones diciendo dónde deben ponerse las siguientes cosas en la sala. Use por lo menos seis de las siguientes frases preposicionales.

Empiece así: Deben poner la sillita de madera al lado de la puerta que da al jardín.

detrás de	junto a	enfrente de	sobre	cerca de
al lado de	debajo de	encima de	en contra de	delante de

1. dos cuadros
2. el sofá
3. dos sillones
4. dos mesitas
5. una lámpara de pie
6. una alfombra pequeña
7. un estante para libros
8. una escultura pequeña

VI. En esta página XXX se encuentra un cuadro del pintor colombiano Fernando Botero. Describa el cuadro usando frases preposicionales para indicar dónde y cómo se encuentran las cosas y las personas. Diga, por ejemplo, qué hay detrás de los músicos, qué hay debajo de la silla, etc.

Fernando Botero, Los músicos, *1979.*

B Usos de por y para

1. **Por** explica el motivo o la causa de una acción. Se usa en los siguientes casos:

a. Para introducir el agente en la voz pasiva.

América fue descubierta **por** Colón.
La novela *Cien años de soledad* fue escrita **por** el escritor colombiano Gabriel García Márquez.

b. Para expresar duración de tiempo.

Fui a Cuernavaca **por** tres semanas.
Todos los días nadamos **por** una hora.

c. Con expresiones que indican tiempo en general o momento aproximado.

Trabajo tanto **por** la mañana como **por** la tarde.

NOTA: Cuando en las expresiones de tiempo se expresa hora determinada, se usa **de** en lugar de **por.**

> El poema de García Lorca "Llanto por Ignacio Sánchez Mejías" comienza así: "A las cinco **de** la tarde. Eran las cinco en punto **de** la tarde."

d. Para indicar razón, motivo. Equivale a **a causa de.**

> Hace el trabajo tan bien **por** la experiencia que tiene.
> Se cerró el aeropuerto **por** la niebla.
> Fracasé en el examen **por** no estudiar.

e. Para indicar la persona o cosa **por la que**, o **en favor de la que** *(on behalf of, for the sake of)*, se hace algo.

> Los soldados murieron **por** la patria.
> Todo lo hice **por** ti.

f. Para indicar precio o equivalencia. Denota cambio o sustitución de una cosa por otra.

> Pagó $200 **por** la cámara fotográfica.
> Cambié la camisa **por** un cinturón.
> Compré tres piñas *(pineapples)* **por** un dólar.

g. Para indicar la equivalencia en inglés de *per.*

> El banco presta el dinero al siete **por** ciento.
> Ella distribuirá los juguetes *(toys)* a uno **por** cada niño.
> Es peligroso manejar a ochenta millas **por** hora.

h. Para indicar medio o manera.

> Te llamé **por** teléfono.
> ¿Mandaste el paquete **por** avión?
> Se casaron **por** poder *(by proxy).*

i. Para indicar **a través de.** Equivale a *through* en inglés.

> El barco va a cruzar **por** el Canal de Panamá.
> Actualmente ellos están viajando **por** Tejas.
> El ladrón entró **por** la ventana.

j. Para expresar el objeto de una acción con verbos como **ir, venir, mandar, enviar** y **preguntar.**

> Ha ido a la escuela **por** los niños y dijo que vendría en seguida.
> Envió **por** los libros que dejó olvidados.
> En cuanto llegue preguntará **por** ti.

NOTA: El verbo **preguntar** equivale en inglés a *to ask a question*. **Preguntar por** equivale a *to ask about someone or something*.

¿Le **preguntaste** cuál era su dirección?
Ellos me **preguntaron por** ti.

k. Para indicar concepto u opinión.

Pasa **por** rico.
Se le tiene **por** un gran hombre.

l. Para expresar preferencia por algo o alguien.

Voté **por** el candidato demócrata.
El Gobernador dijo que está **por** la pena de muerte *(death penalty)*.

m. Para la multiplicación de números.

Tres **por** cuatro son doce.
El tamaño de la mesa es de 5 pies **por** 3 pies y medio.

n. **Estar por** + infinitivo indica disposición para un acto o acción que no ha ocurrido y equivale a *to be inclined to* o *in favor of*.

Estamos por tomar vacaciones, pero no sé cuando será.
Estuve por decirle que se callara la boca.
El postre **está por** prepararse.

NOTA: En Latinoamérica **estar por** con frecuencia se usa para indicar que la acción se hará en seguida: **Estoy por** salir. *I'm about to leave.*

o. En frases con adjetivos o adverbios + **que.**

Por mucho que hables no me convencerás.
(Aunque hables mucho no me convencerás.)
Por mucho que come no engorda.

p. Con exclamaciones y expresiones.

por ahora	*for the time being*
por casualidad	*by chance*
por cierto	*in fact*
por consiguiente	*therefore, consequently*
por desgracia	*unfortunately*
¡por Dios!	*for heaven's sake*
por ejemplo	*for example*
por el estilo	*something like that*
por eso	*for that reason*
por favor	*please*
por fin	*finally*

por lo general	*in general*
por lo menos	*at least*
por lo pronto	*for the moment*
¡por lo que más quiera!	*for goodness sake*
por lo tanto	*consequently*
por lo visto	*apparently*
por otra parte	*on the other hand*
por poco	*almost*
por si acaso	*just in case*
por suerte	*luckily, fortunately*
por supuesto	*of course*
por todas partes	*everywhere*
por una vez	*once and for all*

2. **Para** expresa la finalidad o el fin de una cosa. Se usa en los siguientes casos:

   a. Para indicar término o destino de una dirección o movimiento.

      Salgo **para** San Francisco.
      Nos mudamos **para** esta casa el año pasado.

   b. Para indicar propósito, objetivo o finalidad de una cosa o acción.

      La pluma es **para** escribir. Llamó **para** saber de nosotros.
      El regalo es **para** ti. Estudia **para** (ser) abogado.

   c. Para indicar tiempo o plazo determinado. (No se usa para indicar duración de tiempo.)

      Quiero el vestido **para** mañana.
      Terminará los estudios **para** el año que viene.

   d. Para expresar relación de una cosa con otra, comparándolas.

      Para los hijos, los padres nunca tienen razón.
      Para ser español, no es muy individualista.
      Se ve muy joven **para** su edad.

NOTA: Observe la diferencia:

Sabe mucho **para** su edad.	*He knows a lot for his age.*
Sabe mucho **por** su edad.	*He knows a lot because of his age.*

   e. **Estar para** + infinitivo indica que un hecho o acción está *a punto de ocurrir.*

      El tren **está para** salir. *The train is about to leave.*
      Ella **estaba para** llamar al médico. *She was about to call the doctor.*

Actividades

I. **Práctica.** Sustituya las palabras subrayadas por la preposición **por** o **para.**

MODELO: Estamos *a punto de* servir la comida.
Estamos para servir la comida.

1. Los aviones no salieron <u>a causa de</u> la niebla.
2. Todo lo que poseo será <u>destinado a</u> ti.
3. Nos quedamos en el desierto <u>durante</u> tres semanas.
4. El perro saltó <u>a través de</u> la ventana.
5. Estudio <u>con el fin de</u> aprender.
6. Me resfrié <u>a causa de</u> no llevar abrigo.
7. Voy a la panadería <u>en busca de</u> pan.
8. Voy a la peluquería <u>con el fin de</u> cortarme el pelo.

II. **Práctica.** Complete las oraciones usando **por** o **para** en lugar de las preposiciones inglesas *for* o *by.*

1. *(by)* Las copias que pediste estarán listas ________________ mañana.
2. *(by)* Envié las cartas ________________ correo aéreo.
3. *(by)* Por favor, termine este trabajo ________________ las diez.
4. *(by)* El error fue descubierto ________________ el empleado.
5. *(by)* Viajarán ________________ tren desde Barcelona hasta París.
6. *(for)* Mi padre fue al mercado ________________ leche.
7. *(for)* ________________ un atleta es muy importante el mantener una dieta balanceada.
8. *(for)* Pienso votar ________________ el candidato que hace menos promesas.
9. *(for)* El niño está muy alto ________________ su edad.
10. *(for)* Ese trabajo es muy importante ________________ mí.
11. *(for)* El pomo (*bottle*) de perfume es ________________ Elisa.
12. *(for)* No he visto a mis tíos ________________ largo tiempo.

III. **Mi amiga Inés.** Complete el párrafo con **por** o **para** para contarnos de su amiga Inés.

________________ ser tan joven, Inés es una muchacha muy cosmopolita y sofisticada. Ayer salió ________________ San Francisco ________________ visitar las galerías de arte y ponerse en contacto con los artistas de California. Estará en la costa del oeste ________________ tres semanas. Ella quiere adquirir algunas pinturas ________________ la galería que acaba de comprar en Nueva York. Espera regresar ________________ avión ________________ estar ________________ la apertura (*opening*) de la galería. Ella piensa llevar con ella algunas obras de arte.

_______________ muchas cosas que lleve no tendrá que pagar exceso de equipaje

_______________ ser dueña *(owner)* de una galería de arte.

IV. Imaginése que Ud. es candidato a alcalde de su ciudad. En su discurso a los ciudadanos, debe decirles lo que haría para mejorar la educación, para resolver los problemas de la delincuencia juvenil y para disminuir los problemas de los desamparados *(homeless)*. Use en su discurso por lo menos seis de las siguientes expresiones:

por supuesto	por ahora	por eso	por todas partes
por lo tanto	por otra parte	por ejemplo	por consiguiente

V. **Un accidente.** Cuando venían Ud. y su amigo a la universidad, vieron un accidente. En un auto venía una señora y su niña y en otro venía un señor ya mayor. Cuénteles a sus compañeros lo que Ud. vio, explicando por dónde venían Uds., en qué dirección iban los autos, si hubo heridos, si vinieron los paramédicos, si llamó alguien para que viniera la policía, etcétera. Use por lo menos seis de las siguientes expresiones:

por casualidad	por poco	por lo menos	por suerte
por todas partes	por desgracia	por fin	por lo visto

C Usos de **pero** y **sino**

Las conjunciones **pero** y **sino** equivalen a la conjunción *but* del inglés.

1. **Pero** introduce una aclaración de la primera parte de la oración. Tiene el sentido de **sin embargo** *(nevertheless)*.

   Le dijeron que no saliera, **pero** no hizo caso.
   Le escribiré, **pero** estoy segura que no contestará.

2. **Sino** se usa cuando se hace una declaración negativa y a continuación se expresa una idea opuesta o contraria.

   No leí el libro, **sino** la crítica.
   No fui al cine, **sino** al teatro.
   No quería comer, **sino** dormir.

3. **Sino que** se usa cuando la idea negativa opuesta tiene un verbo conjugado y un sujeto.

   No leí el libro, **sino que** leí la critica.
   No le han regalado la enciclopedia, **sino que** la ha comprado.

Actividades

I. **Práctica.** Combine los elementos dados y haga oraciones usando **pero, sino** o **sino que.**

MODELO: No es argentino / chileno.
No es argentino sino chileno.

1. Salí tarde / pude hacer todo lo que quería.
2. Le escribí / no contestó.
3. No me llamó / vino a verme.
4. No ha comprado manzanas / naranjas.
5. No iba caminando / iba corriendo.
6. No necesita una chaqueta / un abrigo.
7. Quiero salir temprano / no sé si podré.
8. Su novia no es rubia / morena.
9. Le dije que cerrara la puerta / se le olvidó.
10. No quiero helado de fresas / de chocolate.

II. **Michele Bachelet, presidenta de Chile.** En Latinoamérica la presidencia de varios países ha estado en manos de mujeres: Estela Martínez de Perón (Argentina), Violeta Barrios de Chamorro (Nicaragua), Mireya Moscoso (Panamá) y, actualmente, Michele Bachelet (Chile).

Llene los espacios en blanco con **pero, sino** o **sino que** para completar las siguientes oraciones que hablan de la situación en Chile.

1. Chile es un país culturalmente conservador, ________________ en 2006 eligió de presidenta a una mujer socialista.
2. Bachelet es socialista, ________________ en Chile el socialismo ha servido bien a la nación por su apoyo al mercado libre, lo cual ha ayudado económicamente al país.
3. Bachelet no sólo fue Ministra de Salud, ________________ más tarde sirvió como Ministra de Defensa.
4. "Soy socialista, agnóstica, separada y mujer... ________________ trabajaremos juntos", nos dice Bachelet.
5. Según ella, hay muchas mujeres que participan en la política ________________ que funcionan como hombres porque para ellas no es una vocación de servicio ________________ una ambición de poder.
6. Esta mujer de muchos talentos no sólo habla castellano y portugués, ________________ domina además el inglés, el alemán, el francés y el ruso. ■

D Verbos que se usan con la preposición a seguida de un infinitivo y los que se usan sin ella

1. Verbo + **a** + infinitivo. Esta construcción se usa con los verbos que expresan movimiento, desplazamiento, comienzo; con algunos verbos reflexivos; y con otros verbos fuera de estos grupos.

acertar a *to manage to*
acostumbrarse a *to get used to*
aprender a *to learn to*
apresurarse a *to hasten or rush to*
asomarse a *to lean out to*
aspirar a *to aspire to*
atreverse a *to dare to*
ayudar a *to help to*
comenzar a *to begin to*
convidar a *to invite to*
decidirse a *to decide to*
dedicarse a *to devote oneself to*
detenerse a *to stop to*
dirigirse a *to go to; to address, speak to*
disponerse a *to be about or ready to*
echar(se) a *to begin to*
enseñar a *to teach to*
invitar a *to invite to*
ir a *to go to*
llegar a *to get to (the extreme of)*
negarse a *to refuse*
obligar a *to force to*
ofrecerse a *to offer or volunteer to*
oponerse a *to oppose*
pararse a *to stop to*
ponerse a *to begin to*
prepararse a *to get ready to*
principiar a *to begin to*
resignarse a *to resign oneself to*
salir a *to go or come out to*
sentarse a *to sit down to*
venir a *to come to*
volver a *to . . . again*

El cuento dice que el burro **aprendió a** tocar la flauta por casualidad, pero mi amigo, que es muy inteligente, nunca **llegó a** aprender a tocarla. Por eso **se dedicó** a ser pelotero *(baseball player)*.

Hace un día tan bello que **convida a** pasear y **nos vamos a** ir a almorzar al lago.

El niño **se echó a** correr cuando sintió que **echaron a** andar el carrusel y en seguida **se dispuso a** montar el caballito negro que tanto le gusta.

NOTA: Hay otros verbos a los que nunca les sigue un infinitivo y que requieren la preposición **a** cuando van delante de un sustantivo.

asistir a **jugar a** **oler a** **parecerse a**

Ayer **asistimos a** la apertura *(opening)* del curso.
Ellos **juegan al** tenis en la cancha *(court)* del club.
La casa **huele a** jazmín.
Beatriz **se parece a** su madre.

2. Verbo + infinitivo. Hay otros verbos que no admiten la preposición **a** delante del infinitivo.

aceptar	**gustar**	**poder**
aconsejar *(to advise)*	**hacer**	**preferir**
deber	**intentar**	**prohibir** *(to forbid)*
decidir	**necesitar**	**prometer**
dejar	**odiar** *(to hate)*	**querer**
desear	**oír**	**rehusar** *to reject*
detestar	**olvidar**	**saber**
elegir *(to choose)*	**ordenar**	**soler** *to be accustomed to*
esperar	**pensar**	**ver**
evitar *(to avoid)*	**permitir**	

Amelia **solía dar** largos paseos por el parque y, aunque **prefería ir** sola, le **gustaba encontrar** a alguien conocido con quien charlar.

Ellos **saben hacer** el trabajo pero **necesitan encontrar** a una persona que los dirija.
¿**Quieres ir** al cine o **prefieres quedarte** en casa?

Actividades

I. **El cumpleaños de Julieta.** Complete el párrafo con la preposición **a,** si es necesario. Use el símbolo Ø si no se necesita la preposición.

Vamos ________________ celebrar el cumpleaños de Julieta y hemos decidido ________________ tener una fiesta el sábado próximo. Pensamos ________________ invitar a varios de sus amigos y Benito prometió ________________ traer algunas de las grabaciones *(recordings)* de música bailable que tiene. Ojalá que puedan ________________ venir todas las personas que queremos ________________ invitar. Todavía no sabemos qué vamos ________________ servir de comida. Yo prefiero ________________ tener comida fría, pero mi hermana está dispuesta ________________ cocinar un buen arroz con pollo. Mi madre, por otro lado, aconseja ________________ servir sólo postre y café.

II. **Mi hermana, la actriz.** Complete el párrafo con la preposición **a**, si es necesario.

Desde muy pequeña mi prima ha querido ________________ ser actriz. Siempre le gustó ________________ tomar parte en las obras de teatro que presentaban en la escuela y en esas representaciones demostró ________________ tener talento teatral. Después de estudiar drama en la universidad, ella espera ________________ poder trabajar en alguna película y así aspirar ________________ ser conocida. Está dispuesta ________________ hacer grandes sacrificios y sé que llegará ________________ ser famosa algún día porque tiene talento y una voluntad de hierro.

E Verbos que van seguidos de preposiciones

1. Verbo + **de.**

acabar de *to finish*
acabar de + inf. *to have just…*
acordarse de *to remember*
alegrarse de *to be happy about*
arrepentirse de *to repent*
burlarse de *to laugh at*
cansarse de *to get tired of*
cesar de *to stop; to cease*
dejar de *to stop; to cease*
depender de *to depend on*
despedirse de *to say good-bye to*
enamorarse de *to fall in love with*
encargarse de *to take charge of*
enterarse de *to find out*
excusarse de *to decline; excuse oneself*
lamentarse de *to lament*
olvidarse de *to forget*
quejarse de *to complain about*
reírse de *to laugh at*
salir de *to get out of; leave from*
terminar de *to finish*
tratar de *to try to*

Nos alegramos de que vengan a visitarnos esta tarde.
En la escuela todos los compañeros **se burlaban de** Juan.
¿Cuándo **dejaste de** fumar?
Mario dijo que **se encargaría de** distribuir la mercancía.
¿Qué **piensas del** nuevo gobierno?

NOTA: El verbo **acordarse de** se usa en el sentido de *to remember.* El verbo **recordar** equivale a *to remember* y a *to remind.*

Siempre **me acuerdo de** Uds.
Siempre los **recuerdo.**
Recuérdame que tengo que llevar esta carta al correo.

NOTA: Recuerde que la expresión **acabar de** + inf. cambia de significado según el tiempo verbal.

(presente)	**Acabo de escribir** la carta. *I have just written the letter.*
(imperfecto)	**Acababa de escribir** la carta. *I had just written the letter.*
(pretérito)	**Acabé de escribir** la carta. *I finished writing the letter.*

2. Verbo + **en.**

confiar en *to trust*
consentir en *to consent; agree to*
consistir en *to consist of*
convenir en *to agree to*
convertirse en *to turn into*
creer en *to believe*
empeñarse en *to be bent on*
entrar en *to enter*
fijarse en *to notice*
influir en *to bear upon*
insistir en *to insist on*
pensar en *to think about*
persistir en *to persist in*
quedar en *to agree to*
tardar en *to delay in*

Habíamos convenido en encontrarnos en el centro a las tres.
¿**Cree** tu hijo **en** los Reyes Magos?
Pienso mucho **en** mi hermano que vive en Costa Rica.
Es extraño que Arturo **tarde** tanto **en** llegar. **Quedó en** venir tan pronto como terminase en la oficina.

3. Verbo + **con**.

acabar con *to put an end to*	**dar con** *to find*
amenazar con *to threaten with*	**encontrarse con** *to meet, come across*
casarse con *to get married to*	**enojarse con** *to get angry with*
conformarse con *to be satisfied with*	**quedarse con** *to keep*
contar con *to count on*	**soñar con** *to dream of*
cumplir con *to fulfill one's obligations*	**tropezar con** *to bump into*

Al salir del cuarto **tropecé con** la mesa y se cayó el florero.
Él siempre **cuenta con** la ayuda de sus buenos amigos.
Maximiliano **se casó con** Carlota mucho antes de venir a México como Emperador.
Tanto caminó que al fin **dio con** la iglesia que estaba buscando.
Mi hermano **se quedó con** los libros de papá.

Actividades

I. **Mi profesor de filosofía.** Decida si para llenar los espacios necesita **a, de** o **del.** Si no necesita ninguna preposición escriba el símbolo **Ø.**

1. Mi profesor de filosofía me enseña ________________ pensar.
2. Él acaba ________________ publicar un artículo.
3. Prometió ________________ mostrarme unas revistas.
4. Lo he invitado ________________ cenar.
5. Me enteré ________________ que no sabía ________________ conducir.
6. Se arrepiente ________________ no haber aprendido ________________ conducir.
7. Me ofrecí ________________ llevarlo a la universidad.
8. No creo que pueda ________________ depender ________________ transporte público.

II. **Práctica.** Decida si para llenar los espacios necesita **con** o **en.**

1. Caminamos mucho, pero al fin dimos ________________ la librería que buscábamos.

2. ¿Te fijaste ________________ el vestido de Luisa? Era muy lindo.
3. Yo sueño ________________ mi novia.
4. Pienso constantemente ________________ mi madre.
5. Quedé ________________ ir a buscarlo a las tres.
6. Cuando me casé ________________ Alberto, él era muy delgado.
7. Ellos insistieron ________________ salir muy temprano.

III. **El matrimonio de Luis y Conchita.** Complete las oraciones con la preposición **a, de, con** o **en,** según sea necesario.

Luis se enamoró ________________ Conchita y se casó ________________ ella después ________________ dos años de relaciones (*courtship*). Los dos trataron ________________ ajustarse a la nueva vida, pero pronto comenzaron ________________ pelear y no tardaron ________________ separarse. Al fin, convinieron ________________ divorciarse y tropezaron ________________ muchos inconvenientes. Los padres de Conchita se empeñaron ________________ disuadirlos, pero ellos insistieron ________________ terminar el matrimonio. Conchita se dispuso ________________ trabajar y aprendió ________________ ganarse la vida. Luis se volvió ________________ casar al poco tiempo y se encargó ________________ los negocios del nuevo suegro.

IV. **Una reunión importante.** Decida qué preposición necesita para llenar los espacios. Si no necesita ninguna preposición, use el símbolo **Ø.**

Voy ________________ ver al Sr. Gerardo Gómez porque necesito ________________ hablar con él. Él suele ________________ estar siempre muy ocupado, pero convinimos ________________ encontrarnos en su oficina a las diez de la mañana. No debo ________________ tardar ________________ llegar porque él tiene una reunión muy importante esa misma mañana con los directores de la compañía. Él aspira ________________ ser vice-presidente y no dudo que, con el tiempo, llegue ________________ ocupar el puesto de presidente. ■

F Frases con hacer

hacer alusión	*to allude*	Juan no **hizo alusión** a lo que le dije.
hacer caso	*to pay attention*	Manolito no **hace caso** cuando lo llamo a comer.
hacer cola	*to stand in line*	Tuvimos que **hacer cola** para entrar en el cine.
hacer daño	*to harm, make sick*	A ella le **hizo daño** el pescado que comió anoche.
hacer el papel	*to play the role*	Ese artista **hace** muy bien **el papel** de Romeo.
hacer escala	*to stop over*	El avión **hizo escala** en Lima.
hacer falta	*to be necessary*	**Hace falta** que tengamos paciencia.
hacer un favor	*to do a favor*	**Hágame el favor** de cerrar la puerta.
hacer frente	*to face*	Tuvimos que **hacerle frente** a la situación.
hacer gestos	*to gesture*	Maricusa **hace** muchos **gestos** al hablar.
hacer la maleta	*to pack*	Ya **hice las maletas** para el viaje.
hacer pedazos	*to break or tear to pieces*	El gato **hizo pedazos** la almohada.
hacerse pedazos	*to break into pieces*	El plato **se hizo pedazos** al caerse.
hacer saber	*to inform, make known*	Le **hice saber** a Pepe lo que yo pensaba.
hacer señas	*to signal*	El policía **hacía señas** para desviar el tráfico.
hacer una pregunta	*to ask a question*	**Hacemos** muchas **preguntas** en la clase.
hacer una visita	*to pay a visit*	Tengo que **hacer una visita.**
hacer un pedido	*to place an order*	Ya **hice el pedido** de los libros.
hacer un viaje	*to take a trip*	Pensamos **hacer un viaje** el próximo año.
hacerse	*to become*	Pedro **se hizo** médico; yo **me hice** abogada.
hacerse daño	*to hurt oneself*	El chico **se hizo daño** al caerse.
hacerse el sordo	*to play deaf*	**Se hizo el sordo** y no contestó.
hacerse el tonto	*to play dumb*	**Se hizo el tonto** y no me pagó la cuenta.
hacerse pasar por	*to pretend to be*	**Se hacía pasar por** médico, pero no lo era.
hacerse tarde	*to get late*	**Se hizo tarde** y no llegamos a tiempo.

Actividades

I. **Práctica.** Complete las oraciones usando una de las frases con **hacer** según el sentido de la oración.

1. ¿Vas de viaje? ¿________________? No olvides tu cepillo de dientes.
2. Tengo que ________________ a Amazon.com para que me envíen los libros.
3. Ten cuidado. Puedes ________________ si te caes de esa silla.
4. Por favor, ________________ al Sr. Ruiz que ya estamos en su despacho.
5. Rosita ________________ de Blanca Nieves *(Snow White)* en la producción de la escuela.
6. Había tanta gente para el estreno de la película que tuvimos que ________________ por una hora.
7. Cuando mi hermano no quiere contestar una pregunta ________________.
8. El vuelo que voy a tomar no es directo; ________________ en las Bahamas.
9. Ese joven es un charlatán; ________________ artista y no sabe ni dibujar.
10. Se me cayó el plato y ________________.

II. **En el teatro.** Algo muy interesante ocurrió el sábado cuando Ud. fue al teatro: durante la función el actor principal dio un mal paso, tropezó con una mesita y se cayó. Cuénteles a sus amigos lo que ocurrió esa noche usando por lo menos seis frases con **hacer.**

Empiece así: Antes de ir al teatro, tuvimos que **hacer cola** para comprar los billetes porque...

G Expresiones idiomáticas

además de	*besides*
a escondidas	*secretly*
a fin de cuentas	*all things considered*
a lo largo de	*along*
a menudo	*often*
caer bien (mal)	*to like (dislike)*
dar en el clavo	*to hit the nail on the head*
de buena (mala) gana	*(un)willingly*
de dientes afuera	*insincerely*
de repente	*suddenly*
día a día	*day by day*
en un abrir y cerrar de ojos	*in the blink of an eye*
hacer caso de (o **a**)	*to pay attention to*
llover a cántaros	*to rain cats and dogs*
más vale	*it's better*
ni siquiera	*not even*
no faltaba más	*that's the last straw*
no hay (o **tiene**) **remedio**	*it's hopeless*
pasarlo bien (mal)	*to have a good (bad) time*
paso a paso	*step by step*
poco a poco	*little by little*
ser plato de segunda mesa	*to play second fiddle*
sobre todo	*above all*
tarde o temprano	*sooner or later*

estar al tanto	*to be up-to-date*	**tener buen diente**	*to have a big appetite*
estar a punto de	*to be about to*	**tener en cuenta**	*to take into account*
estar conforme	*to be in agreement*	**tomarle el pelo**	*to kid, pull your leg*
estar de luto	*to be in mourning*		
estar de moda	*to be fashionable*		
estar de paso	*to be passing by, on the way*		
hablar entre dientes	*to mumble*		

Actividades

I. Complete el párrafo con la traducción al español de las frases que están en inglés.

Uruguay es la patria de Horacio Quiroga cuya vida _______________ *(step by step)* estuvo marcada por la tragedia. La selva, donde _______________ *(often)* vivió, dejó huellas profundas para siempre que _______________ *(along)* su vida lo atormentaron. El amor, la selva, el horror y la muerte son sus temas preferidos. Escribió una colección de cuentos bajo el título de *Cuentos de amor, de locura y de muerte* que _______________ *(besides)* mantener al lector en suspenso, muestra una gran imaginación.

II. **Práctica.** Conteste las siguientes preguntas usando en su respuesta una de las expresiones idiomáticas.

MODELO: ¿Me entiendes?
Sí, te entiendo pero no **estoy conforme** con tu decisión.
No, no te entiendo cuando **hablas entre dientes.**

1. ¿Por qué crees tú que los jóvenes llevan hasta siete aretes en una oreja?
2. ¿Es verdad que Pedro nunca se da cuenta de lo que está pasando en el mundo?
3. Isabel no pudo ir con Félix al baile y ahora él invitó a Rosalinda? ¿Crees que ella acepte?
4. Don Pablo está comiendo muy bien estos días, ¿no te parece?
5. ¿Y tus primos piensan pasar unas semanas de visita en tu casa?

III. **Práctica.** Llene los espacios en blanco con una expresión idiomática. Use el tiempo del verbo que sea necesario.

1. Nuestra profesora de ciencias es muy simpática. A mí me gusta mucho. De veras _______________.
2. El niño estaba aquí hace un momento. Desapareció _______________.
3. El hombre no es nada sincero. Cuando dice algo, lo dice _______________.

4. Ayer por la tarde ________________ y ahora las calles están inundadas.
5. No le entendí porque no hablaba claramente; ________________.
6. Marilú dice que no se divirtieron en la fiesta. Dice que lo ________________ y que todos se aburrieron.
7. Aunque no quiere revelar el secreto, ________________ tendrá que decir lo que sabe.
8. La Sra. Ibáñez viene vestida de negro, no porque el color negro está de moda, sino porque ella ________________.

Composición

Antes de escribir, repase las siguientes reglas sobre la acentuación y la ortografía.

A Repaso de acentuación

1. La mayoría de las palabras que terminan en **vocal, n** o **s** tienen la sílaba más fuerte en la penúltima sílaba: gran **de** za **vuel** ven **li** bros
2. Las palabras que terminan en **consonante,** excepto **n** o **s,** tienen la sílaba fuerte en la última sílaba: u ni ver si **dad** co **lor** a **zul**
3. Cuando la pronunciación de la palabra no sigue las reglas anteriores, se escribe un acento (tilde) sobre la sílaba fuerte: Mar **tí** nez a le **mán** **dí** me lo **mú** si ca

Actividad

Escriba el acento en las palabras que lo necesiten.

salon	maximo	ejercito	personaje
cuestion	ayuntamiento	vejez	tragico
libertador	pagina	imaginativo	faciles
cocinero	virgenes	sicologo	automóvil
canal	generosidad	magico	volumen

B Repaso de ortografía: diferencias entre el español y el inglés

Como hemos visto, un cognado es una palabra que tiene el mismo origen en inglés y en español. A veces la ortografía es idéntica, a veces es similar. Estudie los siguientes cambios ortográficos:

Inglés		*Español*	
ph	photography	**f**	fotografía
ch	orchestra, technology	**qu**	orquesta, **c** tecnología
sc	school	**esc**	escuela
sp	spy	**esp**	espía
st	student	**est**	estudiante
mm	immigrant	**nm**	inmigrante
mm	committee	**m**	comité
ss	professor	**s**	profesor
ff	difficult	**f**	difícil
ll	stellar	**l**	estelar
th	theme	**t**	tema
cc	occur	**c**	ocurrir

Actividad

Escriba el equivalente en español de las siguientes palabras. Si no está seguro de la ortografía, consulte el diccionario.

1. telephone ________________	11. collaborate ________________
2. commission ________________	12. immature ________________
3. pharmacy ________________	13. statue ________________
4. orchid ________________	14. occasion ________________
5. stamp ________________	15. passion ________________
6. stupid ________________	16. architecture ________________
7. scandal ________________	17. efficient ________________
8. different ________________	18. scholastic ________________
9. panther ________________	19. thesis ________________
10. confessor ________________	20. immediately ________________

Ejercicio de composición (opcional)

Haga una composición, oral o escrita, sobre el tema que se da a continuación. Use el esquema siguiente.

TEMA:	Un deporte para cada gusto.
INTRODUCCIÓN:	A través de los siglos los deportes han sido importantes para las diferentes civilizaciones del mundo. Interés que tienen los deportes.
DESARROLLO:	El fútbol y el béisbol en los Estados Unidos. Equipos profesionales y equipos de aficionados. Popularidad del baloncesto. Equipos de mujeres que compiten a nivel nacional en las competencias de baloncesto. El golf y el tenis: equipos integrados por mujeres y hombres. Los deportes de invierno: esquiar y patinar en el hielo. La natación. El buceo submarino *(scuba diving)*. Los deportes más peligrosos y los más violentos.
CONCLUSIÓN:	¿Por qué cree Ud. que los deportes han sido siempre tan populares? Evaluación personal del significado de los deportes.
TEMA:	La importancia de mantenerse en buenas condiciones físicas.
TEMA:	El desarrollo y la popularidad del ecoturismo.

Parte 2

Lectura

Octavio Paz

Octavio Paz, una de las figuras más destacadas° de la literatura hispanoamericana, nació en 1914 en la Ciudad de Mexico, y murió en esta misma ciudad en 1998. Allí hizo todos sus estudios, recibiendo el Doctorado en Leyes de la Universidad Nacional de México. En los círculos literarios de todo el mundo, Paz es respetado y admirado por sus ideas y por la gran destreza° literaria que se observa en sus obras.

outstanding
mastery, skill

Octavio Paz recibío el Premio Nobel de Literatura en 1990 y la Academia de Letras de Suecia,° al otorgarle el premio, citó "la integridad humanística de Paz y el ancho horizonte que exhibe su obra". Ya en 1981, Paz había recibido el importante Premio Cervantes.

Sweden

Durante muchos años Octavio Paz estuvo en el servicio diplomático de su país. Fue Embajador de México en Suiza, Francia, el Japón y la India, y también formó parte de la delegación mexicana en las Naciones Unidas. Cuando en 1968 el gobierno mexicano hizo uso de una política represiva contra las demostraciones estudiantiles, Paz renunció° a su puesto° en el servicio diplomático. A partir de 1970, actuando como comentarista° político, Paz expresó su desaprobación° de la intervención soviética y cubana en Latinoamérica.

resigned / position
commentator / disapproval

El amor, la soledad y la angustia son temas que abundan en la obra de Octavio Paz. A través de innumerables símbolos que usa Paz en sus obras, percibimos al ser humano preso° en su soledad. El gran

imprisoned

conocimiento que tiene de los problemas del hombre contemporáneo hace que su obra tenga un sentido de universalidad. Al mismo tiempo, nadie como Octavio Paz conoce la psicología del mexicano, tal y como lo demuestra en *El laberinto de la soledad: Vida y pensamiento de México* (1950).

Entre las muchas obras de Octavio Paz se deben mencionar además del citado *Laberinto, El arco y la lira* (1956), *Las peras del olmo*° (1957) y *Tiempo nublado* (1983). Junto a la producción ensayística de Paz está su valiosa obra poética. Es de gran importancia el libro *Libertad bajo palabra*, que contiene 207 poemas que fueron reunidos en 1958. *elm*

"El ramo azul" apareció en *Arenas movedizas*, que fue publicado en 1949. El suspenso en este cuento está muy bien logrado y el diálogo entre los dos personajes principales es muy efectivo para llegar a la conclusión final del cuento.

VOCABULARIO ÚTIL I

Sustantivos

el **ala** (las **alas**)	parte del cuerpo de algunos animales que les sirve para volar	*wing*
la **blancura**	de color blanco	*whiteness*
la **estrella**	astro	*star*
la **hamaca**	objeto que se cuelga de los extremos y sirve para dormir o mecerse	*hammock*
la **jarra**	recipiente para agua	*jug, pitcher*
el **ladrillo**	material de barro que se usa para la construcción	*brick*
la **mariposa**	insecto de cuerpo pequeño con alas grandes de colores brillantes	*butterfly*
el **mesón**	posada, venta	*inn*
el **muro**	pared grande, tapia	*outside wall*
el **pliegue**	doblez	*fold, pleat*
el **sudor**	agua que sale por los poros	*sweat*
el **trapo**	pedazo de tela viejo	*rag*

Adjetivos

descalzo	sin zapatos	*barefoot*
empapado	mojado con mucha agua	*soaking wet*
entrecerrado	medio cerrado	*half-closed*
grisáceo	que predomina el color gris	*grayish*
minúsculo	muy pequeño	*minute, tiny*
ronco	que tiene voz gruesa y áspera	*hoarse*
tuerto	que ve con un solo ojo	*one-eyed*

Verbos

acercarse (qu)	aproximarse, ponerse cerca	*to get near, approach*
alzar (c)	levantar	*to raise, lift*
aspirar	atraer el aire a los pulmones	*to inhale*
atravesar (ie)	cruzar	*to cross*
calzarse (c)	ponerse los zapatos	*to put on shoes*
encender (ie)	prender la luz o un fuego	*to light*
frotar	restregar	*to rub*
humedecer (zc)	mojar para producir humedad	*to dampen*
parpadear	abrir y cerrar los ojos	*to blink*
pisar	poner el pie sobre alguna cosa	*to step on*
regar (ie)(gu)	irrigar, mojar el suelo	*to water, sprinkle*
regresar	volver	*to return*
saltar	brincar	*to jump, skip*
secarse (qu)	quitarse el agua o la humedad	*to dry up*
soplar	echar aire	*to blow*
vaciar	sacar el contenido	*to empty*

Expresiones

apretar el paso	caminar más rápido	*to walk faster*
a tientas	sin ver, a ciegas	*feeling one's way, blindly*
dar una vuelta	dar un paseo	*to take a walk*
de pronto	de repente, súbitamente	*suddenly*
detenerse en seco	pararse abruptamente	*to stop abruptly*

ESTUDIO PRELIMIMAR DE VOCABULARIO

A. Sinónimos Dé una palabra o expresión que quiera decir lo mismo.

1. volver 2. posada 3. pequeño 4. atravesar 5. descalzo

B. Antónimos Busque antónimos en la lista de vocabulario.

1. apagar
2. caminar lentamente
3. con zapatos
4. medio abierto
5. mojarse

C. Escoja la palabra que no pertenece al grupo.

1. pestaña	ojo	párpado	sudor
2. mariposa	capricho	alas	insecto
3. hamaca	cielo	estrella	luna
4. muro	ladrillo	pared	pliegue

El ramo azul

(I)

Desperté cubierto de sudor. Del piso de ladrillos rojos, recién regado, subía un vapor caliente. Una mariposa de alas grisáceas revoloteaba encandilada alrededor del foco° amarillento. Salté de la hamaca y descalzo atravesé el cuarto, cuidando no pisar algún alacrán salido de su escondrijo° a tomar el fresco. Me acerqué al ventanillo y aspiré el aire del campo. Se oía la respiración de la noche, enorme, femenina. Regresé al centro de la habitación, vacié el agua de la jarra en la palangana de peltre° y humedecí la toalla. Me froté el torso y las piernas con el trapo empapado, me sequé un poco y, tras de cerciorarme° que ningún bicho° estaba escondido entre los pliegues de mi ropa, me vestí y calcé. Bajé

revoloteaba... *fluttered blindly around the light*
alacrán... *scorpion out of its hiding place*

palangana... *pewter washbasin*

tras... *after making sure / insect*

saltando la escalera pintada de verde. En la puerta del mesón tropecé con el dueño, sujeto tuerto y reticente. Sentado en una silla de tule,° fumaba con el ojo entrecerrado. Con voz ronca me preguntó:

—¿Ónde va,° señor?

—A dar una vuelta. Hace mucho calor.

—Hum, todo está ya cerrado. Y no hay alumbrado° aquí. Más le valiera° quedarse.

Alcé los hombros, musité° "ahora vuelvo" y me metí en lo oscuro. Al principio no veía nada. Caminé a tientas por la calle empedrada. Encendí un cigarrillo. De pronto salió la luna de una nube negra, iluminando un muro blanco, desmoronado a trechos.° Me detuve, ciego ante tanta blancura. Sopló un poco de viento. Respiré el aire de los tamarindos.° Vibraba la noche, llena de hojas e insectos. Los grillos vivaqueaban° entre las hierbas altas. Alcé la cara: arriba también habían establecido campamento las estrellas. Pensé que el universo era un vasto sistema de señales, una conversación entre seres° inmensos. Mis actos, el serrucho del grillo,° el parpadeo de la estrella, no eran sino pausas y sílabas, frases dispersas de aquel diálogo. ¿Cuál sería esa palabra de la cual yo era una sílaba? ¿Quién dice esa palabra y a quién se la dice? Tiré el cigarrillo sobre la banqueta.° Al caer, describió una curva luminosa, arrojando breves chispas,° como un cometa minúsculo.

Caminé largo rato despacio. Me sentía libre, seguro entre los labios que en ese momento me pronunciaban con tanta felicidad. La noche era un jardín de ojos. Al cruzar una calle, sentí que alguien se desprendía° de una puerta. Me volví, pero no acerté a distinguir nada. Apreté el paso. Unos instantes después percibí el apagado rumor de unos huaraches° sobre las piedras calientes. No quise volverme,° aunque sentía que la sombra se acercaba cada vez más. Intenté correr. No pude. Me detuve en seco, bruscamente. Antes de que pudiese defenderme, sentí la punta de un cuchillo en mi espalda y una voz dulce:

—No se mueva, señor, o se lo entierro.°

bulrush, a reed-like wetland plant

¿Ónde va? ¿Adónde va?

light

más... *it would be better*

mumbled

desmoronado... *crumbling here and there*

árboles tropicales

Los grillos... *The crickets were camping*

beings

serrucho... *the sawing sound of the cricket*

(Mex.) sidewalk

sparks

se separaba, salía

tipo de zapato propio de México

turn around

o se... *or I'll bury it in you*

VOCABULARIO ÚTIL II

Sustantivos

el **cabello**	pelo	*hair*
el **capricho**	antojo, deseo vehemente	*whim, caprice*
el **fósforo**	cerillo o cerilla	*match*
la **llama**	fulgor que sale del fuego	*flame*
el **párpado**	piel que cubre el ojo	*eyelid*
la **pestaña**	pelo que está al borde del párpado	*eyelash*
el **ramito**	ramillete pequeño	*small bouquet*
el **resplandor**	brillo, reflejo	*glare*

Adjetivos

apenado	avergonzado	*embarrassed, sorry*
mañoso	habilidoso, astuto	*skillful, cunning*
remilgoso	exageradamente delicado y afectado	*finicky*

Verbos

alumbrar	poner luz, iluminar	*to provide light*
arrodillarse	ponerse de rodillas	*to kneel*
arrojar	tirar	*to throw*
engañar	decir mentiras	*to deceive*
entrecerrar (ie)	poner a medio cerrar	*to half-close*
permanecer (zc)	quedarse	*to remain*

Expresiones

a ver	vamos a ver	*let's see*
dar la vuelta	volverse, virarse	*to turn around*
de improviso	imprevistamente	*unexpectedly*
volver la cara	virar la cara	*to turn one's face*

(II)

Sin volver la cara, le pregunté:

—¿Qué quieres?

—Sus ojos, señor —contestó la voz suave, casi apenada.

—¿Mis ojos? ¿Para qué te servirán mis ojos? Mira, aquí tengo un poco de dinero. No es mucho, pero es algo. Te daré todo lo que tengo, si me dejas. No vayas a matarme.

—No tenga miedo, señor. No lo mataré. Nada más° voy a sacarle los ojos.

Nada más *Solamente*

Volví a preguntar:

—Pero ¿para qué quieres mis ojos?

—Es un capricho de mi novia. Quiere un ramito de ojos azules. Y por aquí hay pocos que los tengan.

—Mis ojos no te sirven. No son azules, sino amarillos.

—Ay, señor, no quiera engañarme. Bien sé que los tiene azules.

—No se le sacan a un cristiano los ojos así. Te daré otra cosa.

—No se haga el remilgoso° —me dijo con dureza—. Dé la vuelta.

No se... *Don't be so finicky*

Me volví. Era pequeño y frágil. El sombrero de palma le cubría medio rostro. Sostenía con el brazo derecho un machete de campo, que brillaba con la luz de la luna.

—Alúmbrese la cara.

Encendí y me acerqué la llama al rostro. El resplandor me hizo entrecerrar los ojos. Él apartó mis párpados con mano firme. No podía ver bien. Se alzó° sobre las puntas de los pies y me contempló intensamente. La llama me quemaba los dedos. La arrojé. Permaneció un instante silencioso.

Se alzó *Se levantó*

—¿Ya te convenciste? No los tengo azules.

—Ah, qué mañoso° es usted —respondió—. A ver, encienda otra vez.

qué mañoso *how clever*

Froté otro fósforo y lo acerqué a mis ojos. Tirándome de la manga,° me ordenó:

Tirándome... *Pulling my sleeve*

—Arrodíllese.

Me hinqué.° Con una mano me cogió por los cabellos, echándome la cabeza hacia atrás. Se inclinó sobre mí, curioso y tenso, mientras el machete descendía lentamente hasta rozar° mis párpados. Cerré los ojos.

Me hinqué *I knelt down*

touch lightly

—Ábralos bien —ordenó.

Abrí los ojos. La llamita me quemaba las pestañas. Me soltó de improviso.

—Pues no son azules, señor. Dispense.°

Excuse me.

Y desapareció. Me acodé° junto al muro, con la cabeza entre las manos. Luego me incorporé. A

Me acodé *I reclined*

tropezones,° cayendo y levantádome, corrí durante una hora por el pueblo desierto. Cuando llegué a la plaza, vi al dueño del mesón, sentado aún frente a la puerta. Entré sin decir palabra. Al día siguiente huí de aquel pueblo.

A tropezones *Stumbling*

COMPRENSIÓN DEL CUENTO

A. Preguntas

1. ¿Ocurre este cuento en una ciudad grande o en un pueblo pequeño? ¿Cómo lo sabemos?
2. ¿Por qué salió el narrador del mesón?
3. ¿Qué le dice el dueño del mesón al narrador cuando ve que éste sale a dar una vuelta?
4. ¿Qué es lo que el narrador siente, oye y ve al salir en la oscuridad de la noche?
5. Al cruzar una calle, ¿qué ruido sintió el narrador?
6. ¿Qué quería el hombre que amenazaba al narrador con el cuchillo?
7. ¿Para qué quería el hombre los ojos del narrador?
8. ¿Qué circunstancia es la que hace que el hombre no le saque los ojos al narrador?

B. Repaso Explique la situación a que se refieren las siguientes oraciones que aparecen en el cuento.

1. Me froté el torso y las piernas con el trapo empapado.
2. Más le valiera quedarse.
3. Percibí el rumor de unos huaraches.
4. No se mueva, señor, o se lo entierro.
5. Mira, aquí tengo un poco de dinero.
6. Es un capricho de mi novia.
7. Ay, señor, no quiera engañarme.
8. A tropezones, cayendo y levantándome, corrí durante una hora.

C. Temas para presentación oral o escrita

1. ¿Cómo crea el autor el aspecto de suspenso en este cuento?
2. ¿Cómo interpreta Ud. el capricho de la novia que quiere los ojos azules, especialmente cuando el hombre dice que "por aquí hay pocos que los tengan"?
3. Comente Ud. la manera en que se hablan los dos hombres: el narrador le habla de "tú" al hombre, y éste se dirige al narrador con "usted". ¿Qué nos dice esto de los dos hombres?

REPASO DE VOCABULARIO

A. Llene los espacios en blanco escogiendo las palabras que mejor completen el sentido del párrafo.

Al despertarse, el narrador estaba cubierto de _____1_____ y salió de la hamaca _____2_____ por temor a _____3_____ un alacrán. _____4_____ el cuerpo con una toalla mojada y salió del cuarto. El dueño del _____5_____ era tuerto y tenía la voz _____6_____. El narrador salió a dar una vuelta y caminó _____7_____ porque no había alumbrado en las calles. _____8_____ un cigarrillo y _____9_____ salió la luna. El hombre que se acercó al narrador quería sus ojos porque su novia tenía un _____10_____. Ella quería un _____11_____ de ojos azules. Al convencerse el hombre que los ojos del narrador no eran azules _____12_____ rápidamente.

1. *resplandor / sudor*
2. *saltando / secando*
3. *soplar / pisar*
4. *Se frotó / Se calzó*
5. *muro / mesón*
6. *ronca / grisácea*
7. *a tientas / a ver*
8. *Encendió / Parpadeó*
9. *de pronto / de rodillas*
10. *capricho / cabello*
11. *murito / ramito*
12. *engañó / desapareció*

B. Indique en el cuento las oraciones donde aparece la siguiente información.

1. Salió de un salto del lugar donde había dormido.
2. Las calles no tienen luz eléctrica.
3. Lo que piensa el narrador sobre el universo.
4. Lo que sintió el narrador al cruzar la calle.
5. El hombre le ordena al narrador que encienda un fósforo para verlo bien.

C. Complete las oraciones de acuerdo con las indicaciones en inglés que están a la derecha.

1. El narrador salió a __________ y caminó __________ por un rato. *(take a walk)* *(feeling his way)*
2. Cuando sintió que alguien se acercaba __________, pero un hombre apareció __________ y lo amenazó con un cuchillo. *(he walked faster)* *(unexpectedly)*
3. El hombre le ordenó al narrador que __________ y que __________ para verle los ojos. *(turn around)* *(turn his face)*
4. __________ el hombre desapareció cuando vio que el narrador no tenía los ojos azules. *(Suddenly)*

5. Al despertarse el narrador estaba ____________ y saltó de ____________ . *(covered with sweat)* *(the hammock)*
6. Como ____________ caminó con mucho cuidado por miedo a ____________ un alacrán. *(he was barefoot)* *(to step on)*
7. ____________ por poco le quema ____________ y ____________. *(The flame)* *(the eyelashes)* *(the eyelids)*
8. El hombre le ordenó al narrador que ____________. *(kneel down)*
9. Con la luz de ____________ el hombre pudo ver el color de los ojos del narrador. *(a match)*
10. La novia del hombre tenía ____________ y quería un ____________ de ojos azules. *(a whim)* *(small bouquet)*

REPASO DE GRAMÁTICA

Llene los blancos con la forma correcta de la palabra que aparece a la derecha.

Al ____1____ vi que una mariposa volaba cerca del foco y que ____2____ a quemarse ____3____ ala. Yo ____4____ lentamente a ____5____ luz, ____6____ no pisar un insecto en el suelo. ____7____ movimientos asustaron a la mariposa y se alejó volando como ____8____ cometa.

1. *despertarse*
2. *ir*
3. *uno*
4. *acercarse*
5. *el*
6. *cuidar*
7. *Mi*
8. *uno*

Lectura 2

Jorge Luis Borges

Jorge Luis Borges nació en Buenos Aires en 1899 y murió en Ginebra, Suiza, en 1986.

Borges es uno de los escritores hispanos más notables del siglo XX y uno de los que más influyó en la renovación literaria de Hispanoamérica. Vivió siempre en un mundo intelectual rodeado de libros e ideas que contribuyeron a la profundidad° de sus conocimientos° y de su cultura.

depth
knowledge

Cuando tenía catorce años su familia se trasladó° a Europa donde él continuó sus estudios en Suiza, Inglaterra y España. Dominaba a la perfección el español, el inglés y el francés, además del alemán y el latín. Desde muy niño mostró gran inclinación a la lectura. Leía incansablemente obras de la literatura inglesa, francesa y española, así como de historia y de filosofía. Debido a una enfermedad congénita,° Borges empezó a perder la vista° siendo muy joven. Gracias a su increíble memoria y a los secretarios que siempre le leían, continuó su labor de escritor aunque quedó completamente ciego.°

moved
congenital
sight
blind

Borges ocupó los puestos de profesor de literatura inglesa en la Universidad de Buenos Aires y de director de la Biblioteca Nacional de Argentina, además de ser presidente de la Academia Argentina de Letras. Durante su larga vida recibió numerosos premios y honores.

Los cuentos de Borges ocupan un lugar prominente en la literatura universal. En ellos Borges desplaza° los elementos tradicionales del espacio, el tiempo y la identidad. Sus cuentos trascienden° el mundo de la realidad para proyectarse en esferas metafísicas que van más allá del tiempo y el espacio. Borges poseía una rica imaginación, una fabulosa habilidad lingüística y una gran erudición.

displaces / *transcend*

Los temas que más aparecen en los cuentos de Borges son el infinito, el universo como laberinto,° la contradicción entre la apariencia° y la realidad, y el tiempo en forma circular. Para él, el universo es un laberinto caótico que sólo se puede ordenar a través de la inteligencia.

labyrinth / *appearance*

Entre las muchas obras de Borges se pueden citar las siguientes: *Fervor de Buenos Aires* (1923), *Inquisiciones* (1925), *Ficciones* (1944), *El Aleph* (1949), *Otras inquisiciones* (1952), *Obra poética* (1969), *La cifra* (1981) y *Nueve ensayos dantescos* (1982).

El cuento "Pedro Salvadores" pertenece a la colección *Elogio de la sombra* (1969). La narración ocurre en la Argentina durante la dictadura de Juan Manuel Ortiz de Rosas,* que terminó en 1852. En esta historia Borges presenta una narración en forma objetiva sin añadir° nada de comentario personal. Al hablar de este cuento, Borges señaló lo siguiente:° "el texto no es una invención mía, es un hecho histórico, que he tratado de imaginar con cierta precisión. Un bisnieto° del protagonista me visitó en la Biblioteca Nacional".

adding / *observed the following* / *great-grandchild*

VOCABULARIO ÚTIL

Sustantivos

el **amante**	persona con quien se tienen relaciones de amor	*lover*
el **casco**	uña de la pata de los caballos	*hoof*
la **cera**	substancia con que está hecho el panal de las abejas	*wax*
el **ejército**	fuerzas militares de una nación	*army*
el **griterío**	confusión de gritos; algazara	*shouting, uproar*
la **hondura**	profundidad	*depth*
la **madriguera**	cueva o guarida donde habitan ciertos animales	*burrow, hole*
el **paso**	pisada	*step*
el **personaje**	persona que se representa en una obra literaria	*character (in a literary work)*
la **servidumbre**	los sirvientes o los criados	*servants, maids*
el **sótano**	parte subterránea de un edificio	*basement*
la **vajilla**	platos, fuentes, tazas que se usan para poner la mesa	*chinaware*
el **zaguán**	vestíbulo de una casa	*lobby, entrance hall of a house*

*Juan Manuel Ortiz de Rosas (1793–1877), general y político argentino que gobernó dictatorialmente desde 1829 hasta 1852. Su modo tiránico de gobernar fue severamente combatido por los unitarios, partido político al cual pertenecían los principales hombres de letras y patriotas argentinos.

Adjetivos

acosado	perseguido, atormentado	*harassed*
amenazado	intimidado	*threatened*
atroz	horrible, espantoso	*atrocious*
cobarde	que no tiene valor o coraje	*cowardly*
fofo	blando	*flabby*
incierto	no cierto, falso	*untrue, doubtful*

Verbos

alzar (c)	levantar	*to lift*
azotar	dar latigazos o golpes	*to whip, beat*
coser	unir con hilo y aguja	*to sew*
delatar	denunciar	*to denounce*
derribar	echar abajo	*to knock down*
encarcelar	poner en la cárcel	*to imprison, incarcerate*
huir (y)	escapar, fugarse	*to flee, run away*
ocultar	esconder	*to hide*
registrar	buscar o examinar con cuidado	*to search, inspect*

Expresiones

acaso	tal vez, quizá	*perhaps, maybe*
al cabo de	al final de	*at the end of*
ni siquiera	ni aun	*not even*
pasar de largo	seguir y no detenerse	*to go on without making a stop*
por más que (+ verbo)	por mucho que	*no matter how much* (+ *verb*)

ESTUDIO PRELIMINAR DE VOCABULARIO

A. Sinónimos Dé una palabra o expresión que quiera decir lo mismo.

1. levantar 2. tal vez 3. esconder 4. espantoso 5. escapar

B. Antónimos Busque antónimos en la lista de vocabulario.

1. valiente 2. construir 3. al principio 4. liberar 5. seguro

C. Escoja la palabra que no pertenece al grupo.

1.	ejército	general	soldado	servidumbre
2.	zaguán	vajilla	sótano	patio
3.	amante	fofo	novio	enamorado
4.	amenaza	golpe	casco	azote

Pedro Salvadores

A Juan Murchison

Quiero dejar escrito, acaso por primera vez, uno de los hechos más raros y más tristes de nuestra historia. Intervenir lo menos posible en su narración, prescindir de° adiciones pintorescas y de conjeturas aventuradas es, me parece, la mejor manera de hacerlo.

Un hombre, una mujer y la vasta sombra de un dictador son los tres personajes. El hombre se llamó Pedro Salvadores; mi abuelo Acevedo lo vio, días o semanas después de la batalla de Caseros. Pedro Salvadores, tal vez, no difería del común de la gente, pero su destino y los años lo hicieron único. Sería un señor como tantos otros de su época. Poseería (nos cabe suponer°) un establecimiento de campo y era unitario.° El apellido de su mujer era Planes; los dos vivían en la calle Suipacha, no lejos de la esquina del Temple. La casa en que los hechos ocurrieron sería igual a las otras: la puerta de calle, el zaguán, la puerta cancel,° las

prescindir... *leaving out*

nos... *we suppose / name of political party*

puerta... *inner door*

habitaciones, la hondura de los patios. Una noche, hacia 1842, oyeron el creciente y sordo rumor de los cascos de los caballos en la calle de tierra y los vivas y mueras° de los jinetes.° La mazorca,° esta vez, no pasó de largo. Al griterío sucedieron los repetidos golpes; mientras los hombres derribaban la puerta, Salvadores pudo correr la mesa del comedor, alzar la alfombra y ocultarse en el sótano. La mujer puso la mesa en su lugar. La mazorca irrumpió,° venían a llevárselo a Salvadores. La mujer declaró que éste había huido a Montevideo. No le creyeron; la azotaron, rompieron toda la vajilla celeste,° registraron la casa, pero no se les ocurrió levantar la alfombra. A la medianoche se fueron, no sin haber jurado volver.°

Aquí principia verdaderamente la historia de Pedro Salvadores. Vivió nueve años en el sótano. Por más que nos digamos que los años están hechos de días y los días de horas y que nueve años es un término abstracto y una suma imposible, esa historia es atroz. Sospecho que en la sombra que sus ojos aprendieron a descifrar, no pensaba en nada, ni siquiera en su odio ni en su peligro. Estaba ahí, en el sótano. Algunos ecos de aquel mundo que le estaba vedado° le llegarían desde arriba: los pasos habituales de su mujer, el golpe del brocal y del balde,° la pesada lluvia en el patio. Cada día, por lo demás, podía ser el último.

La mujer fue despidiendo° a la servidumbre,° que era capaz de delatarlos. Dijo a todos los suyos que Salvadores estaba en la Banda Oriental. Ganó el pan de los dos cosiendo para el ejército. En el decurso° de los años tuvo dos hijos; la familia la repudió,° atribuyéndolos a un amante. Después de la caída del tirano, le pedirían perdón de rodillas.

¿Qué fue, quién fue, Pedro Salvadores? ¿Lo encarcelaron el terror, el amor, la invisible presencia de Buenos Aires y, finalmente, la costumbre? Para que no la dejara sola, su mujer le daría inciertas noticias de conspiraciones y de victorias. Acaso era cobarde y la mujer lealmente le ocultó que ella lo sabía. Lo imagino en su sótano, tal vez sin un candil,° sin un libro. La

vivas... *shouts of "long live" and "down with"* / *horsemen* / *secret police*

burst in

azul

no... *not without swearing*

prohibido

brocal... *the bucket on the stones of the well*

dismissing / sirvientes

course of time

repudiated

oil lamp

sombra lo hundiría en al sueño. Soñaría, al principio, con la noche tremenda en que el acero buscaba la garganta, con las calles abiertas, con la llanura. Al cabo de los años no podría huir y soñaría con el sótano. Sería, al principio, un acosado, un amenazado; después no lo sabremos nunca, un animal tranquilo en su madriguera o una suerte de oscura divinidad.

Todo esto hasta aquel día del verano de 1852 en que Rosas huyó. Fue entonces cuando el hombre secreto salió a la luz del día; mi abuelo habló con él. Fofo y obeso, estaba del color de la cera y no hablaba en voz alta. Nunca le devolvieron los campos que le habían sido confiscados; creo que murió en la miseria.

Como todas las cosas, el destino de Pedro Salvadores nos parece un símbolo de algo que estamos a punto de comprender.

COMPRENSIÓN DEL CUENTO

A. Preguntas

1. ¿Es pura ficción el cuento de Pedro Salvadores? ¿Por qué?
2. ¿Por qué vino la mazorca a casa de Salvadores?
3. ¿Que hizo Salvadores cuando sintió que estaban derribando la puerta?
4. ¿Cómo reaccionó la mazorca cuando la mujer declaró que su esposo se había huido a Montevideo?
5. ¿Dónde estaba realmente Salvadores?
6. ¿Cómo fue la vida de Salvadores durante nueve años?
7. ¿Y cómo fue la vida de la mujer durante ese tiempo?
8. ¿Por qué la repudió la familia?
9. ¿Que fin tuvo la vida de Pedro Salvadores?
10. Según el narrador, ¿por qué nos parece Salvadores un símbolo?

B. Repaso Explique la situación a que se refieren las siguientes oraciones que aparecen en el cuento.

1. La mazorca esta vez no pasó de largo.
2. No le creyeron, la azotaron, rompieron toda la vajilla celeste.
3. Cada día, por lo demás, podía ser el último.
4. Ganó el pan de los dos cosiendo para el ejército.
5. Después le pedirían perdón de rodillas.
6. Fofo y obeso, estaba del color de la cera.

C. Comprensión de la lectura Escoja las explicaciones que sean correctas.

1. ¿Qué hizo la mujer de Pedro Salvadores?
   a. Se unió al partido de los unitarios.
   b. Demostró inteligencia y valor.
   c. Aceptó la ayuda de la familia.
   d. Se fue a vivir a Montevideo.
2. La mujer se quedó sola en la casa, sin los sirvientes, porque…
   a. éstos no querían trabajar para ella.
   b. éstos sabían que el esposo estaba escondido.
   c. ella temía que fueran a descubrir su secreto.
   d. ella se dio cuenta de que eran enemigos.
3. La mujer pudo mantenerse durante esos años porque…
   a. sabía coser.
   b. cocinaba para el ejército.
   c. tenía dinero guardado.
   d. pudo vender su vajilla.
4. ¿Cómo se sentía Salvadores al salir del sótano?
   a. Dispuesto a vengarse de sus enemigos.
   b. Decidido a irse de la Argentina.
   c. Dispuesto a trabajar y a ganar dinero.
   d. Destruido física y espiritualmente.
5. El autor nos dice que Pedro Salvadores…
   a. trató de escaparse de la madriguera.
   b. se quedó ciego de tanto leer.
   c. posiblemente se acostumbró a vivir en su escondite.
   d. acaso por primera vez, ayudó a su esposa a coser.

D. Temas para presentación oral o escrita

1. ¿Qué habría hecho Ud. si hubiera estado nueve años encerrado en un sótano?
2. ¿Qué habría hecho Ud. si hubiera estado en el lugar de la esposa de Salvadores?
3. ¿Cree Ud. que Pedro Salvadores es símbolo del terror que produce una dictadura o símbolo del hombre cobarde que no se enfrenta a luchar por su libertad? Explique el por qué de su respuesta.
4. ¿Conoce Ud. casos semejantes al de Pedro Salvadores? Compártalos con la clase. Piense en el caso de Anne Frank.

REPASO DE VOCABULARIO

A. Llene los espacios en blanco escogiendo las palabras que mejor completen el sentido del párrafo.

El sordo rumor de los ______1______ de los caballos anunció la llegada de la policía que con gran ______2______

1. *cascos / jinetes*
2. *griterío / ejército*

comenzó a ___3___ la puerta. Salvadores se pudo ___4___ en el sótano y la mujer le dijo a la policía que su esposo había ___5___ y estaba en Montevideo. Después la mujer, poco a poco, fue ___6___ a la ___7___ para que no fueran a descubrir que su esposo estaba en el ___8___. No es posible saber si Salvadores era ___9___ o si se acostumbró a vivir como un animal en su ___10___. Cuando cayó el dictador Rosas, Pedro Salvadores salió a la luz del día y estaba ___11___ y tenía el color de la ___12___.

3. *alzar / derribar*
4. *registrar / ocultar*
5. *huido / delatado*
6. *encarcelando / despidiendo*
7. *servidumbre / vajilla*
8. *zaguán / sótano*
9. *incierto / cobarde*
10. *hondura / madriguera*
11. *delgado / obeso*
12. *llanura / cera*

B. Complete las oraciones de acuerdo con las indicaciones en inglés que están a la derecha.

1. La policía esta vez ______________ y, después de ______________ a la mujer, rompió toda la vajilla azul. *(didn't go by without stopping)* *(beating)*
2. ______________ tratemos, no podremos comprender cómo Salvadores pudo vivir nueve años encerrado en el sótano. *(No matter how much)*
3. Posiblemente Salvadores no pensaba en nada, ______________ en su odio ni en el peligro que corría. *(not even)*
4. Cuando Salvadores salió del sótano ______________ mucho tiempo estaba fofo y obeso. *(at the end of)*
5. Esta historia es tan ______________ que parece ______________. *(atrocious)* *(doubtful)*

REPASO DE GRAMÁTICA

Repase el uso del condicional en el capítulo 3. Note el uso frecuente del condicional para indicar probabilidad o conjetura en el cuento "Pedro Salvadores". Después, traduzca las siguientes oraciones usando el condicional.

1. *Salvadores was probably like other men of his time. He supposedly owned a home in the country. The house in which the events occurred was probably the same as the others.*
2. *Could his wife have given him uncertain news about conspiracies? Could she have thought he was a coward?*
3. *At the end of many years he would not be able to escape and he would dream about the basement. He would be, at first, a harassed man. He would die in misery.*

Guillermo Cabrera Infante

Guillermo Cabrera Infante nació en 1929 en la provincia de Oriente, Cuba. La obra de este novelista cubano está impregnada de un divertido sentido de humor y, al mismo tiempo, de una gran melancolía. Esta paradoja hace que Cabrera Infante ocupe un lugar especial entre los escritores hispanoamericanos de su generación.

Cabrera Infante comenzó a escribir en 1947, cuando abandonó los estudios de una soñada carrera médica, ganando varios premios con sus cuentos. Su interés en el cine lo llevó a escribir crítica cinematográfica y a fundar la Cinemateca° de Cuba, la cual presidió de 1951 a 1956. En 1959 Cabrera Infante fundó la revista literaria *Lunes de Revolución*, la cual dirigió hasta 1961 cuando ésta fue clausurada por el gobierno. En 1962 salió de Cuba con el cargo de Agregado Cultural en Bruselas, y su posición de disidente frente al gobierno de Fidel Castro hizo que se quedara en Europa. Vivió primero en Madrid, y más tarde se estableció en Londres, donde vivió hasta su muerte en febrero del anõ 2005.

film library

Entre sus muchos libros se pueden citar *Así en la paz como en la guerra*, *Tres tristes tigres*, que obtuvo el premio Biblioteca Breve en 1964, *Mea Cuba*, publicado en 1992, y en 1995 apareció una colección de tres cuentos bajo el título *Delito por bailar el chachachá*. En 1997 Cabrera Infante recibió el prestigioso Premio Cervantes.

"Abril es el mes más cruel" forma parte de su colección de cuentos *Así en la paz como en la guerra*. En esta narración el escritor presenta un momento de la vida de una pareja enamorada. Según progresa el diálogo nos damos cuenta de que la esposa ha estado enferma y que detrás de la aparente normalidad de la vida de estas dos personas, algo inesperado va a ocurrir.

VOCABULARIO ÚTIL

Sustantivos

la **ampolla**	bolsita que se forma en la piel	*blister*
el **bostezo**	acto de bostezar	*yawn*
la **botica**	farmacia	*drugstore*
el **crepúsculo**	cuando termina la luz del día	*dusk, twilight*
el **delantal**	prenda de vestir que se usa para que no se manche la ropa	*apron*
el **dormilón**	persona a quien le gusta dormir	*sleepyhead*
el **encargado**	persona que tiene a su cargo algunas cosas o tareas	*caretaker*
la **espuma**	burbujas que se forman en un líquido	*foam*
el **hoyo**	cavidad en la tierra; hueco	*hole*
la **loza**	platos y tazas	*dishes*
la **manteca**	grasa que se usa para cocinar	*lard*
la **nuca**	parte posterior del cuello	*nape of neck*
las **olas**	ondas en la superficie de las aguas	*waves*
el **olor**	aroma, fragancia	*smell, odor*

Adjetivos

bobo	tonto	*dumb, silly*
despierto	lo opuesto de dormido	*awake*
grueso	voluminoso; opuesto de delgado o fino	*full, thick*
hirviente	que hierve; muy caliente	*boiling*
hondo	profundo	*deep, profound*
relajado	que no está tenso	*relaxed*

Verbos

aspirar	atraer el aire a los pulmones	*to inhale*
besar	tocar con los labios en señal de amor, amistad o reverencia	*to kiss*
bostezar (c)	abrir la boca en señal de sueño, aburrimiento o debilidad	*to yawm*
bromear	hacer bromas, chistes como diversión o burla	*to joke*
dormitar	estar medio dormido	*to doze*
entrecerrar (ie)	poner medio cerrado	*to half-close*
estirarse	extenderse, desperezarse	*to stretch out*
fregar (ie) (gu)	lavar para limpiar (la loza)	*to wash (dishes)*
molestarse	incomodarse, ofenderse	*to get annoyed*
quemarse	calentarse mucho la piel con el sol	*to get sunburned*
retratar	sacar fotografías de	*to photograph*
secar (qu)	sacar la humedad de un cuerpo o cosa	*to dry*

Expresiones

darse cuenta de	tener conocimiento de algo	*to realize*
dentro de una hora	en una hora	*in an hour*
de perfil	postura del cuerpo de lado	*in profile*
de veras	de verdad	*truly, really*
echó a andar	empezó a caminar	*started to walk*
luna de miel	los primeros días que siguen al matrimonio	*honeymoon*
puesta de sol	momento en que el sol desaparece en el horizonte	*sunset*

ESTUDIO PRELIMINAR DE VOCABULARIO

A. Sinónimos Dé una palabra o expresión que quiera decir lo mismo.

1. onda 2. profundo 3. incomodarse 4. grasa 5. extenderse

B. Antónimos Busque antónimos en la lista de vocabulario.

1. dormido 2. delgado 3. frío 4. inteligente 5. tenso

C. Escoja la palabra que no pertenece al grupo.

1.	nuca	cabeza	crepúsculo	cuello
2.	relajar	dormitar	bostezar	fregar
3.	espuma	delantal	agua	ola
4.	despierto	caliente	quemado	hirviente

Abril es el mes más cruel

No supo si lo despertó la claridad que entraba por la ventana o el calor, o ambas cosas. O todavía el ruido que hacía ella en la cocina preparando el desayuno. La oyó freír huevos primero y luego le llegó el olor de la manteca hirviente. Se estiró en la cama y sintió la tibieza de las sábanas escurrirse° bajo su cuerpo y un amable dolor le corrió de la espalda a la nuca. En ese momento ella entró en el cuarto y le chocó° verla con el delantal por encima de los shorts.° La lámpara que estaba en la mesita de noche ya no estaba allí y puso los platos y las tazas en ella. Entonces advirtió que estaba despierto.

—¿Qué dice el dormilón? —preguntó ella, bromeando.

En un bostezo él dijo: Buenos días.

—¿Cómo te sientes?

to slide

le chocó *it shocked him*

(anglicismo) *shorts*

Iba a decir muy bien, luego pensó que no era exactamente muy bien y reconsideró y dijo:

—Admirablemente.

No mentía. Nunca se había sentido mejor. Pero se dio cuenta que las palabras siempre traicionan.°

betray

—¡Vaya!° —dijo ella.

Well! Indeed!

Desayunaron. Cuando ella terminó de fregar la loza, vino al cuarto y le propuso que se fueran a bañar.

—Hace un día precioso —dijo.

—Lo he visto por la ventana —dijo él.

—¿Visto?

—Bueno, sentido. Oído.

Se levantó y se lavó y se puso su trusa.° Encima se echó la bata de felpa° y salieron para la playa.

bathing suit

bata de felpa *plush bathrobe*

—Espera —dijo él a medio camino—. Me olvidé de la llave.

Ella sacó del bolsillo la llave y se la mostró. Él sonrió.

—¿Nunca se te olvida nada?

—Sí —dijo ella y lo besó en la boca—. Hoy se me había olvidado besarte. Es decir, despierto.

Sintió el aire del mar en las piernas y en la cara y aspiró hondo.

—Esto es vida —dijo.

Ella se había quitado las sandalias y enterraba° los dedos en la arena al caminar. Lo miró y sonrió.

buried

—¿Tu crees? —dijo.

—¿Tú no crees? —preguntó él a su vez.

—Oh, sí. Sin duda. Nunca me he sentido mejor.

—Ni yo. Nunca en la vida —dijo él.

Se bañaron. Ella nadaba muy bien, con unas brazadas° largas de profesional. Al rato él regresó a la playa y se tumbó° en la arena. Sintió que el sol secaba el agua y los cristales de sal se clavaban en los poros° y pudo precisar dónde se estaba quemando más, dónde se formaría una ampolla. Le gustaba quemarse al sol. Estarse quieto, pegar la cara a la arena y sentir el aire que formaba y destruía las nimias dunas° y le metía los finos granitos en la nariz, en los ojos, en la boca, en los oídos. Parecía un remoto desierto, inmenso y misterioso y hostil. Dormitó.

strokes
se tumbó *lay down*
se clavaban... *got into his pores*
nimias dunas *small dunes*

Cuando despertó, ella se peinaba a su lado.

—¿Volvemos? —preguntó.

—Cuando quieras.

Ella preparó el almuerzo y comieron sin hablar. Se había quemado, leve, en un brazo y él caminó hacia la botica que estaba a tres cuadras y trajo picrato.° Ahora estaban en el portal y hasta ellos llegó el fresco y a veces rudo aire del mar que se levanta por la tarde en abril.

ointment for sunburn

La miró. Vio sus tobillos delicados y bien dibujados,° sus rodillas tersas y sus muslos torneados sin violencia.° Estaba tirada° en la silla de extensión,° relajada, y en sus labios, gruesos, había una tentativa de sonrisa.

well shaped
muslos... *well proportioned* / *stretched out* /
silla... *deck chair*

—¿Cómo te sientes? —le preguntó.

Ella abrió los ojos y los entrecerró ante la claridad. Sus pestañas eran largas y curvas.

—Muy bien. ¿Y tú?

—Muy bien también. Pero dime... ¿ya se ha ido todo?°

ya se... *are you feeling better?*

—Sí —dijo ella.

Y... ¿no hay molestia?°

discomfort

—En absoluto. Te juro que nunca me he sentido mejor.

—Me alegro.

—¿Por qué?

—Porque me fastidiaría° sentirme tan bien y que tú no te sintieras bien.

me... *it would annoy me*

—Pero me siento bien.

—Me alegro.

—De veras. Créeme, por favor.

—Te creo.

Se quedaron en silencio y luego ella habló:

—¿Damos un paseo por el acantilado?° ¿Quieres?

rocky path

—Cómo no. ¿Cuando?

—Cuando tú digas.

—No, di tú.

—Bueno, dentro de una hora.

En una hora habían llegado a los farallones° y ella le preguntó, mirando a la playa, hacia el dibujo de espuma de las olas, hasta las cabañas:

cliffs

—¿Qué altura crees tú que habrá de aquí a abajo?

—Unos cincuenta metros. Tal vez setenta y cinco.

—¿Cien no?

—No creo.

Ella se sentó en una roca, de perfil al mar con sus piernas recortadas° contra el azul del mar y del cielo.

outlined

—¿Yá tú me retrataste así? —preguntó ella.

—Sí.

—Prométeme que no retratarás a otra mujer así.

Él se molestó.

—¡Las cosas que se te ocurren! Estamos en luna de miel, ¿no? Cómo voy a pensar yo en otra mujer ahora.

—No digo ahora. Más tarde. Cuando te hayas cansado de mí, cuando nos hayamos divorciado.

Él la levantó y la besó en los labios, con fuerza.

—Eres boba.

Ella se abrazó a su pecho.

—¿No nos divorciaremos nunca?

—Nunca.

—¿Me querrás siempre?

—Siempre.

Se besaron. Casi en seguida oyeron que alguien llamaba.

—Es a ti.

—No sé quién pueda ser.

Vieron venir a un viejo por detrás de las cañas del espartillo.°

cañas... *stalks of sparto grass*

—Ah. Es el encargado.

Los saludó.

—¿Ustedes se van mañana?

—Sí, por la mañana temprano.

—Bueno, entonces quiero que me liquide° ahora.

me liquide *pay me, settle your account*

¿Puede ser?

Él la miró a ella.

—Ve tú con él. Yo quiero quedarme aquí otro rato más.

—¿Por qué no vienes tú también?

—No —dijo ella—. Quiero ver la puesta de sol.

—No quiero interrumpir. Pero es que quiero ver si voy a casa de mi hija a ver el programa de boseo* en la televisión. Usté* sabe, ella vive en la carretera.

—Ve con él —dijo ella.

—Está bien —dijo él y echó a andar detrás del viejo.

—¿Tú sabes dónde está el dinero?

—Sí —respondió él, volviéndose.°

turning his head

—Ven a buscarme luego, ¿quieres?

—Está bien. Pero en cuanto oscurezca bajamos.

Recuerda.

—Está bien —dijo—. Dame un beso antes de irte.

Lo hizo. Ella lo besó fuerte, con dolor.

Él la sintió tensa, afilada por dentro.° Antes de perderse tras la marea del espartillo° la saludó con la mano. En el aire le llegó su voz que decía te quiero. O tal vez preguntaba ¿me quieres?

afilada… *edgy inside*

marea… *waving sparto grass*

Estuvo mirando el sol cómo bajaba. Era un círculo lleno de fuego al que el horizonte convertía en tres cuartos de círculo, en medio círculo, en nada, aunque quedara un borboteo° rojo por donde desapareció.

gush

Luego el cielo se fue haciendo violeta, morado, y el negro de la noche comenzó a borrar los restos del crepúsculo.

—¿Habrá luna esta noche? —se preguntó en alta voz ella.

Miró abajo y vio un hoyo negro y luego más abajo la

*El autor, al imitar la forma de hablar del encargado, escribe *boseo* y *Usté* en lugar de *boxeo* y *Usted.*

costra° de la espuma blanca, visible todavía. Se movió en su asiento y dejó los pies hacia afuera, colgando en el vacío. Luego afincó° las manos en la roca y suspendió el cuerpo, y sin el menor ruido se dejó caer al pozo° negro y profundo que era la playa exactamente ochenta y dos metros más abajo.

crust
took hold
hole

COMPRENSIÓN DEL CUENTO

A. Preguntas

1. Describa las acciones de los dos protagonistas al empezar el cuento.
2. ¿Qué hace la pareja después del desayuno?
3. ¿Qué pregunta es la que se repite entre ellos dos con gran insistencia?
4. ¿Qué quiere el viejo encargado cuando viene a llamarlos?
5. ¿Qué significado tiene la pregunta que hace la esposa en relación con la altura del acantilado?
6. ¿Por qué cree Ud. que la esposa se quedó en el acantilado y no fue con el esposo para pagarle al encargado?
7. ¿Qué desenlace trágico tiene el cuento?
8. ¿Cómo se imagina Ud. que es la esposa? ¿Qué adjetivos usaría para describirla?
9. ¿Cree Ud. que el esposo sospechaba lo que iba a hacer su esposa? Explique su respuesta.
10. ¿Qué función importante tiene el encargado en este cuento?

B. Repaso Explique la situación a que se refieren las siguientes oraciones que aparecen en este cuento.

1. Cómo voy yo a pensar en otra mujer ahora.
2. Unos cincuenta metros. Tal vez setenta y cinco.
3. Muy bien también. Pero dime… ¿ya se ha ido todo?
4. Ve tú con él. Yo quiero quedarme aquí otro rato más.
5. ¿Habrá luna esta noche?

C. Temas para presentación oral o escrita

1. Dé su interpretación del significado del título. ¿Por qué es cruel el mes de abril?
2. Escriba otro final para este cuento basándose en el hecho de que el esposo no se va con el encargado.
3. Analice la comunicación y la relación que hay entre la esposa y el esposo.
4. Analice los hechos que ocurren el día de la tragedia y lo que el lector descubre al final.

REPASO DE VOCABULARIO

A. Llene los espacios en blanco escogiendo las palabras que mejor completen el sentido de las oraciones.

1. Al despertarse le llegó el _______1_______ de lo que la esposa estaba _______2_______. Cuando ella entró en el cuarto, a él le chocó verla con el _______3_______ por encima de los shorts.	**1.** *olor / bostezo* **2.** *cocinando / retratando* **3.** *crepúsculo / delantal*
2. Después de desayunar decidieron ir a _______4_______ un rato y él se puso la _______5_______.	**4.** *dormitar / nadar* **5.** *trusa / loza*
3. El esposo se _______6_______ por la esposa y cuando ella se _______7_______ un poco en el sol, él temía que se le hicieran _______8_______ y fue a la botica para comprarle una pomada (*ointment*).	**6.** *estiraba / preocupaba* **7.** *quemó / secó* **8.** *olas / ampollas*
4. El esposo retrató a la esposa _______9_______ y ella le pidió que nunca más le sacara fotografías a otra mujer en ese lugar. Él se _______10_______ con esa petición de su esposa, especialmente estando cómo estaba, en _______11_______.	**9.** *de perfil / de veras* **10.** *molestó / movió* **11.** *luna de miel / puesta de sol*

B. Indique en el cuento las oraciones donde aparece lo siguiente.

1. El esposo se preparó para ir a bañarse en el mar.
2. La esposa es una nadadora excelente.
3. Deseo que me pague lo que me debe.
4. Cuando ella lo besó fuertemente, él notó que ella estaba por dentro muy angustiada.
5. La descripción del atardecer.

C. Complete las oraciones de acuerdo con las indicaciones en inglés que están a la derecha.

1. Cuando le llegó el ______________ de los huevos que la esposa estaba friendo, él ______________ en la cama y comprendió que estaba ______________.	*(smell)* *(stretched out)* *(awake)*
2. Al decir que se sentía admirablemente bien, ______________ que las palabras engañan.	*(he realized)*
3. Cuando ella terminó de ______________ se fueron a la playa.	*(wash the dishes)*
4. Después de nadar, él se tiró en la arena y ______________ un rato.	*(dozed)*

5. Ella ______________ un poco y él temía que se le hicieran ______________. Por eso, fue a ______________ para comprarle una medicina. *(got burned)* *(blisters)* *(the drugstore)*
6. Cuando ella estaba en la silla de extensión él notó una ligera sonrisa en los labios __________ de la esposa *(full)*
7. __________ cuando ella le dijo que le prometiera que no retrataría a otra mujer en ese lugar. *(He got annoyed)*
8. "¿__________ esta noche?", —se preguntó ella en voz alta. *(I wonder if there will be a moon)*

REPASO DE GRAMÁTICA

¿Pretérito o imperfecto? Escoja la forma correcta del verbo.

No supo si lo (despertó / despertaba) la claridad que (entró / entraba) por la ventana o el calor, o ambas cosas. O todavía el ruido que (hizo / hacía) ella en la cocina preparando el desayuno. La oyó freír huevos primero y luego le (llegó / llegaba) el olor de la manteca hirviente. (Se estiró / Se estiraba) en la cama y (sintió / sentía) la tibieza de las sábanas escurrirse bajo su cuerpo y un amable dolor le (corrió / corría) de la espalda a la nuca. En ese momento ella (entró / entraba) en el cuarto y le chocó verla con el delantal por encima de los shorts. La lámpara que (estuvo / estaba) en la mesita de noche ya no estaba allí y (puso / ponía) los platos y las tazas en ella. Entonces advirtió que (estuvo / estaba) despierto.

Lectura 4

Ana María Matute

Ana María Matute nació en Barcelona, España, en 1926. Es una de las mejores escritoras de su generación y, posiblemente, una de las más fecundas por sus numerosas novelas y colecciones de cuentos.

Esta novelista contemporánea, de delicada sensibilidad, dedica preferente atención a los niños, presentando en sus obras la psicología infantil con ternura° maternal y profundo conocimiento de la misma. *tenderness*

En sus cuentos, Ana María Matute vuelca° todas las impresiones de su niñez,° enriquecidas° por los cuentos que oyó a los campesinos,° a los pastores,° a su madre y a su abuela, así como un sentimiento de rebeldía contra los valores de la vida española de su tiempo. *pours* *childhood / enriched / farmers / shepherds*

Los personajes en las obras de Matute se encuentran aislados° de la sociedad en que viven y están rodeados de un sentimiento de desolación y tragedia. La escritora logra° una presentación realista y sombría° de la vida de esos personajes que no pueden escapar de su propio destino. El tema de la soledad del individuo aparece frecuentemente en la obra de Matute. *isolated* *obtains* *somber*

La prosa de Ana María Matute es sencilla, cargada° de lirismo poético, y sus descripciones de la naturaleza son ricas en imágenes visuales. *loaded*

Son muchas las novelas de Ana María Matute. Entre éstas hay tres que han recibido premios importantes: *Pequeño teatro* (1954), Premio Planeta, *Hijos muertos* (1958), Premio Nacional de Literatura, y *Primera memoria* (1959), Premio Nadal En el cuento se pueden citar las siguientes colecciones: *Historias de la Artámila* (1961) y *Algunos muchachos* (1968).

"El árbol de oro" es uno de los cuentos más populares de *Historias de la Artámila*. En él, Matute combina lo real con el mundo de lo sobrenatural° y nos presenta la perspectiva realista del narrador junto al mundo imaginativo y poético del chico Ivo, quien nos dice que ve un árbol de oro a través de la rendija de la pared. *supernatural*

La Artámila es el nombre que Ana María Matute usa para ese país imaginario que, en la realidad, viene a estar situado en el nordeste de España.

VOCABULARIO ÚTIL

Sustantivos

la **aldea**	pueblo pequeño	*small village*
la **bombilla** / el **bombillo**	globo de cristal que contiene los filamentos eléctricos para dar luz	*light bulb*
la **cadena**	conjunto de eslabones trabados	*chain*
la **cal**	óxido de calcio	*lime*
el **charco**	depósito de agua en el suelo	*puddle*
el **don**	gracia o habilidad natural	*natural ability*
el **juanete**	hueso del dedo del pie cuando es muy abultado	*bunion*
la **mosca**	insecto	*fly*
la **rama**	parte que sale del tronco del árbol	*branch*
el **recreo**	tiempo de recreación (en la escuela)	*recess, recreation time at school*
la **red**	objeto de hilo o soga que sirve para pescar o cazar	*net*
la **rendija**	abertura pequeña	*small crack*
el **sosiego**	tranquilidad, quietud, paz	*tranquility, calmness*
la **torre**	parte más alta de un edificio	*tower*
la **vuelta**	regreso, retorno	*return*
la **zozobra**	angustia, preocupación, inquietud	*uneasiness, anxiety, worry*

Adjetivos

aplicado	estudioso	*studious*
áspero	que no tiene suavidad	*rough*
bizco	que mira torcido	*cross-eyed*
codiciado	deseado	*desirable, coveted*
embustero	mentiroso	*deceitful*
gracioso	que tiene gracia, que es divertido	*funny, amusing, witty*
grasiento	lleno de grasa, mugriento	*greasy, grubby, grimy*
grueso	gordo, de mucho espesor	*fat, thick*
enrevesado	torcido, enredado	*nonsensical, complex, intricate*

pedregoso	lleno de piedras	*stony*
pegajoso	que se pega con facilidad	*sticky*
sosegado	calmado, tranquilo	*calm, quiet, peaceful*
Verbos		
agacharse	doblarse o inclinarse	*to squat, bend down*
alargar (gu)	hacer una cosa más larga	*to lengthen, extend*
arrastrar	llevar a una persona o cosa por el suelo tirando de ella	*to drag, pull, haul*
asentir (ie) (i)	consentir, admitir como cierto	*to assent, agree*
asistir	hacer acto de presencia	*to attend*
avergonzarse (c)	sentir vergüenza	*to feel ashamed*
ceder	dar, dar preferencia a otra persona o cosa	*to yield, give in*
cegar (gu)	que no deja ni puede ver	*to blind*
codiciar	desear lo que otro tiene	*to covet, desire*
confiar	tener confianza	*to entrust*
disfrutar	gozar	*to enjoy*
enderezar (c)	poner derecho	*to straighten*
estafar	apoderarse del bien ajeno por medio de engaño	*to swindle*
guardar	conservar, retener para sí	*to keep, put away*
relampaguear	producir un resplandor fuerte de luz	*to lighten, flash*
resplandecer	brillar, despedir rayos de luz	*to shine*
retrasar	demorar	*to delay, retard*
tender (ie)	extender	*to extend*
vaciar	sacar el contenido de un lugar	*to empty*
Expresiones		
andar bien (mal)	ir o estar todo bien (mal)	*to go well, run well*
dar con	tropezar con	*to come upon, come across*
dejarse (+ infinitivo)	permitir	*to let oneself be (+ past participle)*
de malos modos	de mala gana, sin deseos	*unwillingly*
de tal forma	de una manera especial	*in such a way*
hacer caso	obedecer, prestar atención	*to pay attention*
volverse de (+ sustantivo)	cambiarse	*to become, turn into*

ESTUDIO PRELIMINAR DE VOCABULARIO

A. Sinónimos Dé una palabra o expresión que quiera decir lo mismo.

1. gozar 2. brillar 3. gordo 4. tropezar 5. prestar atención

B. Antónimos Busque antónimos en la lista de vocabulario.

1. agitación 2. llenar 3. sincero 4. sencillo 5. suave

C. Escoja la palabra que no pertenece al grupo.

1.	mentir	asistir	codiciar	estafar
2.	charco	lluvia	cadena	tormenta
3.	enderezar	enrevesar	alargar	asentir
4.	aplicado	estudioso	trabajador	pegajoso

El árbol de oro

Asistí durante un otoño a la escuela de la señorita Leocadia, en la aldea, porque mi salud no andaba bíen y el abuelo retrasó mi vuelta a la ciudad. Como era el tiempo frío y estaban los suelos embarrados° y no se veía rastro° de muchachos, me aburría dentro de la casa, y pedí al abuelo asistir a la escuela. El abuelo consintió y acudí a aquella casita alargada° y blanca de cal, con el tejado pajizo° y requemado° por el sol y las nieves, a las afueras del pueblo.

muddy
trace, sign
larga (long)
tejado... *straw-colored roof / muy quemado*

La señorita Leocadia era alta y gruesa, tenía el carácter más bien° áspero y grandes juanetes en los pies, que la obligaban a andar como quien arrastra cadenas. Las clases en la escuela, con la lluvia rebotando° en el tejado y en los cristales, con las moscas pegajosas de la tormenta y persiguiéndose alrededor de la bombilla, tenían su atractivo. Recuerdo especialmente a un muchacho de unos diez años, hijo de un aparcero° muy pobre, llamado Ivo. Era un muchacho delgado, de ojos azules, que bizqueaba° ligeramente al hablar. Todos los muchachos y muchachas de la escuela admiraban y envidiaban un poco a Ivo, por el don que poseía de atraer la atención sobre sí en todo momento. No es que fuera ni inteligente ni gracioso, y sin embargo, había algo en él, en su voz quizás, en las cosas que contaba que conseguía cautivar a quien le escuchase. También la señorita Leocadia se dejaba prender de aquella red de plata que Ivo tendía a cuantos° atendían sus enrevesadas conversaciones, y —yo creo que muchas veces contra su voluntad— la señorita Leocadia le confiaba a Ivo tareas deseadas por todos, o distinciones que merecían alumnos más estudiosos y aplicados.

más... *rather*
bouncing
sharecropper
looked cross-eyed
a cuantos *a todos los que*

Quizá lo que más se envidiaba de Ivo era la posesión de la codiciada llave de la torrecita. Esta era, en efecto, una pequeña torre situada en un ángulo de la escuela, en cuyo interior se guardaban los libros de lectura. Allí entraba Ivo a buscarlos, y, allí volvía a dejarlos, al terminar la clase. La señorita Leocadia se lo encomendó a él, nadie sabía en realidad por qué.

Ivo estaba muy orgulloso de esta distinción, y por nada del mundo la hubiera cedido. Un día, Mateo Heredia, el más aplicado y estudioso de la escuela, pidió encargarse de la tarea —a todos nos fascinaba el misterioso interior de la torrecita, donde no entramos nunca—, y la señorita Leocadia pareció acceder. Pero

Ivo se levantó, y acercándose a la maestra empezó a hablarle en su voz baja, bizqueando los ojos y moviendo mucho las manos, como tenía por costumbre. La maestra dudó un poco, y al fin dijo:

—Quede todo como estaba.° Que siga encargándose Ivo de la torrecita.

Quede... Que todo continúe lo mismo

A la salida de la escuela le pregunté:

—¡Qué le has dicho a la maestra?

Ivo me miró de través° y vi relampaguear sus ojos azules.

de... sideways

—Le hablé del árbol de oro.

Sentí una gran curiosidad,

—¿Qué árbol?

Hacía frío y el camino estaba húmedo, con grandes charcos que brillaban al sol pálido de la tarde. Ivo empezó a chapotear° en ellos, sonriendo con misterio.

to splash

—Si no se lo cuentas a nadie...

—Te lo juro,° que a nadie se lo diré.

Te... I swear to you

Entonces Ivo me explicó:

—Veo un árbol de oro. Un árbol completamente de oro: ramas, tronco, hojas... ¿sabes? Las hojas no se caen nunca. En verano, en invierno, siempre. Resplandece mucho, tanto, que tengo que cerrar los ojos para que no me duelan.

—¡Qué embustero eres! —dije, aunque con algo de zozobra. Ivo me miró con desprecio.

—No te lo creas —contestó—. Me es completamente igual que te lo creas o no... ¡Nadie entrará nunca en la torrecita, y a nadie dejaré ver mi árbol de oro! ¡Es mío! La señorita Leocadia lo sabe, y no se atreve a darle la llave a Mateo Heredia, ni a nadie... ¡Mientras yo viva, nadie podrá entrar allí y ver mi árbol!

Lo dijo de tal forma que no pude evitar preguntarle:

—¿Y cómo lo ves...?

—Ah, no es fácil —dijo, con aire misterioso—. Cualquiera no podría verlo. Yo sé la rendija exacta.

—¿Rendija...?

—Sí, una rendija de la pared. Una que hay corriendo el cajón° de la derecha: me agacho y me paso horas y horas... ¡Cómo brilla el árbol! ¡Cómo brilla! Fíjate° que si algún pájaro se le pone encima° también se vuelve de

caja grande

Imagine

on top

oro. Eso me digo yo: si me subiera a una rama, me volvería acaso° de oro también?

tal vez

No supe qué decirle; pero, desde aquel momento, mi deseo de ver el árbol creció de tal forma que me desasosegaba.° Todos los días, al acabar la clase de lectura, Ivo se acercaba al cajón° de la maestra, sacaba la llave y se dirigía a la torrecita. Cuando volvía, le preguntaba:

me... *it made me restless* / *drawer*

—¿Lo has visto?

—Sí —me contestaba. Y, a veces, explicaba alguna novedad.

—Le han salido unas flores raras. Mira: así de grandes, como mi mano lo menos,° y con los pétalos alargados. Me parece que esa flor es parecida al arzadú.°

como... *at least the size of my hand* / una planta de flor que crece en el noreste de España / *rojo*

—¡La flor del frío! —decía yo, con asombro—. ¡Pero el arzadú es encarnado!°

—Muy bien —asentía él, con gesto de paciencia—. Pero en mi árbol es oro puro.

—Además, el arzadú crece al borde de los caminos... y no es un árbol.

No se podía discutir con él. Siempre tenía razón, o por los menos lo parecía.

Ocurrió entonces algo que secretamente yo deseaba; me avergonzaba sentirlo, pero así era: Ivo enfermó, y la señorita Leocadia encargó a otro la llave de la torrecita. Primeramente, la disfrutó Mateo Heredia. Yo espié su regreso, el primer día, y le dije:

—¿Has visto un árbol de oro?

—¿Qué andas graznando?° —me contestó de malos modos, porque no era simpático, y menos conmigo. Quise dárselo a entender,° pero no me hizo caso. Unos días después, me dijo:

¿Qué... *What are you chattering about?*

dárselo... *make him understand*

—Si me das algo a cambio, te dejo un ratito° la llave y vas durante el recreo. Nadie te verá...

a little while

Vacié mi hucha,° y, por fin, conseguí la codiciada llave. Mis manos temblaban de emoción cuando entré en el cuartito de la torre. Allí estaba el cajón. Lo aparté y vi brillar la rendija en la oscuridad. Me agaché y miré.

piggy bank

Cuando la luz dejó de cegarme, mi ojo derecho sólo descubrió una cosa: la seca tierra de la llanura alargándose hacia el cielo. Nada más. Lo mismo que se veía desde las ventanas altas. La tierra desnuda y yerma,° y nada más que la tierra. Tuve una gran decepción y la seguridad de que me habían estafado.

barren

Olvidé la llave y el árbol de oro. Antes de que llegaran las nieves regresé a la ciudad.

Dos veranos más tarde volví a las montañas. Un día, pasando por el cementerio —era ya tarde y se anunciaba la noche en el cielo: el sol, como una bola roja, caía a lo lejos, hacia la carrera terrible y sosegada de la llanura—, ví algo extraño. De la tierra grasienta y pedregosa, entre las cruces caídas, nacía un árbol grande y hermoso, con las hojas anchas de oro encendido° y brillante todo él, cegador. Algo me vino a la memoria, como un sueño, y pensé: "Es un árbol de oro". Busqué al pie del árbol, y no tardé en dar con una crucecilla de hierro negro, mohosa° por la lluvia. Mientras la enderezaba, leí: IVO MÁRQUEZ, DE DIEZ AÑOS DE EDAD.

full of light

rusty

Y no daba tristeza alguna, sino, tal vez, una extraña y muy grande alegría.

COMPRENSIÓN DEL CUENTO

A. Preguntas

1. ¿Dónde quedaba la escuela a la que asistió la narradora?
2. ¿Por qué quería la narradora asistir a la escuela?
3. ¿Cómo era la maestra? Descríbala.
4. ¿Cómo era Ivo? Descríbalo.
5. ¿Por qué le tenían envidia los niños a Ivo?
6. ¿Qué había en la pequeña torre?
7. ¿Tenía conocimiento la maestra del secreto de Ivo del árbol de oro? ¿Cómo lo sabemos?
8. ¿Cómo describe Ivo su visión del árbol de oro?
9. Cuando Ivo se enfermó, ¿a quién le dio la llave la maestra para ir a la torrecita?
10. ¿Qué le dio la narradora a Mateo Heredia para que éste le diera la llave por un ratito para subir a la torre?
11. ¿Qué vio la narradora desde la rendija de la torre?
12. En este cuento Ana María Matute usa varios diminutivos (casita, torrecita, ratito, cuartito, crucecilla). ¿Qué efecto obtiene la narradora al usar los diminutivos?

B. Repaso Explique la situación a que se refieren las siguientes frases que aparecen en el cuento.

1. El abuelo consintió y acudí a aquella casita alargada y blanca.
2. La obligaban a andar como quien arrastra cadenas.
3. También la señorita Leocadia se dejaba prender de aquella red de plata que Ivo tendía.
4. Ivo estaba muy orgulloso de esta distinción.
5. Vacié mi hucha y por fin conseguí la codiciada llave.
6. Busqué al pie del árbol y no tardé en dar con una crucecilla de hierro negro.

C. Comprensión de la lectura Escoja las explicaciones que sean correctas.

1. La narradora dice que todos los muchachos admiraban a Ivo porque...
   a. tenía un don especial que llamaba la atención de los demás.
   b. era extremadamente inteligente y era el más aplicado de la clase.
   c. era muy gracioso y divertido.
   d. tenía unos ojos muy lindos y siempre miraba de frente.
2. ¿Cómo describe la narradora su experiencia en la escuela de la señorita Leocadia?
   a. Con gran melancolía y frustración.
   b. Con burla hacia los sueños infantiles.
   c. Con gran delicadeza y conocimiento del mundo infantil.
   d. Con admiración hacia el sistema de escuelas de su país.
3. ¿Qué se dice del árbol de oro que veía Ivo desde la torrecita?
   a. Que aparecía por la mañana y desaparecía por la noche.
   b. Que representaba para Ivo la realidad de su imaginación.
   c. Que existía para todos los que subían a la torre.
   d. Que servía de símbolo de la vida triste de Ivo.
4. La última línea del cuento "Y no daba tristeza alguna, sino, tal vez, una extraña y muy grande alegría", sugiere que...
   a. la narradora se alegra de la muerte de Ivo.
   b. el cementerio está bien ciudado.
   c. la narradora comprueba que Ivo era un embustero.
   d. la ilusión y la fantasía de Ivo seguirán siempre existiendo para otras personas.
5. ¿Cuál es el tema de este cuento?
   a. El materialismo de algunos niños en la escuela.
   b. La fantasía y las ilusiones frente a la realidad.
   c. El atractivo de la escuela de la aldea.
   d. La envidia entre los estudiantes de la clase.

D. Temas para presentación oral o escrita

1. ¿Cómo explica Ud. la visión del árbol que veía Ivo?
2. ¿Tuvo Ud. alguna experiencia similar a la de Ivo? Hable sobre ella.
3. ¿Cree Ud. que si la señorita Leocadia contara el cuento produciría el mismo efecto?
4. Describa al maestro o maestra de su niñez que le haya hecho la mayor impresión.

REPASO DE VOCABULARIO

A. Llene los espacios en blanco escogiendo las palabras que mejor completen el sentido del párrafo.

La narradora asistió a la escuela de la ____1____ durante el otoño porque no estaba bien de salud y el abuelo ____2____ su ____3____ a la ciudad.

El carácter de la señorita Leocadia era ____4____; ella tenía grandes ____5____ en los pies. Ivo era un muchacho que ____6____ un poco al hablar. Los compañeros de la escuela admiraban en él el ____7____ que tenía de atraer la atención de todos, cautivando a cuantos atendían sus ____8____ conversaciones.

En la torrecita se ____9____ los libros de lectura y todos los días Ivo era el encargado de buscarlos. Le contó a la narradora la visión que él veía, al ____10____ a través de una ____11____ que había en la pared de la torrecita. Ella pensó que Ivo era ____12____ y no creyó lo que él decía. Cuando Ivo se enfermó, Mateo Heredia fue el encargado de la ____13____ de la torrecita y la narradora le dio dinero para que la dejara ir, durante el ____14____, a visitar la misteriosa torrecita. Su desilusión fue grande cuando descubrió sólo la tierra de la llanura y no la visión del árbol de oro que Ivo ____15____. Cuando la narradora volvió a la aldea, al cabo de dos años, al pasar por el cementerio vio algo extraño que salía de la tierra grasienta y ____16____: un árbol de oro había nacido, y al pie de éste estaba una crucecilla con el nombre de Ivo Márquez.

1. *cadena / aldea*
2. *retrasó / confió*
3. *recreo / regreso*
4. *áspero / aplicado*
5. *juanetes / zozobra*
6. *codiciaba / bizqueaba*
7. *don / charco*
8. *embusteras / enrevesadas*
9. *estafaban / guardaban*
10. *avergonzarse / agacharse*
11. *rendija / rama*
12. *gracioso / embustero*
13. *cal / llave*
14. *recreo / charco*
15. *disfrutaba / enderezaba*
16. *pedregosa / codiciosa*

B. Indique en el cuento las oraciones donde aparece la siguiente información.

1. El motivo por el cual la narradora asistió a la escuela de la aldea.
2. Cualidad que tenía Ivo que hacía que lo admiraran los compañeros de la escuela.
3. Lo que hacía Ivo en la escuela que producía mucha envidia.
4. La descripción que hace Ivo de la visión que ve desde la torrecita.
5. Lo que ve la narradora cuando sube a la torrecita.
6. La experiencia extraña que tuvo la narradora cuando, dos años más tarde, pasó por el cementerio.

C. Repase las expresiones en la lista de vocabulario y después complete las oraciones de acuerdo con las indicaciones en inglés que están a la derecha.

1. La salud de la narradora ______________. *(was not going well)*
2. Ivo decía que si un pájaro se subía al árbol que él veía desde la torrecita ______________. *(it would turn into gold)*
3. El deseo que la narradora tenía de ver el árbol creció ______________ que sólo pensaba en eso. *(in such a way)*
4. Mateo Heredia ______________ a lo que ella quiso decirle. *(did not pay attention)*
5. La narradora no tardó en ______________ una crucecilla que tenía el nombre de Ivo. *(come upon)*

REPASO DE GRAMÁTICA

Diminutivos Repase la lección sobre los diminutivos en el capítulo 8. Después escriba los diminutivos de las siguientes palabras y use cada una en una oración original.

1. torre ______________
2. maestra ______________
3. pies ______________
4. rama ______________
5. escuela ______________
6. mosca ______________
7. cajón ______________
8. llave ______________
9. flor ______________
10. árbol ______________

María Manuela Dolón

María Manuela Dolón, nacida y residente de Ceuta, es una escritora española cuyos cuentos han sido publicados en diversas revistas, como "Silueta", "La Estafeta Literaria", "Blanco y Negro", "Tribuna Médica" y "Lecturas", y también en periódicos, entre ellos, "Diario de León", "Diario Regional de Valladolid" y "Arriba". Dolón, que comenzó a escribir desde muy niña, se mantiene siempre muy productiva. Ha ganado gran número de premios en diversos concursos de cuentos y también recibió una Mención Honorífica del Círculo de Escritores y Poetas Iberoamericanos de Nueva York. En el año 2000, la Ciudad de Ceuta le concedió el Premio de las Artes y de la Cultura de Literatura y en el 2001, la Casa de Ceuta en Barcelona le otorgó el Premio de Narrativa en el Concurso anual con motivo de la Feria del Libro. Entre sus libros, se deben citar *Las raíces y otros relatos* y en 1999, *27 Historias* que es una recopilación de sus cuentos premiados.

VOCABULARIO ÚTIL

Sustantivos

el **barco**	embarcación, buque	*ship*
el **bulto**	volúmen, cosa que no se distingue bien	*form, bundle*
la **cantina**	lugar donde se vende bebida y comida	*bar, tavern*

la **carretera**	camino empedrado o asfaltado	*highway*
el **cenicero**	recipiente para poner la ceniza	*ashtray*
la **cita**	hora y lugar en que acuerdan encontrarse dos personas	*date, appointment*
la **flojedad**	pereza; debilidad	*laziness*
la **gabardina**	abrigo para la lluvia	*raincoat*
la **inquietud**	intranquilidad	*restlessness*
el **mostrador**	mesa grande en las tiendas	*counter*
la **niebla**	neblina, bruma	*fog*
la **pena**	sentimiento de dolor, tristeza	*sorrow*
el **pesar**	tristeza; disgusto	*sorrow*
la **pitada**	sonido de un pito	*toot, whistle*
el **rincón**	sitio apartado	*corner*
el **rostro**	cara	*face*
la **rueda**	objeto circular que gira y facilita el movimiento de un vehículo	*wheel*
el **sorbo**	líquido que se bebe de una vez	*sip*
el **tabernero**	el que trabaja en un bar	*bartender*
la **velocidad**	celeridad en un movimiento uniforme	*speed*
el **volante**	rueda de dirección en un vehículo	*steering wheel*

Adjetivos

alborozado	contento, regocijado	*overjoyed*
anhelante	con ansia, con deseos fuertes	*yearning, gasping*
apurado	con prisa, apresurado	*hurriedly*
dispuesto	preparado para algo	*ready*
espeso	denso, no transparente	*thick*
horrendo	horrible, horrendous	*horrible*
lejano	que está lejos	*distant, remote*
lúcido	de inteligencia clara	*lucid*
lúgubre	oscuro	*gloomy*
malhumorado	de mal humor	*ill-humored*
resuelto	decidido	*decided, resolved*
sobresaltado	asustado	*shocked, startled*
vacío	que no contiene nada	*empty*

Adverbios

acaso	quizá, tal vez	*maybe, perhaps*
precipitadamente	rápidamente	*hastily*

Verbos

abrochar	cerrar o unir con broches	*to fasten*
advertir (ie) (i)	notar; avisar	*to notice; warn*
aminorar	disminuir	*to diminish*
aplastar	aplanar, comprimir una cosa	*to crush*
apretar (ie)	estrechar; oprimir	*to tighten; to press*
colgar (ue)	suspender una cosa de otra	*to hang up*

demorar	retrasar, retardar	*to delay*
despachar	atender a los clientes	*to serve customers*
disimular	pretender que no se ve o se siente	*to conceal, hide*
fugarse	escaparse	*to flee, run away*
huir (y)	escapar corriendo	*to run away*
inquirir (ie)	preguntar, investigar	*to inquire*
latir	dar latidos	*to beat*
lograr	obtener, conseguir	*to attain, achieve*
morder (ue)	cortar con los dientes	*to bite*
obligar	imponer una obligación	*to force, obligate*
retroceder	volver atrás	*to move back*
retumbar	resonar	*to resound*
soborear	percibir con gusto el sabor de algo	*to savor*
tambalearse	moverse sin equilibrio	*to stagger*
temblar (ie)	moverse con movimiento frecuente	*to tremble*

Expresiones

al día siguiente	el próximo día	*next day*
a lo lejos	en la distancia	*far away*
de golpe	todo de una vez	*all at once*
de repente	de pronto, sin preparación	*suddenly*
dentro de diez minutos	en diez minutos	*in ten minutes*
hablar entre dientes	murmurar	*to mutter*
llevar a cabo	realizar, hacer	*to carry out*
rumbo a	en la dirección de	*in the direction of*

ESTUDIO PRELIMINAR DE VOCABULARIO

A. Sinónimos Dé una palabra o expresión que quiera decir lo mismo.

1. cara 2. quizá 3. asustado 4. contento 5. intranquilidad

B. Antónimos Busque antónimos en la lista de vocabulario.

1. lleno 2. claro, brillante 3. lentamente 4. tranquilo

C. Escoja la palabra que no pertenece al grupo.

1. cenicero	cigarillos	fumar	niebla
2. fugarse	barco	pitada	polvera
3. velocidad	carretera	acelerador	rincón
4. cantina	retumbar	tabernero	bebidas
5. morder	saborear	sorbo	disimular

Noche de fuga

—Al teléfono, señor Maurí.

Jorge Maurí se levantó, aplastó su cigarrillo contra el cenicero y lentamente se dirigió al teléfono.

—¿Qué hay? —preguntó.

—Soy yo, Jorge —se oyó una voz de mujer al otro lado del hilo°—. Todo me ha salido perfectamente. Estoy fuera de casa. En una cantina que hay en la carretera, ¿sabes cuál es?

—Sí, sí, ya sé —respondió él.

—¿Te espero entonces aquí mismo, Jorge? —inquirió la mujer. Jorge Maurí consultó su reloj.

—Sí, espérame ahí. Dentro de diez minutos estaré por ti.

La mujer también debió mirar su reloj porque le advirtió en tono preocupado:

—Ya ha dado la primera pitada del barco, Jorge. Así es que tenemos el tiempo justo.

—Sí, ya lo sé. Te digo que dentro de diez minutos estoy ahí —volvió a repetir impacientándose.°

Colgó. Abrió su pitillera° y sacó un cigarrillo. Al encenderlo notó que la mano le temblaba un poco. ¡Pardiez!° —se dijo malhumorado. No sabía él que el

hilo: telephone line
impacientándose: becoming impatient
pitillera: cigarette case
¡Pardiez!: For God's sake!

hecho de huir con una mujer le fuera a poner tan nervioso. Dio unas cuantas chupadas° al cigarro y despacio, tratando de disimular el nerviosismo que experimentaba, se fue acercando a la mesa de sus amigos.

puffs

—Chicos, os voy a tener que dejar —dijo queriendo parecer natural y empezando a recoger ya su gabardina.

—¿Qué te vas? —le interrogó uno de los amigos, mirándole sorprendido.

—¡Tú estás loco! Tú te tienes que quedar otra ronda.°

round of drinks

—Imposible. Tengo muchísima prisa.

—¡Ni prisa ni nada! —exclamó otro, cogiéndole la gabardina y escondiéndosela.°

hiding it from him

Otro le sentaba a la fuerza° mientras le decía:

a la... *against his will*

—Tú te quedas a beber otra copa. ¡Pues estaría bueno...!

—¿Pero es que queréis que pierda la cita que tengo? —se defendía él, aunque débilmente.

—¿Cita con una mujer? —le preguntó uno de ellos. ¡Estupendó! —gritó alborozado. Eso es lo bueno, hacerlas esperar. Eso, además, hará la aventura muchísimo más interesante —agregó riéndose estrepitosamente.°

boisterously

Jorge Maurí volvió a mirar su reloj.

—No, no puedo, de verdad, quedarme —aseguró apurado.

—Tú te quedas. Al menos hasta que te tomes otra copa.

Y le obligaron a beber. Él se resistió al principio. Sabía que no debía beber. Que debía conservar la cabeza lúcida y serena. Pero por otra parte sabía también que le vendría bien beber. Sentía una lasitud,° una flojedad —que le impedía moverse y reaccionar. Era como si en el fondo, inconscientemente, tratara de demorar lo más posible lo que iba a hacer. Como un extraño temor a llevarlo a cabo, a llegar hasta el final. Y eso sólo se quitaba bebiendo. Y bebió hasta que la sirena de un barco le hizo incorporarse sobresaltado, como si despertara de pronto de un sueño.

lassitude, weariness

Cuando salió de allí tenía los ojos turbios y se tambaleaba ligeramente sobre sus pies. Pero se metió precipitadamente en su coche y cogiendo el volante con una especie de furia, enfiló° la negra carretera a la máxima velocidad.

followed

La muchacha salió de la cabina telefónica y pasó la vista con inquietud alrededor suyo. No, no había nadie conocido. Las gentes de su mundo no frecuentaban estos lugares. En aquel momento se hallaba la cantina casi vacía. Unos marineros en una mesa y dos hombres más bebiendo en el mostrador. Iban mal trajeados° y parecían obreros.° Respiró. Y mirando su reloj, fue a sentarse en un rincón, dispuesta a esperar los diez minutos que él le dijera. Pidió un café, que bebió lentamente, a pequeños sorbos, saboreándolo aunque no estaba nada bueno. Después sacó una polvera° de su bolso y se retocó° el rostro, que lo tenía muy pálido. Se pintó los labios...

mal... *badly dressed*
laborers
compact
touched up

Hasta ahora —pensó— todo le había salido bien. Había logrado escapar de casa sin que nadie la viera, sin que nadie la oyera. Al día siguiente sería el escándalo. Al día siguiente toda la ciudad hablaría de ella. Ella, una muchacha tan seria, tan formal, tan decente, fugarse con el gamberro° y millonario Jorge Maurí... Pero mañana, cuando todos se enteraran, ella estaría ya lejos, en alta mar, con Jorge, rumbo a países desconocidos, hacia un mundo nuevo y extraño que nunca había imaginado.

libertine

Sonrió a su pesar.° ¡Menudo campanazo!° Bueno ¿y qué? Ella quería a Jorge, y Jorge no podía o no quería casarse de momento con ella. Tenían, pues, que huir a otros sitios donde la gente no se asustara de aquel amor. Lo único que le dolía era dejar a sus padres. Le apenaba enormemente el disgusto que les iba a dar. Pero era necesario. No podía evitarlo sin perder a Jorge. Y Jorge para ella significaba todo en su vida. Le amaba de tal manera, estaba tan firme y resuelta a seguirle aunque fuera al fin del mundo, que lo haría aunque supiera fijamente que después le aguardarían las penas más terribles, la muerte más horrenda. Con él a su lado no le asustaba nada. Nada ya le podría hacer retroceder.

a su... *in spite of herself* / **¡Menudo...** *What a scandal!*

De pronto oyó la segunda pitada del barco y bruscamente se puso en pie. Habían pasado ya los diez minutos que él le dijo. "¿Le habrá ocurrido algo? —pensó alarmada—. ¡Es tan loco conduciendo...! ¿O..." no se atrevió a concluir su pensamiento. No, no podía ser que él se hubiera arrepentido.

Pagó su café y salió. El hombre que despachaba tras el mostrador la vió salir, moviendo la cabeza en señal de admiración. Afuera hacía frío y había niebla. Se abrochó la mujer el abrigo, subiéndose el cuello hasta arriba, mientras empezaba a andar por la solitaria carretera en la dirección que él tenía que venir. No se veía nada. Ni una luz siquiera en la oscuridad total que la rodeaba. Advirtió de pronto que las piernas le temblaban. Y no sabía si era de frío, del miedo a que le hubiera ocurrido algo o se hubiera arrepentido. O acaso, tal vez, temor ante el paso que iba a dar. No, no lo sabía. Sólo sabía que por primera vez en la aventura estaba nerviosa.

Siguió andando mucho rato. Hasta que le pareció distinguir a lo lejos, entre la niebla, como una luz que se acercaba. Y respiró tranquilizada. ¡Sería él sin duda! Y esperó ansiosa, con el corazón latiéndole anhelante. Pero tan oscura la noche, tan espesa la niebla y cegada además por los faros del coche que raudamente° se iba acercando, no podía precisar ella si se trataba de él. No obstante, empezó a agitar un brazo a la vez que se acercaba hacia el centro de la carretera, mientras una sonrisa de felicidad flotaba en sus labios.

swiftly

Y fue entonces cuando lúgubre, lejana, como envuelta en bruma, se oyó la tercera pitada del barco.

Jorge Maurí no dejaba de apretar el acelerador. Cada momento miraba el reloj, mordiéndose los labios nerviosamente. Era espantoso lo rápido que corría el reloj y lo despacio que debía de ir su coche. Le parecía que no avanzaba nada o que aquella carretera era siempre igual, interminable, como si no tuviera fin. Y con furia, frenéticamente, apretaba más el acelerador.

De repente le pareció ver como un bulto en medio de la carretera. "¡Pues solamente faltaba eso —exclamó contrariado°—, que algo se interponga en mi camino!"

annoyed

Pero Jorge Maurí no aminoró la marcha. No podía, en realidad, aminorarla aunque hubiera querido. Y siguió conduciendo sin variar la velocidad, derecho hacia aquello que parecía moverse en medio del camino. En aquel momento sonó la sirena de un barco, pero Jorge Maurí no la oyó. Lo que oyó fue un grito terrible que retumbó en la noche, a la vez que sentía cómo las ruedas de su coche pasaban sobre algo. Todo fue rápido y al mismo tiempo. "¡Maldito sea!°" exclamó él entre dientes, pero sin detenerse en su loca carrera, sin mirar hacia atrás.

¡Maldito... *Damn it!*

Sólo se detuvo al llegar a la cantina. Allí se bajó apresuradamente y entró en el local mirando con ansiedad a todos lados. Al no verla en seguida pensó: "¿Será posible que se haya vuelto atrás y me dé chasco°...?"

me dé... *letting me down*

No obstante aún se acercó al mostrador con alguna esperanza.

—Oiga —le dijo al tabernero—, ¿no ha estado aquí una señorita que ha utilizado el teléfono hace un rato?

—Sí —contestó el hombre—. Aquí ha estado una señorita pero se ha marchado ya. Hacia ese lado ha ido —añadió, señalando por donde él había venido.

—¿Por ese lado? —murmuró Jorge Maurí pensativamente.

Y luego, de golpe° abriendo los ojos horrorizado, volvió a repetir:

de golpe *suddenly*

—Pero... ¿por ese lado dice usted?

COMPRENSIÓN DEL CUENTO

A. Preguntas

1. ¿Dónde estaba la muchacha cuando llamó por teléfono a Jorge Maurí?
2. ¿Qué planeaban hacer ella y Jorge?
3. ¿Qué pensaba la muchacha acerca de la reacción que su fuga con Jorge iba a causar en su ciudad?
4. ¿Qué le apenaba enormemente a ella?
5. ¿Cómo se encontraba Jorge al salir de la taberna?
6. ¿Qué hizo la muchacha al salir de la cantina?
7. ¿Cómo era la noche?
8. ¿Cómo conducía Jorge el coche?
9. ¿Qué hizo Jorge cuando le pareció ver un bulto en la carretera?
10. ¿Qué le preguntó Jorge al tabernero?
11. ¿Qué supo Jorge al hablar con el tabernero?

B. Repaso Explique la situación a que se refieren las siguientes oraciones.

1. Estoy fuera de casa en una cantina que hay en la carretera.
2. Tú te quedas a beber otra copa.
3. Cuando salió de allí tenía los ojos turbios.
4. Al día siguiente sería el escándalo.
5. De repente le pareció ver como un bulto en la carretera.

C. Temas para presentación oral o escrita

1. ¿Cómo prepara la autora al lector para la sorpresa al final del cuento? ¿Se imaginaba Ud. ese final?
2. Si Ud. hubiera escrito el cuento, ¿qué otro final le hubiera dado?
3. ¿Qué opina Ud. de la relación que existe entre los dos jóvenes?
4. ¿Con cuál de los dos jóvenes simpatiza Ud. más?

REPASO DE VOCABULARIO

Llene los espacios en blanco con la traducción al español de las palabras que están en inglés.

1. Jorge trató de _______________ *(conceal)* el nerviosismo que sentía.
2. La muchacha se sentó en un _______________ *(corner)* de la cantina.
3. Cuando Jorge salió de la taberna se metió en el carro _______________ *(hastily)*.
4. Hacía frío y la muchacha se _______________ *(fastened)* el abrigo.
5. Ella no podía ver bien el camino porque había mucha _______________ *(fog)*.
6. El pensar que Jorge no viniera a reunirse con ella le causaba gran _______________ *(restlessness)*.
7. Ella tenía el _______________ *(face)* pálido y por primera vez estaba nerviosa.
8. Jorge no aminoró la _______________ *(speed)* cuando le pareció ver un bulto en la carretera.

REPASO DE GRAMÁTICA

Llene los espacios en blanco con el presente de indicativo de los verbos que están entre paréntesis.

1. *(huir)* Los jóvenes _______________ de la ciudad donde viven.
2. *(tambalearse)* Jorge _______________ al salir de la taberna.
3. *(advertir / temblar)* La muchacha _______________ que le _______________ las piernas.
4. *(disimular)* Jorge _______________ el nerviosismo que siente.
5. *(colgar)* Ella _______________ el teléfono cuando termina de hablar.
6. *(morder)* Ella se _______________ los labios porque está disgustada.

Vocabulario

Observe que las palabras que comienzan con **ch** y con **ll** aparecen bajo la **C** y la **L**.

~ A ~

abalanzarse to rush to
abandonar to abandon, leave
abatimiento depression
abeja bee
ablandar to soften
abogado lawyer
abombado sticking out, puffed out
abonar to credit, pay; to fertilize, *refl* to subscribe, buy a season ticket
abrazar to embrace
abrelatas *m* can opener
aburrir to bore; *refl* to be bored
acabar to finish, end
acabar con to put an end to
acalambrado having a cramp
acampanado bell-shaped
acantilado cliff
acariciar to caress
acaso maybe, perhaps
acceder to accede, agree; to give in
acciones *f* shares
accionista *mf* shareholder, stockholder
acechar to spy on
aceite *m* oil
acercar to bring or place near or nearer; *refl* to approach, draw near
acero steel
acertar to guess right
aclamar to acclaim
acodarse to lean on one's elbows
acoger to welcome, receive
aconsejar to advise, counsel
acordar to agree
acordarse de to remember
acosado harassed
acosar to harass, pursue relentessly
acostar to put to bed; *refl* to go to bed, lie down
acostumbrar to accustom; *refl* become accustomed to
actuar to act, perform
acudir to go, attend; to resort
adelgazar to get thin; to taper off
además besides, moreover, in addition
adorno ornament, adornment
aduana customs, customhouse
advertir to warn, advise; to observe, notice
afeitar to shave; *refl* to shave oneself
afición *f* liking, fondness
afincarse to lean on, get hold of
afligir to afflict; to grieve
agacharse to bend down; to crouch, squat
agarrar to grab, grasp, take hold of
agitar to agitate, shake
aglomerar to cluster, to heap upon
agotar to exhaust, wear out; to use up, consume completely
agradar to please, be pleasing
agronomía agronomy
aguacate *m* avocado
aguacero downpour, rain

aguantar to tolerate, put up with; to hold back; *refl* to endure, suffer
aguardar to wait for, await
aguarse to get watery
agudo sharp
águila eagle
agujero hole
ahogarse to drown; to choke
ahondar to go deep into
ahorcar to hang (as in an execution)
ahorrar to save; to spare
aislado isolated
ajeno belonging to another; foreign, strange
ají *m* bell or chili pepper
ala wing
alabanza praise
alacrán *m* scorpion
alambrado wiring; wire fence
alargar to lengthen, stretch; to prolong
alarido howl, scream, cry, shout
alazán sorrel-colored
alborotado excited, noisy
alcalde *m* mayor
alcanzar to reach, reach up
aldea small village
alegar to affirm, allege
alegrar to make glad; to brighten;
alegrarse de to be glad
alejarse to move away, go far away
alentar to encourage
alero eave
alfiler *m* pin
alfombra rug, carpet
algodón *m* cotton
alhaja jewel
alianza alliance, league
alimentar to feed, nourish; to sustain
alimento food, nutriment
aliviar to alleviate, ease; *refl* to be relieved; to get better
allanar to level, flatten
alma soul
almendra almond
almidonado starched
almohada pillow, cushion
alpaca alpaca (South American animal)
alquilar to rent
alrededor around, about; *pl* surroundings
altivo haughty, proud
alumbrado street lights
alumno student
alzar to raise, lift; *refl* to rise (in revolt)
amable kind, courteous, amiable, friendly
amanecer to dawn; to awaken in; *nm* dawn, daybreak
amante *mf* lover; loving, fond
amargo bitter
amarrar to tie
ambiente *m* environment
ambos both
ambulante traveling, moving;
vendedor ambulante *m* peddler
amenaza threat, menace
amenazar to threaten
amo master (of the house); owner
amontonamiento hoard, pile
amontonar to pile up
amparar to protect, help, shelter; *refl* to seek protection, shelter
ampolla blister
añadir to add
anarquista *mf* anarchist
anclar to anchor
andaluz Andalusian
andén *m* train platform
angosto narrow
ángulo angle
angustia anguish
angustioso distressed; distressing
anhelar to long for, desire anxiously
anillo ring
animar to cheer up; *refl* to be encouraged
ánimo mood; encouragement;
estado de ánimo frame of mind
anochecer to become dark; *nm* twilight, nightfall
ansiar to crave
ansiedad *f* anxiety
ansioso eager

anticuado old-fashioned
apacible placid
apagado soft, weak, dull, dim, extinguished
apagar to put out, extinguish; to turn off
apartarse to go away, withdraw; to leave
apego fondness, affection, attachment
apenado sorry, sad; embarrassed
apenar to cause grief, embarrassment
apenas hardly, scarcely; with difficulty
aperitivo appetizer, cocktail
apertura opening, beginning; commencement
aplastar to crush, flatten
aplaudir to applaud
aplazar to postpone
aplicado studious
aportar to contribute, bring one's share; to provide support, help, backing
apresurarse a to hurry up
apretar to tighten; to press, squeeze; **apretar el paso** to walk faster
apretón *m* grip, squeeze; **apretón de manos** handshake
aprisionar to imprison; to capture
aprobar to approve
apuntar to take note
araña spider
arbusto shrub, bush
archivar to file
arena sand
argumento plot, theme, subject; argument, reasoning
armadura armor
arqueólogo archaeologist
arquitectura architecture
arraigar to root, establish firmly
arrastrar to haul, pull, drag; *refl* to crawl; to drag oneself
arreglar to arrange
arrepentirse to repent, regret
arrimarse to take shelter; to come close to
arrodillarse to kneel
arrojar to throw
arroyo brook, stream
arruinar to ruin, destroy
arrullar to cuddle; to bill and coo to; to lull or sing to sleep
asado roast
asalto assault, attack
asar to roast; *refl* to roast, feel very hot
ascenso promotion
ascético ascetic
asco disgust; nausea; **dar asco** to disgust
asegurar to assure; to insure, guarantee
asentir to assent, agree
asesinar to murder
asiento seat
asimilar to assimilate
asimismo likewise
asistir to attend
asolear to dry in the sun
asomar to peep into; to show; to stick out; *refl* to appear at; to look out of (a door, window, etc.)
asombro amazement
asombroso astonishing, amazing
áspero rough
aspiradora vacuum cleaner
aspirar to inhale, breathe in; to aspire
astilla splinter, chip
asunto topic, subject; matter
atavío dress, adornment; *pl* finery
atender to pay attention, take care of
aterrizaje *m* landing; **pista de aterrizaje** landing strip
aterrizar to land
aterrorizar to terrify
atónito astonished
atravesar to cross, go through
atrever to dare;
atreverse a to venture to
atribuir to attribute; to confer, grant
atrio atrium
atroz atrocious, brutal, savage
audacia audacity
audaz audacious, daring, bold
aumentar to augment, increase
aun even
aún yet
aureola halo; aureole

autopista freeway, turnpike
avanzar to advance
avergonzado ashamed, embarrassed
avergonzar to shame, embarrass; *refl* to be ashamed, feel embarrassed
averiguar to find out, inquire into
avisar to warn; to inform; to advise
ayuda help
ayuntamiento city hall
azafata stewardess
azahar *m* orange or lemon blossom
azotar to flog, beat, whip

~ B ~

bailarín *m* dancer
bajar to go or come down; to bring or take down; to dismount
balcón *m* balcony
balneario bathing or beach resort
bañadera bathtub
banqueta *Mex* sidewalk
barba beard
barca boat
barco boat, ship
barranca ravine
barrer to sweep
barroco baroque
basura garbage, trash
batalla battle
batería battery;
batería descargada dead battery
bautizar to baptize, christen, name
beca scholarship
becerro calf
beldad *f* beauty
belleza beauty
bendecir to bless
bendición *f* blessing
beneficio benefit; profit
besar to kiss
bicho bug, insect
bigote *m* mustache
billete *m* bill;
billete de lotería lottery ticket
billetera wallet
bizco cross-eyed
blancura whiteness
boda wedding
bodega warehouse, storm room; wine cellar
bofetada slap in the face
boina beret
bombero fireman
bombillo, bombilla light bulb
bono voucher, bond
borboteo gushing, bubbling
bordar to embroider
borde *m* edge, side, fringe
borrachera drunkenness
borrar to erase; to fade away
borrasca storm, tempest
bosque *m* woods, forest
bostezar to yawn
brazada stroke (in swimming and rowing)
brillar to gleam, shine
brinco jump, leap
bromear to joke
brotar to sprout, bud; to break out, appear; to spring (water)
brusco rough
buey *m* ox
bufanda scarf
bufete *m* lawyer's office
buho owl
bulla noise, uproar
bulto bundle
burlarse de to make fun of, mock, ridicule
buscar to look for, search for
búsqueda search
buzón *m* mailbox

~ C ~

caballería: novela de caballería(s) book of chivalry
caballero gentleman; nobleman; knight
caballo horse
cabaña cabin
cabello hair

caber to fit
cabra goat
cadena chain;
cadena perpetua life sentence, life imprisonment
cajero cashier, teller
cajón *m* big box or case; drawer
cal *f* lime
calar to pierce, perforate; to soak, drench
calentar to heat, heat up
calificación mark, grade (on an examination)
callejón *m* alley
calzar to put on or wear shoes
camarero waiter
cambiar to change; to exchange; *refl* to change one's clothes
campamento camp
campeón *m* champion
campesino farmer, peasant
camposanto cemetery
canción *f* song
candela fire; light
candelero candlestick
candil *m* oil lamp
cansado tired
cansarse to get tired
cantante *mf* singer
cantina bar, tavern, canteen
canturrear, canturriar to hum, sing in a low voice
caoba mahogany
caótico chaotic
capaz capable, competent
capitalino from the capital
capricho whim, caprice
captar to earn, win (confidence, trust); to capture, attract (attention)
carbón *m* coal, charcoal
carcajada outburst of laughter
cárcel *f* prison, jail
carecer to lack
carga load, burden; cargo
cargado loaded
cargar to charge (an electric battery); to load
caricia caress
cariño love, affection
carrera career; race, run
carretera highway
carroza hearse; float
casado married
casar to marry; *refl* to get married
casco hoof; helmet
castigar to punish
casulla chasuble (priest's vestment)
catarro cold, flu
catedral *f* cathedral
catedrático university professor
caudillo leader, chief
cautivar to captivate, charm
cavar to dig; to dig up
cebada barley
ceder to cede, yield; to transfer; to relinquish, abandon, give up
cegar to blind
ceguera blindness
celda cell (in a convent or prison)
celeste sky blue; celestial, heavenly
celo jealousy; zeal
celoso jealous
cenicero ashtray
ceniza ashes
cepillar to brush
cera wax
cerca fence; *adv* near
cercano nearby
cerciorarse to assure; to find out
cerrar to close
cerro hill
certero accurate, certain
certeza certainty
cerveza beer
cesar to stop, cease
césped *m* lawn
cesto basket
chantaje *m* blackmail
chapalear to splash, splatter
chapaleo splashing, gurgling
chaparro short
chapopote *m* tar; Mex. chapapote
chapotear to splash

charco puddle
charol *m* patent leather
chaval *m* lad, youngster
chiflado *coll* crazy, mad, nuts
chiflido whistle
chispa spark
chiste *m* joke
chocar to collide, crash
chorrete *m* little stream
chorro spurt, big stream;
avión a chorro jet plane
chotear to make fun of, mock
churro fritter
cicatrizar to form a scar; to heal
ciclista *mf* bicycle rider
ciclón *m* storm
ciego blind man; *adj* blind
cielo heaven; sky
cinturón *m* belt
cirugía surgery
cirujano surgeon
citar to make an appointment with; to quote, cite
ciudadanía citizenship
claridad *f* clarity, clearness
clavar to nail
clavel *m* carnation
clemencia clemency, mercy
cobarde *mf* coward
cobija blanket, cover
cobrar to collect; to charge; to cash (a check)
cocer or **cocinar** to cook
cocinero cook
codiciar to covert, desire
codicioso greedy
coger to pick; to seize; to grasp; to take
cojín *m* cushion, pillow
cojo lame
col *f* cabbage
colar to strain, filter
colcha blanket
colega colleague
collar *m* necklace
colmena beehive
colocar to place, put (in place); to place or settle (a person in a job)
colorado red
comadre *f* name by which the mother of a child and the child's godmother call each other
comerciante *mf* merchant, trader, dealer, businessman
compadecer to feel sorry for, pity, sympathize with
compañero companion
comparecer to appear in court
compatriota *mf* fellow countryman
competencia *m* competition
complacer to please
comprobar to verify; to check; to prove
comunión *f* communion
concurrencia crowd; gathering; attendance
concurrido with lots of people
concurrir to attend; to gather
condenar to condemn; to sentence
conejo rabbit
conferir to award, grant
confianza confidence, trust; self-confidence, assurance
confiar to confide; to trust; to entrust
confiscar to confiscate
conformarse to be satisfied with
conjetura conjecture, supposition
conocimiento to knowledge
conseguir to get, obtain
consentir to consent, agree to
consiguiente resulting; consequent
por consiguiente consequently
consuelo consolation, comfort
consultar to consult
consultorio doctor's office (or clinic)
contador *m* accountant
contagiar to infect with, transmit
contar to tell, count
contemporizar to temporize
contentarse to be content or pleased
contestador automático *m* answering machine
convenir to be convenient; to suit; to agree

convidar to invite
convivir to live with, live together
conyugal conjugal
coraje *m* anger; courage
corazón *m* heart
cordillera mountain range
coro choir
correa belt
corredizo running, moving
correr to run
corrido *Mex* folk ballad
cortar to cut, cut into; to interrupt
cosecha crop, harvest
coser to sew
costilla rib
costra crust, scale, scab (of a wound)
costumbre *f* custom; practice, habit
cotorra parrot
crear to create
crecer to grow; to increase; to rise (as a river)
creciente *f* flood; *adj* growing, crescent
crecimiento growth
creer to believe
crepúsculo twilight, dusk
criar to bring up, raise
cristiano Christian
cruz *f* cross
cruzar to cross
cuadra block
cuadrarse to stand at attention
cualquier any
cuenta bill, check; account
cuerda cord, string
cuerdo sane
cuerno horn (of animals)
cuero rawhide, leather
cuerpo body
culebra snake
culpa blame, guilt
culpable guilty
cumbre *f* summit, crest, top
cumplir to fulfill;
  cumplir siete años to reach the age of seven
cura *m* priest; *f* cure

~ D ~

dado die; *pl* dice
danés Danish
daño damage; harm
  hacerse daño to hurt oneself
dar a luz to give birth
dar con to find, meet
darse cuenta to realize
dátil *m* date (fruit)
dato piece of information; fact; datum
deber to owe; *m* duty
  deber de ought to, must
decano dean
décima *Cuba* country ballad
declarar to declare; to make known;
  declararse to propose, express one's love
dejar to leave (something or someone behind one);
  dejar de to stop or cease
delantal *m* apron
delatar to denounce
delgadez *f* slenderness, thinness
demandar to demand; to file suit against
demorar to delay, retard
denegar to deny, refuse
denotar to denote
dependiente *m* clerk
deplorar to deplore, lament, regret
deporte *m* sport
derecho right, law; *adj* right; straight; upright;
  derechos humanos human rights;
  no hay derecho it's not fair, it's not right
derretir to melt
derribar to knock down
derrotar to defeat
derrumbar to collapse; to sink down; *refl* to collapse, cave in
desafiante defiant
desamparar to abandon
desarrollar to develop, promote; *refl* to develop oneself
desasosegado restless
descalzo barefoot
descartar to discard

descifrar to decipher
descomponer to break down (a machine)
descompuesto out of order; rude, impolite
descubierto uncovered; discovered
descuidar to neglect, overlook
desdén *m* contempt, scorn, disdain
desdeñoso disdainful, contemptuous
desfile *m* parade
desgañitarse to scream or yell at the top of one's voice
desgraciado unfortunate, unlucky
desgreñado disheveled, with unruly hair
deshacer to undo;
deshacerse de to get rid of
desheredar to disinherit
designio purpose, plan, intention
deslizar to slide
deslumbrante brilliant, dazzling, glaring; overwhelming, bewildering
deslumbrar to dazzle, blind; to baffle
desmayarse to faint
desmerecer to be inferior (to); to compare unfavorably; to be unworthy of
desmoronar to crumble
desnudar to undress; to strip
desnudo naked, nude
despachar to dispatch, send off
despacioso slow, sluggish
despedida farewell
despedir to fire, dismiss; *refl* to take leave, say good-bye
despegar to unglue; to separate; to detach; to take off (an airplane)
desperdiciar to waste
despertar to awaken, wake up; to arouse, stir up
desplazar to displace; to move, shift
despreciar to despise, disdain
desprecio contempt, disdain, disregard
desprenderse to detach, become separated
destacar to emphasize, point out; to underline; *refl* to be distinguished, be outstanding or prominent
destino destiny, fate
desventaja disadvantage
desviar to detour, divert
detalle *m* detail
detener to stop, detain; to arrest
deteriorado damaged, worn out
deuda debt
devolver to return
dibujar to draw, sketch, outline
dictadura dictatorship
diferir to defer; to differ, be different
dignidad *f* dignity
diluviar to pour rain
Dios God;
por Dios for heaven's sake
dirigir to direct; to conduct; *refl* to go to, address; to speak to
disco disk; record
discusión *f* discussion, argument
discutir to argue; to discuss
diseñar to design; to sketch
disfrutar to enjoy
disimulado discreet; sly
disimular to pretend; to cover up, conceal; to overlook
disminuir to diminish, reduce
dispar different, unequal, unmatched
disparar to shoot, fire; to throw, hurl
disponer de to dispose of;
disponerse a to get ready to
distinto different
disuadir to discourage
diversión *f* entertainment, amusement
divertir to entertain; *refl* to have a good time
doblar to turn
dolor *m* pain, ache; grief
don *m* natural ability
dondequiera wherever, anywhere
dorado golden, gilded
dormilón *m* sleepyhead
dormitar to doze
dudar to doubt
dueño owner
dulcero candy vendor
dulzura sweetness, gentleness, tenderness
duna dune
durar to last

~ E ~

echar to throw; to throw out; to expel;
 echarse a perder to be ruined; to turn bad
eco echo
ecuestre equestrian
edad *f* age
edificio building
egoísta selfish
ejemplar exemplary
ejercer to exercise; to exert; to practice a profession
ejército army
elegir to choose
elogiar to praise
embarque *m* shipment
embarrar to smear, splash with mud
embobado stupefied, fascinated
emborracharse to get drunk
embrollo confusion, mess
embuste *m* lie
embustero liar
emigrar to emigrate
empapado soaking wet
empedrado paved with cobblestones
empellón *m* push, shove
empeñar to pawn; *refl* to insist, persist; to go into debt;
 empeñarse en to insist; to persist
emperador *m* emperor
empleo job, work
emplumado feathered
empujar to push
empujón *m* push, shove
enamorado in love
enamorar to enamor; to woo, court; *refl* to fall in love
encandilar to blind, dazzle
encantado delighted, enchanted
encarcelar to imprison, incarcerate
encargarse to be in charge of; to undertake
encender to light
encerar to wax
encerrar to shut in, lock up; to enclose, contain, include; *refl* to shut oneself up
encima on top
encoger to shrink;
 encogerse de hombros to shrug one's shoulders
encomendar to entrust, commend
encontrar to find, come across; to meet, encounter
encuerarse to strip, undress
enderezar to straighten; to put or stand up straight
endurecer to harden, make hard; to become hard or cruel
enfermarse to become sick
enfermero nurse
enfrentarse to face, confront; to come face to face
enfriar to cool, chill
engañar to deceive
engordar to fatten; to get fat
engrasar to oil, lubricate
enlagunado covered with water
enlazar to join, link; to tie with cords or ribbons
enloquecer to go mad
enmudecer to become silent
enojarse to get angry
enrevesado nonsensical; complex, intricate
enriquecer to enrich
enriquecimiento enrichment
enrojecer to blush, turn red
enroscado twisted
ensanchar to widen; to enlarge, extend
ensayar to test, try; to rehearse
ensayo essay; rehearsal
enseñanza teaching
enseñar to teach; to show
ensombrecer to darken; to dim
entender to understand
entendimiento understanding, comprehension
enterarse to find out; to come to know
entero entire, whole, complete
enterrar to bury; to stick into
entierro burial; funeral
entrada entrance; entry; admission ticket

entrecerrado half-closed
entregar to hand over, give; to deliver
entrenador *m* coach, trainer
entretanto meanwhile, in the meantime
entretener to entertain, amuse; *refl* to amuse onself; to be delayed
entrevista interview
entullido numb
envejecer to get old, age
envenenar to poison
envidia envy
envidiable enviable
envidiar to envy
envolver to wrap
época epoch, era
equipaje *m* luggage
equipo equipment, team
erigir to build; to establish
erizado bristly; spiky
erudición *f* erudition, scholarship
esbelta svelte, graceful, slender
escala port of call; stopping point; **hacer escala** stop over
escalón *m* step of a stair
escampar to stop raining
escarbar to dig up
escenario setting, background; stage, scenery
escoger to choose, select, pick
escollo reef
esconder to hide, conceal
escondrijo hiding place
escritor *m* writer
escudero squire; shield bearer
escurrirse to slide
esfera sphere
esforzarse to strive, make an effort
espalda back (of the body)
espectáculo spectacle; sight; show, performance
esperanza hope
espeso thick
espiar to spy
espuela spur
espuma foam, lather
esquiar to ski
esquina corner
establecer to establish
estacionamiento parking
estacionar to park (a car)
estafador *m* swindler, crook
estafar to swindle; (legal) to defraud
estirar to stretch
estrellado with stars
estrenar to present for the first time; *refl* to use for the first time
estropear to spoil, ruin; to mistreat
estruendo noise, clamor
evitar to avoid, evade
evolucionar to evolve, develop
excusar to excuse; *refl* to apologize; to excuse oneself
expatriarse to go into exile
expectativa expectation, hope
extranjero foreigner, alien; *adj* foreign
extrañar to miss; to wonder, find strange
extrañeza strangeness, oddness
extraño strange, odd
extraviarse to go astray; to get lost
extravío losing one's way; going astray

~ F ~

fábrica factory
factura invoice
facultad *f* faculty; school (of a university); faculty, authority; **facultades mentales** mental faculties
falda foothill; skirt
falla fault, defect, imperfection
faltar to be missing; to be lacking
fantasma *m* ghost
farmacéutico pharmacist; *adj* pharmaceutical
faro *m* lighthouse; headlamp
fastidiar to annoy, bother
felicitar to congratulate
fertilizante *m* fertilizer
fidelidad *f* faithfulness, fidelity; accuracy, precision

fiel faithful
fijar to fix, set; *refl* to notice
fijo fixed
fingir to pretend
fiordo fjord
firmamento firmament, sky
firma signature; business firm
firmar to sign
flaco thin, skinny
flamante brand-new; bright, brilliant
flamboyán *m* royal poinciana (a tropical tree)
flan *m* baked custard
fleco fringe
florecer to flower, blossom, bloom
flotar to float
fluir to flow
foco light bulb
fofo spongy, soft
fondo bottom; back, rear
fortalecer to fortify, strengthen
fortaleza fortress, stronghold; fortitude, strength
forzar to force
fósforo match
fracasar to fail
fraile *m* friar, monk
franco frank
fraternal brotherly
fregar to wash (dishes)
freír to fry
frenesí *m* frenzy; delirious excitement, rapture
frenético frantic
freno brake (of a car, etc.)
frialdad *f* coldness
frondoso leafy, luxuriant
frontera frontier, border
frotar to rub
fuego fire
fuente *f* source
fundador *m* founder
fundar to found
fusilar to execute by shooting (firing squad), shoot
fusión *f* fusion; merging, union

~ G ~

gafas sunglasses
gallina hen, chicken
gallinero chicken coop
gallo cock, rooster
gana desire
ganado cattle
ganador *m* winner
ganancia profit, gain
ganar to earn; to win
ganso goose
garganta throat
gastar to spend; to wear out
gaucho gaucho, cowboy
genial genial; brilliant, inspired
genio genius; temper; temperament, disposition
gente *f* people
geranio geranium
gerente *mf* manager
gesto gesture
gigante *m* giant; *adj* gigantic, huge
gigantesco gigantic, huge
gimnasia gymnastics
giro postal money order
gitano gypsy
gobernante *mf* ruler; *adj* governing, ruling
golondrina swallow
goloso sweet-toothed
golpe blow; knock
golpear to beat, strike, knock, tap; *refl* to hurt oneself
goma *f* rubber; eraser; tire
gordura fatness
gota drop
gozar to enjoy
grabar to engrave; to record (music); to cut a record; *refl* to become engraved in the memory
gracioso funny, amusing; graceful
grado grade
graduarse to graduate
granizar to hail
granizo hail

grano grain; pimple
grasiento greasy, grubby, grimy
gravedad *f* gravity, seriousness
griego Greek
grillo cricket
grisáceo grayish
gritar to shout, cry, scream; call out; cry out
grito shout, cry, scream; outcry
grosería vulgarity, coarseness
grueso fat; thick
guagua *Cuba & Puerto Rico* bus
guapo handsome
guardar to keep; to preserve; to put away; to guard
guerra war
guiar to guide

~ H ~

habitante *mf* inhabitant
hacha ax
hada fairy
hallar to find
hamaca hammock
hecho deed, fact
helado ice cream
hembra female
heredar to inherit
heredero heir
herencia inheritance
herir to wound
herradura horseshoe
herramienta tool
herrumbre *f* rust
hiedra or **yedra** ivy
hiel *f* bitterness; gall
hielo ice
hiena hyena
hierro iron
hincarse to kneel, kneel down
hincharse to swell; to swell up, fill up
hipódromo racetrack
hipoteca mortgage
hirviente boiling
hoja leaf
holgazán lazy, indolent
hombro shoulder
hondo deep, profound
hondura depth, profundity
honradez *f* honesty, integrity
horario timetable
hormiga ant
horno oven
hoyo hole
huaraches *mpl* *Mex* type of sandals
hueco hole
huelga strike
huella trace, mark, footprint
huerta orchard
hueso bone
huésped *mf* guest
huevo egg
huir to flee, escape
humanista *mf* humanist
humedecer to dampen
humildad *f* humility
humilde humble
humo smoke
hundimiento sinking
hundir to sink
húngaro Hungarian; *fig* gypsy
huracán *m* hurricane
hurtar to steal; to move away

~ I ~

iglesia church
igualdad *f* equality; uniformity
impasible impassive, unfeeling
implacable inexorable, relentless
imponer to impose; to command, order
impresionante impressive
impuesto tax
incapaz incapable, unable, incompetent
incendiar to set on fire
incienso incense
inconmovible firm, unyielding
incontenible uncontainable, irrepressible
incredulidad *f* incredulity, disbelief
increíble incredible

indeleble indelible
índice *m* index; indication, sign; index finger
índole *f* nature, character
indolente lazy
indumentaria clothing
ineludible unavoidable
inequívoco unmistakable, certain
inexorable inexorable, unyielding, relentless
infalible infallible
infarto heart attack
influir to influence
informática *f* computer science
ingresar to enter, become a member (of); **ingresar en la universidad** to enter the university (as a student)
ininteligible uninteligible
injusticia injustice, unfairness
inmovilizar to immobilize
inolvidable unforgettable
inquietud *f* uneasiness, restlessness
insistir en to insist on
insoportable insufferable, unbearable
insuperable insurmountable, unbeatable
intercambiable interchangeable
interrogar to question
intervenir to take part in, participate; to intervene, intercede
intimidar to threaten, frighten; to intimidate
inundarse to become flooded
invadir to invade
irrumpir to burst in

~ J ~

jabón *m* soap
jaqueca headache, migraine
jarra pitcher
jazmín *m* jasmine
jesuita *m* Jesuit
jinete *m* horseman
joya jewel
juanete *m* bunion
jubilarse to retire (from work)
juez *m* judge
juguete *m* toy
juguetón playful
junto together, connected; **junto a** next to
jurado jury
jurar to swear, declare upon oath
justicia justice
juventud *f* youth

~ L ~

laberinto labyrinth
labor *f* labor, work
lacio limp, lifeless, flaccid, languid; straight (hair)
ladrar to bark
ladrillo brick
ladrón *m* thief
lágrima tear
laguna lagoon
lámpara lamp
lana wool
lanzar to throw
largarse to go away
lascivo lascivious; lustful
lástima pity, compassion
lastimarse to hurt oneself; to get hurt
lavaplatos *m* dishwasher
lealtad *f* loyalty
lecho bed
lechón *m* pig
lectura reading
lejano far away
lengua tongue, language
lento slow
leña firewood
letras *fpl* literature; liberal arts; **campo de las letras** field of literature
letrero sign, poster
levantamiento uprising
levantar to raise, pick up, lift; *refl* to get up
leve light; trivial, unimportant
ley *f* law
librar to free; to save, spare
ligado tied, bound, linked
llaga ulcer, sore

llama flame; llama (South American ruminant)
llano flatland; plain; level, flat, even
llanta tire
llanto weeping, crying
llanura plain, prairie
llave *f* key
llegar to arrive
llevar to take; to carry, transport, to wear, have on (clothes); *refl* to take away; to take with one
  llevar a cabo to carry out
llorar to cry
llover to rain
lloviznar to drizzle
loco crazy
locutor *m* commentator
lodo mud
lograr to achieve; to attain, obtain
loza dishes (dinnerware)
luchar to fight; to struggle
lucir to show, display; to look
luminoso bright
luna moon
luto mourning
luz *f* light

~ M ~

maceta flowerpot
madrastra stepmother
madriguera burrow, hole (of a rabbit, etc.)
madrina godmother
madrugada dawn, daybreak;
  de madrugada early, at daybreak
madurez *f* maturity
majestuoso majestic
maldecir to curse, damn
manantial *m* spring of water; source
mancha stain, spot (of oil, dirt, etc.)
manchar to mar; to stain; to patch in a different color
mandado errand
manejar to drive
manejo handling
manera way, manner
manía habit, whim, fad
manicomio insane asylum
maniobra maneuver, move
manojo handful, bunch
manteca lard
mañoso cunning, tricky
maquillarse to put on makeup
marfil *m* ivory
mariposa butterfly
marisco seafood
Marte Mars
masajista *mf* masseur, masseuse
mata bush, shrub, plant
matadero slaughterhouse
mate *m* South American herb, tea-like infusion
mayoría majority
mecanógrafo typist
mecer to rock, swing; to move to and fro
medir to measure
mejorarse to get better
melena long, loose hair
mellizo twin
mensaje *m* message
mentado aforementioned
mentir to lie
mentira lie
merecer to deserve
mesón *m* inn
meter to put in, insert; *refl* to meddle; to get into; to enter
mezclar to mix
mezquita mosque
miedo fear
miel *f* honey
mimar to pamper, spoil; to pet, fondle
mirada look, glance
misa Mass
mohín *m* gesture, face
mohoso rusty
mojar to wet, soak, moisten; *refl* to get wet, soaked, moistened
molestar to bother, annoy
molino mill;
  molino de viento windmill

monaguillo altar boy
monedero change purse
monja nun
mono monkey; *adj* cute
montar to ride (a horse, bicycle, etc.)
montón *m* heap, pile
morder to bite
moribundo dying
morir to die
mortificar to annoy, bother
mosca fly
mostrador *m* counter
mostrar to show
motín *m* mutiny
mover to move
movilizar to mobilize
muchedumbre *f* crowd
mudarse to move; to change (clothes)
mudo dumb, mute
muerte *f* death;
pena de muerte death sentence
muestra sample, specimen; proof; demonstration
mujer *f* wife; woman
multitud *f* crowd, multitude
muñeca wrist; doll
muro wall; fence
musgo moss
muslo thigh

~ N ~

nadar to swim
natación *f* swimming
navaja switchblade; razor blade
nave *f* ship;
nave espacial spaceship
navegante *mf* navigator, sailor
navegar to sail, navigate
neblina fog
necio foolish, stupid
negar to deny; to refuse; *refl* to decline to do
negocio business
nicaraguense from Nicaragua, Nicaraguan
niebla fog, mist, haze
nieve *f* snow
niñez *f* childhood
nobleza nobleness, nobility
nombramiento appointment
nombrar to appoint, elect, name
nopal *m* prickly pear
nota note; grade (in exam)
nublado cloudy
nublarse to become overcast or cloudy
nublazón *f* covered with clouds
nuca nape of the neck
nuera daughter-in-law

~ O ~

obedecer to obey
obispo bishop
obligatorio mandatory, compulsory
obra work; work (book, painting, etc.)
obrero worker, laborer
ocote torchwood (tropical American tree)
oculista *mf* eye doctor
ocultar to hide, conceal
odiar to hate
odio hate
ojo eye
ola wave
oler to smell
olla pot
olor *m* smell
olvidar to forget
ómnibus *m* bus
oponer to oppose
oponerse a to be opposed to
oprimir to oppress
orar to pray
oreja outer ear
orgullo pride
orgulloso proud
orilla bank, border, edge; shoulder of a road
ortografía spelling
oscurecer to become dark
ovacionar to give an ovation to, applaud, acclaim
oveja sheep

~ P ~

pabellón *m* pavilion, canopy
pacifista *mf* pacifist
padecer to suffer; to endure
padrastro stepfather
padrino godfather
paella Spanish rice dish with seafood and chicken
paisaje *m* landscape
paisano fellow countryman
pájaro bird
pala shovel
palangana washbasin
palidecer to turn pale, grow pale
palidez *f* paleness, pallor
pampa extensive grassy plain
pantalla screen
pañuelo handkerchief
papel *m* role, part; paper
paquete *m* package
paraguas *m* umbrella
parar to stop; *refl* to stand up
parecer to look like, seem; *refl* to look alike, resemble one another
pareja pair, couple
parpadeo blinking
párpado eyelid
partidario supporter, follower
pasaje *m* fare (price charged to transport a person)
pasajero passenger, traveler; *adj* passing, transient
pasearse to stroll, walk; to take a ride; to go for a ride
paseo walk, stroll; ride
paso step;
  abrirse paso to get through;
  apretar el paso to hasten one's step
pastel *m* pie, cake, pastry
pastor *m* shepherd
pata leg of an animal
paterno paternal; from the male line
patinar to skate
patria native land; country
patrimonio patrimony; heritage
payaso clown
peatón *m* pedestrian
pecado sin
pecador *m* sinner
pecho breast; chest
pedalear to pedal
pedido order, purchase
pedir to ask for
pedrada blow with a stone
pedregoso stony
pegajoso sticky
pegar to hit, beat; to stick, paste, glue; to move or push close together; to pass on (a disease, bad habit, an opinion, etc.); to fire (a shot)
peinado hairdo
peinar to comb; *refl* to comb one's hair
pelar to peel; *refl* to get a haircut
pelear to fight, struggle; to contend, quarrel; *refl* to have a disagreement
peligro danger
peligroso dangerous
pelota ball
peltre *m* pewter
pena embarrassment, shyness; sorrow; pain;
  es una pena it is a pity;
  valer la pena to be worthwhile
pensamiento thought; idea
percatarse to realize, become aware
percibir to perceive, sense; to collect, receive
perdición *f* ruin, perdition
perdonar to forgive
perezoso lazy
perfil *m* profile
periódico newspaper
perjuicio damage, injury
permanecer to remain
perseguir to persecute; to pursue, chase
persignarse to make the sign of the cross
personaje *m* character (in literature, theater)
persuasivo persuasive
pesado heavy
pesadumbre *f* grief, pain, sorrow
pesar to weigh; *nm* sorrow, grief
pescado fish

pescador *m* fisherman
pescar to fish; to catch
pésimo very bad, terrible
pestaña eyelash
petróleo oil
picante spicy
picar to puncture, pierce; to sting, bite (insect, snake); to chop; to itch; to decay (a tooth)
picaresco picaresque; mischievous
pico peak, summit; beak (of bird)
pie *m* caption (under a photo or an illustration); foot
piel *f* skin
píldora pill
pináculo pinnacle, top
pincel *m* artist's paintbrush
pintura paint; painting
piña pineapple
pisar to step on
piso floor
planta plant
plantar to set (foot) on; to plant
platino platinum
plato dish, plate
pleito fight
pleuresía pleurisy
pliegue *m* fold, pleat
plomo lead
pluma feather
pobreza poverty
poco small amount;
por poco almost, nearly
podar to prune
poderoso powerful
podrido rotten
pomo bottle
ponerse to put on
portar to carry, bear; *refl* to behave
pos; en pos de after; in pursuit of
postal *f* postcard
postre *m* dessert
pozo pit, well, hole
prado meadow, field
precavido cautious, careful
preceder to precede, go before
precisar to need
precolombino pre-Columbian
precoz precocious, advanced
predominar to predominate, prevail
preguntón *m* nosey; inquisitive
premiar to reward; to award a prize to
premio prize
prenda garment; jewel
prender to catch; to pin up; to seize; to turn on; to start (a motor)
preocuparse to worry
preparativos *pl* preparations
preponderancia preponderance, superiority
prescindir to do without
presentir to have a presentiment of something
préstamo loan
prestar to lend, loan
presupuesto to estimate
prevalecer to prevail
prever to foresee
principio beginning
prisa haste, hurry
proceder to proceed, go on; *m* conduct, behavior
proclama proclamation, announcement
profesar to profess; to practice
progenie *f* progency; descent
prohibir to forbid
prójimo fellow man; neighbor
prontitud *f* promptness
proporcionar to provide, supply
proyectarse to project, stick out
prueba trial, test; proof, evidence; sample, piece to be tested; ordeal
pudor *m* modesty, chastity
puente *m* bridge
puesta (de sol) sunset
puesto job, position
pulcro neat, tidy
pulir to polish
pulla caustic or cutting remark
pulmón *m* lung
pulque *m* *Mex* a drink (the fermented juice of the maguey plant)

pululante abundant, teaming
puntiagudo sharp-pointed
puntualizar to report or describe in detail
puño fist; handful; cuff (of a sleeve); handle (of an umbrella, cane, etc.)
pupila pupil of the eye
púrpura purple

~ Q ~

quebrar to break; *refl* to break
quechua *m* South American Indian; language of the Quechua Indians
quedar to be located; *refl* to remain, stay, be left behind
  quedar en to agree
quehacer *m* chore, work, task
quejarse to complain; to groan, moan
quemar to burn
quemazón *f* burning, fire
quiebra bankruptcy
quitar remove *refl* to take off

~ R ~

rabia anger, rage; rabies
radical *f* (grammar) stem
radiografía x-ray
ráfaga gust of wind
raíz *f* root; (grammar) stem
rama branch
ramillete *m* bouquet, cluster
ramo bouquet
ranchería settlement; camp
raro rare; odd, strange;
  rara vez seldom
rascacielos *m* skyscraper
rasgo characteristic
rastro vestige, trace, sign; track; store or market of secondhand goods; slaughterhouse
rato while, short time;
  a cada rato every now and then;
  a ratos at times;
  largo rato a long while
rayo ray
razón *f* reason
realizar to accomplish, fulfill; to carry out
reanudar to resume
rebatir to refute, rebut
rebelarse to revolt, rebel
rebosar to overflow with; to abound
rebotar to bounce
recado message
recargar to overload; to charge extra; to recharge
receta recipe
rechazar to reject, repudiate
recién recently
recinto space, area
reclamar to claim; to demand
recobrar to recover, recuperate; to regain
recodo bend
recoger to pick up; to collect, gather
recompensa reward
reconocer to recognize; to admit, acknowledge
reconocimiento recognition
recordar to remember; to remind
recorrer to run through; to look over; to cross
recostarse to lean, recline; to lie down (for a short while)
recrearse to amuse oneself
recreo recreation time at school
rector *m* president (of a university)
recuerdo memory, recollection, remembrance; *pl* regards, greetings
red *f* net; netting
reemplazar to replace
reflejar to reflect; to show; *refl* to be reflected
reflejo glare, reflection
refugiarse to take refuge
regalar to give, treat
regalía bonus, gratuity
regañar to scold
regar to water
regazo lap
regio royal, regal
registrar to examine, inspect, search; to record
regresar to come back
rehusar to refuse, turn down

reírse to laugh
reja railing, iron grillwork
relajado relaxed
relampaguear to lighten
relegar to put aside, forget
reluciente shining
relucir to shine, glitter; to excel
remilgoso finicky
remordimiento remorse
renacer to be reborn
rendija small crack
rendir to render; *refl* to surrender
renunciar to resign; to give up; to renounce
reñir to fight
reo *mf* criminal, offender, accused, defendant
reparo objection
repartir to distribute; to deliver
repasar to review, go over
repente: de repente suddenly
repiquetear to ring gaily, toll
repleto full
repudiar to repudiate
requemar to burn; to overcook, roast too much
requisito requirement
res *f* beef
resbalar to slip
resbaloso slippery
reseco very dry
resfriado or **resfrío** head cold
resfriarse to catch a cold
resignarse to resign oneself
resollar to breathe noisily
respirar to breathe
resplandecer to shine, glitter
resplandor *m* glare
responso response (prayer)
respuesta answer
restricción *f* restriction; restraint; limitation
retar to challenge, dare
reticente deceptive, misleading; noncommital
retraído withdrawn, kept aloof from
retrasarse to delay; to be late; to be behind time
retratar to photograph
retrato portrait; portrait painting or photograph; image, exact likeness
retumbar to resound, boom
reunirse to get together
revelar to reveal; to develop (a photograph)
revisar to revise, check
revolcarse to roll on the ground
revolotear to flutter
rey *m* king;
  Reyes Magos Three Wise Men
rezar to pray
rezo prayer
rezongón grumbling
rico rich
rincón *m* (inside) corner; remote place
risa laugh
robar to steal
rocío dew
rodar to roll
rodear to surround
rodilla knee
rogar to beg, implore; to pray
rompecabezas *m* jigsaw puzzle
romper to break
ronco hoarse
rostro face
rozar to rub
ruego request, petition, plea
ruido noise
rumbo (a) en route to, on the way to

~ S ~

sábana bed sheet
sabor *m* taste, flavor
sabroso delicious, tasty
sacacorchos *m* corkscrew
sacar to take out;
  sacarse la lotería to win the lottery
sacerdote *m* priest
sacudir to shake, jolt
salpicar to splash
saltar to jump, leap
salud *f* health
saludable healthy

saludar to greet, salute
salvavidas *m* lifesaver; lifeguard
sandía watermelon
sangría wine and fruit drink
sarape *m* Mexican shawl or blanket
sastre *m* tailor
sauce *m* willow tree
secar to dry; to dry up
seco dry; dried up
sed *f* thirst
seguir to go on, continue; to follow; to pursue
seguridad *f* assurance
seguro insurance
selva jungle; forest, woods
semblante *m* face; look, appearance
sembrar to plant; to seed; to sow
semilla seed
sencillez *f* simplicity, naturalness
seno bosom, heart; refuge
sentido sense; meaning; judgment;
  los cinco sentidos the five senses;
  perder el sentido to lose conciousness;
  sin sentido meaningless
sentimiento feeling, sentiment
sentir to feel
señal *f* signal, sign
señalar to point out; to point at; to put a mark or sign on
sepultar to bury
serrucho handsaw
servible usable
servidumbre *f* servants, domestic help
siervo slave;
  siervo de Dios servant of God
siesta afternoon nap
siglo century
siguiente following, next
similitud *f* similarity
sindicato labor union
sinvergüenza *mf* scoundrel, rascal
sitio place
sobrar to have extra
sobrenatural supernatural
sobresalir to stand out
sobresaltado frightened
sobrevenir to happen, take place
sobrevivir to survive
socio partner, member
socorrer to help, aid
solar *m* lot, yard
soldado soldier
soledad *f* solitude, loneliness
soler to be accustomed to, used to
solicitud *f* application; request, petition
soltar to untie, loosen; to let go, free
soltero single, unmarried
solterón *m* old bachelor;
  solterona old maid
soltura ease, confidence, assurance
solucionar to solve, resolve
sombra shade, shadow, darkness
sombrilla umbrella
sombrío somber, gloomy
sonar to strike (the hour); to sound
sondear to explore; to sound out
sonreír to smile
sonrisa smile
soñar to dream
soplar to blow; to blow away
soplido puff; blast of air
sordo deaf; muffled, dull
sorprender to surprise
sosegado calm, quiet, peaceful
sosiego calm, tranquility, quiet
sospecha suspicion
sotana cassock
sótano basement, cellar
suave soft
sublevarse to revolt
subrayar to underline; to emphasize
suceder to happen; to occur; to follow
sucursal *f* branch office
sudor *m* sweat
sueldo salary
suelo floor
suelto loose, free; at large
suerte *f* luck
suicidarse to commit suicide
sujeto fellow, individual; person; (grammar) subject

sumiso submissive, obedient
superar to overcome
superficie *f* surface
suplente *mf* substitute, replacement
suplicar to beg, implore
surgir to spring up, arise; to present itself, appear
suroeste *m* southwest
suspender to interrupt, stop temporarily; to suspend, hang up
suspirar to sigh; to long for
sustantivo (grammar) noun
sutil subtle

~ T ~

tacaño stingy
tallar to carve
tamaño size
tamarindo tamarind; tamarind tree
tamboril *m* small drum
tamborileo the sound of a drum
taquilla box office
tardar to be long; to be late; to take a long time
tarea task, homework
techo roof, ceiling
tejado roof; tile roof
tejer to weave, knit, spin
telaraña cobweb
telón *m* drop curtain in the theater
temblar to tremble, shake
temer to be afraid
temor *m* fear
templado lukewarm; temperate
tender to extend; *refl* to stretch out; to hang (clothes) up or out to dry
tentar to tempt
teñir to dye
terceto tercet; trio
ternura tenderness
terremoto earthquake
terso smooth, glossy
tesoro treasure
testigo witness
tibieza warmth
tibio lukewarm, tepid
tientas: a tientas gropingly
tierno tender; soft; delicate
tinta ink
tipejo (derog) ridiculous little fellow
tirar to throw;
tirar de to pull
tiro shot, shooting
títere *m* puppet, marionette
toalla towel
tobillo ankle
tocadiscos *m* record player
tocar to touch; to play (musical instrument); to ring, toll (bell); to be one's turn
tontería foolishness, silliness
tonto silly, foolish, stupid
torneado shapely
torno potter's wheel;
en torno a about, in connection with
torre *f* tower
torrencial torrential
tortilla omelette; *Mex* thin cornmeal pancake
toser to cough
traer to bring; to carry
traficante *mf* trader, dealer
tragar to swallow
traicionar to betray
traidor *m* traitor
traje *m* dress, suit, gown; costume;
traje a la medida made-to-order suit or dress
trampolín *m* diving board; springboard
transcurrir to go by, pass, elapse
transparencia transparency
trapo cloth, rag
tras after; behind
trasladar to transfer, move; *refl* to move, change residence
trasplantar to transplant
trayectoria path
trecho stretch (of space or time)
trepar to climb
trigo wheat
trinar to trill, warble

trinchera trench
triunfo triumph
tronar to thunder
tronco trunk
tropezar to stumble; to run into; to encounter;
 tropezar con to bump into
tropezón *m* stumbling
trusa *Cuba* bathing suit
tuerto one-eyed man
tule *m* bulrush (a reed-like plant)
tumbarse to lie down
tupido dense, thick
turbar to disturb, upset; to confuse; to embarrass

~ U ~

ubicar to locate, situate; *refl* to be located
ultrajar to offend, affront, insult
utilidad *f* usefulness; profit, earnings

~ V ~

vaciar to empty
vacío emptiness; empty space; *adj* empty
vajilla table setting, set of dishes
valer to be worth
valija suitcase; mailbag
vanidad *f* vanity
vaquero cowboy
varón *m* male
vasco Basque
vecindad *f* neighborhood
vecindario neighborhood
vecino neighbor; *adj* neighboring, nearby
vedar to prohibit, forbid
vejez *f* old age
velar to watch; to watch over
velocidad *f* speed
vengar to avenge; *refl* to take revenge
ventaja advantage
ventanilla window (in airplane, railway coach, car, bank counter, etc.); ticket window (of box office, ticket office)
verduras *pl* vegetables, greens
vergüenza shame, bashfulness
vestuario wardrobe, clothes
vez *f* time;
 alguna que otra vez occasionally, once in a while;
 de una vez once and for all;
 de vez en cuando from time to time;
 en vez de instead of;
 rara vez seldom;
 una y otra vez again and again
vicuña vicuna (South American ruminant)
videocasetera *f* VCR
vidrio glass
vigoroso vigorous, strong
villancico Christmas carol
virreinal viceregal
virreinato viceroyalty
vista view
viudo widower
vivaquear to bivouac, camp
vivencia personal experience
volante *m* steering wheel
volcar to turn over, overturn
voltereta tumble, somersault
volverse to become
vuelta turn; return;
 a la vuelta on returning;
 dar una vuelta to take a walk, stroll;
 darse vuelta to turn around

~ Y ~

yedra or **hiedra** ivy
yegua mare
yermo barren
yerno son-in-law

~ Z ~

zafar to rip; to loosen; to untie
zafarrancho rumpus, quarrel
zaguán *m* vestibule
zorro fox
zozobra uneasiness, anxiety, worry

Apéndices

- Verbos con cambios ortográficos
- Verbos irregulares
- Lista de verbos irregulares

Verbos con cambios ortográficos

	Pretérito	Presente subjuntivo	Imperativo
1. Verbos terminados en **-car**. Cambian **c** → **qu** delante de la vocal **e**.			
sacar	saqué	saque saques	saque saquemos saquen
buscar, tocar, colocar, dedicar, evocar, acercarse, chocar			
2. Verbos terminados en **-gar**. Cambian **g** → **gu** delante de la vocal **e**.			
llegar	llegué	llegue llegues	llegue lleguemos lleguen
pagar, jugar, obligar, negar, regar, plegar, rogar			
3. Verbos terminados en **-zar**. Cambian **z** → **c** delante de la vocal **e**.			
cruzar	crucé	cruce cruces	cruce crucemos crucen
empezar, gozar, alcanzar, avanzar, cazar, forzar, rezar			

	Pretérito	Imperfecto subjuntivo	Gerundio
1. Algunos verbos cambian la **i** (no acentuada) en **y** cuando va entre vocales.			
leer	leyó leyeron	leyera leyeras	leyendo
caer, creer, proveer			
2. Verbos cuya raíz termina en **ll** o **ñ**. Excluyen la **i** de algunas terminaciones.			
bullir (*to boil*)	bulló bulleron	bullera bulleras	bullendo
reñir	riñó riñeron	riñera riñeras	riñendo
teñir, bruñir, ceñir, gruñir			

	Presente	*Presente subjuntivo*	*Imperativo*
1. Verbos que tienen la terminación **-cer** precedida de una vocal. Llevan una **z** en la primera persona del singular del presente de indicativo y de subjuntivo.			
conocer	conozco	conozca conozcas	conozca conozcamos conozcan
establecer, parecer, ofrecer, agradecer			
2. Verbos que tienen la terminación **-cer** o **-cir** precedida de una consonante. Cambian **c** → **z** delante de las vocales **a, o**.			
vencer	venzo	venza venzas	venza venzamos venzan
convencer, ejercer, torcer, esparcir			
3. Verbos terminados en **-ger** o **-gir**. Cambian **g** → **j** delante de las vocales **a, o**.			
escoger	escojo	escoja escojas	escoja escojamos escojan
coger, recoger, proteger, regir, dirigir, elegir, corregir, fingir			
4. Verbos terminados en **-guir**. Cambian **gu** → **g** delante de las vocales **a, o**.			
seguir	sigo	siga sigas	siga sigamos sigan
conseguir, distinguir, perseguir			

Verbos irregulares

Infinitivo *Gerundio* *Participio pasado*	INDICATIVO				
	Presente	*Pretérito*	*Imperfecto*	*Futuro*	*Condicional*
1. **andar**	ando	anduve	andaba	andaré	andaría
andando	andas	anduviste	andabas	andarás	andarías
andado	anda	anduvo	andaba	andará	andaría
	andamos	anduvimos	andábamos	andaremos	andaríamos
	andáis	anduvisteis	andabais	andaréis	andaríais
	andan	anduvieron	andaban	andarán	andarían
2. **caber**	quepo	cupe	cabía	cabré	cabría
cabiendo	cabes	cupiste	cabías	cabrás	cabrías
cabido	cabe	cupo	cabía	cabrá	cabría
	cabemos	cupimos	cabíamos	cabremos	cabríamos
	cabéis	cupisteis	cabíais	cabréis	cabríais
	caben	cupieron	cabían	cabrán	cabrían
3. **caer**	caigo	caí	caía	caeré	caería
cayendo	caes	caíste	caías	caerás	caerías
caído	cae	cayó	caía	caerá	caería
	caemos	caímos	caíamos	caeremos	caeríamos
	caéis	caísteis	caíais	caeréis	caeríais
	caen	cayeron	caían	caerán	caerían
4. **conducir**	conduzco	conduje	conducía	conduciré	conduciría
conduciendo	conduces	condujiste	conducías	conducirás	conducirías
conducido	conduce	condujo	conducía	conducirá	conduciría
	conducimos	condujimos	conducíamos	conduciremos	conduciríamos
	conducís	condujisteis	conducíais	conduciréis	conduciríais
	conducen	condujeron	conducían	conducirán	conducirían
5. **conocer**	conozco	conocí	conocía	conoceré	conocería
conociendo	conoces	conociste	conocías	conocerás	conocerías
conocido	conoce	conoció	conocía	conocerá	conocerías
	conocemos	conocimos	conocíamos	conoceremos	conoceríamos
	conocéis	conocisteis	conocíais	conoceréis	conoceríais
	conocen	conocieron	conocían	conocerán	conocerían

SUBJUNTIVO		IMPERATIVO	
Presente	*Imperfecto*	*Afirmativo*	*Negativo*
ande	anduviera (anduviese)		
andes	anduvieras (-ses)	anda	no andes
ande	anduviera (-se)	ande	no ande
andemos	anduviéramos (-semos)	andemos	no andemos
andéis	anduvierais (-seis)	andad	no andéis
anden	anduvieran (-sen)	anden	no anden
quepa	cupiera (cupiese)		
quepas	cupieras (-ses)	cabe	no quepas
quepa	cupiera (-se)	quepa	no quepa
quepamos	cupiéramos (-semos)	quepamos	no quepamos
quepáis	cupierais (-seis)	cabed	no quepáis
quepan	cupieran (-sen)	quepan	no quepan
caiga	cayera (cayese)		
caigas	cayeras (-ses)	cae	no caigas
caiga	cayera (-se)	caiga	no caiga
caigamos	cayéramos (-semos)	caigamos	no caigamos
caigáis	cayerais (-seis)	caed	no caigáis
caigan	cayeran (-sen)	caigan	no caigan
conduzca	condujera (condujese)		
conduzcas	condujeras (-ses)	conduce	no conduzcas
conduzca	condujera (-se)	conduzca	no conduzca
conduzcamos	condujéramos (-semos)	conduzcamos	no conduzcamos
conduzcáis	condujerais (-seis)	conducid	no conduzcáis
conduzcan	condujeran (-sen)	conduzcan	no conduzcan
conozca	conociera (conociese)		
conozcas	conocieras (-ses)	conoce	no conozcas
conozca	conociera (-se)	conozca	no conozca
conozcamos	conociéramos (-semos)	conozcamos	no conozcamos
conozcáis	conocierais (-seis)	conoced	no conozcáis
conozcan	conocieran (-sen)	conozcan	no conozcan

Infinitivo *Gerundio* *Participio pasado*	INDICATIVO *Presente*	*Pretérito*	*Imperfecto*	*Futuro*	*Condicional*
6. **contar**	cuento	conté	contaba	contaré	contaría
contando	cuentas	contaste	contabas	contarás	contarías
contado	cuenta	contó	contaba	contará	contaría
	contamos	contamos	contábamos	contaremos	contaríamos
	contáis	contasteis	contabais	contaréis	contaríais
	cuentan	contaron	contaban	contarán	contarían
7. **dar**	doy	di	daba	daré	daría
dando	das	diste	dabas	darás	darías
dado	da	dio	daba	dará	daría
	damos	dimos	dábamos	daremos	daríamos
	dais	disteis	dabais	daréis	daríais
	dan	dieron	daban	darán	darían
8. **decir**	digo	dije	decía	diré	diría
diciendo	dices	dijiste	decías	dirás	dirías
dicho	dice	dijo	decía	dirá	diría
	decimos	dijimos	decíamos	diremos	diríamos
	decís	dijisteis	decíais	diréis	diríais
	dicen	dijeron	decían	dirán	dirán
9. **dormir**	duermo	dormí	dormía	dormiré	dormiría
durmiendo	duermes	dormiste	dormías	dormirás	dormirías
dormido	duerme	durmió	dormía	dormirá	dormiría
	dormimos	dormimos	dormíamos	dormiremos	dormiríamos
	dormís	dormisteis	dormíais	dormiréis	dormiríais
	duermen	durmieron	dormían	dormirán	dormirían
10. **entender**	entiendo	entendí	entendía	entenderé	entendería
entendiendo	entiendes	entendiste	entendías	entenderás	entenderías
entendido	entiende	entendió	entendía	entenderá	entendería
	entendemos	entendimos	entendíamos	entenderemos	entenderíamos
	entendéis	entendisteis	entendíais	entenderéis	entenderíais
	entienden	entendieron	entendían	entenderán	entenderían
11. **estar**	estoy	estuve	estaba	estaré	estaría
estando	estás	estuviste	estabas	estarás	estarías
estado	está	estuvo	estaba	estará	estaría
	estamos	estuvimos	estábamos	estaremos	estaríamos
	estáis	estuvisteis	estabais	estaréis	estaríais
	están	estuvieron	estaban	estarán	estarían

SUBJUNTIVO		IMPERATIVO	
Presente	*Imperfecto*	*Afirmativo*	*Negativo*
cuente	contara (contase)		
cuentes	contaras (-ses)	cuenta	no cuentes
cuente	contara (-se)	cuente	no cuente
contemos	contáramos (-semos)	contemos	no contemos
contéis	contarais (-seis)	contad	no contéis
cuenten	contaran (-sen)	cuenten	no cuenten
dé	diera (diese)		
des	dieras (-ses)	da	no des
dé	diera (-se)	dé	no dé
demos	diéramos (-semos)	demos	no demos
deis	dierais (-seis)	dad	no deis
den	dieran (-sen)	den	no den
diga	dijera (dijese)		
digas	dijeras (-ses)	di	no digas
diga	dijera (-se)	diga	no diga
digamos	dijéramos (-semos)	digamos	no digamos
digáis	dijerais (-seis)	decid	no digáis
digan	dijeran (-sen)	digan	no digan
duerma	durmiera (durmiese)		
duermas	durmieras (-ses)	duerme	no duermas
duerma	durmiera (-se)	duerma	no duerma
durmamos	durmiéramos (-semos)	durmamos	no durmamos
durmáis	durmierais (-seis)	dormid	no durmáis
duerman	durmieran (-sen)	duerman	no duerman
entienda	entendiera (entendiese)		
entiendas	entendieras (-ses)	entiende	no entiendas
entienda	entendiera (-se)	entienda	no entienda
entendamos	entendiéramos (-semos)	entendamos	no entendamos
entendáis	entendierais (-seis)	entended	no entendáis
entiendan	entendieran (-sen)	entiendan	no entiendan
esté	estuviera (estuviese)		
estés	estuvieras (-ses)	está	no estés
esté	estuviera (-se)	esté	no esté
estemos	estuviéramos (-semos)	estemos	no estemos
estéis	estuvierais (-seis)	estad	no estéis
estén	estuvieran (-sen)	estén	no estén

Infinitivo *Gerundio* *Participio pasado*	INDICATIVO				
	Presente	*Pretérito*	*Imperfecto*	*Futuro*	*Condicional*
12. haber habiendo habido	he has ha hemos habéis han	hube hubiste hubo hubimos hubisteis hubieron	había habías había habíamos habíais habían	habré habrás habrá habremos habréis habrán	habría habrías habría habríamos habríais habrían
13. hacer haciendo hecho	hago haces hace hacemos hacéis hacen	hice hiciste hizo hicimos hicisteis hicieron	hacía hacías hacía hacíamos hacíais hacían	haré harás hará haremos haréis harán	haría harías haría haríamos haríais harían
14. huir huyendo huido	huyo huyes huye huimos huís huyen	huí huiste huyó huimos huisteis huyeron	huía huías huía huíamos huíais huían	huiré huirás huirá huiremos huiréis huirán	huiría huirías huiría huiríamos huiríais huirían
15. ir yendo ido	voy vas va vamos vais van	fui fuiste fue fuimos fuisteis fueron	iba ibas iba íbamos ibais iban	iré irás irá iremos iréis irán	iría irías iría iríamos iríais irían
16. lucir luciendo lucido	luzco luces luce lucimos lucís lucen	lucí luciste lució lucimos lucisteis lucieron	lucía lucías lucía lucíamos lucíais lucían	luciré lucirás lucirá luciremos luciréis lucirán	luciría lucirías luciría luciríamos luciríais lucirían
17. mentir mintiendo mentido	miento mientes miente mentimos mentís mienten	mentí mentiste mintió mentimos mentisteis mintieron	mentía mentías mentía mentíamos mentíais mentían	mentiré mentirás mentirá mentiremos mentiréis mentirán	mentiría mentirías mentiría mentiríamos mentiríais mentirían

SUBJUNTIVO		IMPERATIVO	
Presente	*Imperfecto*	*Afirmativo*	*Negativo*
haya	hubiera (hubiese)		
hayas	hubieras (-ses)		
haya	hubiera (-se)		
hayamos	hubiéramos (-semos)		
hayáis	hubierais (-seis)		
hayan	hubieran (-sen)		
haga	hiciera (hiciese)		
hagas	hicieras (-ses)	haz	no hagas
haga	hiciera (-se)	haga	no haga
hagamos	hiciéramos (-semos)	hagamos	no hagamos
hagáis	hicierais (-seis)	haced	no hagáis
hagan	hicieran (-sen)	hagan	no hagan
huya	huyera (huyese)		
huyas	huyeras (-ses)	huye	no huyas
huya	huyera (-se)	huya	no huya
huyamos	huyéramos (-semos)	huyamos	no huyamos
huyáis	huyerais (-seis)	huid	no huyáis
huyan	huyeran (-sen)	huyan	no huyan
vaya	fuera (fuese)		
vayas	fueras (-ses)	ve	no vayas
vaya	fuera (-se)	vaya	no vaya
vayamos	fuéramos (-semos)	vayamos	no vayamos
vayáis	fuerais (-seis)	id	no vayáis
vayan	fueran (-sen)	vayan	no vayan
luzca	luciera (luciese)		
luzcas	lucieras (-ses)	luce	no luzcas
luzca	luciera (-se)	luzca	no luzca
luzcamos	luciéramos (-semos)	luzcamos	no luzcamos
luzcáis	lucierais (-seis)	lucid	no luzcáis
luzcan	lucieran (-sen)	luzcan	no luzcan
mienta	mintiera (mintiese)		
mientas	mintieras (-ses)	miente	no mientas
mienta	mintiera (-se)	mienta	no mienta
mintamos	mintiéramos (-semos)	mintamos	no mintamos
mintáis	mintierais (-seis)	mentid	no mintáis
mientan	mintieran (-sen)	mientan	no mientan

Infinitivo *Gerundio* *Participio pasado*	INDICATIVO				
	Presente	*Pretérito*	*Imperfecto*	*Futuro*	*Condicional*
18. oír	oigo	oí	oía	oiré	oiría
oyendo	oyes	oíste	oías	oirás	oirías
oído	oye	oyó	oía	oirá	oiría
	oímos	oímos	oíamos	oiremos	oiríamos
	oís	oísteis	oíais	oiréis	oirías
	oyen	oyeron	oían	oirán	oirían
19. pedir	pido	pedí	pedía	pediré	pediría
pidiendo	pides	pediste	pedías	pedirás	pedirías
pedido	pide	pidió	pedía	pedirá	pediría
	pedimos	pedimos	pedíamos	pediremos	pediríamos
	pedís	pedisteis	pedíais	pediréis	pediríais
	piden	pidieron	pedían	pedirán	pedirían
20. pensar	pienso	pensé	pensaba	pensaré	pensaría
pensando	piensas	pensaste	pensabas	pensarás	pensarías
pensado	piensa	pensó	pensaba	pensará	pensaría
	pensamos	pensamos	pensábamos	pensaremos	pensaríamos
	pensáis	pensasteis	pensabais	pensaréis	pensaríais
	piensan	pensaron	pensaban	pensarán	pensarían
21. poder	puedo	pude	podía	podré	podría
pudiendo	puedes	pudiste	podías	podrás	podrías
podido	puede	pudo	podía	podrá	podría
	podemos	pudimos	podíamos	podremos	podríamos
	podéis	pudisteis	podíais	podréis	podríais
	pueden	pudieron	podían	podrán	podrían
22. poner	pongo	puse	ponía	pondré	pondría
poniendo	pones	pusiste	ponías	pondrás	pondrías
puesto	pone	puso	ponía	pondrá	pondría
	ponemos	pusimos	poníamos	pondremos	pondríamos
	ponéis	pusisteis	poníais	pondréis	pondríais
	ponen	pusieron	ponían	pondrán	pondrían
23. querer	quiero	quise	quería	querré	querría
queriendo	quieres	quisiste	querías	querrás	querrías
querido	quiere	quiso	quería	querrá	querría
	queremos	quisimos	queríamos	querremos	querríamos
	queréis	quisisteis	queríais	querréis	querríais
	quieren	quisieron	querían	querrán	querrían

SUBJUNTIVO		IMPERATIVO	
Presente	*Imperfecto*	*Afirmativo*	*Negativo*
oiga	oyera (oyese)		
oigas	oyeras (-ses)	oye	no oigas
oiga	oyera (-se)	oiga	no oiga
oigamos	oyéramos (-semos)	oigamos	no oigamos
oigáis	oyerais (-seis)	oíd	no oigáis
oigan	oyeran (-sen)	oigan	no oigan
pida	pidiera (pidiese)		
pidas	pidieras (-ses)	pide	no pidas
pida	pidiera (-se)	pida	no pida
pidamos	pidiéramos (-semos)	pidamos	no pidamos
pidáis	pidierais (-seis)	pedid	no pidáis
pidan	pidieran (-sen)	pidan	no pidan
piense	pensara (pensase)		
pienses	pensaras (-ses)	piensa	no pienses
piense	pensara (-se)	piense	no piense
pensemos	pensáramos (-semos)	pensemos	no pensemos
penséis	pensarais (-seis)	pensad	no penséis
piensen	pensaran (-sen)	piensen	no piensen
pueda	pudiera (pudiese)		
puedas	pudieras (-ses)	puede	no puedas
pueda	pudiera (-se)	pueda	no pueda
podamos	pudiéramos (-semos)	podamos	no podamos
podáis	pudierais (-seis)	poded	no podáis
puedan	pudieran (-sen)	puedan	no puedan
ponga	pusiera (pusiese)		
pongas	pusieras (-ses)	pon	no pongas
ponga	pusiera (-se)	ponga	no ponga
pongamos	pusiéramos (-semos)	pongamos	no pongamos
pongáis	pusierais (-seis)	poned	no pongáis
pongan	pusieran (-sen)	pongan	no pongan
quiera	quisiera (quisiese)		
quieras	quisieras (-ses)	quiere	no quieras
quiera	quisiera (-se)	quiera	no quiera
queramos	quisiéramos (-semos)	queramos	no queramos
queráis	quisierais (-seis)	quered	no queráis
quieran	quisieran (-sen)	quieran	no quieran

Infinitivo *Gerundio* *Participio pasado*	INDICATIVO				
	Presente	*Pretérito*	*Imperfecto*	*Futuro*	*Condicional*
24. reír	río	reí	reía	reiré	reiría
riendo	ríes	reíste	reías	reirás	reirías
reído	ríe	rió	reía	reirá	reiría
	reímos	reímos	reíamos	reiremos	reiríamos
	reís	reísteis	reíais	reiréis	reiríais
	ríen	rieron	reían	reirán	reirían
25. saber	sé	supe	sabía	sabré	sabría
sabiendo	sabes	supiste	sabías	sabrás	saldrías
sabido	sabe	supo	sabía	sabrá	sabría
	sabemos	supimos	sabíamos	sabremos.	sabríamos
	sabéis	supisteis	sabíais	sabréis	sabríais
	saben	supieron	sabían	sabrán	sabrían
26. salir	salgo	salí	salía	saldré	saldría
saliendo	sales	saliste	salías	saldrás	saldrías
salido	sale	salió	salía	saldrá	saldría
	salimos	salimos	salíamos	saldremos	saldríamos
	salís	salisteis	salíais	saldréis	saldríais
	salen	salieron	salían	saldrán	saldrían
27. ser	soy	fui	era	seré	sería
siendo	eres	fuiste	eras	serás	serías
sido	es	fue	era	será	sería
	somos	fuimos	éramos	seremos	seríamos
	sois	fuisteis	erais	seréis	seríais
	son	fueron	eran	serán	serían
28. tener	tengo	tuve	tenía	tendré	tendría
teniendo	tienes	tuviste	tenías	tendrás	tendrías
tenido	tiene	tuvo	tenía	tendrá	tendría
	tenemos	tuvimos	teníamos	tendremos	tendríamos
	tenéis	tuvisteis	teníais	tendréis	tendríais
	tienen	tuvieron	tenían	tendrán	tendrían

SUBJUNTIVO		IMPERATIVO	
Presente	*Imperfecto*	*Afirmativo*	*Negativo*
ría	riera		
rías	rieras	ríe	no rías
ría	riera	ría	no ría
riamos	riéramos	riamos	no riamos
riáis	rierais	reíd	no riáis
rían	rieran	rían	no rían
sepa	supiera (supiese)		
sepas	supieras (-ses)	sabe	no sepas
sepa	supiera (-se)	sepa	no sepa
sepamos	supiéramos (-semos)	sepamos	no sepamos
sepáis	supierais (-seis)	sabed	no sepáis
sepan	supieran (-sen)	sepan	no sepan
salga	saliera (saliese)		
salgas	salieras (-ses)	sal	no salgas
salga	saliera (-se)	salga	no salga
salgamos	saliéramos (-semos)	salgamos	no salgamos
salgáis	salierais (-seis)	salid	no salgáis
salgan	salieran (-sen)	salgan	no salgan
sea	fuera (fuese)		
seas	fueras (-ses)	sé	no seas
sea	fuera (-se)	sea	no sea
seamos	fuéramos (-semos)	seamos	no seamos
seáis	fuerais (-seis)	sed	no seáis
sean	fueran (-sen)	sean	no sean
tenga	tuviera (tuviese)		
tengas	tuvieras (-ses)	ten	no tengas
tenga	tuviera (-se)	tenga	no tenga
tengamos	tuviéramos (-semos)	tengamos	no tengamos
tengáis	tuvierais (seis)	tened	no tengáis
tengan	tuvieran (-sen)	tengan	no tengan

Infinitivo *Gerundio* *Participio pasado*	INDICATIVO *Presente*	*Pretérito*	*Imperfecto*	*Futuro*	*Condicional*
29. traer	traigo	traje	traía	traeré	traería
trayendo	traes	trajiste	traías	traerás	traerías
traído	trae	trajo	traía	traerá	traería
	traemos	trajimos	traíamos	traeremos	traeríamos
	traéis	trajisteis	traíais	traeréis	traeríais
	traen	trajeron	traían	traerán	traerían
30. valer	valgo	valí	valía	valdré	valdría
valiendo	vales	valiste	valías	valdrás	valdrías
valido	vale	valió	valía	valdrá	valdría
	valemos	valimos	valíamos	valdremos	valdríamos
	valéis	valisteis	valíais	valdréis	valdríais
	valen	valieron	valían	valdrán	valdrían
31. venir	vengo	vine	venía	vendré	vendría
viniendo	vienes	viniste	venías	vendrás	vendrías
venido	viene	vino	venía	vendrá	vendría
	venimos	vinimos	veníamos	vendremos	vendríamos
	venís	vinsteis	veníais	vendréis	vendríais
	vienen	vinieron	venían	vendrán	vendrían
32. ver	veo	vi	veía	veré	vería
viendo	ves	viste	veías	verás	verías
visto	ve	vio	veía	verá	vería
	vemos	vimos	veíamos	veremos	veríamos
	veis	visteis	veíais	veréis	veríais
	ven	vieron	veían	verán	verían
33. volver	vuelvo	volví	volvía	volveré	volvería
volviendo	vuelves	volviste	volvías	volverás	volverías
vuelto	vuelve	volvió	volvía	volverá	volvería
	volvemos	volvimos	volvíamos	volveremos	volveríamos
	volvéis	volvisteis	volvíais	volveréis	volveríais
	vuelven	volvieron	volvían	volverán	volverían

SUBJUNTIVO		IMPERATIVO	
Presente	*Imperfecto*	*Afirmativo*	*Negativo*
traiga	trajera (trajese)		
traigas	trajeras (-ses)	trae	no traigas
traiga	trajera (-se)	traiga	no traiga
traigamos	trajéramos (-semos)	traigamos	no traigamos
traigáis	trajerais (-seis)	traed	no traigáis
traigan	trajeran (-sen)	traigan	no traigan
valga	valiera (valiese)		
valgas	valieras (-ses)	val	no valgas
valga	valiera (-se)	valga	no valga
valgamos	valiéramos (-semos)	valgamos	no valgamos
valgáis	valierais (-seis)	valed	no valgáis
valgan	valieran (-sen)	valgan	no valgan
venga	viniera (viniese)		
vengas	vinieras (-ses)	ven	no vengas
venga	viniera (-se)	venga	no venga
vengamos	viniéramos (-semos)	vengamos	no vengamos
vengáis	vinierais (-seis)	venid	no vengáis
vengan	vinieran (-sen)	vengan	no vengan
vea	viera (viese)		
veas	vieras (-ses)	ve	no veas
vea	viera (-se)	vea	no vea
veamos	viéramos (-semos)	veamos	no veamos
veáis	vierais (-seis)	ved	no veáis
vean	vieran (-sen)	vean	no vean
vuelva	volviera (volviese)		
vuelvas	volvieras (-ses)	vuelve	no vuelvas
vuelva	volviera (-se)	vuelva	no vuelva
volvamos	volviéramos (-semos)	volvamos	no volvamos
volváis	volvierais (-seis)	volved	no volváis
vuelvan	volvieran (-sen)	vuelvan	no vuelvan

Lista de verbos irregulares

Cada verbo va seguida del modelo de verbo irregular a que va asociado

acertar (ie) (pensar)
acordarse (ue) (contar)
acostarse (ue) (contar)
adquirir (ie) (i) (mentir)
advertir (ie) (i) (mentir)
agradecer (zc) (conocer)
almorzar (ue) (c) (contar)
aparecer (zc) (conocer)
apostar (ue) (contar)
aprobar (ue) (contar)
atraer (g) (traer)
atravesar (ie) (pensar)
atribuir (y) (huir)
calentar (ie) (pensar)
cerrar (ie) (pensar)
colgar (ue) (contar)
comenzar (ie) (c) (pensar)
complacer (zc) (conocer)
componer (g) (poner)
concluir (y) (huir)
confesar (ie) (pensar)
conseguir (i) (i) (pedir)
consentir (ie) (i) (mentir)
construir (y) (huir)
contener (ie) (tener)
convenir (ie) (venir)
convertir (ie) (i) (mentir)
costar (ue) (contar)
defender (ie) (entender)
demostrar (ue) (contar)
desaparecer (zc) (conocer)
descender (ie) (entender)
deshacer (g) (hacer)
despedir (i) (i) (pedir)
despertar (ie) (pensar)
destruir (y) (huir)
detener (ie) (tener)
devolver (ue) (volver)
disolver (ue) (volver)
distraer (g) (traer)
distribuir (y) (huir)
divertir (ie) (i) (mentir)
doler (ue) (volver)
elegir (i) (i) (pedir)
empezar (ie) (c) (pensar)
encender (ie) (pensar)
encerrar (ie) (pensar)
encontrar (ue) (contar)
envolver (ue) (volver)
excluir (y) (huir)
extender (ie) (pensar)
favorecer (zc) (conocer)
fluir (y) (huir)
forzar (ue) (c) (contar)
herir (ie) (i) (mentir)
hervir (ie) (i) (mentir)
impedir (i) (i) (pedir)
imponer (g) (poner)
incluir (y) (huir)
influir (y) (huir)
intervenir (ie) (i) (venir)
introducir (zc) (conocer)
invertir (ie) (i) (mentir)
jugar (ue) (contar)
llover (ue) (volver)
manifestar (ie) (pensar)
mantener (ie) (tener)
merecer (zc) (conocer)
morder (ue) (volver)
morir (ue) (u) (dormir)
mostrar (ue) (contar)
mover (ue) (volver)
nacer (zc) (conocer)
negar (ie) (pensar)
nevar (ie) (pensar)
obtener (g) (ie) (tener)
ofrecer (zc) (conocer)
oponer (g) (poner)
parecer (zc) (conocer)
perder (ie) (entender)
permanecer (zc) (conocer)
perseguir (i) (i) (pedir)
plegar (ie) (pensar)
preferir (ie) (i) (mentir)
probar (ue) (contar)
producir (zc) (conducir)
proponer (g) (poner)
quebrar (ie) (pensar)
recomendar (ie) (pensar)
reconocer (zc) (conocer)
recordar (ue) (contar)
reducir (zc) (conducir)
referir (ie) (i) (mentir)
regar (ie) (pensar)
regir (i) (i) (pedir)
reír (i) (i) (pedir)
repetir (i) (i) (pedir)
reproducir (zc) (conducir)
requerir (ie) (i) (mentir)
resolver (ue) (volver)
rogar (ue) (contar)
seguir (i) (i) (pedir)
sentir (ie) (i) (mentir)
servir (i) (i) (pedir)
soler (ue) (volver)
soltar (ue) (contar)
sonar (ue) (contar)
sonreír (i) (i) (pedir)
soñar (ue) (contar)
sugerir (ie) (i) (mentir)
temblar (ie) (pensar)
tender (ie) (entender)
tronar (ue) (contar)
tropezar (ie) (pensar)
volcar (ue) (contar)

Índice

PHOTO CREDITS

Capítulo 1 Page 20: PhotoEdit. Page 24: ©Mark Antman/The Image Works. Page 25: Bettman/Corbis Images. Page 36: ©1998 Estate of Pablo Picasso/Art Resource. Page 39: ©Peter Menzel/Stock, Boston. **Capítulo 2** Page 55: Stuart Cohen/The Image Works. Page 58: David Hiser/Stone/Getty Images. Page 62: Homer Sykes/Alamy Images. Page 73: ©Stuart Cohen/The Image Works. Page 82: Salvador Dali, "The Discovery of America by Christopher Columbus", 1958–1959. Collection of The Salvador Dali Museum, St. Petersburg, Florida. **Capítulo 3** Page 88: Ulrike Welsch/Photo Researchers. Page 94: ©Owen Franken/Stock, Boston. Page 97: ©Michael Dwyer/Stock, Boston. **Capítulo 4** Page 116: Diego Rivera, "Sugar Cane," 1931/Philadelphia Museum of Art: Gift of Mr. and Mrs. Herbert Cameron Morris. Page 120: Zapatistas, 1931, by Jose Clemente Orozco. The Museum of Modern Art, New York. Page 130: Schalkwijk/Art Resource/Banco de Mexico Trust. **Capítulo 5** Page 144: Bettmann/Corbis Images. Page 149: Courtesy Mexican Government Tourist Office. Page 175: Jaime Puebla/?AP/Wide World Photos. **Capítulo 6** Page 178: ©Macduff Everton/The Image Works. Page 180: Laurie Platt Winfrey, Inc. Page 193: ©Stuart Cohen/The Image Works. **Capítulo 7** Page 207: ©Carl Frank/Photo Researchers. Page 210: Bettmann/Corbis Images (left). Page 210: ©Henri Cartier-Bresson/ Magnum Photos, Inc. (right). **Capítulo 8** Page 231: ©Peter Menzel/Stock, Boston. Page 241: Courtesy Armando Valladares. **Capítulo 9** Page 265: Georg Gerster/Photo Researchers. **Capítulo 10** Page 293: Wesley Bocxe/The Image Works. Page 300: FUNDACIÓN GUAYASAMIN. Page 307: ?Private Collection/ ? Christie's Images/The Bridgeman Art Library. **Lecturas** Page 327: ©Nola Tully/Corbis Sygma. Page 330: ©Ulrike Welsch/Photo Researchers. Page 337: ©Sophie Bassouls/Corbis Sygma. Page 340: Culver Pictures, Inc. Page 345: Courtesy Agencia Literaria Carmen Balcells, S.A. Page 348: ©Peter Menzel/Stock, Boston. Page 355: Courtesy Editorial Planeta, S.A., Barcelona. Page 358: ©Kees Van Den Berg/Photo Researchers. Page 369: ©VCG /FPG International/Getty Images.

TEXT CREDITS

Chapter 3 Page 93: Ángeles Mastretta, from *Mujeres de ojos grandes,* Seix Barral, 1990. By permission of Mercedes Casanovas Agencia Literaria. ©Ángeles Mastretta **Chapter 5** Page 150: Augusto Monterroso, "El eclipse," from *Obras completas y otros cuentos.* ©Augusto Monterroso, 1981. By permission of International Editors, Barcelona. Page 153: Rubén Darío, "El nacimiento de la col," in "La Tribuna," 1983. **Chapter 6** Page 184: Alfonsina Storni, "Hombre pequeñito," from *Irremediablemente,* 1919. By permission of Editorial Losada, S.A., Buenos Aires. **Chapter 7** Page 212: Gabriela Mistral, "Yo no tengo soledad," from *Ternura.* ©Provincia Franciscana de la Santísima Trinidad, Santiago de Chile. ©Espasa-Calpe, S.A., Madrid. By permission of Espasa-Calpe, S.A. Page 213: Pablo Neruda, "Poema 20," from *20 poemas de amor y una canción desesperada.* ©Pablo Neruda, 1924, and Fundación Pablo Neruda. By permission of Agencia Literaria Carmen Balcells. **Chapter 8** Page 238: Lucha Corpi, "Recuerdo íntimo," from *Variaciones sobre una tempestad,* Third Woman Press, Berkeley, 1990. By permission of the author. Page 239: Armando Valladares, "La mejor tinta," from *El alma de un poeta,* ©1988. By permission of the author. **Chapter 9** Page 271: Enrique Anderson Imbert, "Sala de espera," from *El gato de Cheshire,* 1965. By permission of Anabel Anderson Imbert. Page 273: Marco Denevi, "Apocalipsis" from Salón de lectura, 1974. By permission of Librería Huemul, Buenos Aires. **Lectura 1.** Page 330: Octavio Paz, "El ramo azul," from *Libertad bajo palabra,* 1960. Fondo de Cultura Económica, México. **Lectura 2.** Page 340: Jorge Luis Borges, "Pedro Salvadores," from *Elogio de la sombra,* ©Emecé Editores, S.A., Buenos Aires, 1967. By permission of Emecé Editores. **Lectura 3.** Page 347: Guillermo Cabrera Infante, "Abril es el mes más cruel," from *Así en la paz como en la guerra,* 1971. By permission of the author. **Lectura 4.** Page 358: Ana María Matute, "El árbol de oro," from *Historias de la Ártamila,* ©Ana María Matute, Barcelona, 1961. By permission of Agencia Literaria Carmen Balcells. **Lectura 5.** Page 369: María Manuela Dolón, "Noche de fuga." By permission of the author.